분열된 신체와 텍스트

— 포스트휴먼의 무대 2

포스트휴먼 총서 09

분열된 신체와 텍스트

— 포스트휴먼의 무대 2

이화인문과학원 엮음

아카넷

들어가며

'포스트휴먼 총서' 시리즈 중 한 권으로 『포스트휴먼의 무대』가 발간된 지 2년이 지났다. 인간형상의 위기와 변환의 시기에 사상적, 예술적 현실을 진단하고 전망을 모색하자는 것이 당시의 취지였고, 그러한 연구주제를 놓고 협력연구를 진행했던 이화인문과학원과 파리 8대학 라벡스(LABEX) 연구팀의 연구결과를 모아 책으로 엮은 것이 『포스트휴먼의 무대』였다. 이후 '포스트휴먼 총서'는 '포스트휴먼'과 '포스트휴머니즘'에 대한 전반적인 철학적 이해를 도모하고, 과학과 기술뿐 아니라 예술, 문화, 사회의 변화 지점을 살피며, 그에 따르는 우리의 삶의 변화를 조금이나마 설명해주는 저서와 번역서들을 지속적으로 발간해왔다.

이제 이화인문과학원은 '포스트휴먼 총서'의 아홉 번째 책 『분열된 신체와 텍스트 — 포스트휴먼의 무대 2』를 내게 되었다. 이 책 또한 『포스트휴먼의 무대』 이후 이화인문과학원이 포스트휴먼 및 포스트휴머니즘에 대해 차곡차곡 쌓아온 연구성과들을 모은 것이다. 그래서 '포스트휴먼의 무대 2'라는 부제를 넣어 연속성을 갖고자 하였다. 그러므로 처음의 책에서와 마찬가지로 '포스트휴먼의 무대'란, 문학과 예술로 표현되는 무대 그 자체를 의미함과 동시에, 우리의 사고와 신체가 이미 새로운 시대, 곧 새로운 무대 위에 올라 있다는 이중적인 의미를 지닌다. 여기 수록된 글들은 포스트휴먼에 대한 근본적인 철학적 사유를 바탕으로 인간, 자연, 기술이 새로운 무대에서 서로 관계 맺는 방식들을 철학, 문학, 예술 등을 통해 살피고 있다.

요즘 한국에서는 거의 모든 분야에서 4차 산업혁명, 즉 인공지능(AI)이 가져오게 될 혁명과도 같은 급격한 변화에 대해 우려 반 기대 반으로 이야기하고 있다. 알파고가 이세돌을 이기는 장면을 직접 목격한 우리 국민들인지라, 웬만한 사람들이라면 인공지능이 무엇인지 이해하고 있을 뿐 아니라 그것이 딥 러닝을 통해 가공할 만한 정보의 양과 지능을 갖게 된다는 것도 대부분 알게 되었다. 공영방송이 이를 특집으로 기획하고, 많은 학술단체들이 이 주제로 심포지엄을 진행하면서 앞으로 어떤 변화가 올 것인지, 어떻게 대처해야 할 것인지에 대해 논하고 있다. 그런데 그러한 논의 뒤에는 대부분 '포스트휴먼'에 대한 내용들이 따르고 있다. 우리는 모더니즘 같은 용어에나 붙는 줄 알았던 '포스트(post)'라는 접두어가 인간(휴먼)에게 붙을 줄은 꿈에도 생각지 못했다. 뒤에 결합되는 개념을 극복하거나 넘어서거나 결점을 보완함으로써 결국 그것과는 다른 무엇인가를 지칭하게 된다는 post라는 접두어의 의미를 그대로 인간에게 적용시켜본다면, '포스트휴먼'은 인간의 결점이 극복되고 보완되어 결국에는 더 이상 지금과 같은 인간이 아닌 인간이 된다는 것을 암시한다. 신체적으로든 정신적으로든 말이다. 유발 하라리가 말했듯이 호모 사피엔스는 바야흐로 스스로를 초월하고 있는 중이다. 호모 사피엔스가 조만간 종말을 고하게 될 거라는 그의 예언에 금방 수긍하지 않는다 하더라도, 상상해보건대 미래의 인간이 '생각할 수 있으므로 호모 사피엔스'였던 우리와 같은 방식으로 여전히 '생각'이라는 것을 하고 있을지는 미지수이다. 그러나 생각해보면 그것들이 먼 미래의 이야기가 아닌 듯하다. 지금 우리 자신들을 돌아보자. 우리는 유전자정보를 통해 예측하여 미리 병을 고치고, 각종 인공기관으로 장기를 교체하여 점점 더 사이보그가 되어가고 있으며, 기억과 지능은 스마트폰과 컴퓨터에 의존하고 있고, 가상현실로 시공을 초월할 뿐 아니라 도처에 인공지능이 장착된 도구들과 더불어 살고 있다. 우리 휴먼이 포스트휴먼으로 되는 경계는 어디일까? 혹시 우리는 이미 포스트휴먼이 아닐까?

포스트휴먼과 관련된 이러한 내용들을 이야기하고 있는 이 책은 3부로 구성되어 있다. 1부는 포스트휴먼에 대한 개념, 시론과 사유 등을 다룬 네 개의 철학적 글들로 이루어진다. 2부에서는 네 명의 영문학과 불문학을 전공한 저자들에 의해 문학, 특히 소설에 나타난 다양한 포스트휴먼의 서사들이 분석된다. 3부는 인간이 기술 및 자연과 맺는 관계를 조명하면서 도시와 생태문제, 미술과 신체 변화의 문제들을 포스트휴먼의 관점에서 다룬다. 어떤 부분은 전문적이고, 어떤 부분은 학술적이며, 어떤 다른 부분은 매우 대중적이기도 한 총 11개의 글들은 '포스트휴먼 총서'의 다른 책들과 마찬가지로 많은 독자들이 포스트휴먼을 좀 더 심층적이고 다양한 방식으로 이해하는 데 도움을 줄 수 있으리라 믿는다.

2017년 5월
이화인문과학원 포스트휴먼 연구팀

차례

들어가며 **5**

1부 포스트휴먼에 대한 사유_____

1장 기술과 인간, 사회의 존재론적 공속(共屬)에 관한 시론 · 최진석 **13**

2장 인간향상과 하버마스의 자율성 논증 · 신상규 **43**

3장 행위자로서 '인간'의 개념 전이
     ― 베버의 인간중심적 문화인간과 라투르의 포스트휴먼적 비인간 · 이수안 **65**

4장 혼돈(chaos)의 세 단면: 철학, 과학, 예술
     ― 들뢰즈의 사유를 중심으로 · 이찬웅 **95**

2부 문학 속의 포스트휴먼 서사들_____

5장 포스트휴먼을 꿈꾸는 냉소주의 ― 미셸 웰벡의 『어느 섬의 가능성』 · 오영주 **123**

6장 녹색 유토피아 ― 페미니스트 유토피아 소설 『허랜드』와 『시간의 경계에 선 여자』의
     생태주의적 비전과 과학기술 · 송은주 **151**

7장 기술과학적 포스트휴먼 조건과 추론소설 ― 가즈오 이시구로의
     『나를 보내지 마』와 윌리엄 깁슨의 『패턴 인식』 · 이경란 **185**

8장 포스트휴먼 관점에서 본 『프랑켄슈타인』 · 이선주 **213**

3부 기술과 자연, 그리고 포스트휴먼 신체_____

9장 포스트휴먼 도시의 기계화된 신체와 '자연™'
     ― 청계천의 생태복원 담론 분석 · 김애령 **241**

10장 감시와 통제 아래 놓인 생명
      ― 바이오아트를 통해 본 생명기술의 이면 · 전혜숙 **263**

11장 포스트휴먼 시대 미술의 사이보그 알레고리
      ― 아르 오리앙테 오브제의 〈아마도 내 안에 말이 살고 있을지도 몰라〉(2011) · 이재은 **289**

참고문헌 **317**
찾아보기 **337**

1부
포스트휴먼에 대한 사유

1

기술과 인간, 사회의 존재론적 공속(共屬)에 관한 시론[1]

최진석

1. 호모 파베르와 휴머니즘의 신화

선사시대의 어느 구릉 위, 인류의 거주지에는 먹다 남은 동물의 뼈와 가죽이 어지럽게 흩어져 있다. 말 그대로 '자연' 그 자체와 다르지 않은 태고 인류의 삶은 아직 유인원과 구분되지 않아 보인다. 그중 하나가 뼈다귀를 집어 들어 땅바닥에 흩어진 뼈들을 가격해본다. 둔탁하게 부서지는 뼛조각들을 바라보던 그는 문득 흥에 겨워 뼈타작을 시작하고, 자신이 움켜쥔 뼈다귀가 유용한 도구가 되리라 직감한다. 과연 사냥과 전쟁에서 그것은 커다란 위력을 발휘하고, 기쁨에 들떠 던져 올린 뼛조각이 공중

---

1 이 글은 《문학동네》 87호(2016 여름)에 「휴머니즘과 포스트휴머니즘의 (탈)인간학 — 기계와 인간의 공진화를 위한 사회적 존재론」이라는 제목으로 게재된 글을 수정·보완한 것이다.

에서 느리게 회전한다. 그 순간 원시의 하늘은 어느새 검은 우주로 바뀌고, 돌연 관객의 시야에 들어오는 물체는 첨단 우주정거장이다. 수천만 년을 건너뛴 경이로운 장면의 전환. 스탠리 큐브릭의 영화「2001 스페이스 오딧세이」(1968)는 이 한 장면으로 영화사에서 불후의 명성을 떨쳤다. 자연에서 인공으로, 단순한 도구에서 복잡한 기계로, 약육강식의 카오스로부터 조화롭고 장엄한 우주탐사로 이어지는 인류의 진화사가 이 광경 속에 압축되어 드러난다. 그것은 태고의 어느 시점에서 우연히 손에 쥔 뼈 한 조각으로 인해 인간의 역사가 태동하기 시작했다는 '거대한 이야기', 호모 파베르의 신화에 다름 아니다.

인간이 다른 동물과 구별되는 특징으로 도구를 거론하는 데 반대할 사람은 별로 없을 듯하다. 인류의 역사는 도구발달의 역사와 중첩된다는 게 일반의 상식이다. 그렇다면 도구란 무엇인가? 맥루언에 따르면, 도구는 신체가 기능적으로 확장된 산물이다.(맥루언, 2002) 인체의 각 부분이 갖는 기능을 확대하고 변형시켜서 사용에 적합하도록 고안한 사물이 도구의 기원이라는 것이다. 망치와 칼은 손을 그 용도에 맞게 바꾼 것이며, 바퀴는 공간을 더 빨리 이동하도록 발의 형태를 변경한 결과이다. 동일한 의미에서 안경은 감퇴한 시력을 보완해주고, 망원경은 멀리 있는 물체를 잘 보도록 눈을 강화시킨다. 이렇듯 일상생활에서 널리 사용되는 도구들은 대부분 신체의 특정 부분을 모방하거나 변용시킴으로써 인간을 보조한다.

복잡한 도구들도 근본 원리에서는 큰 차이가 없다. 기중기는 근육과 뼈의 결합을 모사해 인력으로는 감당할 수 없는 물체를 들어 올리며, 기차와 비행기는 인간의 자연적 운동성을 극대화시켜 벌거벗은 신체로는 도달할 수 없는 능력의 극한을 이끌어낸다. 신체의 확장이라는 도구의 특징은 비단 외형적 측면에만 국한되지 않는다. 인간의 내적 능력, 즉 정신적 운동성도 도구와 기술의 역사에서 중요한 모체로 원용되어왔다. 중세 말엽 발명된 수판과 수동식 계산기, 복잡한 수학적 공식과 데카르트적 사고의 규칙, 그리고 현대의 컴퓨터 하드웨어와 저장장치 등은 모두 두뇌의 기능을 본떠서 만들어진 정신적 기계들이다. 요컨대 '과학'이나 '기술', '기계' 등 어떤 명칭을 붙이더라도, 도구는 인간을 위해 만들어졌고 인간에게 종속되는 2차적 대상이라는 통념이 도구에 전제되어 있다. 그런 한에서 도구는 인간 자신의 욕망과 이미지를 투영하고 있다고 말해도 좋으리라.

물론, 고릴라나 침팬지도 나뭇가지나 돌멩이와 같은 간단한 사물을 이용한다는 것을 우리는 잘 안다. 하지만 인간은 도구를 변형시켜 사용할 수 있기에 더욱 발달된 존재이며, 심지어 계획적이고 체계적으로 도구를 관리한다는 점에서 동물보다 한층 우월하다고 자부한다. 그런 점에서 호모 파베르(Homo faber)는 '도구를 사용하는 인간'보다 '제작하는 인간'으로 번역해야 더 정확하다는 주장도 있다. 아무튼 초점은 '호모(인간)'에 있다. 인간의 창조적 역량이나 제작하는 능력이 다른 존재나 도구의 탁월성보다도 우선적이라는 것이다. 맑스가 남긴 다음 구절을 읽어보라.

거미는 직포공들이 하는 일과 비슷한 일을 하며, 꿀벌의 집은 많은 인간 건축가들을 부끄럽게 한다. 그러나 가장 서투른 건축가라도 가장 훌륭한 꿀벌보다 뛰어난 점은, 그는 집을 짓기 전에 미리 자기의 머릿속에서 그것을 짓고 있다는 것이다. 노동과정의 끝에 가서는 그 시초에 이미 노동자의 머릿속에 존재하고 있던 결과가 나오는 것이다.(맑스, 1996: 226)

도구는 정의상 인간 자신과는 분리되고 구별되는 외재적 사물로 여겨져왔다. 근대 휴머니즘은 이러한 '벌거벗은 인간'의 이미지에서 유래한다.[2] 진화와 발전, 창조를 위해서는 인간 자신의 정신과 신체 이외에는 아무것도 필요하지 않다는 유아독존의 신화가 여기에 있다.[3] 이를 그대로 받아들인다면, 큐브릭의 영화에서처럼 선사 인류 중 하나가 우연히 뼈다귀를 집어 들어 땅바닥에 내려치지 않았더라도, 곧 도구를 발견하지 못했더라도 인간의 잠재성은 어떻게든 발현되었을 것이며, 마침내 우주 정거장을 발명해냈으리란 가정이 성립한다. 호모 파베르에게 도구는 단지 도구일 뿐이며, 뼈다귀에서 우주선에 이르기까지 도구는 인간의 필요에 따라 탈착되는 외부적 대상에 불과하다는 논리이다. 과연 그럴까?

2. 인간과 기계의 상호 공속성

1972~73년에 발사된 파이오니어 10호와 11호에는 외계인에게 보내는 도상 메시지가 실려 있다. 우주 다큐멘터리에서 한번쯤은 보았을 이 동판에는 성인 남성과 여성의 벌거벗은 모습이 새겨져 있는데, 지구인을 한번도 보지 못한 외계인에게 우리가 어떻게 생겼는지 알려주기 위한 시각적 표상이라는 것이다. 인간의 모습을 보여주려는 의도로 제작했겠지만, 한편으로는 우스꽝스럽다는 생각도 금할 수 없다. 정말로 저 벌거벗은 존재가 우주를 가로질러 외계인을 만나러 떠난 우주선을 만들었단 말인가? 현재의 지구인을 보여주기에 저 그림에는 너무 많은 것들이 생략된 게 아닐까? 만일 우리를 만나러 외계인이 찾아온다면, 그가 수영장이나 누드비치를 찾는 게 아닐 바에야 저 벌거벗은 인간을 만날 성싶진 않다. 인간을 규정짓는 것은 보다 외형적인 도구들임에 분명하다. 안경이

---

2 16세기 이탈리아에서 발흥했다고 알려진 것과 달리, 휴머니즘은 19세기 유럽의 발명품이다. 푸코의 말대로 그것은 (무)의식적 지식, 곧 에피스테메의 효과로서 나타났으며, 서구중심주의와 겹쳐진 지식의 상(像)이다.(최진석, 2015: 385-391)

3 15세기 후반의 '인문주의자' 피코 델라 미란돌라는 인간의 우월한 지위는 그가 아무런 외적인 조건에 얽매이지 않은 채 자신의 본성을 스스로 결정할 수 있다는 점에서 발견한다.(미란돌라, 1996: 134-135) 아이러니하게도, 근대 휴머니즘의 근거는 그것이 사실상 '무근거'하다는 데 있다.

나 옷가지, 신발, 시계, 손전화 또는 인터넷 같은 사물들의 세계야말로 인간을 인간으로서 정의해주는 지표들이지 않을 수 없다.

생태인류학자 그레고리 베이트슨은 다음과 같은 질문을 던졌다.(베이트슨, 2009: 399-400) 맹인이 짚은 지팡이는 그의 신체의 일부인가, 아닌가? 과학자가 사용하는 현미경은 그의 일부인가, 아닌가? 언뜻 황당해 보이는 이 물음은 도구에 대한 우리의 상식에 근본적인 이견을 제시한다. 앞 못 보는 사람에게 지팡이는 그가 임의로 선택하는 도구라기보다 일상을 영위하기 위해 없어서는 안 될 수단이다. 지팡이를 사용해 그는 자신에게 결여된 시각을 보완하며 세계를 촉각적으로 인지하는 까닭이다. 따라서 맹인의 지팡이는 단순한 보충물이 아니라 그의 삶을 유지하기 위해 누락시킬 수 없는 신체의 일부가 된다. 이와 마찬가지로 과학자에게 실험기구는 자신의 정체성을 설정하기 위해 없어서는 안 될 구성요소이다. 관찰과 증명, 실험이 주된 임무인 과학자의 활동에서 그의 '과학성'을 보증해주는 것은 현미경이라는 도구인 것이다. 가령 그가 아직 알려지지 않은 세균을 발견하여 질병의 원인을 밝히고, 항생제를 개발해 노벨상을 탔다고 치자. 그가 아무리 명석한 두뇌를 가졌어도, 자신의 도구 없이 그런 성과를 얻을 수 있을까? "도구는 단지 도구에 불과하다."는 생각은 지극히 소박한 편견에 지나지 않는다. 오히려 도구는 인간이 활동하기 위한 조건을 형성하며, 나아가 활동 자체에 참여함으로써 언제나 함께 기능해왔다. 도구가 없다면, 인간은 더 이상 자신의 문화적 정체성을 유지할 수 없을 것이다. 세계와 인간의 상호작용에는 항상 도구라는 투명한 미디어(media)가 개입해 있다. 벌거벗은 인간의 창조성에 대한 믿음은 순박한 오해이거나 불가능한 소망에 가깝다.

무엇보다도 도구에 대한 통념이 바뀌어야 한다. 대개 도구는 인간 외부의 사물로 인식된다. 우리는 언제든 옷을 벗을 수 있고, 전화기를 내려놓을 수 있으며, 인터넷을 종료할 수 있다고 믿는다. 눈, 코, 귀, 입,

손과 발 등의 자연적 신체와 다르게, 도구는 자의적으로 분리 가능한 대상이라는 말이다. 하지만 맥루언이 시사했듯, 도구의 역사와 의미는 훨씬 내밀한 추상적 잠재성을 통해 규정되어왔다. 가령 문자가 기억의 보조물임은 누구나 안다. 책도 그럴 것이다. 그렇다면 도로는 어떨까? 기억과 도로가 무슨 상관이냐는 반문이 당장 나올 법하다. 하지만 인간의 메시지는 문자로 쓰이고 책으로 만들어지며, 도로를 달려 먼 거리를 이동함으로써 활용의 정도와 범위가 달라진다.(맥루언, 2002: 147-148) 도구는 물질적 외형이 아니라 그것들이 구축하는 관계의 내재적 연관에 따라 상이한 의미를 갖는다.

다른 사례를 하나 더 들어보자. 표정은 자연적 대상인가, 문화의 산물인가? 얼굴은 두개골로 외형을 갖춘 자연적 대상이다. 하지만 그 표면에서 이루어지는 표정의 변화는 문화적 산물이 아닐 수 없다. 두개골 위에 얹힌 피부의 근육운동처럼 보이지만, 표정이 방사하는 감정의 기호들은 안면(顔面)이라는 신체성을 넘어선 문화적 상호작용을 촉발한다.(들뢰즈·가타리, 2000: 제7장) 당연히, 우리는 표정을 얼굴로부터 '도구처럼' 떼어낼 수 없다. 다시 묻거니와 표정은 도구인가, 아닌가? 도구를 신체의 외형적 특징에 가둔다면, 우리를 둘러싼 문화적 세계를 이해할 수 없는 질곡에 빠지고 말 것이다. 들뢰즈와 가타리 식으로 말해, 이렇게 내재적 연관 속에서 작동하는 도구는 일종의 추상기계라 할 수 있다.(Zepke, 2005: 221-222) 도구이자 도구 이상의 의미론적 작동을 한다는 뜻이다.

신체에 대한 도구의 내재적 관계를 적절히 지적한 사람 중에는 맑스의 사상적 동료였던 엥겔스가 포함된다. 근대인으로서 엥겔스는 자신의 친구와 마찬가지로 노동의 본원성에 대한 굳은 신념을 갖고 있었다. 노동은 삶의 기본 조건이며, 본질적으로 "노동이 인간 자체를 창조해왔다."고 할 만하다.(엥겔스, 2003: 379) 근대 휴머니즘을 정초하는 예의 '노동의 신화'가 그것이다. 알다시피 노동을 하기 위해 도구가 필요해졌고, 그 과정이 반복되며 도구가 발달했다는 게 일반적인 통설이다. 그런데 우리가 주의를 기울일 지점은 인류사의 첫 대목을 기술하며 엥겔스가 도출한 도구와 인간의 전도된 관계에 대한 통찰이다. 진실은 노동의 필요에 따라 도구가 만들어졌다는 게 아니라, 도구가 나타남으로써 비로소 노동이 가능해졌다는 데 있다.

몸의 균형을 잡거나 이동을 위해 땅을 짚어야 했던 '앞발'이 우연한 계기로 땅에서 분리되어 나뭇가지나 돌멩이를 쥐게 되었을 때, 발의 용도로부터 탈영토화되었을 때 손은 발이기를 중단하고 다른 것으로서 '창조'되었다. 발이 손으로 이행한 것은 단계적인 발달이 아니라 모종의 도약을 함축하는 사건이고, 그때야 비로소 인간의 고유한 활동으로서 노동이 전면화되었다는 뜻이다. 물론, 초기 인류와 유인원 사이에 심대한 질적인 변별을 짓기는 어려울지 모른다. 그러나 시간이 흐르면서 되돌릴 수 없는 변화가 발생한 것도 사실이다. "최하등 야만인의 손일지라도, 그것은 어떤 원숭이의 손도 따라 할 수 없는 수백 가지의 작업들을 할 수 있다. 어떤 원숭이의 손도 조잡한 돌칼조차 만들어내지 못했다."(엥겔스, 2003: 380) 손은 외견상 자연적 신체이지만, 그러나 자연적 용도로부터 분리된 사건이다. 큐브릭이 자기의 영화 속에서 역사의 시발점에 외계인의 검은 표석을 들여놓아야 했던 것은 이런 곤혹 내지 불가지의 사건을 표현하기 위해서일지도 모른다. 아무튼 손은 '내재하는 외부'로서 역사의 다른 행로를 열어젖혔다.

손과 도구를 향한 찬사로부터 한 걸음 물러서자. 지금 우리의 관심사는 도구와 인간의 내재적 연관이다. 도구를 삶의 편의를 위해 인간이 고안한 대상으로 보면 인간과 도구 사이에는 건널 수 없는 불연속만 남지만, 인간이 세계와 만나고 활동하는 데 필연적인 미디어로 본다면 거기엔 광대한 연속성이 펼쳐진다. 넓은 의미에서 기계(machine)는 인간과 도구의 그와 같은 내재적 연속성을 가리키는 개념이다.(Deleuze & Guattari,

1983: 36-41) 태엽과 시계판, 시침 및 분침이 하나가 되어 시계가 구성되고, 맹인과 지팡이가 연결되어 그의 동작하는 신체를 이루듯, 다양한 부분들이 연결되어 일정한 조직체를 형성한 것이 기계이다. 인간과 사물, 유기체와 무기물의 구별은 중요하지 않다. 결합과 해체를 통해 또 다른 연결관계를 구성할 수 있는 모든 것이 기계이다. 관건은 이질적인 부분들이 모이고 섞여들어, 상이한 기계를 이룰 수 있는지, 그렇게 작동할 수 있는지에 달려 있다. 이 대목에서 우리는 인간을 포함한 도구 일반을 모두 '기계'라고 부를 수 있는 가능성에 도달한다. 역사 전체, 즉 과학기술의 진보나 문화 및 문명의 발전은 이와 같은 기계적 구성, 인간과 기계의 상호공속성의 과정을 통해 다시 서술할 수 있을 것이다. 휴머니즘 또는 인간주의를 넘어서는 이러한 발상을 들뢰즈와 가타리는 기계주의(machinism)라 불렀다.

3. 기계론과 기계주의의 역사

철학적인 문맥에서 기계주의의 역사와 의미에 대해 상론하기 전에, 일상생활에서 마주치는 기술적인 기계의 역사, 기계론(mechanism)에 대해 따져보지 않을 수 없다. 통념 이상의 논의를 하기 위해서는, 우선 통념 자체에 대해 개략적으로나마 살펴보아야 할 것이다.

기계의 역사를 다루는 연구는 대개 르네상스 이후, 특히 근대 세계에서의 과학과 기술의 발달을 중시한다. 고대인들은 과학이나 기술적인 측면에서 저발전 단계에 있었기에 철학적 사변으로 그것을 대신할 수밖에 없었고, 중세는 '암흑시대'라는 별명이 보여주듯 세계와 자연에 대한 무지몽매한 인식에 머물렀으므로 어떠한 진전도 이룰 수 없었다는 것이다. 아시아나 아프리카 등의 비서구 지역은 오랫동안 고대와 중세적 단계에 정체되어 있었고, 오직 서구 유럽만이 16세기 이래 '합리적 사고'와 '경험적 방법'을 통해 오늘날의 과학기술적 진보를 이루어냈다는 주장이 여기서 나온다. 근대성(modernity)은 이러한 서구중심적인 진보사관을 지시하는 일반명사인바, 세계사가 단순무지했던 고대에서 중세를 거쳐 근대에 이르러 고차원적인 역사적 단계에 진입했다는 주장이 여기 담겨 있다.[4]

합리적 기계론은 근대성 이론의 중핵이다. 합리성은 원인과 결과의 연관이 명확히 인지되면서 그것을 반복적으로 재현할 수 있는 가능성이고, 기계론은 이러한 합리성을 인간 외적인 대상 속에서 구현시킬 수 있는 가능성이다. 톱니바퀴 두 개가 서로 맞물려 돌아가는 원리를 이해하고 그것을 실제로 만들어서 실행시킬 때 합리적 기계론은 완성된다. 쉽게 말해, 자연을 완전히 분해해서 다시 결합하는 능력이 그렇다.(베이컨, 2001: 177) 17세기는 이러한 기계론적 합리성이 사회문화적으로 전면화된 시기였다. 이 시대는 수학의 발달에 힘입어 시간과 사물의 계측 가능성이 증대했고, 기술의 발달로 인해 대상을 가공하고 조형할 수 있는 능력도 신장되었다. 기술적 기계들이 대거 등장한 것도 이즈음의 일이다.

시계는 합리적 기계론의 대표적인 산물이었다. 태엽시계의 원리는 강판을 두께가 고르게 일정한 강도로 제련한 뒤 둥글게 말아 규칙적으로 풀려 나가게 만드는 데 있다. 17세기 이전에는 철판을 얇게 펴기도 쉽지 않았고, 일정한 강도를 유지한 채 겹겹이 말기도 어려웠지만, 그 이후로는 기술적 공정의 발전으로 태엽의 원리를 현실화할 수 있게 되었다. 물시계나 해시계처럼 자연적 현상에 의거하여 시간을 측정하는 장치들은 중세 때부터 만들어졌지만, 자연의 힘을 빌리지 않고 '스스로' 움직이며

---

4 프랑스 계몽주의나 헤겔로 대표되는 독일 관념론 등을 조밀하게 거론할 만하지만, 일단 넘어가도록 하자. 여기서는 일종의 '신학'으로까지 비약한 실증주의에 대한 확신을 상기해보는 것으로도 충분하다.(콩트, 2001: 제1부)

시간의 운동을 보여주는 시계의 발명은 근대 초의 사람들을 놀라게 만들기에 충분했다.(Landes, 1983: 114-131) 이제 사람들은 시침과 분침의 규칙적 운동을 관찰함으로써 막연하게 체감하기만 하던 시간의 흐름을 구체적으로 눈앞에서 볼 수 있게 된 것이다. 자체 내적 동력으로 작동하는 자동기계로서의 시계는 기술적 측면뿐만 아니라 인식적 측면에서도 새로운 단계를 열었다고 평가된다. 인간의 손으로 제작된 기술적 산물인 시계는 온전히 '신의 것'으로만 여겨지던 중세적 시간관을 허물고 인간의 필요와 요구에 맞춰 시간을 사용할 수 있게 해주었다.(최진석, 2007: 179-183) 이에 초점을 맞춰 근대성 이론은 17세기 이후의 역사 속에서 기계의 발전을 자리매김하고자 했다.

일상을 둘러싼 이런 근대적 감각이 틀리지는 않았어도, 일면적인 틀에 갇혀 있음은 부인할 수 없다. 시계 기술의 사례가 보여주듯, 여기서 기계는 인간에 의해 제작되었고, 그럼으로써 인간과는 분리된 도구로서의 대상적 존재성만을 갖는다. 베이트슨의 통찰을 상기해본다면, 맹인과 지팡이의 관계에서 후자만이 기계라고 인지되었던 것이다. 매뉴팩처 시대에 소량으로 생산되던 고가의 소비재부터 대공업 시대의 대량생산품에 이르기까지 우리가 일반적으로 '기계'라 인식하는 대상들이 거의 다 이 범주에 속하는바, 인간-주체와 기계-객체(대상)의 이분법적 인식을 여기서 만나볼 수 있다. 근대과학과 기술의 성취, 점점 편리해지고 첨단화되는 기계공학의 발전은 이러한 세계관의 바탕 위에서 등장했을 것이다. 확실히 이러한 인식은 중세적 신 관념을 대신해 인간을 '창조자'의 지위로 끌어올려 주었고, 창조된 대상인 기계를 통제하고 지배할 수 있다는 근대적 신념을 표현하고 있다.(Beljaev, 2007: 160-165) 그렇다면 기계주의적 관점에서 시계의 역사를 다시 풀어보면 어떻게 될까?

문명사가 멈퍼드는 사회와 제도의 관점에서 인간과 기계가 상호 내재적으로 작동하는 관계론적 특징을 밝히고자 했다. 그에 따르면 시계의 발명은 17세기가 아니라 그보다 훨씬 이전까지 소급되는데, 실제로 기계적 원리로 구동되는 시계는 13세기에 이미 등장했다는 기록을 찾아볼 수 있다.[5] 기계론적 합리성이 표면화된 17세기보다 훨씬 이전, 적어도 13세기에는 여러 가지 기술적 장치들이 내장된 시계가 초보적인 형태로나마 구현되었다는 것이다. 다만 당대 제작기술의 한계로 인해 정교한 장치술과 금속재료를 통해 구현되지 못했기에 많은 기술사가들은 그것을 시계의 발명으로 셈하려 들지 않았을 뿐이다. 어쩌면 중세의 시계는 오늘날의 관점에서 볼 때 시계의 중요한 요건을 결여하고 있을지도 모른다. 하지만 멈퍼드는 어떤 재료를 사용해 제작했는지, 어떤 '과학적 원리'로 작동했는지의 여부를 따져 사물의 현실성을 판별 지을 수 없다고 단언한다. 오히려 핵심은 시계라는 발상 자체에 내재한 개념적 원리이다. 시침과 분침이 있고, 동판 위에 새겨진 숫자들을 왕복하는 따위, 또는 디지털 신호로 현재 시각을 시각화하는 이미지 따위로 시계를 정의할 수 없다. 하루를 일정한 시간 단위로 설정하고, 하루의 시간을 규칙적으로 분할해 일주일과 한 달, 1년을 동일한 방식으로 계산할 수 있는 기계라는 관념 자체가 시계라는 것이다. 곰곰 생각해보면 우리가 시계를 만들어 사용하는 이유는 사실 그것이 아닐까?

　17세기 혹은 그 이전에도 시계는 원리적으로 벌써 발명되었다는 멈퍼드의 주장은 중세의 수도원 제도를 관찰해보면 분명히 드러난다. 서구 중세에서 베네딕트 수도회는 신앙생활의 의무로서 노동의 의무를 유달리 강조했던 교파였다. 이때 노동은 신에게 바쳐진 성스러운 행위로 여겨졌기에 규칙적으로 수행되어야 했으며, 수도원 생활 전체가 정확한 일과표에 따라 진행될 것이 요구되었다. 노동만이 아니라 각종 성무성사 등

---

5 멈퍼드는 시간의 개념에 대한 추론을 통해 시계의 관념이 10세기경에 이미 출현했다고 단언한다.(멈퍼드, 2013a: 37; 크로스비, 2005: 107)

도 역시 일정한 시간 단위에 따라 이행되어야 했고, 특히 하루 7번 반드시 지켜져야 하는 기도시간의 의무는 불규칙하거나 부정확하면 거의 신성모독에 가까운 징벌을 감수해야 할 정도였다. 수도원은 거의 준군사조직으로서 엄격한 규율로써 통제되었는데, 정확한 시간 관념의 탄생은 이런 사정과 무관하지 않았다.(멈퍼드, 2013b: 481-487) 하루와 일주일, 한 달 및 1년은 '신이 정하신 질서'에 따라 엄밀히 분배되어야 했다. 명료하게 분절되고 종합할 수 있는 시간의 관념, 이것이야말로 기술적인 시계의 발명에 앞서 이루어져야 했던 시간의 창안에 다름 아니다. 이에 따라 단순하지만 정확성이 향상된 초보적 시계들이 고안되었으며, 오늘날과 유사한 형태의 시간-기계들도 연이어 등장하게 되었다.

핵심은 시계를 인간과 분리된 도구, 즉 있어도 좋고 없어도 좋은 외재적 보조물로 간주하는 게 아니라, 인간의 여러 특징 가운데 결여될 수 없는 것, 곧 인간의 자기규정의 하나로서 받아들이는 데 있다. 인간은 얼핏 시간의 지배를 받는 듯싶지만, 사실 시간을 창안하고 관리하려는 욕망을 실현시키며 진화해왔다. 멈퍼드는 이렇게 말한다. "수도원은 기계의 규칙적으로 집단적인 박자와 리듬을 인간 경영에 이용했다. 시계는 시간을 관리하는 수단일 뿐만 아니라 인간의 행동을 일치시키는 수단이었다." (멈퍼드, 2013a: 38)

시계, 즉 시간-기계가 갖는 의미를 면밀히 곱씹어봐야 한다. 시계를 편이를 위해 제조된 도구로 여길 때, 시계는 그저 시간을 알려주는 도구에 머문다. 하지만 시간이라는 개념을 통해 창조되고 그 시간의 관념을 인간과 삶에 불어넣는 기계로 본다면, 그것은 일상을 특정한 방식으로 구획하고 계획함으로써 현실을 창안하는 시간-기계로서의 모습을 드러낸다. 시계가 없다면 우리는 단 하루만이 아니라 어쩌면 인생 전체를 기획할 수 없을지도 모른다. 따라서 시계는 기술적 공정을 통해 제작되는 수동적 대상이 아니라 시간을 창안하는 능동적 기계이며, 그것의 독특한 생산물은 바로 '시간' 자체이자 인간의 '경험'에 다름 아니다. 인과적이고 규칙적인 시간 경험이 시계를 통해 생산됨으로써 근대적 일상과 과학이 등장할 수 있었다고 말해도 과장은 아닐 듯하다. 요컨대 시계라는 외재적 대상 이전에 시간-기계로서 그것의 관념이 두뇌 속에서 먼저 입안될 필요가 있었다.(멈퍼드, 2013b: 13)[6]

이로써 우리는 사물로서의 시계가 갖는 외연을 보다 유연하게 바라볼 여지를 얻는다. 외재적 대상성이 아니라 내재적인 개념과 작동이 문제일 때, 시계는 굳이 태엽과 톱니바퀴, 시침과 분침 등으로 이루어진 기술적 표상에 구속될 이유가 없다. 나아가 '시계'라는 표상 자체로부터도 벗어나야 한다. 중세 수도원에서 일과를 알리기 위해 쳤던 종은 시계가 아닐까? 수도사들에게 밥을 먹거나 기도를 하고, 성경을 필사하거나 농사를 지어야 한다는 관념을 불어넣는 신호로서 종소리는 하나의 시간-기계가 아닌가? 종을 울리기 위해 종줄에 매달린 수도사 역시 그 시간-기계의 일부는 아닐까? 종이 저절로 규칙적인 타종을 할 수 있을 리는 없는 탓이다. 수도사가 줄에 매달려 타종하는 행위 없이 종소리라는 시간-기계는 작동하지 않는다. 수도원과 종탑, 종치기와 종줄, 그리고 종이 이루는 이 계열적 배치가 바로 중세적인 시간-기계의 내재적 연관을 구성하고 있다.

이렇게 시간-기계는 하나의 제도로서 우리 앞에 제시된다. 잘 이해가 안 간다면 이렇게 생각해도 좋겠다. 만약 시계가 알려주는 시간을 사람들이 공유하지 않는다면 그 시계가 과연 필요할까? 시계는 그것이 규정하는 시간을 공인해주는 제도(계열적 배치)가 될 때 그 주어진 기능을 수

---

6 엥겔스가 손의 창조를 강조했던 것에 비견될 수 있는, 혹은 더욱 진전된 주장은 바로 뇌의 창안이다. 사유라는 사건의 발생기이기 때문이다. 들뢰즈 역시 비슷한 의미에서 뇌의 역동적인 창조력을 언급한다. 그에 따르면 뇌는 현실 논리의 반영이나 재현이 아니라, 비논리적 역설, 생성적 이미지를 산출하는 장치이다.(플랙스먼, 2003: 529-544)

행하게 된다. 달리 말해, 시계는 시간이란 무엇인지에 답하는 사회문화적 환경 속에서만 일상의 규칙이자 모델로서 기능하는 것이다. 시계, 곧 시간-기계가 제도라는 의미는 이렇게 성립한다. 우리는 모든 기계들이 사실상 그것들이 창안되고 작동하는 환경적 조건을 제도적으로 지탱하는 장치들의 집합체란 점을 추론해낼 수 있다.(윅스퀼, 2012: 11)[7]

다시 멈퍼드로 돌아오면, 기계를 제작하는 기술이란 물질적 대상뿐만 아니라 사회적 관계를 결합하는 과정으로서 의미를 갖는다. 달리 말해, 인간은 기계를 만들어냄으로써 삶과 사회를 구성한다. 기계는 임의적이고 우연적인 삶에 일정한 질서를 부여하고, 거꾸로 인간의 삶을 공동의 차원으로 결합시킨다. 개인적 도구가 아닌 사회적 제도로서의 기계적 환경. 이 점에서 기계의 기원은 기술 기계의 등장 시기에 국한시킬 수 없다. 많은 기술사가들이 아무리 빨리 잡아도 중세 중기에 멈추고 마는 기계의 역사를 멈퍼드가 기원전 수 세기 전으로 끌어올리거나, 어쩌면 큐브릭의 선사시대로까지 우리가 소급시킬 수 있다고 믿는 이유가 그것이다.

4. 근대성의 전도와 미래의 기계-인간

피라미드 건축의 비밀은 아직 다 풀리지 않았다. 어쩌면 헤겔의 농담(?)처럼 이집트인의 비밀은 이집트인들에게도 비밀이었을지 모르지만, 멈퍼드는 자신의 '기계주의'를 통해 이 문제에 개념적인 답안을 제시하고자 했다. 기중기처럼 그 시대에 제작할 수 있었던 기술적 장치나 방법이 사

---

7 문화적 환경을 형성하는 능력이 인간에게만 고유하다는 하이데거와 달리, 윅스퀼은 동물세계 전반이 의미의 발생을 통해 환경을 구성하는 역량이 있다고 말한다. 이 점에서 인간과 동물의 행동역량은 서로 다르지 않다. 환경이라는 기계적인 연속체를 만들기 때문이다.

용되었겠으나, 무엇보다도 핵심적인 것은 다수의 인구를 동원해 그 많은 돌들을 나일강으로부터 실어와 차곡차곡 쌓아올렸다는 것이다. 언뜻 단순소박한 답안이자 불가능해 보이기도 하는 이 생각은 인간을 인간이 아닌 존재로, 즉 기계로 간주할 때 뚜렷한 설득력을 얻는다. 대규모의 인력동원과 철통같은 규율을 통해 작업을 지시할 때 인간보다 더 거대하고 정확한 노동력을 끌어올 방도가 어디 있겠는가? 멈퍼드는 이러한 대규모 조직화와 동원의 체계를 기계라 부른다. 그것은 인간을 재료로 구성된 거대기계(mega-machine)이자 사회기계이며, 권력기계이다.(멈퍼드, 2013b: 제9장) 고대 노예국가로부터 근대 국민국가에 이르기까지 사회는 제도, 곧 커다란 기계로서 존립해왔다.

들뢰즈와 가타리가 근대를 '문명 자본주의 기계'라 명명하며, 기계주의 일반의 관점에서 다시 쓰고 있는 까닭이 여기에 있다. 자본주의를 태동시킨 두 가지 흐름, 즉 자유로운 노동자의 흐름과 자유로운 자본의 흐름이 역사의 어느 시점에서 마주쳐 하나의 계열을 형성하고, 그 계열이 생산의 거대한 순환에 돌입하게 되었을 때 근대 자본주의가 형성되었다는 것이다.(Deleuze & Guattari, 1983: 33-34) 아마도 기계제 대공업이 일반적 생산양식이 된 자본주의 시대에도 고대 피라미드나 중세 수도원에서와 같은 내재적 연관에 따른 기계주의를 말할 수 있을지 궁금해하는 사람이 있을 것이다. 대공업 시대는 그 이전과는 비교할 수 없을 정도로 엄청난 물량의 상품들을 쏟아냈고, 이는 인간과는 차별화되었고 명백히 분리되어 있는 기술 기계들의 대규모 사용이 없이는 불가능한 현상이기 때문이다. 하지만 시대를 막론하고 세계를 근저에서부터 관류하는 생산의 역동 또한 내재적 연관에 바탕한 기계주의, 기계적 배치의 일반성에 근거하고 있다. 이를 맑스의 분석을 빌려 살펴보도록 하자. 미리 진술하자면, 자본주의에 이르러 우리는 근대 휴머니즘의 절정이자 종국을, 포스트휴머니즘의 단초와 그 개시점을 확인해볼 수 있게 된다.

19세기의 기계제 대공업 시대에 이르러, 자본주의적 생산의 양적 관계는 그 최고 수준을 바라보게 되었다. 자동화된 대량생산 체계라는 새로운 현실은 물질적 궁핍에 대한 인류사의 영구적 난제를 간단히 뛰어넘었을 뿐 아니라, 전 지구적인 차원에서 초과적 잉여생산의 길을 열어놓았다. 하지만 물질적 조건의 충족이 곧장 사회적 유토피아를 배태하는 것은 아니다. 생산력의 비약에 비해 심화되는 생산관계의 왜곡은 개별 사회구성체를 넘어서 지구적 차원에서 전면화된다. 이러한 당대의 현실은 이후 자본주의가 대공황에 의해 자동적으로 붕괴되기까지, 공장체계의 전 사회적 적용(사회의 대공장화), 세계 시장의 전 지구적 확산(저개발과 종속), 자본주의적 생산의 본래적 모순심화(이윤율의 경향적 저하) 등의 치명적인 과정으로 이어지리라 전망되었다.

생산력의 무한한 확대에 대한 전망이 그 자체로 부정적인 것은 아니다. 다소 불편하지만 통설적으로 이해되어온 바대로, 빵을 공평하게 나누기 위해서는 우선 커다랗게 부풀려야 할 필요가 있을 듯하다. 그런 의미에서, 청년 시절에 맑스는 이미 대공업의 단계에 진입한 인류사가 혁명적 전화의 미래상과 잇닿아 있음을 날카롭게 적시해두었다. 인간이 자신의 생산물로부터 받는 소외는 동시에 그러한 소외를 낳은 생산양식의 발전으로부터 해소될 전망이 열린다는 것이다.

생산 도구와 사적 소유 사이의 모순은 바로 대공업의 산물인바, 이 모순의 산출을 위해서는 이미 대공업이 매우 발전되어 있어야만 한다. 따라서 사적 소유의 지양 또한 대공업과 더불어 비로소 가능하다. [⋯] 대공업은 대량의 생산력들을 산출했는데, 그러한 생산력들에 대해서 사적 소유는 하나의 질곡이 되었던바 [⋯] 이러한 생산력들은 사적 소유 아래에서는 오직 일면적인 발전을 유지할 뿐이고, 대다수에 대해서는 파괴적인 힘들로 되며, 그와 같은 힘들의 상당량은 사적 소유 내에서는 전혀 사용될 수 없는 것이다.(맑

스 · 엥겔스, 1994: 231, 242)

대공업의 중핵은 자동화된 기계체계이다. 신화적인 낙원추방 이래 인간이 짊어져야 했던 노동의 과중한 부담이 기계력에 의해 대체되고, 그에 따라 자급자족적이며 국지적 수준에 머무르던 생활경제 체제는 상품화된 잉여산물의 체계, 즉 시장에서 순환하기 시작했다. 이런 의미에서 대공업과 기계체계는 근대 부르주아 사회구성체의 정점인 동시에 인류사 최후의 착취적 생산 단계라는 것이다.

이로부터 부각되는 문제는 노동과 생산형태의 새로운 관계방식이다. 맑스 자신의 사유에서도 그런 면모가 없진 않으나, 이른바 '정통' 맑스주의는 이것을 자본가와 노동자라는 인간 주체들 사이의 관계성 형식으로 정식화했다. 헤겔이 모델화했던 주인과 노예의 변증법에서 연원한 지배와 피지배의 필연적 전환, 즉 보편적이고 유일한 계급으로서의 프롤레타리아트의 자기정립 과정이 그 담보물이다. 요컨대 대공업과 기계제 생산의 최후 전장은 자본가와 노동자가 벌이는 한판 승부에서, 그들 중 누가 더 진정한 생산의 주체가 되느냐에 달려 있다는 말이다. 이런 사변의 구도는 전장의 실제 구조를 괄호 안에 넣는다. 자본가와 노동자라는 인간 주체만이 행위의 작인이자 역사의 기관으로 명명될 뿐, 기계 자체에 대한 사유는 가동되지 않는 것이다. 이는 기계를 기술적 차원에 고정화함으로써 인간의 주체성에 부속시키고, 기계가 창안하는 관계를 존재하지 않는 차원에 몰아넣는 것이다. 노동가치설에 따르면 생산의 주체는 오직 인간이고, 비인간이 산출한 것은 가치를 얻지 못한다.(브레이버맨, 1990: 166) 근대는 확실히 휴머니즘의 시대가 아닌가? 기계, 더 정확히는 기계체계는 단지 생산력의 발전이라는 물리적 조건, 양적 가치증식을 위해서만 동원될 따름이다.

찰리 채플린이 「모던 타임즈」(1936)에서 희화적으로 묘사했던 자본주의 생산의 본질적 문제는 노동자의 노동으로부터의 소외이다. 이론적 반인간주의에 입각해 인간의 소외를 맑스 사상의 근본 줄기에서 추방하려 했던 알튀세르라면 별로 좋아하지 않았을 성싶지만, 아무튼 우리의 일반적 인식에서 기계를 조종하는 인간이 아니라 기계에 의해 조종당하는 인간의 이미지는 영락없는 소외의 표상이다. '대상화된 노동에 의한 살아 있는 노동의 점취'라는 표현이 여기에 올려져 있다.

> 기계는 어떤 관계에서도 개별적인 노동자의 노동수단으로 나타나지 않는다. [⋯] 노동자를 대신해서 숙련과 힘을 가지는 기계는 스스로가 기계에서 작용하는 역학 법칙들로 자기 자신의 혼을 가지고 있고, 자신의 지속적인 자기 운동을 위해서, 노동자가 식량을 소비하듯이 석탄, 기름 등(도구 재료)을 소비하는 명인(名人)이다. 노동자의 활동이 활동의 단순한 추상으로 국한되어 모든 측면에서 기계류의 운동에 의해서 규율되지 그 반대는 아니다.(맑스, 2001: 370)

인간이 자신을 위해 발명한 기계가 스스로 자립하여 인간 위에 올라선 상황을 근대인들은 무척이나 두려워했다. 금속과 기름으로 가동되는 이 '철의 노동자'는 자기의 활동에 대해 아무런 의식적 지각도 하지 않는다. 그러나 이 무의식적 기계는 의식하는 인간을 지배하는 힘을 지니고 있다. 이른바 인간의 '살아 있는 노동'이 죽은 기계에 의해 빈사의 부속물로 예속되고, 기계가 활동하기 위한 수단으로 인간이 추락해버렸다는 것이다. 이런 이유로 기계제 생산 자체를 철폐해야 한다거나(러다이트 운동), 또는 그런 생산체제 자체를 존립의 근거로 삼는 사회구성체를 폐지해야 한다는(공산주의 혁명) 타당성을 저항의 역사는 주장해왔다. 신자유주의의 시대를 살면서 우리 역시 겪고 있으며, 그 포악한 위세를 실감하고 있기에 산 노동(living labour)의 소외가 극복되어야 한다는 고전적 맑스주의의 주장에 반대할 이유는 없다. 하지만 잊지 말아야 할 것은, 알튀세르가 우려했던 대로 이와 같은 해방의 열정이 상당 부분 근대적 인간학, 즉 휴머니즘에 기반해 있다는 점이다.(알튀세르, 1997: 267 이하) 기계로부터 노동과 생산의 주체적 자리를 빼앗아 인간에게 반환해주라는 것. 그렇게 볼 때 "자동장치가 다수의 기계적이고 이지적인 기관들로 구성되어 있어서 노동자들 자신은 그것의 의식적 관절로만 규정되어 있"다(알튀세르, 1997: 369)는 맑스의 언명은 폐기되어야 할 부정적 현상 이상을 가리키지 않는다.

반전은 이제부터이다. 기계적 체제는 한편으로 '사회적 두뇌의 일반적 생산력의 축적'(알튀세르, 1997: 372)에 관한 내용을 포함한다. 이를 혁명을 준비하는 물질적 토대의 성숙이라는 도식으로 성급하게 환원시켜서는 곤란하다. 요점은 기계제 생산이 추동하는 자본주의적 성장의 결절점이 사회의 생산력 자체가 아니라 사회적 생산의 형태 변이에 놓여 있다는 사실이다. 기계제가 전면 확대되고, 기계에 의한 공정이 완전 자동화되며, 인간을 배제하는 생산체제의 전 지구적 확장이 반드시 노동자의 노동으로부터의 소외를 뜻하는 것은 아니다. 왜 그런가? 공장이 기계로 운영되면, 공장에서 일하던 노동자는 해고된다는 인식은 공장노동에 대한 19세기적 이미지로 상당 부분 근거해 있다. 「모던 타임즈」의 주인공 찰리가 쉼없이 순환하는 컨베이어 벨트 위의 나사를 미친 듯이 조일 때, 그가 매몰된 노동의 형태는 전(前) 세기의 노동집약적 산업의 모양새였다.[8] 반면, 기계화가 생산양식의 전면적인 일관성을 획득할 때 노동자는 기계

---

8 전 지구화 시대의 동시성의 비동시성을 감안하면, 제1세계와 제3세계의 노동형태가 동일하지 않음은 당연하다. 그래서 20세기와 21세기의 노동이 19세기 근대의 형태와 판연히 다르다는 주장에는 상당히 많은 유보조건들이 요청된다. 우리의 문맥은 고도화된 후기 자본주의, 특히 금융 자본주의적 상황을 염두에 두고 있다. 자본주의와 근대성, 혁명을 논구하기 위해서는 '지리학적 질문'이 필요한 이유이다.(하비, 2012: 199)

와 맺는 관계를 통해 새로운 노동의 조건 속에 배치된다. 맑스가 아직은 예견적으로만 언급하고 있는 '사회적 노동의 정립'은 그 결과이다. 사회적 노동이란 노동가치론에 의해 측정될 수 있는 최후의 노동형태이자 동시에 부의 새로운 척도가 창출되어 나오는 출구라는 것이다.[9] 이로부터 사회의 '실제적인 부'는 노동시간이 아니라 '과학의 일반적 상태와 기술적 진보 또는 과학의 생산에 대한 응용'에 의해 결정되는 것이기에(알튀세르, 1997: 380), 노동의 대상에 인간이 얼마나 직접 관여할 수 있는지는 이제 상대적인 의미만을 지니게 된다. 전통적인 노동관, 휴머니즘적 입장에서 본다면 인간은 더 이상 생산의 주체라 할 수 없을 듯하다.

그렇다면 이제 인간은 자신을 무엇이라 생각할까? 그는 여전히 노동자이며 동시에 노동자가 아니기도 하다. 무슨 말인가? "노동은 더 이상 생산과정에 포함되어 있는 것으로 나타나지 않고, 오히려 인간이 생산과정 자체에 감시자와 규율자로서 관계한다. 수정된 자연대상을 대상과 자신 사이에 매개고리로 삽입하는 것은 더 이상 노동자가 아니다."(알튀세르, 1997: 380) 인간만이 언제나 직접적 생산자가 될 수 있다는 근대 인간학적 규정에 의거해서는 이 전환을 긍정적으로 해석할 수 없다. 지금은 노동과 생산의 과정 전체가 인간이 자연과 물리적으로 맞서 투쟁하고, 주인의 지위에 올라간다는 휴머니즘의 명제가 폐기될 시간이다. 분명 맑스의 19세기는 우리 시대와 같은 정도로 생산력의 거대화와 생산관계의 복잡화를 경험하진 못했다. 하지만 자본주의적 발전의 일반적 경향에 대한 분석을 통해, 그는 기계제 대량생산의 극한적 가능성이 어떤 미

9 기계가 인간을 대신하여 전면적인 생산에 돌입하게 될 때(자동화와 정보화) 생겨나는 사회적 잉여가치란 기계적 잉여가치이며, '비인간적' 가치란 점을 기억하자. 가치는 오직 인간만 창출한다는 노동가치론의 관점에서는 있을 수 없는 '망발'이지만, 이미 탈근대 사회는 그러한 기계적 잉여가치의 전면화를 목도하고 있다. 인간과 기계의 위계적 이분법으로는 이 시대를 설명할 수도, 정당화할 수도 없다. 인간이냐 기계냐의 이분법을 넘어서야 한다.(이진경, 2006: 183)

래를 낳을지 전망할 수 있었다. 그것은 프랑켄슈타인에 대한 공포로 표징되는 기계 대 인간의 낭만주의적 대립이 아니라, 기계와 인간이 내재적 연관을 통해 생산의 연속적인 계열을 형성하는 사회였다.(알튀세르, 1997: 380-381) 인간과 기계의 이러한 접속적 종합을 통하여 소실되는 것은 노동자의 인간적 주체성이 아니라 개체화된 사적 노동형태일 뿐이며, 역으로 사회적 개인의 생성을 기대해볼 수 있게 된다.

후기 맑스에서 '사회적 개인'은 사회적 필요노동 시간의 단축과 잉여노동의 자기화를 통해 자기가치 증식을 달성하게 된 인간을 말한다. 달리 말해, 먹고살기 위해 꼭 필요한 노동시간은 줄이고, 착취를 벗어난 가치 창조적 노동시간을 더 많이 확보함으로써 노동자 자신을 위해 살아가는 인간이 된다는 것이다. 사회의 생산과 개인의 생산이 놀랍도록 일치하는 이러한 단계에서 드러나는 것은 사회적 부에 대한 개념이 근본적으로 바뀐다는 사실이다. 맑스가 얼핏 내비친 바에 따르면, 자본주의를 넘어선 사회에서 인간성의 제고는 부의 척도를 이전과는 상이한 생산의 평면으로 옮겨놓는 것이다. 즉 자본가를 위해 착취되었던 노동시간을 노동자가 자기 의사대로 활용할 수 있는 가처분 시간으로 전환하게 된다는 뜻이다.

가처분 시간이 대립적인 실존을 갖기를 중단하면, 한편으로 필요노동 시간은 사회적 개인의 욕구들을 자신의 척도로 삼게 될 것이고, 다른 한편으로 사회적 생산력의 발전이 빠르게 성장해서 비록 생산이 모두의 부를 목표로 해서 이루어질지라도 모두의 가처분 시간은 증가한다. 왜냐하면 실재적인 부는 모든 개인의 발전된 생산력이기 때문이다. 그렇게 되면 결코 더 이상 노동시간이 아니라 가처분 시간이 부의 척도가 된다.(맑스, 2001: 384)

정치경제학의 복잡한 술어들을 피해 이야기한다면, 인간이 만드는 가치만이 유용하고 생산적이라는 자본주의적 시간관 및 노동관은 폐지되고, 이로써 부에 대한 개념이 전도될 것이다. 기계와 연결된 인간을 통해 인간이 다시 정의될 때, 인간의 주체성에 대한 규정 역시 전면적으로 개정되는 것은 불가피한 노릇이다. 공산주의적 미래 사회의 인간상에 관한 맑스의 상상을 우리는 그와 같은 주체성의 전위라는 미래적 시점에서 읽어야 하지 않을까?

아무도 하나의 배타적인 활동의 영역을 갖지 않으며 모든 사람이 그가 원하는 분야에서 자신을 도야할 수 있는 공산주의 사회에서는 사회가 전반적 생산을 규제하게 되고, 바로 이를 통하여, 내가 하고 싶은 그대로 오늘은 이 일 내일은 저 일을 하는 것, 아침에는 사냥하고 오후에는 낚시하고 저녁에는 소를 치며 저녁식사 후에는 비판하면서도 사냥꾼으로도 어부로도 목동으로도 비판가로도 되지 않는 일이 가능하게 된다.(맑스·엥겔스, 1994: 214)

과연 이 '미래의 인간'도 근대의 인간학적 규정에 따라 동일하게 '인간'이라고 부를 수 있을까? 그가 과연 그렇게 생각할까? 질문을 돌려보자. 자본주의 사회 이후에 나타날 '다른' 사회에서 기계란 무엇일까? 어렵사리 진로를 헤쳐 나가는 우리의 여정이 오늘 도달해야 할 목적지는 이 물음을 온전히 던져보는 것이다. 인간이 더 이상 인간이지 않을 때, 기계는 자신을 무엇이라 생각할까? 이런 의문이 다시금 인간과 기계의 이분법으로 되돌아가 인간이냐 기계냐의 공허한 선택지로 귀착되어서는 곤란하다. 어쩌면 우리는 기계의 주체성에 대해 질문하는 게 더 나을 수도 있다. 하지만 기계의 주체성에 대한 구상은 인간에 대해 우리가 가져왔던 생물학적이고 인간중심적인 관념의 틀에서 벗어나는 무엇일 듯하다. 우리는 어쩌면 전혀 다른 유적 존재(Gattungswesen)에 대한 구상까지도 감수해야 할지 모른다. 문명 자본주의 기계, 또는 근대성 너머의 기계-인간에 대한 상상력은 이미 문턱까지 차올라 있다.

5. 포스트휴머니즘의 탈인간학

한때 꽤나 열광적으로 인용되고 언급되었으나, 실상 그 정확한 의미를 파악하기는 어려웠던 개념 가운데 일반 지성(General Intellect)을 이 자리로 호출해보도록 하자. 일반 지성이란 어떤 것인가? 자본주의 사회에서 기계류는 생산을 위한 고정자본으로서 투여되고, 자본가가 소유하는 노동의 수단으로만 인식되어왔다. 하지만 만일 기계를 그 기술적 형태에 묶어두지 않고, 마치 수도원과 수도사, 종을 통해 기계적 계열로 파악했던 것처럼 생산 일반의 연속체계로 생각한다면 어떻게 될까? 컨베이어 벨트와 인간의 단속적이고 기계론적 연결이 아니라, 기계와 인간이 상호적 관계를 통해 내재적으로 연관되는 방식. 그것이 일반 지성의 구성 방식이다.(다이어-위데포드, 2003: 453-456) 이는 기계에 대한 도구론적 용법을 넘어서 있고, 인간과 기계의 접속적 종합을 통해 집합적인 지적 기관을 구축한다.

일반 지성으로의 종합이 성취되기 위해서는 우선 인간과 기계 사이의 단절로 표명되는 위계나 차이가 사라져야 한다. 인간은 기계보다 우월하다든지, 기계가 인간을 위협하는 적대적 타자로 설정되는 방식을 피해 기계와 인간 사이의 존재론적 평등이 설립되어야 한다. 일반화된 기계주의는 유기체로서의 인간도 기술적 기계도 모두 내재적 연관을 통해 결합하고 분해될 수 있는 기계 일반으로 설정하는 것이다. 이와 같은 기계주의는 역사 세계 전체에 투사되어 적용해볼 수 있다. 단적으로 말해, 「모던 타임즈」의 컨베이어 벨트와 찰리는 근대 휴머니즘의 입장에서 볼 때 노동자의 소외이자 인간 존엄성의 말살이지만, 기계주의의 관점에서 말한다면 기술적 기계와 인간이 동일한 평면에서 연결되어 작동하는 전형적인 자본주의 기계의 특징을 시사한다. 다만 그것은 연관된 요소들의 적극적이고 긍정적인 관계가 아니라 부정적이고 자기 파멸적인 관계만을 재생산할 따름이다.[10] 사변적인 논의를 벗어나기 위해, 다른 사례들로 논의를 구체화해보자.

1845년 5월, 보잘것없는 공병학교 출신의 표도르 도스토예프스키는 「가난한 사람들」로 일약 문단의 스타가 되어 화려하게 등단했다. 당대 최고의 비평가 비사리온 벨린스키는 고골 이후 가장 유망한 소설가라며 한껏 추켜세워 주었지만, 그 다음해에 도스토예프스키가 「분신」을 발표하자 황당무계한 최악의 작품이라며 맹비난을 퍼부어댔다. 사회 비판적인 리얼리즘을 추구하던 비평가에게 낭만주의적 잔재가 물씬 묻어나는 작품은 무언가 시대착오적인 치기로 보였을 것이다. 아무튼 이 사건으로 인해 최대의 문인 그룹과 결별하게 된 도스토예프스키는 페트라셰프스키가 주관하는 사회주의 서클을 들락거리다가 체포되어 시베리아로 유형을 떠나게 된다. 문단활동도 중단되었고, 4년간 수감생활을 마친 후에 다시 4년간 군복무를 거치며 현실 변혁적인 분위기에 대해 냉담한 태도를 띠게 되었다.

감옥과 군대를 오가며 나름대로 집필에 의욕을 보이기도 했으나, 이 무렵의 도스토예프스키는 우리가 아는 세계적 대문호와는 거리가 멀었다. 장편과 단편을 계속해서 쓰고 발표도 했으나 대단한 주목을 끌진 못했고, 우울한 성벽이 도져 유럽의 유양지들을 왕복하며 도박판에 빠졌다. 넉넉지 못한 집안에서 자란 데다가 작품활동마저 부진하니 자금이 충분할 리가 없었다. 글쓰는 재능밖에 없던 도스토예프스키는 출판업자들과의 선계약을 통해 도박자금을 마련했고, 돈이 생기면 외국으로 나

---

10 들뢰즈와 가타리의 기계주의는 스피노자와 니체의 관계론에 깊은 영향을 받았다. 선(good)과 악(evil)의 위계적 관계를 탈피하는 대신, 여기서 중요한 것은 특정한 계열로써 형성되는 관계가 좋은가(good), 나쁜가(bad)에 달려 있다. 기계는 유기체가 아니기 때문에 나쁜 관계 속에서 그것은 곧 중단되어 해체되고, 좋은 관계 속에서는 지속적인 생산을 보장받는다. 들뢰즈는 이것을 행동학(ethnology)으로서의 존재의 에티카라 부른다.(들뢰즈, 1999: 38-40)

가 탕진하는 데 바빴다. 그러다 일이 터진 것은 1865년 중순이었다. 형과 함께 내던 잡지《시대》가 도산 위기에 처했고, 수중에 가진 돈이 없던 그는 스텔로프스키라는 서적상과 한 건의 계약을 맺게 된다. 다음 해 11월 1일까지 새 소설을 써서 넘긴다는 조건이었다. 여기엔 특약사항이 하나 붙었는데, 만일 1866년 12월 1일까지 원고를 다 넘기지 않으면 이전까지의 모든 작품은 물론이거니와 향후 출간되는 모든 작품의 저작권을 스텔로프스키에게 넘겨야 한다는 것이었다. 급한 불은 꺼야 했기에 황급히 계약을 맺었지만, 해가 넘어가며 어마어마한 위기감에 사로잡힌 도스토예프스키는 특단의 조치를 취하기로 한다. "현대 과학의 오만한 손을 빌려" 작품을 완성하기로 한 것이다.(카, 1979: 150) 당시엔 '문명의 이기'였던 속기사를 고용하기로 한 것이다.

후일 두 번째 아내가 된 안나 그리고리예브나를 만난 것은 절박한 필요에 의한 것이었으나, 그 과정이 무척 흥미롭다. 신경질적인 중년의 사내는 종일 방 안을 빙빙 돌며 안나에게 작품의 줄거리를 정신없이 읊어 댔고, 자기 생각의 속도를 따라오지 못한다며 괜한 투정을 부리곤 했다. 변덕이 죽 끓듯하고 자기 잘못을 인정하는 데 인색한 남자와 작업하는 것은 쉽지 않은 일이었지만, 마침내 그해 가을께 약속했던 작품은 완성되었다. 이것이 도스토예프스키 5대 장편소설 중 첫 번째인『죄와 벌』이다. 다소 긴 사연을 늘어놓은 이유는 간단한 질문을 던지기 위해서이다. 대부분의 독자들은 도스토예프스키를 세계문학사의 대문호 가운데 하나로 기꺼이 인정할 것이다. 그가 남긴 작품들 전체가 인류애와 보편 윤리를 실천하고 있으며, 그것은 도스토예프스키의 독특한 문학적 천재성에서 기인한다고도 말한다. 그런데 만일 그가 1865년 말 속기사를 만나지 못했다면 어떤 결과가 벌어졌을까? 그는 과연 1년 안에 집필을 끝마쳐 계약을 이행하고, 장래의 문호 자리에 올라설 수 있었을까?『죄와 벌』이라는 대작이 나올 수 있었을까?

통념에 따른다면, 도스토예프스키의 작품은 그가 도스토예프스키이기에 쓰일 수 있던 것이다. 도스토예프스키라는 인간이 있는 한, 우리는 『죄와 벌』도 있다고 말할 수 있다. 하지만 자신의 머릿속에서 어지럽게 맴도는 생각과 그것을 이야기의 구조 속에 풀어내고, 또 그 안에 칼날 같은 윤리적 질문과 응답을 담아 구성하는 일을 이 '생기 없고 병자 같은' 도박꾼이 잘했을 성싶진 않다.(도스토예프스카야, 2003: 47) 속기사 없이 그가 자신의 계약을 무사히 마무리할 수 있었을지 의문이다. 이상한가? 상식적으로 속기사는 자신의 손을 빌려주는 데 불과하지 않은가? 그렇지 않다.

학생인 당신이 내일 기말 보고서를 제출해야 한다고 가정해보자. 무엇을, 어떻게 써야 할지 나름의 계획과 순서를 정해놓고, 이제 쓰는 일만 남았다. 컴퓨터를 켜고 자판 위에 손을 얹은 채 모니터 화면을 바라보며 보고서를 쓰려 한다. 그런데 만약 당신에게 주어진 도구가 구형 타자기라면 어떻게 될까? 자판의 배열도 현재의 컴퓨터와 다르고, 일단 입력한 글자는 종이를 바꾸지 않는 한 취소할 수 없다. 한 글자가 틀리면 종이 전체를 버려야 할 노릇이다. 문자판을 손끝으로 두드린다는 형식만 제외하면, 모든 조건이 달라져버렸다. 혹은, 백지와 볼펜으로 써보라면 어떻게 할 것인가? 인간만이 글쓰기의 주체라면, 어떤 수단이 주어져도 동일한 결과가 나올 것이다. 하지만 과연 그럴까? 당신이 컴퓨터로 글을 쓸 때와 구형 타자기로, 볼펜으로 글을 쓸 때 정말 똑같은 글이 나올까? 잘 알다시피 그럴 수 없을 것이다. 도구가 달라진다면 우리는 그때마다 다른 방식으로 일할 수밖에 없다. 시간이 흐르면 적응이야 하겠지만, 매번 전혀 다른 결과에 도달할 것이다. 애초에 연결의 조건이 달라졌기 때문이다.

글쓰기라는 활동은 글을 쓰는 기계(인간 주체)와 그것에 연결된 다른 기계(도구)들의 접속에 의해 작동하는 글쓰기-기계의 상호적 효과이다.

도스토예프스키가 세계적인 대문호가 되기 위해서는 그의 머릿속 사상만으로는 부족하다. 안나, 곧 속기사-기계와의 연결을 통해 글쓰기-기계로 전화(轉化)하지 않으면 안 되었던 것.[11] 도스토예프스키와 안나라는 두 기계, 아니 작품을 구상할 때마다 그가 물고 살았던 담배, 안나의 펜, 속기를 위해 동원되는 약어(略語)표시들, 생각의 문을 활짝 열어준다고 평생 믿었던 작업실의 높은 천장 …. 모든 것이 한데 결합하여 하나의 기계로서 작동했기에 도스토예프스키라는 대문호가 탄생했다고 말해도 좋을 것이다.[12] 물론, 그가 지닌 재능이 가장 큰 비율을 차지했다고 말할 수 있을 것이다. 그러나 그것만으로는 충분치 않다. 기계는 항상 접속과 연결을 통해 생산의 계열을 형성하고, 그 내재적 관계 속에서만 생산한다.[13]

오랜 세월 우리를 사로잡아 왔던 인간과 기계의 대립은 가상이다. 이에 기초해 구축된 근대적 휴머니즘 역시 인간의 근본적인 능력이나 본성을 신뢰하는 데서 출발했으나, 실상 인간이라는 개념이 온전히 성립하기 위해서는 비인간적인 것, 기계라는 타자가 대척적으로 배치되어야만 했다. 역설적으로 말해, 기계에 의지해서만 인간은 인간적이고 인간다울

---

11 키틀러에 따르면 글쓰기가 '(근대)문학'이라는 남성주의적 모델에 기반해 있던 19세기와 달리, 20세기는 여성적 타자성(타자수)과 기계적 타자성(타자기)이 전면에 결합하여 글쓰기의 효과를 적극적으로 산출했던 시대였다.(키틀러, 2015: 617-625) 하지만 안나 도스토예프스카야의 사례에서 확인할 수 있듯, 그 전조는 이미 19세기에 충분히 나타났다.

12 행위는 언제나 타자성의 불가결한 결합을 통해 발생하는 효과이다. 존재(자)(bytie)들의 집합적 효과로서 사건(so-bytie, 함께-있음)을 정의했던 청년기 바흐친의 관여의 존재론이 후기의 생성의 존재론으로 전화하는 시점을 보라.(최진석, 2014a: 45-75; 최진석, 2014b: 333-364)

13 하나의 사건적 관계를 통해 타자와 타자들 사이의 연대와 공조가 성립하고, 이로써 특정한 결과 혹은 효과를 발생시킬 때, 이를 스피노자적 의미에서 개체(singular thing)의 발생이라 말할 수 있을 듯하다.(Spinoza, 1985: 460) 들뢰즈가 보충하듯, 개체란 타자와 분리된 실체로서의 개체가 아니라, 타자와의 관계 속에서 형성되는 개체화의 효과이기 때문이다. 물론, 타자들 사이의 사건으로서 개체화에 비인간적 요소로서의 기계적인 것이 개입한다고 할 때, 우리는 시몽동의 기술적 존재론에 대한 참조를 빠뜨릴 수 없을 것이다.(시몽동, 2011)

수조차 있었던 것이다. 달리 말해, 휴머니즘의 인간학은 그 비인간적 그 늘에 기대야만 내적 충만성을 보유할 수 있었다. 이 점에서 포스트휴머 니즘을 인간의 변형이나 증강, 강화를 통해 도달할 수 있는 미래의 인간 유형으로 가정하는 것은 어리석은 노릇이다. 그런 방식으로 계속해서 인 간의 표상에 매달리는 한, 우리는 또 다른 방식의 휴머니즘을 무수히 반 복할 수밖에 없다. 포스트휴머니즘에 관해 이야기하려면, 그것은 말 그 대로 휴머니즘 '이후(post)'의 도래할 무엇에 대한 논의가 되어야 한다. 포 스트휴먼은 아마도 비인간, 탈인간에 보다 가까운 존재가 아닐까? 만일 그렇다면, 인간으로서 우리가 비인간에 대해 과연 얼마나 예상하고 기대 할 수 있을까? 그런 게 가능한 일일까?(최진석, 2016: 45-49)[14]

휴머니즘의 한계를 비판하고, 포스트휴머니즘의 조건들을 끊임없이 고찰하면서도 다시금 휴머니즘을 경계하는 방식으로나마 되돌아볼 수밖 에 없는 이유는 우리가 여전히 인간이기 때문일 듯하다. 근대인으로 태 어나서, 근대인으로 살아가며, 끝내 근대인으로 사멸할 수밖에 없는 우 리에게 가능한 탐구의 비전은 휴머니즘의 조건들을 따져보고 그 한계의 문턱에서 포스트휴먼의 징후를 어렴풋하게나마 포착해보는 수밖에 없 다. 가령 인간은 비인간의 표상들을 통해 자신의 이미지를 구축해왔고, 동물과 유령 혹은 여러 다른 타자들의 형상들 가운데 기계가 최종적인 인간의 타자로서 여전히 남아 있는 탓이다.[15] '인간'을 문제 삼으면서 '기 계'라는 타자의 형상을 둘러싸고 인간을 되돌아본 이유이다.

고대로부터 현대에 이르기까지, 인간이 타자를 밀어내는 방식은 항상

---

14 만일 인간과 기계의 종차(種差)가 다르다면, 우리는 인간과 동일한 도덕과 의식, 가치감각을 기계에게 강요할 수 없을 것이다. 마치 인류의 먼 시원에 있던 유인원의 그것들이 우리에게 적 용되지 않는 것처럼.

15 인간과 기계의 불연속은, 우주와 지구, 인간과 동물, 의식과 무의식에 이은 최후의 근대적 불 연속선이었다.(매즐리시, 2001)

포함과 배제의 이중화를 통해 이루어졌다. 여기에 주의를 기울여야 한다. 내재적 연관과 마찬가지로, 포함과 배제는 역설의 방식으로 서로 배치되는 것들을 떼어놓고 다시 붙인다. 가시적으로 지표화되는 가시성의 차원이 아니라 비가시적인 잠재성의 장에서 대립은 서로의 생성을 함축한다. 포스트휴먼은 휴먼과 동일한 평면에서 등장한 미래의 인간은 아닐 것이다. 휴먼의 가능성을 제아무리 연장하고 확장한다 해도 포스트휴먼은 나타나지 않을 것이다. 만일 그렇게 등장할 무엇이 있다면, 그것의 이면에는 어김없이 휴먼의 가상이 달라붙어 있지는 않은지 지켜봐야 할 일이다. 휴먼의 조건에서 포스트휴먼의 현실은 보이지 않는다. 하지만 보이지 않고 지각할 수 없는 것이 존재하지 않는 것은 아니다. 유령이 그 실존으로 우리를 위협하는 게 아니라 유령적 효과로서 영향력을 행사하듯, 포스트휴먼은 예감을 통해 그 실재성을 표명한다. 아직 직립해본 적이 없는 태고 인류에게 문득 뼈다귀 하나를 앞발로 쥐어볼 느낌이 스쳐 지나갔을 때 그에게 다른 존재로의 전화는 이미 시작되었다고 볼 수 있다. 그와 마찬가지로 여전히, 그리고 아직도 휴먼에 머무른 우리에게 포스트휴먼은 현재의 조건을 통해 잠재적으로나 도래할 미-래이다.

따라서 우리는 지금 현재의 조건에 내재해 있는 이질적인 연관의 잠재성을 부지런히 좇아야 할 일이다. 포스트휴먼은 휴먼과는 다르지만, 그래서 휴먼의 가능적 종합을 통해 표상되는 존재는 아니지만, 그러나 잠재적으로는 항상-이미 우리에게 도달해 있는 무엇일 수 있는 까닭이다.(최진석, 2015: 401-409) 이 글을 쓰고 있는 필자가 그렇듯, 읽고 있는 독자 역시 유기적 합성체로서의 휴먼의 한계는 영구히 벗어날 수 없다. 그렇지만 인간과 기계의 내재적 연관, 공진화적 계열을 상상할 수 있고 욕망할 수 있다면, 우리는 벌써 포스트휴먼과의 은밀한 접속을 감행하고 있는 셈이다. 불가능한 미래를 무심결에 엿보고 예감하고 있기 때문이다. 그대, 앞발을 보고 있는가.

2

인간향상과 하버마스의 자율성 논증[1]

신상규

1. 과학기술과 인간향상의 문제

과학기술의 급진적 발전에 따라 생물학적 존재로서의 인간이 과학기술적인 조작이나 개입의 직접적인 대상이 되고 있다. 과거에는 인간의 신체 바깥에 존재하는 환경으로서의 자연이 그 조작 대상이었다면, 이제 인간의 내부에 존재하는 자연, 즉 인간본성이 과학기술의 직접적인 조작 대상으로 부상하고 있는 것이다. 혹자는 현재의 생물학적 종으로서의 인간

---

1 이 글은 《과학철학》 18권 제3호(2015)에 동일한 제목으로 실렸던 글을 일부 수정한 것이다. 《과학철학》 18권 제3호에는 필자의 졸저인 『호모사피엔스의 미래 — 포스트휴먼과 트랜스휴머니즘』에 대한 북심포지움 특집으로서, 이 글 외에도 다른 학자들이 필자의 책을 리뷰한 세 편의 논문, 그리고 이들에 대한 필자의 답변 논문이 함께 실려 있다. 이 글은 특집의 기조논문으로 준비되었던 글로서, 책에서 미비하게 논의되었던 하버마스 관련 부분을 보충하기 위한 목적으로 작성되었다. 이 글을 통해서 부족했던 부분이 조금이라도 보충되었으면 하는 바람이다.

종과 구분되는 포스트휴먼이라는 새로운 종의 출현을 예상하기도 한다.

첨단의 새로운 과학기술적 수단을 이용하여 인간의 신체 능력뿐 아니라 인지, 감정 능력의 개선 및 강화, 건강 수명의 연장 등을 꾀하는 시도를 인간향상이라 일컫는다. 현재에도 성형수술뿐 아니라 인지적 집중력 및 정서에 영향을 끼치는 프로작이나 리탈린과 같은 다양한 형태의 향상기술이 존재하고 있다. 그러나 현재의 기술은 인간본성에 대한 침투의 깊이라는 측면에서 아직 일시적인 변화에 국한되거나 표면적인 수준에 머무르고 있다. 더욱 근본적인 수준에서 주목되는 향상기술은 유전자 배열의 조작과 같은 생물학적 본성 자체에 대한 생명공학적인 개입이다. 오늘날에도 착상 전 유전자 진단(preimplantation genetic diagnosis: PGD)과 같은 소극적인 수준에서 이러한 기술이 일부 사용되고 있지만, 미래에는 자식이 갖기를 원하는 특성이나 형질을 부모가 직접 선택하는 보다 적극적인 수준의 개입이 이루어질 것이라 예상된다.

인간향상의 문제는 철학적, 윤리적 수준에서 많은 논란과 비판을 불러일으킬 잠재적 소지가 있다. 이제 이는 더 이상 SF의 공상적 미래에 관한 이야기가 아니라 점점 더 현실적인 실제의 문제로 부상하고 있다.[2] 인간향상을 지지하거나 찬성하는 트랜스휴머니즘의 입장에 대해 제기되는 비판은 대략 다섯 가지 정도로 분류될 수 있다.(신상규, 2014)

① 예상치 못한 향상기술의 위험성과 부작용에 대한 비판
② 사회적 정의나 공정성의 악화에 입각한 비판
③ 신의 역할을 대신하거나 자연의 신성성에 개입하는 인간의 오만함

---

2 인간향상을 다루고 있는 대표적인 SF영화로는 1997년에 개봉된 「가타카(Gatacca)」가 있다. 개봉된 지 이미 20여 년이 다 되었지만, 여전히 이 영화는 인간향상과 관련된 문제를 깊이 있게 다룬 최고의 수작으로 평가된다.

에 대한 경고

④ 자율성의 침해와 인간 자유의 조건을 위협함에 대한 비판

⑤ 삶의 의미나 진정성, 인간의 존엄성을 포함하는 다양한 인간적, 도덕적 가치의 훼손에 대한 비판

본 글은 이러한 비판들 중에서 네 번째 항목인 자율성 침해에 입각한 논증에 초점을 맞춘다. 특히 자율성의 개념에 입각하여 생명공학적인 개입에 반대하는 논증을 펼친 바 있는 하버마스의 입장을 비판적으로 검토하고 살펴보게 될 것이다. 결론부터 미리 말한다면, 하버마스의 논증은 훌륭한 레토릭으로 표현되어 있지만, 그가 제기하는 모든 비판이 적절해 보이지는 않는다. 물론 그렇다고 해서, 자율성과 관련하여 우리가 우려할 바가 전혀 없다는 말은 아니다. 나는 자율성과 관련된 보다 심각한 문제는 부모와 자식 간의 관계보다 개인과 다른 개인 사이의 관계에서 발생한다고 생각한다. 이는 자율성의 개념에 대한 분석과 더불어, 개인과 사회 혹은 개인과 국가 간의 관계에 대한 생명정치적인 시각의 논의가 필요한 문제이다.

'향상(enhancement)'이란 표현에 대해 약간의 부연 설명이 필요해 보인다. 많은 사람들이 인간향상이란 표현의 적절성에 대해서 의문을 제기하고 거부감을 표현하고 있기 때문이다. '향상'의 의미는 어떤 것의 질, 가치, 수준, 능력을 더 나아지게 만든다는 것이다. '인간향상'이란 표현에 대한 한 가지 독해 방식은 향상의 대상을 인간으로 보고 가치 평가적이고 규범적 의미에서 "인간을 더욱 나은 존재로 개선한다."라는 의미로 읽는 것이다. 인간향상의 가능성을 적극 옹호하는 일부 트랜스휴머니스트들이 그런 의미로 '향상'이라는 표현을 사용하고 있다. 그러나 이 글에서는 그러한 규범적 함축을 최대한 배제하면서 과학기술이 적용되는 방식에 대한 서술적 의미로서 '향상'이란 말을 사용할 것이다. 이때 향상이란

말이 적용되는 대상은 인간 자체라기보다 인간이 가지고 있는 신체적, 인지적, 정서적 능력이 된다. 즉 이 글에서 말하는 인간향상은 인간 자체나 인간성(humanity)의 향상이 아니라 인간이 가진 다양한 능력의 강화나 개선을 의미한다. 그러한 능력의 향상이 인간의 삶이나 인간 자체의 향상으로 이어지는가의 문제는 별도의 논의를 필요로 한다.

2. 자율성에 관한 하버마스의 논증

향상기술의 적용과 관련하여 논란이 가장 예상되는 영역이 바로 부모의 선택에 따라 새로 태어날 아이의 형질이나 특성을 선택하고 변경하는 유전자 조작 부분이다. 하버마스의 논증도 이 부분에 초점을 맞추고 있다. 유전자 조작을 통한 생명공학적 개입에 반대하는 하버마스의 기본적인 비판 논점은, 그것이 인간-종에 대한 자기 이해를 근본적인 방식으로 변화시킴으로써, 법이나 도덕에 대한 근대적 이해의 기초가 되는 자율성과 평등의 자유주의적 원칙을 침해하게 된다는 것이다.

> 칸트에게서 여전히 필연의 왕국(kingdom of necessity)에 속하는 것이, 진화이론의 관점에서는 우연의 왕국(kingdom of contingency)에 속하는 것으로 변화되었다. 유전공학은 이제 우리가 마음대로 할 수 없는 자연적 토대와 목적의 왕국 사이의 경계를 변경시키고 있다. 우리의 "내적" 본성(자연)에 대한 이러한 통제의 확장은, 그것이 "우리의 도덕 경험의 전체적 구조를" 바꾼다는 사실에 의해, 우리의 선택지를 넓혀주는 유사한 확장들과 구별된다. (필자 강조)[3]

---

3 하버마스(2003), pp. 63-64[27-28]. 하버마스의 책은 『인간이라는 자연의 미래』라는 제목으

하버마스에 따르면, 인간의 본성을 조작의 대상으로 간주하는 유전적 개입은, "우리 스스로를 자기 삶의 역사에 대한 책임 있는 저자로 간주하고", 또 "서로 각자를 평등하게 탄생된 인격, 즉 평등한 존엄성을 갖춘 존재로 인정할 수" 있게 만드는 인간 종의 윤리적 자기 이해를 변화시킨다. 그리고 인간본성을 조작적 대상으로 파악함으로써 귀결되는 윤리적 자기 이해는, 자율적(자기결정)이며 책임 있게 행동하며 살아가는 인격체라는 자유주의가 기초하고 있는 규범적인 자기 이해와 더 이상 일관적이지 않다. 그 결과, 유전자 조작을 통한 인간향상은 양도할 수 없는 사회 통합의 규범적 토대를 침식하게 된다.(하버마스, 2003: 83-84)

유전적 개입의 결과에 대한 하버마스의 주요 논증은 다음과 같이 요약될 수 있다.

① 부모의 선호에 의해 이루어지는 유전적 결정은 아이가 거부할 기회가 없는 일방적이고 불가역적인 개입이다.
② 따라서 유전적 개입은 아이의 삶을 제3자(부모)의 조작적 의도에 속박시키는 결과를 낳는다.
③ 통제할 수 없는 시작으로부터 기원하는 것은 인간 자유 경험의 기본 요건이다.
④ 유전적 개입 사실에 대한 지식은 아이로 하여금 자기 인생의 단독 저자라는 자발적인 자기-인식을 방해한다.
⑤ 따라서 유전적으로 프로그램되었다는 사실은 자율성에 대한 아이

로 2003년에 우리말로 번역되었다. 영어 제목은 *The Future of Human Nature*이다. 여기서 'nature'는 자연과 본성 모두를 뜻하는 이중적 의미로 쓰이고 있다. 독일어본이 네 명의 역자에 의해 영어본으로 번역된 해도 2003년이다. 영어본과 한국어본이 거의 동시에 나온 셈이다. 아쉽게도 한글본은 가독성이 거의 없고, 오역이라고 판단되는 부분도 상당수 있다. 이 논문에서 인용된 하버마스의 글은 거의 모두 필자가 영어본을 참조하여 다시 번역한 것이다. [ ] 안의 페이지는 영어본의 페이지를 나타낸다.

의 의식에 부정적인 영향을 끼친다.

⑥ 동시에 이는 세대 간에 걸쳐 성립하는 자율적 인격체들 사이의 본질
적으로 대칭적인 관계를 파괴시킴으로써 평등의 토대를 침식한다.

하버마스의 여러 주장들을 가능한 한 작은 단위로 분절시켜보았다.
그러나 각각의 주장이 서로 밀접하게 연관되어 있어서, 이를 하나의 단
선적인 논증으로 간주하기는 어려워 보인다. 따라서 이하에서는 전제나
결론에 해당하는 주장들을 개별적으로 분석하기보다, 이 논증을 관통하
는 하버마스의 생각을 전체적으로 살펴볼 것이다.

논의의 출발점으로 자유주의 우생학의 입장부터 살펴보기로 하자. 자
유주의 우생론자들에 따르면, 부모가 자식의 형질을 선택하는 것은 출산
의 자유(procreative freedom) 영역에 속하는 문제이다. 태어날 자식의 형
질을 개선하거나 능력을 향상시키려는 시도가 타인에게 직접적인 해악을
초래하지 않는다면, 그것은 개인의 자유 영역에 속하는 문제로서 국가나
제도의 강제에 의해 방해받을 수 없다는 것이다. 이들은 우생학적 시도
와 교육이라는 전통적인 방식 사이에 근본적인 차이가 없음을 들어서 자
신들의 주장을 옹호한다. 우리는 지금까지 교육이나 사회화의 과정을 통
하여 자녀들의 능력을 신장하고 품성을 형성시켜왔다. 그 과정에서 어떤
재능을 키워줄 것인지, 어떤 교육 방법을 적용할지의 선택은 부모의 재
량에 속하는 일이다. 자유주의 우생학은 아이의 유전적 자질을 개선하려
는 부모의 선택 또한 부모의 재량권에 속하는 일로 간주한다. 차이가 있
다면, 과학기술의 발전에 따라 부모의 선택 권리나 능력이 증대되었다는
것이다.

그러나 하버마스에 따르면, 유전적 요인에 대한 변형은 부모의 선택
에 따라 앞으로 태어날 자식의 지능이나 학습 능력, 음악적 재능, 운
동 능력 등을 인위적으로 디자인하는 행위이다. 이는 부모의 선호에 따

라 그 아이의 인생을 미리 결정하는 행위이며, 제3자의 선호나 가치 지향에 따라 조건적인 방식으로 아이를 만들어내는, 인간 생명의 도구화(instrumentalization)라는 새로운 문제를 내포하고 있다. 따라서 본성에 의존하는 운명을 사회화로부터 귀결되는 운명에 단선적으로 비유하는 자유주의 우생학의 태도는 너무 안일한 것이다.

유전적 프로그램에 대한 부모의 선택은 아이에 대한 기대와 … 연관되어 있지만, 수취자에게는 [그것에 대해] 수정적인 태도를 취할 기회를 주지 않는다. … 유전자를 프로그래밍하는 부모의 의도는 일방적이며 도전받을 수 없는 기대라는 독특한 지위를 가지고 있다. 당사자의 삶의 역사 속에서 [부모의] 기대는 정상적인 상호작용의 요소로 등장하지만, 정당한 의사소통에 대해 요구되는 상호성의 조건을 만족시키지 못한다. 부모는 자신들의 선택을 내림에 있어서 대상을 조작하듯이 오직 자신들의 선호만을 고려한다. 그런데 그 대상은 인격으로 발전할 것이기 때문에, 부모의 자기중심적인 개입은 사춘기 아이에게 실존적 귀결을 가질 수도 있는 의사소통적 행위의 의미를 지니게 된다. 그러나 유전적으로 고정된 "요구"는 응답될 수 없다. 프로그래머의 역할 속에서 부모는, 아이에게 내리는 요구의 저자 자격으로 자신의 아이와 대면할 수 있는, 그러한 방식으로 삶의 역사의 차원으로 들어가는 것이 봉쇄되어 있다.(하버마스, 2003: 96[51])

아이의 유전적 자질에 대한 부모의 개입은 불가역적인 동시에 도전받을 수 없는 일방적인 개입이다. 그 결과 아이의 삶 속에서 의사소통적 행위의 의미를 지니면서도 그것에 필요한 상호성의 요건을 충족시키지 못한다는 것이 하버마스의 진단이다. 교육을 통한 사회화 과정은, 설령 아이의 이성적 능력이 충분히 발달하지 않았다 하더라도, 내적인 이유들과 근거들에 의해 매개되는 "이성(이유)의 공간" 속에서 작동하는 의사소통적 행위를 통해 이루어진다. 때문에, 아이는 항상 2인칭의 역할을 갖게 되며, 부모의 의도는 본질적으로 "다툴 여지를 갖는다.(contestable)" 그리고 부모와 자식 사이에 성립하는 사회적인 의존관계는 자녀의 성장과 더불어 해소되기 때문에, 아이는 나중에 부모의 의도나 기대에 대해서 비판적 평가를 통하여 '아니요'라고 대응할 수 있는 기회를 가질 수 있다. 하지만 부모의 선호에 따라 이루어지는 유전적 개입에는, 그러한 기회가 존재하지 않는다.

하버마스에 따르면, 정당한 방식의 의사소통적 관계란, 우리가 1인칭 참여자의 관점에서 타자를 2인칭의 인격체로 대하면서 상호 이해에 도달하고자 하는 과정 속에서 형성된다.(하버마스, 2003: 55) 의사소통 관계에서 핵심이 되는 것은 각각의 참여자가 '예', '아니요'의 입장을 취할 수 있는 가능성이다. 그러나 유전적 향상의 경우에는, 부모의 계획 속에 있는 아이가 2인칭의 인격체로 등장해서 의사소통 과정에 참여할 수 있는 공간이 존재하지 않는다. 그 결과, 부모의 결정은 자녀의 "비판적 평가"를 통해 수정될 여지를 허용하지 않는다.(하버마스, 2003: 112[62]) 그런 점에서, 유전적 조작에서 드러나는 부모의 태도는 1인칭 존재가 2인칭 인격체를 대하는 태도가 아니라, 3인칭 관찰자의 관점에서 아이를 사물화(대상화)하고 도구화하는 태도이다.

의사소통적 담론 속에서 참여자가 갖는 '예' 혹은 '아니요'의 입장이 중요한 이유는, 이를 통해서 다른 사람이 대체할 수 없는 각 개인의 자발적인(spontaneous) 자기-이해 및 세계-이해가 표현되기 때문이다.(하버마스, 2003: 102-105[55-57]) 자율적인 존재로서의 도덕적 인격체는 스스로의 고유한 인격으로서 행동하고 판단하는 존재, 즉 자신의 목소리로 말하는 존재이다. 그 인격체가 스스로의 삶에 대한 1인칭 인격의 저자로서 갖는 의도, 자주성, 열망 등은 의사소통의 담론적 공간 속에서 '예', '아니요'의 형태로 표현된다.

그런데 그러한 인격체가 "자신으로 존재함(being oneself)"은 바로 "이 신체로 존재함(being this body)"의 경험을 통해서이다. 우리는 지금의 신체를 토대로 해서 자기 자신으로 존재함(자기자신임)의 느낌을 귀속시킬 수 있다.

　　우리가 존중해야 할 의무를 지고 있는 목적 그 자체로서의 (타인의) "자아"란, 일차적으로 자신의 열망에 의해 인도되는 삶의 저자라는 형태로서 표현된다. 모든 신체는 자신의 관점에서 세상을 해석하고 자신의 동기에 따라 행동하게 되는, 진정한 열망의 원천이다.(하버마스, 2003: 102[55])

하버마스는 '신체로 존재함'과 신체를 '갖거나(has)' 혹은 '소유한다(possess)'의 경험을 대비시킨다.(하버마스, 2003: 95[50]) 신체를 가진다는 경험은 신체로 존재함이라는 선행적인 사실에 대해서 우리가 객관화의 태도를 취할 수 있을 때 비로소 가능하다. 즉 한 인격은 자신의 삶을 영위하면서 바로 그 신체로 "존재함"(그 신체"임")을 통해서만 자신의 신체를 '갖거나 소유'할 수 있다. 그런데 신체에 대해 객관화의 태도를 취하는 능력은 청소년 시절이 되기 전에는 형성되지 않는다. 인간의 주체성이 그것에 "의해" 삶을 살아가는 일차적인 경험 양식은 바로 신체로 존재함의 경험이다.

　　그런데 제3자의 의도에 따라 유전적 프로그램이 우리 삶의 역사에 침입할 때, 신체를 기반으로 하는 이러한 "자신으로 존재할 수 있는 능력"이 훼손된다. 유전적 개입은 성장하는 것과 만들어진 것 사이의 구분을 허물어뜨리고, '성장한 신체임'의 관점을 '만들어진 어떤 것임'의 관점으로 대체시키는 결과를 낳게 된다. 이는 결과적으로 내가 어떻게 할 수 없는 무엇으로 경험하는 주관적 본성이 실제로는 나의 본성에 대한 도구화의 결과임을 깨닫도록 만든다. '내가 신체임'을 '내가 신체를 가짐'에 종속시키는 일종의 자기-소외로 이르게 된다는 것이다.

여기서 하버마스가 주목하는 것은 인간 탄생의 우연성과 자유 사이의 연관성이다. 이는 만들어지지 않고 태어난다는 탄생의 우연성이, 인간이 자유로운 행위를 시작할 수 있는 전제조건이라는 한나 아렌트의 생각을 계승한 것이다.(아렌트, 1996)

우리는 그 본성상 우리 마음대로 할 수 없는 어떤 것과 연관하여 우리의 자유를 경험한다. 인격체는 자신의 유한성에도 불구하고 스스로가 자신의 행동과 열망의 환원불가능한 원천임을 알고 있다. 그런데 그가 그러기 위해서, 자기 자신의 유래를 인간이 마음대로 할 수 없는 어떤 시작으로 환원시킬 수 있어야 하는 것이 정말로 필수적인 것일까? 즉 신이나 자연처럼 다른 사람(인격체)의 재량에 속하지 않는 어떤 것일 경우에만, 자신의 자유가 미리 결정된 것이 아니게 되는 바로 그런 시작으로 말이다. 자연적 사실로서의 탄생 또한 우리가 통제할 수 없는 시작이라는 [자유의] 개념적 구성 요건을 만족시킨다.(하버마스, 2003: 106[58])

하버마스에 따르면, 우리가 우리 생명의 시작을 통제할 수 없다는 시작의 우연성과 동등한 도덕적 존재로서 우리가 갖는 자유(자율성)는 긴밀하게 연결되어 있다. 출생은 자연(본성)과 문화의 분기점인 새로운 시작을 나타내며, 인간은 행위 속에서 비로소 새로운 무엇인가를 시작하는 자유를 느끼게 된다.

출생과 더불어 어떤 인격체의 사회화 운명과 그 유기체의 자연적 운명 사이에 분화가 시작된다. 자연과 문화 사이의 이러한 차이, 우리가 마음대로 할 수 없는 시작과 역사적 실천의 유연성(plasticity) 사이의 차이와 관련 지어서만, 행위하는 주체는 수행적인 자기-귀속(self-ascription)으로 나아갈 수 있다. 그러한 자기-귀속이 없다면, 그는 스스로를 자신의 행동이나 열망의 개시자(시작자)로 이해할 수 없다. 인격체가 자기 자신으로 존재할 수 있기 위해서는, 전통의 경계뿐 아니라 삶의 역사 과정 속에서 인격적 정체성이 주조되는 … 상호작용의 맥락을 넘어서 있는 준거점이 요구된다.(하버마스, 2003:107[59])

우리가 탄생하는 것이 아니라 제3자의 의도에 의해 만들어진 것이라면, 행위주체는 언젠가 그러한 사실을 대면해야 한다. 그런데 프로그램된 사람은 자신의 유전자를 관통하고 있는 프로그래머의 의도를 단순히 자신의 행위 범위를 제약하는 우연적 상황으로 파악할 수 없다. 프로그래머는 자신의 의도와 더불어 이미 행위주체의 행위 공간 속에 상호작용의 한 축으로 개입되어 있다. 그럼에도 불구하고 프로그래머는 그러한 행위 공간 속에서 정작 상대방(opponent)으로 등장하지는 않는다. 따라서 그의 의도에 대해서 어떠한 대응도 불가능하다. 하버마스는 자신의 유전자 속에 남아 있는 제3자의 의도에 대한 이러한 인식이, 행위주체가 자기 인생의 단독 저자로서 언제든 새롭게 시작할 수 있다는 자율성의 의식을 갖는 것을 방해할 것이라 주장한다. 즉 자신이 유전학적으로 프로그램되었다는 것을 알게 된 행위주체는 더 이상 스스로를 자유롭다고 여길 수 없게 된다는 것이다.

이러한 방식으로 확립된 부모와 자식 사이의 영구적인 의존관계는 여러 점에서 비대칭적인 특별한 유형의 간섭주의(paternalism)를 출현시킨다.(하버마스, 2003: 114) 그리고 이는 자유롭고 평등한 인격체들의 도덕적, 법적 공동체에 고유한, 호혜적이고 상호 대칭적인 인정의 관계를 침식하게 된다. 모든 인격적인 행위자가 동일한 규범적 지위를 가지며 상호적이자 대칭적인 인정을 받아야 한다는 규범적 이해는 상호 인격적 관계가 원칙적으로 가역적이라는 가정에 의존하고 있다. 다른 사람에 대한 어떠한 의존도 불가역적이어서는 안 된다는 것이다. 그러나 이제 프로그래머로서의 부모와 프로그래밍된 존재로서의 아이 사이에는 그러한 상호 대칭성이 성립하지 않는다. 아이의 삶이 제3자(부모)의 의도에 불가역적인 방식으로 속박되어 있기 때문이다. 그 결과 아이는 앞선 세대들과 비교하여 스스로를 더 이상 무제약적으로 평등하게 태어난 인격체로 간주할 수 없게 된다. 결국 아이의 유전학적 자질에 대한 우생학적 선택은 "해당 인격체가 스스로를 자율적이고 책임 있게 행위할 수 있는 행위자라고 이해하기 위한 자연적인 전제를 건드림으로써, … 도덕 존재자들의 보편적 공동체의 성원이라는 미래 인격의 지위에 해를 가하게 된다."(하버마스, 2003: 134[79])

3. 인간향상은 아이의 자율성을 정말로 침해하는가

이상에서 하버마스의 논증을 간단히 살펴보았다. 그의 논증은 성공적인가? 하버마스의 논증은 엄청난 레토릭으로 중무장되어 있다. 하지만 보는 관점에 따라서, 그의 논증은 매우 단순한 논증으로 간주될 수 있는 여지도 있다. 그의 논지를 간단히 요약하면, 부모의 일방적인 유전적 개입은, 거부하고 싶어도 거부할 수 없는 제3자의 불가역적인 의도에 아이를 속박시킴으로써, 자기 삶의 유일한 저자라는 자발적인 자기 인식을 방해하고, 그 결과 자율적인 존재로서 갖게 되는 근본적으로 평등한 인격체의 지위를 침해한다는 것이다.

하버마스의 논증에서 결국 핵심적인 역할을 하는 것은 자율성의 개념이다. 그런데 여기서 한 가지 유의할 점은, 자율성에 대한 하버마스의 비판이 자율적인 행위능력의 직접적인 축소를 의미하지는 않는다는 것이다. 하버마스는 자신의 책 후기에서 우생학적 실천이 유전적으로 변형된 사람의 자유로운 행위의 영역에 직접적으로 개입하는 것은 아님을 분명히 밝히고 있다.(하버마스, 2003: 134[79]) 다시 말해서, 유전적으로 프로그램된 사람도 행위의 실행이라는 측면에서는 자연적으로 탄생한 사람과 마찬가지로 똑같이 자유롭다. 문제는 그 사람이 스스로를 자율적인 행위자로 인식하고 파악하는 의식의 측면에서 발생한다. 즉 그 사람은 자신의 삶의 역사에 대한 유일한 저자이자 무제약적으로 평등하게 태어난 인격적 존재로 스스로를 인식하는 부분에서 문제를 겪게 된다는 것이 하버마스가 말하는 바이다. 문제가 되는 것은 출생 이전에 가해진 유전적 조작 때문에, 당사자가 겪게 되는 자신에 대한 심리적인 측면에서의 주관적인 평가 절하이다.

그런데 하버마스의 주장을 이런 식으로 규정하면, 매우 간단한 대응이 가능해 보인다. 유전적으로 선택되어 태어난 아이는 정말 스스로를 자율적인 존재로 간주할 수 없는가? 두 가지 차원에서 생각해볼 수 있다. 먼저 심리학적 사실의 문제로서, 이 아이가 사실상 자신을 자유롭다고 간주하지 않거나 자유롭다고 생각하는 것이 불가능하다는 주장으로 이해할 수 있다. 그러나 이는 참이 아닐 가능성이 매우 높은 주장이다. 이와 관련하여 참조할 만한 사례가 시험관 아기의 경우이다. 시험관 아기가 처음 태어날 무렵에, 이와 유사한 형태의 비판이 많이 제기되었다. 하지만 지금 누구도 성장한 시험관 아기들이 자신에 대한 주관적 평가 절하로 고통당할 것이라 염려하지 않는다. 또한 설령 그 같은 주장이 참일 수 있다 하더라도, 이는 어디까지나 경험적 증거에 입각하여 밝혀질 사실의 문제이지, 선험적인 철학 논증을 통하여 결정할 성격의 문제는 아니다.

두 번째로, 배아의 유전적 설계를 통해 태어난 인간은 자유로운 의식을 가질 수 없다는 철학적인 주장으로 이해할 수 있다. 이것이 철학적 주장이라 함은 우리가 사용하는 도덕 언어의 논리 구조로부터 그러한 결론을 도출할 수 있다는 말이다. 하버마스의 주장을 이런 식으로 이해하면,

이때 핵심적인 전제로 작동하는 것은 바로 "우리는 그 본성상 우리 마음대로 할 수 없는 어떤 것과 연관하여 우리의 자유를 경험한다."라는 명제일 것이다. 그런데 과연 자기 자신의 유래를 우리가 마음대로 할 수 없는 어떤 시작으로 환원시킬 수 있어야만, 우리는 스스로의 자유에 대한 의식을 가질 수 있는 것일까? 하버마스는 그렇다고 말한다. "우리의 과거 앞에 있는 과거로서의 이러한 자연적 운명이 인간 마음대로 할 수 있는 것이 아니라는 사실은, 자유의 의식에 있어서 본질적인 것으로 보인다." (하버마스, 2003: 108[60])

그러나 과연 그런가? 하버마스는 이러한 주장을 입증하기 위해 어떤 뚜렷한 논증을 제시하고 있지는 않다. 인간의 자유란 그가 어떤 과정으로 태어났는지가 아니라, 자신에게 주어진 여러 조건을 극복하면서 무엇을 할 수 있는가에 의존하는 개념이다. 또한 자유에 대한 우리의 의식은 스스로의 삶을 결정하는 자유 능력의 함수일 것이다. 자연적인 방식으로 태어난 아이와 착상 전 유전자 검사를 거쳐 인공수정을 통해서 태어난 아이 사이에, 그러한 자유 능력이나 조건에서 어떤 명백한 차이를 발견할 수 있는가? 그렇다고 생각되지 않는다. 그렇다면 유전적 조작을 통해서 태어난 아이의 경우에 특별한 차이가 생길 것이라고 생각해야 하는 이유는 무엇인가? 우리가 생각해볼 수 있는 일차적인 향상의 대상은 신체 능력이나 인지적 지능과 같이 대단히 일반적인 수준의 기초적 소질에 해당하는 것들이다. 자율성이라는 것이 스스로의 삶을 선택하고 결정하는 능력에 의존한다고 할 때, 이러한 일반적 소질의 강화나 개선은 오히려 현실적 조건 속에서 아이의 자유 능력의 확대로 귀결될 가능성이 크다. 만약 그렇다면, 유전적 조작을 통해서 태어난 아이라고 해서 스스로의 자율성에 대한 의식에 어떤 문제가 생길 것이라 생각할 수는 없다.

여기서 하버마스가 할 수 있는 가능한 답변 중 하나는, 아이의 소질에 대한 부모의 개입은 아이가 자유롭게 행위할 수 있는 공간의 범위를 불가역적인 방식으로 제한한다고 주장하는 것이다. 그리고 그러한 제한에 대한 인식이 이루어지는 순간, 아이의 자유에 대한 의식은 방해를 받게 된다. 하버마스의 주장이 이런 것이라면, "자기 자신의 유래를 인간이 마음대로 할 수 없는 어떤 시작으로 환원시킬 수 있어야 하는 것이 자유 의식에 있어서 필수적이다."라는 그의 주장은 결국, 자신의 삶의 역사에 대해서 타인에 의존하지 않는 철저한 자기결정성(self-determination)을 자유의 전제로 요구하는 주장이 된다. 즉 하버마스는 내 삶의 중요한 결정은 오로지 독립적인 인격체인 <u>나로부터만</u> 나와야 한다고 말하고 있는 셈이다. 이는 <u>내가 나의 삶에서 원하는 바가 무엇인지는 철저히 자기로부터 유래하는 욕구나 선택에 의해서 결정되어야 하며</u>, 오직 그 경우에 있어서만 우리는 진정한 의미의 자율성에 대한 의식을 가질 수 있다는 주장이다. 그런데 유전적 개입의 경우에는, 나의 삶의 중요한 결정이 부모의 손에 의해 이루어지며, 그 결과 내가 나의 삶에서 무엇을 원할지 자체가 그들의 결정에 종속되어 있으므로 그러한 자기결정성이 성립하지 않는다는 것이다.

　하버마스의 주장을 이러한 자기결정성의 요구로 이해한다면, 그가 내세우는 조건은 유전적으로 조작되지 않은 자연적 탄생에서조차 충족이 불가능한 지나치게 강한 조건이다. 자연적인 방식으로 태어난 사람의 경우에, 그 사람이 자신의 삶에서 원하는 바가 무엇이며, 어떤 종류의 삶을 선택할 것인지, 어떤 이유에 입각하여 행동할지는 지금의 그가 어떤 종류의 사람인가에 따라 결정된다. 그가 어떤 사람인가는 그가 중요하게 생각하는 가치 지향이나 이상, 선호, 선택의 원칙과 같은 다양한 요소들에 의해 구성될 것이다. 그런데 그러한 것들은 결코 진공 상태에서 그냥 생겨나는 것이 아니다. 거칠게 말해서, 그것들을 포괄하는 인격적 정체성은 그 사람이 가진 유전적 소질과 더불어 양육이나 사회화의 과정이라는 두 가지 요소를 통해서 결정된다. 그런데 인격적 정체성의 형성에 책임이 있는 두 요소들 중에서, 비단 유전적 소질뿐 아니라 성장기의 교육 환경이나 경험조차도 그 스스로가 선택한 것은 아니다. 그는 그의 선택과 무관하게 특정의 가치, 규범, 규칙을 갖는 사회와 문화 속에서 태어나며, 이것들은 그 사람의 인격의 형성에 지대한 영향을 끼치게 된다. 그러한 가치, 규범, 규칙들은 최소한 부분적으로는 그가 전혀 통제할 수 없는 누군가의 선택을 반영하는 인과적 역사의 결과이다. 말하자면, 우리가 가진 모든 욕구는 결코 처음부터 우리 자신이 모두 만들거나 형성한 것일 수 없다.

위에서 설명한 것과 같은 철저한 의미의 자기결정성을 요구하지 않으면서도, 오직 자신의 욕구와 선택에 의해 스스로의 삶을 지배한다는 의미의 자율성 개념을 유지할 수 있는 방안은 없을까? 러셀 블랙포드(Russell Blackford)는 단지 나의 직접적인 욕구만을 충족시키는 것이 아니라 그러한 욕구들이 진정으로 내가 원하는 바인가의 여부를 숙고하는, 즉 스스로의 선택이나 행동에 대해서 반성하는 능력을 통해 그러한 자율성 개념을 유지할 수 있다고 제안한다.[4] 이 같은 생각의 단서는 자유의지에 대한 해리 프랑크푸르트(Harry Frankfurt)의 분석에서 찾을 수 있다. 프랑크푸르트는 2차적 의욕에 따라서 나의 의지를 명령할 수 있는 능력으로 나의 자유를 이해한다. 이때 2차적 의욕이라 함은 특정한 종류의 1차적 욕구를 갖고자 하는 2차적 욕구를 말한다. 이러한 방식을 따르면, 내가 나의 행위를 통해 직접적으로 충족시키려는 1차 수준의 욕구를 2차 수준의 욕구에 따라 반성적으로 평가할 때, 그것이 2차 수준의 욕구에 일치한다고 판단되어 선택되었다면, 그것은 나의 자유로운 의지에 따

---

4 Blackford(2013), p. 57. 블랙포드는 이와 유사한 의미의 자율성 개념을 해리 프랑크푸르트의 분석에서뿐 아니라, 자율성에 대한 드워킨(Dworkin)의 생각, 인간의 동기에 대한 글로버(Glover)의 해명 등에서 공통적으로 발견할 수 있다고 설명한다.

른 선택으로 인정된다. 나의 인격적 정체성을 구성하는 장기적이고 고정적인 구조에 해당하는, 고차적이고 통합적인 가치 지향이나 선호 판단의 원칙이 2차 수준의 욕구에 해당한다. 이런 방식의 설명을 받아들일 경우, 나의 삶을 내가 온전히 지배한다는 의미의 자율성 개념과, 나의 인격적 정체성은 문화상대적인 맥락 속의 사회화 과정을 통해 형성된다는 생각이 양립 가능해진다.

자율성을 이런 식으로 개념화하는 것은 유전적 프로그래밍에 대해 어떠한 함축을 갖는가? 이제 자율성의 발휘 여부는 삶에 대한 중요한 선택을 결정짓는 요소들이 온전히 나에게서 유래했느냐의 여부가 아니라, 그러한 선택들이 나의 2차적인 숙고적 반성을 통해 승인될 수 있는지의 여부에 따라 결정된다. 하버마스 자신도 '치료적인' 유전적 조작에 대해서 이와 비슷한 방식으로 응답하고 있다. 하버마스는 치료 목적의 유전적 조작은 비록 해당 인격체에게 불가역적인 변화를 초래하더라도 허용될 수 있다고 주장한다. 일반적인 구분을 따르면, 치료는 질병의 치유나 방지, 경감 혹은 정상 기능의 회복을 목표로 하는 것이며, 향상은 치료적 개입을 넘어서서 인간 능력, 기능, 형태의 증대나 확장을 꾀하는 것으로 이해된다.[5] 하버마스는 정당한 의사소통 관계의 성립 가능성 여부, 즉 '예', '아니요'의 입장을 취할 수 있는 가능성의 훼손 여부를 통해 치료적 개입과 향상적 개입의 구분을 정당화하고자 한다.

치료적인 유전적 조작의 경우에, 우리는 배아에 대해서 언젠가는 될 2인칭의 인격으로 간주하며 접근한다. 이러한 의료적 태도를 정당화시키는 힘

---

5 향상에 반대하는 많은 시도들이 그 근거를 향상과 치료의 구분에서 찾고자 한다. 치료와 향상을 구분함으로써 인간향상의 시도에 반대하는 것은 타당한 전략으로 보이지 않는다. 필자의 『호모 사피엔스의 미래』, p. 155-160의 논의 참조.

은, '예'나 '아니요'로 대답할 수 있는 타자와 맺게 될, 가능한 합의에 대한 잘 근거 지어진 반사실적 가정으로부터 나온다. … 어쨌든, 가정된 합의는 의심의 여지없이 극단적이며 모든 사람들이 거부할 악을 회피하려는 목표를 위해서만 적용될 수 있다. … "치료의 논리"에 대한 우리의 결의는 2인칭 인격체를 대함에 있어서 그들을 도구화하지 않아야 한다는 의무를 지우고, … 소극적 우생학과 향상의 우생학 사이에 경계를 그으면서 책임을 지우는 도덕적 관점에 근거해 있다.(하버마스, 2003: 85[43])

위의 인용문에 잘 드러나 있듯이, 치료 차원의 유전적 조작을 허용하는 근거는, 치료적 조작의 당사자가 자신에 대한 치료적 조작의 수용 여부에 대해서 '예'나 '아니요'라고 답할 수 있는 가상적 상황을 고려했을 때, 분명히 '예'라고 답했을 것이라는 추정된 합의로부터 도출된다. 하버마스는 의료적 개입이 질병 치료라는 치유적 목적에 의해 지배되는 한, 치료를 수행하는 사람은 예방적인 처치를 받는 환자의 동의를 가정할 수 있다고 주장한다. 그리고 충분한 정보에 입각한 동의를 추정할 수 있을 때, 유전적 조작을 가하는 개입자의 자기중심적 행위는 의사소통적 행위로 바뀌게 된다.(하버마스, 2003: 89) 당사자의 동의를 추정할 수 있는 개입자는 자연적 사물이나 대상을 조작하는 기술자의 태도가 아니라, 미래의 2인칭적 인격과의 상호작용에 참여하는 존중의 태도로 접근할 수 있기 때문이다.

자, 그러면 우리는 이제 하버마스에게 이렇게 물을 수 있다. 부모의 선택을 통한 유전적 개입에는, 미래의 2인칭적 인격체로 성장할 아이의 추정된 합의를 상정할 수 없는가? 우리는 비록 유전적 조작을 하지 않아도, 이미 출산이나 양육과 관련된 다양한 선택과 개입을 하고 있다. 가령 임신 중에는 좋은 영양 상태를 유지하고 태교를 실시하며, 불필요한 약물의 사용을 피하려고 한다. 산전 검사에서 염색체의 비정상이나 심각한 결함이 발견된다면 낙태가 정당화되며, 시험관 아기의 인공수정 시 착상 전 유전자 검사도 보편적으로 통용되고 있다. 이 모든 것은 새롭게 태어날 자식의 특성이나 성격에 영향을 끼치는 행위이다. 이러한 노력은 출산 후에도 이어진다. 출산 후 우리는 양육, 부양, 교육과 관련된 온갖 방법을 동원하여 아이의 성격이나 능력을 향상시키려고 노력한다. 이러한 노력이 너무 과도할 경우에는 문제가 되겠지만, 우리는 일반적으로 아이에 대한 이러한 노력이 아이의 자율성을 침해한다고 생각하지 않는다.

이는 단지 부모의 이러한 영향력에 대해서 아이가 '아니요'라고 말할 수 있는 가역성이 확보되어 있기 때문만이 아니다. 우리의 인격 정체성을 구성하는 여러 가치 지향이나 선호 판단의 원칙들은 많은 부분 초기 양육과정 동안에 이루어지는 사회화의 과정을 통해서 형성되지만, 그것들이 모두 가역적이라고 말할 수는 없다. 어떤 것을 가역적인 방식으로 거부하기 위해서는 그것의 가역성을 평가할 수 있는 고차적인 기준이 필요하다. 그런데 그러한 고차적인 기준 또한 그 자체가 사회화 과정의 소산이다. 경험적인 일반화의 수준에서 말하더라도, 우리의 인격 정체성을 지배하는 많은 원칙들은 거의 변함없이 우리의 평생을 지배한다. 자녀의 양육을 위한 부모의 노력을 자율성의 침해로 간주하지 않는 관행의 더욱 근본적인 이유는, 그러한 부모의 태도가 기본적으로 아이의 안녕을 바라는 선의에 입각해 있으며 아이를 2인칭의 예비적 인격체로 대하는 존중의 태도라고 간주하기 때문이다.

물론 여기서 내가 모든 부모의 모든 양육 방식이 그러한 태도라고 주장하는 것은 아니다. 어떤 부모는 무지 때문에, 어떤 부모는 인격적 미성숙성 때문에 분명 잘못된 양육 태도로 아이를 대하고 있을 것이다. 또한, 나는 인간이 갖는 모든 유전학적 형질에 대해서 무차별적인 조작이나 개입이 허용되어야 한다고 주장하는 것도 아니다. 하지만 유전적 특성에 대한 어떠한 개입도 아이의 자율성에 대한 침해라고 주장하는 것은 과도한 결론이다. 나의 주장은, 만약 우리가 미래의 2인칭적 인격체인 아이와 맺게 될 추정된 합의에 대해서, 잘 근거 지어진 반사실적 가정을 할 수 있는 그러한 유전적 형질이 있다면, 부모의 선택에 따른 유전적 개입이 허용될 수 있다는 것이다. 물론 여기에는 당연히 사회적인 수준의 관행이나 합의가 뒷받침되어야 할 것이다.

그러한 합의가 가능할 것으로 추정되는 형질의 후보로서 일차적으로 생각해볼 수 있는 것은, 위치재적 성격을 갖지 않으면서 내재적 좋음과 연관되어 있는 일반 목적의 특성들이다. 아이의 건강과 결부된 신체적 특성이나 인지적 지능이 거기에 해당한다. 자율이란 스스로를 다스리거나 지배한다는 개념이다. 자율적인 삶을 산다는 것은 결국 스스로의 기본적인 욕구와 가치 지향에 맞추어 그것들과 일치되는 삶을 사는 것이다. 그런데 자신의 가치 지향에 따라 스스로가 원하는 모습에 일치되는 삶을 산다는 일은 결코 진공 속에서 이루어지지 않는다. 그것은 다양한 형태의 경제, 사회, 문화적인 제약 속에서 이루어진다. 현실의 조건 속에서 진정으로 자율적인 삶을 살기 위해서는 자신이 원하는 바를 실질적으로 구현할 수 있는 능력이나 역량을 갖추고 있어야 한다.

타인에 의지하거나 종속됨이 없이 자신이 선택한 삶을 스스로의 능력에 따라 독립적으로 살아간다는 의미에서, 개인이 누리는 자율성의 정도는 그 사람이 처한 사회적, 환경적인 조건과 배경, 교육의 정도뿐 아니라 그 개인이 갖는 다양한 인지적, 신체적, 정서적 능력 및 태도의 요인에 의해서 결정될 것이다. 그런데 우리는 결코 지능이나 성격, 신체적 조건 등에서 동등한 능력이나 소질을 갖고 태어나지 않는다. 우연적인 탄생은 그러한 조건들의 평등을 함축하지 않는다. 어떤 의미에서 유전자 선택에 대한 반대는 출생의 운에 의존하는 유전자 복권(genetic lottery)을 인정하자는 주장과 다를 바 없다. 아이의 미래를 유전적 복권당첨 혹은 제비뽑기에 맡겨두는 것은 또 다른 의미로 아이의 자율성에 대한 침해일 수 있다. 어떤 사람은 현실에서의 성공에 크게 도움이 되는 지능이나 운동 혹은 예술적 재능을 가지고 태어나지만, 어떤 이는 그렇지 못해서 스스로가 원하는 삶의 경로를 선택할 수 있는 폭 자체가 크게 제약되는 경우가 바로 그런 상황이다.

4. 나가는 말

자율성에 대한 침해에 입각하여 인간향상에 반대하는 하버마스의 논증을 여러 각도에서 살펴보았다. 이 글에서 우리가 초점을 맞춘 부분은 부모의 선택에 따른 유전적 개입이 과연 아이의 자율성을 침해하는가의 여부였다. 잠정적인 결론은 아이의 자율성을 침해하지 않는 개입도 가능하다는 것이다. 유전적 개입의 결과에 대해서 미래의 2인칭적 아이가 숙고적 반성을 통해서 그런 개입을 승인하고 동의할 것이라고 보편적으로 추정할 수 있는 경우라면 말이다. 그런데 이 글의 논의가 인간향상과 관련된 자율성 문제의 모든 측면을 다루고 있는 것은 아니다. 따라서 그 결론도 문제의 맥락과 연관 지어 한정적인 방식으로 이해되어야 한다. 불필요한 오해를 피하기 위하여 다음 두 가지 사항을 지적하면서 글을 마무리하고자 한다.

먼저 유전적 소질의 조작이 그 아이의 삶을 일의적으로 결정한다고 오해해서는 안 된다. 이 글에서 향상이 가능하다고 지목된 소질은 내재적 좋음과 연관된 건강이나 인지적 지능과 같은 일반 목적의 특성들이다. 이것들은 말 그대로 어떤 특수 목적을 위해 필요한 특성들이 아니라, 그 용도나 목적이 특정되지 않은 일반 능력에 해당하는 것들이다. 인간의 삶은 유전적 조건뿐 아니라, 후천적 환경의 차이 및 발달 과정의 여러 우연적 요소들의 영향을 받는다. 우리가 타고나는 일반적인 능력으로서의 유전적 소질은 언제나 환경과 우연적인 방식으로 상호작용하며, 표현형의 특질을 단선적으로 결정하지 않는다. 부모의 의도에 따라 선택된 배아의 유전형적 특질이 불가역적이라는 사실은, 그로부터 발생하기를 원했던 표현형적 특질을 피할 수 없거나 되돌릴 수 없음을 함축하지 않는다. 만약 그렇다고 생각하면 이는 조악한 형태의 극단적인 유전자 결정론에 빠지는 것이다. 유전형의 결정이 표현형의 발생을 전적으로 결정한다고 이해한다면, 이는 배아의 유전형을 디자인하는 것과 인간 혹은 인간의 삶을 디자인하는 것을 혼동하는 것이다.(Buchanan, 2011a)

두 번째로 우리의 논의는 향상 문제를 철저히 개인 관점의 차원에서 접근하였다. 문제에 접근하는 시각을 사회적 차원으로 확대한다면, 그 양상은 달라질 것이다. 인간향상은 표면적으로 각 개인이 원하는 바를 제공해주는 것처럼 보인다. 하지만 향상기술의 광범위한 사용이 보다 심층적인 수준에서 개인의 자율성에 부정적으로 작용할 가능성을 배제할 수 없다. 향상기술의 사용이 일반화됨에 따라, 그 이전과 비교할 때 사회 전체적인 자율성의 수준이 감소하는 다양한 가능성을 생각해볼 수 있다. 특히 문제가 되는 것은 사회적 평등(공정성)의 잠식이다. 한 개인의 향상은, 향상의 기회를 갖지 못한 타인과 비교했을 때 상대적인 자율성의 확장이라는 결과를 가져올 수 있다. 역으로, 상대방에게는 실질적인 선택 기회가 제한되는 자율성의 축소가 된다. 나는 개인적인 수준의 자율성을 지나치게 강조하는 것은 문제라고 생각한다. 개인의 자율성은 사회적 차원의 공공성, 공정성 등의 요구에 의해 제한될 수 있다. 이에 대한 자세한 논의는 다음 기회의 숙제로 미루어둔다.

3

행위자로서 '인간'의 개념 전이
— 베버의 인간중심적 문화인간과
   라투르의 포스트휴먼적 비인간

이수안

1. '인간'을 이해하는 다양한 방식

베버(Max Weber)의 이해사회학은 사회문화적 요소들이 사회적 현상에 어떻게 작용하는가를 해석학적으로 이해하는 방법론을 구사함으로써 인간의 사회적 행위를 설명한다. 베버는 특히 인간행위의 주관적 의미 부여 능력을 매우 중시하고 그러한 주관적 의미의 상호주관적 공유 및 그 이해를 중요한 사회학적 과제로 삼았다. 이러한 주관적 의미 이해는 행위의 객관주의적 해석을 경계하고 인간의 의도와 실천을 강조하게 되며 이로써 인간의 주관적 행위능력은 문화형성 능력으로 발전한다. 베버의 이해사회학은 인간의 이성 능력과 공감 및 감정이입 능력을 통해 인간행위에 내재된 의미를 이해할 수 있다는 사실에 기반하고 있으므로 이를 연구하는 것은 '사회적인 것(das Soziale)'을 기반으로 하는 인간행위의 사회적 결과를 해석하는 것이 된다.

우리가 살고 있는 현대 사회는 근대로부터 후기근대를 거쳐 인터넷으로 다중지능을 동원하여 문제해결의 방법을 찾고 인공지능과 사회적 관계를 맺는 디지털문화의 시대로 접어들었다. 베버가 문화과학의 범주 안에서 사회학의 근간을 확립할 당시의 사회와 지금의 사회를 비교하자면 사회의 총체적인 면모가 변화하였고 그 안의 인간의 모습 또한 거의 같은 인간종이라고 할 수 없을 정도로 급격한 변화가 이루어지고 있다. 따라서 문화적 선회가 급격히 이루어지고 있는 현 시점에서 지금의 인간과 사회가 베버의 이해사회학에서 파악되던 사회적 배경 속 인간과 사회와 어떠한 공통점을 지니고, 또 어떤 면에서 차이를 보이는지 이해한다는 것은 사회학적 관점으로 보았을 때 지속적으로 학문의 중심이 되는 두 핵심어인 '인간'과 '사회'의 관계를 근본적인 차원에서 천착하여 새로운 이론적, 방법론적 지평을 가늠해보는 계기가 될 것이다.

이 글에서는 베버의 이해사회학에서 주요 주제로 등장하는 인간중심주의적 문화과학의 문제의식이 기반으로 하고 있는 인간 개념과 디지털문화 시대의 포스트휴머니즘적 인간 개념이 어떻게 변화하고 있는지 살펴보고자 한다. 개념적 대조는 이성중심주의적 인간형을 이론적 토대로 삼고 있는 베버의 이해사회학 논제와 디지털 사회의 다양한 인간형을 제시하는 포스트휴머니즘 이론에서 극명하게 나타날 것이라는 가설이 베버와 라투르(Bruno Latour) 사이의 이론적 전개에 주목하게 된 배경이다. '사회적 행위(soziales Handeln)'의 수행자로서 인간을 세계의 중심으로 하여 출발하는 베버의 문화인간과 '사회적'이라고 규정되는 관계망, 그리고 이 관계망을 설명하는 이론, 즉 라투르를 주축으로 형성되고 있는 행위자네트워크 이론(actor-network theory)은 '행위자'라는 개념으로 묶이는 공통점을 보인다. 그러나 이 두 가지 '사회적'이라는 수식어는 근본적으로 다른 인간이해와 맞닿아 있다. 즉 철저한 인간중심주의, 이성중심주의와 '비인간'까지도 포괄하는 행위자의 관계망이 문제의 핵심으로 상정되어 있는 행위자네트워크 이론은 '인간 그 이후(beyond Humanism)'의 문제의식의 대조가 여기에서 출발한다.

지금의 디지털문화사회를 규정하는 사회문화적 특징들이 이전의 합리적 인간 지배의 시대와는 현격하게 다른 사회적 현상들에 작용한다고 가정할 때 이를 이해하기 위해서는 새롭게 수용되는 문화과학적 해석이 유효하다는 판단이 이 연구의 단초라고 할 수 있다. 디지털 사회의 문화적 현상의 양상은 기존 사회학에서 상정하는 사회학적 상상력의 범위를 넘어서는 사회문화적 특성으로 발현되고 있기 때문이다.

디지털문화 시대에 있어서 '사회적 행위'의 의미는 이성중심의 근대 인간관에서 비롯한 '사회적'인 것과는 매우 다른 차원에서 이해되어야 한다. 인간이 기술에 의해 매개(mediate)되면서 의사소통 또한 포스트휴먼적 조건 속에서 이루어지고 이와 연동된 연쇄적 결과로서 주체의 성격도 달라지고 있다. 또한 그 어느 때보다도 감각(sense)의 다양한 융합과 활용이 주목되는 상황에서 베버의 이해사회학적 현상분석과 문화과학적 해석의 의미를 천착해보면서 라투르의 행위자네트워크 이론의 포스트휴먼적 '비인간'까지도 포함하는 새로운 행위자를 대비시켜보는 것은 인간 이해의 새로운 지평을 여는 작업이 될 것이다.

2. 베버의 이해사회학(verstehende Soziologie)과 인간

베버는 *Wirtschaft und Gesellschaft* 1장에서 사회학이란 '사회적 행위 (soziales Handeln)'를 명료하게 '이해'하고 그를 통해 사회적 행위의 과정과 결과를 근원적으로 밝히는 하나의 학문(Weber, 1976: 1)이라고 규정하고 있다. 이로써 베버의 사회학을 흔히 이해사회학이라고 명명하고 있다. 베버에게 있어서 이해는 사회학에만 국한된 것이 아니라 경제학과 역사과학 등도 포함하는 광범위한 개념인데, 이는 베버가 다루던 여러 학문분야, 특히 문화과학 일반이 유의미한 인간행위의 이해를 지향하기 때문이며 이런 의미에서 베버의 이해사회학은 역사적, 이론적으로 이해를 추구하는 문화과학 연구 프로그램의 마지막 발전 단계에 속한다(김덕영, 2012: 466)고 할 수 있다.

2.1) 이해사회학의 주관적 인간관

베버의 이해사회학은 인간의 사회적 행위가 내포하고 있는 '주관적 의미'를 이해하고 그것을 역사의 인과 계열 속에 편입시킴으로써, 역사의 인과적 이해를 더욱 완전하게 하려는 학문적 목적을 가지고 있다. 따라서 베버의 이해사회학은 사회적 행위에 대해서 '다른 인간을 지향하여 의미를 부여하는 행위'로 간주함으로써 인간의 행위에 대한 의미부여 능력을 중시한다. 이는 방법론적 개인주의에서 더욱 극단적으로 표현된다. 즉 "의미 이해 가능한 행위는 언제나 개별적인 사람들의 행동으로만 존재한다."(Weber, 1976: 6)는 언급은 인간 개인으로 환원되는 방법론을 집약적으로 보여준다. 베버의 저서 *Wirtschaft und Gesellschaft* 서문에서 빈켈만이 지적했듯이 그의 방법론적 개인주의는 '스스로' 성찰하고 행위를 하는 집합적 인격체의 실체화와 외부세계의 객관적 실제성을 단호히 부정하고 있다. 이로써 베버의 방법론적 개인주의는 모든 사회적 집합체, 즉 "국가, 조합, 봉건제 등 사회학적 범주는 예외 없이 참여한 개별 인간들의 행위로 환원되는 것"(Weber, 1913: 439)을 가리킨다. 개별 인간에 대한 강조는 베버의 인간중심주의를 구성하는 인간의 단위가 집단 속의 인간이기보다는 개인으로서 확고한 의지를 지닌 인간임을 보여주고 있다는 점에서 중요하다.

개인을 이해사회학의 최소 단위라고 전제하는 베버의 견해에 따르면 사회적인 현상으로서 인간 행동의 의미를 밝히기 위해서는, 개인과 그의 행위를 이해해야 하고 개인의 행위를 이끄는 주관적 의미 또는 동기(Motiv)를 이해해야 한다. 여기서 개인이 최소 단위가 되는 이유는 '의미가 있는 행동의 유일한 담당자가 개인'(Weber, 2002: 128)이기 때문이다. 베버에 의하면 사회학적 문제의식과 개념들은 필연적으로 그것이 생성된 시기의 문화가 던지는 '중대한 문제들'에 대한 지적인 대응이며, 따라서 한 문화의 축이 이동하면 그것이 던지는 문제들도 달라지고 이에 상응하여 사회과학적 개념과 시각 역시 변할 수밖에 없다.(Weber, 1924: 214) 서구의 자본주의가 서구사회의 각 분야에서의 발전이 '합리화'된 결과로 나타난 것으로 봄으로써 합리성(Rationalität)에 대해 천착한 베버는 궁극적으로 '인간이 사회의 중심'이 되는 근대 사회학적 사고의 틀을 확립하였다.

  인간행위의 계획성을 '합리적'이라고 지칭하는 베버는, '자본주의적' 또는 자본주의의 정신(Geist)이 뜻하는 바가 인간의 경제행위의 계산성과 계획성에 착안한 것이므로(Weber, 1978: 4-5) 자본주의적 생성과 발전은 합리성의 계발, 즉 인간행위와 사회제도의 합리화 과정과 궤를 같이한다(배동인, 1995: 37)고 보는 것이다. 이러한 맥락에서 이와 대칭되는 개념으로서 '불합리성(Irrationalität)'을 설명할 때는 '예측 불가능성(Unberechenbarkeit)'과 동의어로 해석하고, 그런 경우는 인간의 의지의 자유(Willensfreiheit)에 기인하는 것으로 파악함으로써 그것은 마치 자연현상의 우연성과 비슷하다고 간주한다.(Weber, 1968: 77; 배동인, 1995: 37) 배동인이 지적하는 바와 같이 베버는 저서 *Wirtschaft und Gesellschaft*에서 다룬 '사회적 행위'에 대한 개념 정의 과정에서 자신의 합리성 개념에 대한 설명을 가장 명시적으로 보여준다. 사회적 행위의 네 가지 이념형적 유형을 각각 정의하는 부분에서 특히 '목적합리적(zweckrational) 행위'는 베버의 인간관, 그리고 인간의 사회와의 관계에서 중요한 개념적 함의를 제공한다. 이에 대해 베버는 다음과 같이 여러 가지 제한 조건을 전제로 하면서 설명하고 있으며, 이는 이성중심적 인간관을 매우 잘 보여주고 있다.

사람이 목적합리적으로 행동한다 함은 그의 행위가 목적, 수단들, 그리고 부수 결과들을 지향하고 거기에 수단들을 목적들에 대해서뿐만 아니라 목적들을 그 부수 결과들에 대해서, 마지막으로는 여러 가지 가능한 목적들을 서로 견주어 합리적으로 저울질하는 경우를 말한다. 즉 어느 경우에나 정감적(affektuell) 행위도 아니고(그리고 특히 감정적[emotional] 행위도 아니다), 전통적 행위도 아니다. 서로 경합관계에 있고 상충되는 목적들과 결과들 사이의 결정은 그 경우에 가치합리적으로 지향되어 있을 수 있는데, 그렇다면 그 행위는 오로지 그 수단들에 있어서만 목적합리적이다. 또는 행위자는 서로 경합관계에 있고 상충되는 목적들을 '명령들'과 '요구들'에 대한 가치합리적 지향성 없이 단순히 주어진 주관적 욕구 유발들로서 그에 의해서 의식적으로 저울질된 긴박성의 순위표에 표시할 수 있고 거기에 따라서 그 목적들이 이 우선 순위에 있어서 가능성에 따라 충족되도록 그의 행위를 지향할 수 있다.(Weber, 1976: 12)

이 인용문에서 보듯이 목적합리적 행위라는 것이 행위의 지향점을 분명하게 설정하고 있음을 알 수 있고, 이는 우연히 행하게 되는 것이 아니고 동기와 뚜렷한 주관적 지향이 전제된 상황에서 행하는 행위임이 천명되고 있다. 여기에서 유추해볼 수 있는 점은 베버에게 있어 '인간'은 정감적(affektuell)이거나 감정에 좌우되는 인간이기보다는 사회적 관계망 안에서 목적과 수단이 합리적으로 조절되는 인간이다. 따라서 베버의 인간관은 가치지향이 내재해 있는 가치합리적 행위가 전제된 인간관이다. 물론 베버도 사회적 관계망을 인간 존재와 행위의 주요 조건으로 상정한다는 점에서 이 글에서 대비되는 이론으로 읽고자 하는 라투르의 행위자 네트워크 이론이 기본적인 전제로 하고 있는 사회적 관계망 속의 인간에 대해 숙고한다는 점에서 공통점을 발견할 수 있다. 그러나 베버가 전제로 하고 있는 사회적 관계망과 라투르의 사회적 관계망의 적용 범위의 외연에서 차이가 있다는 점을 지적하지 않을 수 없다. 그것은 바로 사회적 관계망을 누가 형성하고 그 안에서 인간의 위상이 어떻게 설정되어 있는가 하는 점과 연관되어 있다.

2.2) '사회적 행위(soziales Handeln)' 개념과 인간중심주의

베버의 이해사회학 개념 정의에는 두 가지 중요한 개념, 즉 '이해(Verstehen)'와 '사회적 행위'가 등장하며 이 두 개념은 따라서 베버의 이해사회학 전반을 이해하는 데 중요한 핵심어가 된다. 여기서 '행위'란, 그것이 외적이거나 내적인 행함(Tun), 행하지 않음(Unterlassen) 또는 견뎌냄(Dulden) 등 어떤 것이든 간에 인간적인 행동(Verhalten)을 지칭하는데, 행위하는 자가 그와 주체적인 의미(Sinn)와 연결되어 있는 한 그렇다. '사회적인' 행위는, 행위자에 의해 주장된 의미에 의하여 다른 사람의 행동과 관련되며 그 경과에 있어서 타인의 행동에 지향되는 그러한 행위를 뜻한다.(Weber, 1976: 1) 이와 같은 맥락에서 이해하자면 '사회적인 행위'는 주체적인 의미를 가진 개인이 행하는 행위이되, 독단적인 자기중심의 행위이기보다는 타인의 행동과 연동되는 관계망 속에서 이루어지는 행위이다.

그렇다면 여기서 사회적 행위의 추동력인 주체적 의미(Sinn)를 보다 면밀하게 정의해볼 필요가 있다. 베버의 이해사회학에서 중요한 개념인 의미란 여기서 우선, 사실상 어느 역사적으로 주어진 경우에 한 행위자에 의해 주관적으로 생각된 의미이거나, 그렇지 않은 경우에는 행위자들에 의해 평균적으로, 그리고 서로 엇비슷하게 주관적으로 생각된 의미이다. 또는 개념적으로 구성된 순수한 유형 속에서 유형으로 사유된 행위자들에 의해 주관적으로 주장된 의미이다. 따라서 객관적으로 '옳거나(richtig)', 형이상학적으로 탐구된 '참된(wahr)' 의미가 아니다. 바로 여기에 행위를 다루는 여러 경험과학, 즉 사회학과 역사학이 모든 도그마를 가진 학문, 즉 논리학, 윤리학, 미학과 구분되는 이유가 있는데, 이들 도그마적 학문은 각각의 연구 대상에서 '올바르고', '타당한' 의미를 탐구하고자 하기 때문이다.(Weber, 1976: 2) 이러한 개념 정의를 통하여 베버는 사회학이 가치중립적인 학문임을 시사하고 있다.

베버의 이해사회학이 인간의 사회적 행위, 특히 의미 있는 행위를 이해하는 학문영역이라고 할 때 의미 있는 행위와 의미 그 자체의 개념정의는 매우 중요하다. 베버(Weber, 1976: 2)는 의미 있는 행위와 단지 반사적이기만 한 처신(Sichverhalten), 즉 주관적으로 생각된 의미와 결부되어 있지 않은 행동거지 사이의 경계는 아주 유동적이라는 점을 지적하고 있는데, 이는 사회학적으로 관계되는 모든 처신의 아주 상당한 부분은, 특히 순전히 전통적인 행위는 그 둘 사이의 경계 선상에 놓여 있음을 시사한다. 예를 들어 많은 정신 물리학적 현상의 경우에는 의미 있는, 즉 이해 가능한 행위가 존재하지 않으며, 또 다른 경우에는 오직 전문가에게만 이해 가능한 의미 있는 행위가 있다는 것이다. 베버가 보기에 신비적이고, 따라서 언어로 적절히 전달할 수 없는 현상은 그러한 체험에 이를 수 없는 사람들에게는 이해가 불가능하며, 이와 반대로 스스로 똑같은 종류의 행위를 만들어낼 수 있는 능력이 이해 가능성의 전제인 것은 아니라는 점도 분명히 하고 있다. 즉 '시저를 이해하기 위해서 우리가 시저일 필요는 없는' 것과 같이 완전히 추체험(Nachlebbarkeit)할 수 있는 가능성은 이해의 명증성에 중요하지만, 의미 해석의 절대적인 조건은 아니며 어느 현상에서는 이해 가능한 요소와 불가능한 요소가 흔히 혼합되고 결합되어 있다는 점이 이를 말해준다는 것이다.

베버는 모든 해석이 '명증성(Evidenz)'을 추구한다는 점을 강조하면서, 이해의 명증성은 한편으로는 합리적인 성격의 것일 수 있거나, 그렇지 않은 경우에는 감정 이입적인 추체험적 성격의 것일 수 있다고 할 때 행위의 영역에서 합리적으로 명증한 것이란 무엇보다도 그 생각된 의미연관이 남김없이, 그리고 투명하게 지적으로 이해된 것(intellektuell Verstandene)이라는 점을 분명히 하고 있다. 행위에 있어서 감정 이입적으로 명증한 것은 그 체험된 감정 연관(Gefühlszusammenhang)이 완전히 추체험된 것이며 최대한 합리적으로 이해될 수 있는 것, 즉 그러니까 여기서는 직접, 그리고 명백하게 지적으로 의미가 파악될 수 있는 것은 무엇보다도 서로 수학적 또는 논리적인 진술의 관계에 있는 의미연관들이다.(Weber, 1976: 3) 이러한 의미연관의 관점에서 볼 때 베버가 말하는 사회적 행위는 타인의 과거의, 현재의, 그리고 미래에 예측되는 행동에 의해 방향 지어질 수 있고 그런 의미에서 관계적이다. 더 나아가 서로 수학적 또는 논리적인 진술의 관계에 있는 의미연관들은 '명증성'이 극대화되어야 비로소 이해 가능하기 때문에 고도의 합리성을 기본 전제로 하고 있으며 이러한 합리성이 베버의 인간관의 핵심이 되는 근거를 여기에서 발견할 수 있다.

2.3) 베버의 이해사회학에서 '이해'의 의미

베버는 인식주체와 인식대상의 동일성에 근거하는 실재인식을 '이해(Verstehen)'라고 부른다. 이해적 인식이 다른 영역에 가설로 사용될 수 있다 하더라도, 실재 가운데서는 인간의 행동방식만이 이해될 수 있다. 즉 이해적 인식이 어떤 주어진 실재의 보편타당한 파악이라는 의미의 인식이라는 것은 단지 인간에게만 있어서(이병혁, 2012: 116)라고 할 수 있는

데, 이러한 관점에서 볼 때 이해사회학은 철저하게 인간중심적인 인간학이다. 이렇게 해석할 수 있는 근거는 베버의 이해사회학에서 가장 기본적인 생각이 인간의 사회적 행위의 '주관적 의미'를 이해하고 그것을 역사의 인과관계 속에서 이해하는 것을 중요하게 여긴다는 점이다. 바로 이러한 베버의 인간중심적인 사회학적 관점이 베버의 학문적 입장을 잘 보여주는 것으로서 이 글에서 포스트휴머니즘 이론과 가장 극명하게 대비되는 입장이라고 할 수 있다.

베버가 사회학의 주요 방법론으로서 '사회적 행위를 해명하면서 이해하고 그것에 의해서 그 경과와 결과를 인과적으로 설명'(Weber, 1976: 1)하는 것을 제시하고 있기 때문에 '이해'는 '주관적 의미'와 함께 베버의 인간중심주의를 드러내는 중심적인 개념이다. 줄리앙 프로인트에 의하면 (프로인트, 1981: 76), 베버의 이해 개념은 해명이론과 인과성 이론에도 결부되어 있다. 즉 그에 의하면 자연주의적 방법은 전적으로 외적인 여러 관계만을 다루는 것이므로 이 방법에 의해서는 사람의 행위를 충분히 이해할 수 없고, 또 한편 이해에 의한 해명이 유효하기 위해서는 순수한 주관의 다의성을 극복하여 일반적인 과학적 연구 방법을 따르지 않으면 안 된다. 이해적 방법이 변천하고 있는 대상을 인식하는 기본 조건이라고 보고 있는데, 베버는 이 방법의 순수 철학적인 문제를 검토하는 대신 절차의 과학적 타당성에 주의를 기울인다.

베버 이해사회학의 근간을 이루고 있는 '이해'는 빌헬름 딜타이 (Willhelm Dilthey)의 정신과학적 해석학으로부터 결정적인 영향을 받았다.(김덕영, 2012: 467) 그리고 더 나아가 딜타이의 전통은 지속적으로 문화과학적 및 사회과학적 인식 방법의 토양이 되었다고 주장하는 경우도 있다. 그런데 베버의 이해 개념에 더 결정적인 영향을 끼친 사회학자는 게오르크 짐멜(Georg Simmel)이다. 베버는 짐멜의 저서 『역사철학의 문제들: 인식론적 연구』 제2판에서 "단연코 가장 발전된 이해 이론의 단초들"

을 발견한다.(Weber, 1973: 92) 베버는 이에 대해서 다음과 같이 구체적으로 서술하고 있다: "짐멜의 업적은 무엇보다도 '이해'라는 개념이 —이 개념을 '내적' 경험에 주어지지 않는 현실을 '파악하는 것'과 상반되는 것으로 설정하는 경우— 포괄할 수 있는 가장 큰 범위 내에서 외적으로 표현된 것의 의미에 대한 객관적 '이해'와 (언술하거나 행위하는) 인간의 내적 동기에 대한 주관적 '해석'을 명백하게 구분한 것이다."(Weber, 1973: 93)

여기에서 '언술된 것'을 객관적으로 이해하는 것과, 언술하는 인간의 (또는 행위하는 인간의) 내적 동기를 주관적으로 해석한다 함은 '언술하는 인간(또는 행위하는 인간)'을 이해함을 가리킨다. 베버에 따르면, 짐멜은 전자를 '이론적 인식'으로, 다시 말해서 "객관적인 내용을 논리적 형식으로 제시하는 것"으로 규정한다. 그리고 "이 형식은 —왜냐하면 인식이기 때문에— 단순히 [언술된 것과] 전적으로 동일한 의미로 인식되면서 복제될 수 있다."(Weber, 1973: 93) 이에 반해 짐멜은 후자를 개인적 의도, 선입견, 분노, 불안 또는 냉소 등과 같은 내적이고 주관적인 동기를 인식하는 것으로 규정한다.

짐멜의 이해 이론에 대해 베버는 '가장 발전한 이해 이론'으로 수용하면서도 한편으로는 다음과 같이 비판적 견해를 나타내고 있다. 첫째, 짐멜의 객관적 이해의 근거는 심리학적 공식화라는 점을 지적하고 있다. 즉 "언술된 말을 통해서 화자의 영혼에서 진행되는 과정이 … 청자의 영혼에서도 일어나며, 이 과정에서 화자는 '배제되고' 오로지 언술된 것의 내용만이 화자의 사고 속에서와 똑같이 청자의 사고 속에 지속적으로 존재한다."(김덕영, 2012: 474-475)는 것이다. 그러나 이러한 심리학적 공식화로는 객관적 이해의 방식이 갖는 '논리적 특성'이 명백히 드러날 수 없다는 것이 베버의 견해이다. 왜냐하면 언술된 것의 이해에서도 언술하는 인간의 이해에서와 마찬가지로 행위하는 인간의 주관적이고 내적인 과정이 문제시되기 때문이다.(Weber, 1973: 94) 둘째로 베버에 따르면 외적인 의미의 객관적 이해와 내적인 동기의 주관적 해석은 짐멜이 주장하는 것처럼 서로 엄격하게 구분되는 인식 범주가 아니라, 인간의 유의미한 행위를 둘러싸고 서로 밀접하게 연관된 두 단계의 인식과정이다. 즉 전자는 실제적 이해이고, 후자는 해석 또는 해석적 이해이다.

이로써 베버는 "이해는 어느 정도까지 진리를 원하는 많은 사람에게 타당한 진리를 사회학에 있어 확립할 수 있도록 하는 절차가 될 수 있는가?" 같은 문제를 제기하고 있다.(프로인트, 1981: 76) 즉 이는 다시 말하자면 순수 자연주의적 설명과는 대조적으로 이해의 본래 목적은 항상 하나의 행위 또는 관계의 의미를 파악하는 데 있다는 점을 지적하고 있다. 따라서 사람의 행위는 의미를 지향하는 것이며 그 의미를 이해하여야 비로소 행위를 파악할 수 있다고 하는 것이 거듭 강조되고 있다. 사회학은 경험과학이므로 현실의 행위 과정에서 주관적으로 생각되는 의미의 이해에만 관심을 갖는데, 이때 의미를 어떻게 파악할 수 있는가 하는 문제가 등장한다. 베버는 여기서 현실적 이해 내지 직접적 이해라고 부르는 것과 설명적 이해를 구별하였다.(프로인트, 1981: 77) 먼저 현실적 이해는 행위의 의미를 직접적으로 이해하는 반면, 설명적 이해는 의미를 파악하기 위해 행위의 동기에 의존하므로 간접적이라고 할 수 있다는 것이다.

의미에 대한 베버의 논의는 의미연관으로 연결된다. "그러니까 '설명'이란 행위의 의미를 다루는 과학에서는 그 주관적으로 부여된 의미에 따라 실제적으로 이해할 수 있는 행위가 속해 있는 의미연관(Sinnzusammenhang)의 파악에 다름 아니다."(Weber, 1976: 4)라는 서술이 이를 뒷받침하고 있다. 인간의 행위가 이해 가능한 것은 바로 거기에 내재하는 주관적 의미 때문이며 이러한 행위는 바로 이 주관적인 의미에 의해서 특화된다. 베버에 따르면 이 인간행위의 주관적 의미성과 그에 기초하는 이해 가능성이야말로 정신의 세계에 자연의 세계와 마찬가지로 합리적이고 객관적으로 접근할 수 있는 근거가 되며, 나아가 인간행위를 이해하고자 하는 문화과학과 사회학에 자연과학에서 볼 수 있는 법칙과 학적이고 인과론적인 인식의 가능성을 담보해주는 기제가 된다.(Weber, 1973: 67)

　이로부터 베버의 시각이 지성사적으로 매우 크고 중요한 함의를 발견할 수 있다고 밝히면서 김덕영(2012: 483)은, 베버 당시에는 외적이고 무의미한 자연세계의 현상이나 과정과 달리 내적이고 유의미한 정신세계의 현상이나 과정은 합리적이고 객관적으로 인식할 수 없다는 견해가 지배적이었기 때문에 자연세계와 정신세계 사이에는 존재론적으로 근본적인 차이가 존재한다는 것이 자연스러웠으며, 따라서 두 세계는 본질적으로 상이한 접근 방법을 요구할 수밖에 없었다고 본다. 따라서 정신과학에서는 합리적, 과학적 인식이 불가피하게 예술적인 직관이나 심리적인 추체험과 같은 방식에 자리를 내주어야 한다는 것이다. 베버의 이러한 자연과 정신의 이분법적 인식은, 인간이 유일하게 합리적인 존재로서 행위자의 지위를 부여받는다고 할 수 있다. 이 점이 라투르의 행위자네트워크 이론에서 인간을 보는 방식과 극명하게 대조되는 점이다.

　인식주체의 측면에서 보면, 이해란 문화과학자와 사회학자의 유의미한 행위를 뜻한다고 할 수 있는데, 이해라는 인식은 그 대상인 경제적 행위, 예술적 행위, 종교적 행위 등과 마찬가지로 주관적인 의미에 입각한 행위, 즉 과학적 행위이기 때문이다. 김덕영은 베버가 이처럼 이해를 유의미한 과학적 행위로 보는 근거를 인식론, 방법론 및 문화 이론에서 찾을 수 있다고 본다. 첫째, 베버는 칸트의 인식론에 준거하고 있는데, 이 인식론에 따르면 인식이란 주체가 적극적으로 사물을 구조화하고 질서화하는 행위에 다름 아니다. 둘째, 베버는 이러한 인식론적 기본 입장에서 출발해 —물론 거기에 행위 이론과 가치 이론을 더해— 자신의 독특한 문화과학의 논리와 방법론에 도달하게 되는데, 그 중심에는 인식이 주관적 가치 이념에 의해서 주도되는 정신적, 지적 행위라는 사고가 자리하고 있다. 그리고 그 가치 연관적인 문화과학적 인식의 근저에는 다시금 근대적 문화인간이 자리하고 있는데, 이 인간 유형은 합리화되고 탈주술화된 근대적 삶의 질서 속에서 초월적인 타당성을 지닌 것이나 인간이라는 종에 공통된 것이라고 상정되는 내적이고 심리적인 것 또는 자연적인 정신물리학적 법칙에 의존하지 않고, 오로지 자아의 중심인 주체적, 개인적 인격에 준거해 행위하는 인간 유형을 지칭한다. 베버의 문화과학적 인식의 근저에 자리 잡고 있는 문화인간은 결국 주체성이 강조되는 근대적 인간관이라고 할 수 있다.

2.4) 문화과학(Kulturwissenschaft)과 문화인간

베버는 "인간 삶의 제반 현상을 그것들이 지니는 문화의의라는 관점 아래에서 고찰하는 과학 분야들을 가리켜서 '문화과학'이라 부르기로 한다면, 우리가 의미하는 사회과학은 바로 이 범주에 속한다."(Weber, 1973: 165; 이하 김덕영, 2012: 375-376)고 설명하면서 문화과학이 엄밀한 과학적 방법으로 문화문제를 제시하고 분석하며 그에 대한 이론적, 실천적 해결을 모색하는 인간의 정신적, 지적 행위임을 천명한다. 즉 문화과학은 문화문제와 인식 행위의 상호작용과 변증법적 관계로 구성된다고 보면서 다음과 같이 그 과정을 해석하고 있다. "'사물들' 사이에 존재하는 '객관적인' 연관 관계가 아니라, 문제들 사이에 사유적인 연관 관계를 설정하는 것이 모든 과학적 연구 영역의 기초를 이룬다. 그래서 새로운 방법으로 새로운 문제를 추적하여 새로운 의미 있는 관점들을 제공해주는 새로운 진리들이 발견될 경우, 바로 이 경우에 새로운 '과학'이 탄생한다."(Weber, 1973: 166) 따라서 문화과학은 가변적이고 유동적인데, 이에 대한 베버의 다음과 같은 언급이 이를 잘 보여주고 있다.

측량할 수 없는 사건의 흐름은 끊임없이 영원을 향해 나아간다. 인간을 움직이는 문화문제는 늘 새롭고 다르게 채색되고 형성되며, 이에 따라 언제나 무한히 흐르는 개별적인 것에서 우리에게 의미와 중요성을 띠는 것의 범위, 즉 '역사적 개체'가 되는 것의 범위는 유동적이 된다. 이 역사적 개체를 고찰하고 과학적으로 파악하는 사고 체계는 변화한다. 그러므로 정신적 삶의 종국적 정체로 인해 인류가 무궁무진한 삶에 대해 새로운 질문을 던지는 능력을 상실하지 않는 한, 문화과학의 출발점은 무한한 미래까지 변화할 수 있다.(Weber, 1973: 184)

문화과학의 이러한 사고 체계는 다음과 같은 과정을 거치면서 발전한다. 즉 "과거의 과학적 인식이 직접적으로 주어진 현실을 사유적으로 가공함으로써 또는 보다 정확히 표현하자면 사유적으로 변형함으로써, 그리고 자신의 인식 수준과 관심 방향에 상응하는 개념들에 편입함으로써 발전시킨 사고 체계는, 우리가 현실에서 얻을 수 있고 또 얻고자 하는 새로운 인식과 항상 대립 관계에 처하게 된다. 바로 이 투쟁을 통해 문화과학적 연구가 발전한다."(Weber, 1973: 207-208) 새로운 인식의 도전을 받는 과거의 인식은 결국 갈등관계를 거쳐 새로운 문화과학적 연구로 진행하면서 인간 의식의 진전된 과정을 보여주게 되는 것이다.

베버의 문화과학에 대한 정의를 살펴보면 문화의의(Kulturbedeutung)가 주요 개념으로 등장하는데, 김덕영은 이에 대해 문화의의가 다시 가치 의의와 인식 의의, 그리고 인과 의의의 삼중적 차원으로 구성되어 있다는 점을 지적하면서 베버의 논의를 바탕으로 다음과 같이 설명하고 있다.(김덕영, 2012: 378) 즉 이 세 가지 의의 가운데 가치 의의란, 문화과학적 인식이 근본적으로 '의미 있는', '의의에 지향된', '가치와 관련된' 인간의 행위를 대상으로 한다는 것을 가리키는 개념인데 그 이유는 인간의 모든 문화 내용에는 의미(Sinn), 의의(Bedeutung), 가치(Wert)가 있기 때문이다. 베버는 이 세 가지를 동일시하는데 후기 저작에서는 '의미'가 인간의 행위를 정의하는 규준이 되고 '가치'는 그 행위의 한 구성 요소가 된다. 그리고 '의의'는 주로 인식 의의나 인과 의의와 관련되어 사용된다.

베버가 문화의의를 인식하는 과제를 문화과학에 부여하고, 문화과학을 자신의 방법론 연구의 대상으로 삼을 때 문화의의의 개념은 과학론의 방법론 부분의 중심이 된다고 할 수 있다. 베버의 과학론은 자연과학과 문화과학의 논리적인 구분에서 출발한다. 그러나 이 논리적 구분은 자연존재와는 달리, 인간존재의 인간학적 규정에 근거하고 있다. 즉 인간은 본질적으로 이성적이다. 인간은 자신의 이성을 문화로 현실화하려는 필연적인 경향을 지니고 있다고 규정한다.(이병혁, 1995: 115) 따라서 베버의 문화과학은 이성적 존재자로서의 인간, 가능한 인격으로서의 인간과 이해과학의 담당자이며, 대상으로서의 인간 모두가 동일한 개념이며, 따라서 문화과학은 '우리가 세계에 대해 의식적으로 입장을 취하고, 또한 그것에 의미를 부여하는 능력과 의지를 타고난 문화인이기 때문에' 가능하다는 것이다. 이는 베버의 다음과 같은 언술, 즉 "모든 문화과학의 선험적 전제 조건은, 우리가 어떤 특정한 문화 또는 '문화' 자체를 가치 있다고 판단하는 것이 아니라, 우리가 세계에 대하여 의식적으로 자신의 입장을 정립하고 이 세계에 의미를 부여할 수 있는 능력과 의지를 지닌 문화인간이라는 사실이다."(Weber, 1973: 180)에서 더욱 분명하게 드러난다.

근대적 문화인간은 이 세상에 대해서 입지를 정하고, 이 세상에서 행위하며, 또한 이 입지와 행위에 주관적 의미와 가치를 부여할 의지와 능력을 소유한 존재이다.(김덕영, 2012: 484) 이러한 견해에 근거하여 살펴보자면 베버의 인간이해는 칸트의 이성중심적 세계관에 입각하여 이해되는, 지극히 주체적인 자아중심의 인간이며 이로써 베버의 근대적 인간중심주의와 이성중심적 사고가 그 근거로 제시되고 있다고 하겠다. 베버에 의하면(Weber, 2002: 16), 해명에 의해 획득되는 인간의 행동의 '이해'

속에는 매우 다양한 크기와 성질을 가진 특수한 명증성이 포함되어 있는데, 해명이 경험적으로 타당하다는 증거는 명증성만 가지고 판단되지 않는다. 오히려 아무리 명증적인 해명이라도 그것이 타당하고 '이해할 수 있는 설명'이 되기 위해서는, 여러 관계의 '이해'는 언제나 가능한 한 검증되어야 한다는 것이다. 가장 높은 명증성을 갖고 있는 것은 목적합리적(zweckrational) 해명이다.

이상의 논의를 종합해서 살펴보면, 베버의 문화과학적 이해의 틀에서 문화인간은 결국 '주체로서 확고한 입장에 서서 문화관점을 가지고 세계를 바라보는 인간'이다.

3. 디지털문화 시대 포스트휴먼으로서 행위자

근대적 인간의 주체성에 대한 강조가 점차 사라지는 후기근대로 넘어가면서 문화적 전환(cultural turn)이 이루어짐에 따라 문화과학의 전성기로 들어서고 있다고 간주할 수 있다. 그러나 지금의 디지털문화는 베버의 문화인간에서 강조된, 확고한 의지를 가진 의식 있는 인간이 더욱 두드러지는 상황이라기보다는 오히려 그 반대로 점차 즉각적으로 반응하는 인간과 불확실성의 확산과 함께 점차 확고한 방향보다는 유동적 주체의 우연한 진행방향 또한 설득력을 획득하는 시대로 접어들고 있다. 따라서 이성적 존재자로서 본질적으로 이성적이며 자신의 이성을 문화로 현실화하려는 필연적인 경향을 지니고 있다고 규정되는 베버의 문화인간은 점차 포스트휴머니즘의 인간관과 심지어 비인간과의 관계를 고려하는 행위자네트워크 이론에서 인간의 본질에 대한 근본적인 질문을 던지게 하는 촉매 역할을 한다.

베버의 이해사회학은 인간의 이성능력과 공감 및 감정이입 능력을 통해 인간행위에 내재된 의미를 이해할 수 있다는 사실에 기반하고 있다. 따라서 베버는 기본적으로 합리적 행위능력을 가진 개인만을 상정한다고 비판되었다. 그렇지만 베버는 인간이 합리적 행위뿐만 아니라 수많은 비합리적, 주술적, 전통적, 감정적 행위를 한다는 사실을 인정하고 그러한 행위들을 이해하는 방법으로서 합리적 행위능력을 언급하고 있기도 하다. 비록 이러한 유보적 논의를 하고 있기는 하지만 베버가 '의식'을 인간행위의 중심에 놓고 있다는 점은 부정할 수 없다. 사회이론학자인 카렌 세룰로에 의하면(서이종, 2011: 148), 베버가 의식이 사회적 상호작용에 관여되는 사람들에게 핵심적이라고 보는데 이러한 특성을 결여한 사람들은 단순히 반응적이고, 그래서 비사회적인 어떤 것에 관여될 뿐이라고 주장한다고 본다.

이를 근거로 베버는 사회적 상호작용에 관여되는 것으로부터 특히 동물, 객체, 그리고 다른 비인간체를 배제하며, 이에 따라 많은 인간들도 배제되는데, 예를 들면 반응적 인간, 습관화된 인간, 피로한, 잠자는 혹은 혼수상태의 인간들, 그리고 도취감에 취한 인간들이 배제된다(Cerulo, 2009: 532; 서이종, 2011: 148에서 재인용)고 주장하고 있다. 여기에서 말하는 반응적 인간, 습관화된 인간, 혼수상태의 인간들, 그리고 도취감에 취한 인간들은 베버의 문화인간 범주 밖에 있는 인간들로 규정될 수 있다. 그런데 지금의 디지털문화 환경 속에서는 주관적 의식만 지닌 인간보다는 베버적 범주로부터 배제된 인간들이 포스트휴먼적 양태로 존재하면서 더욱 많은 비율을 차지하고 있다.

3.1) 포스트휴먼으로서 인간

베버가 사회학을 문화과학으로 규정하면서 상정했던 인간중심주의는 근대의 휴머니즘으로 대체될 만큼 중세 이후 오랫동안 인류 역사를 관통한 이념이다. 휴머니즘 이념은 신화적, 보편적, 인간적 '본성'을 위대한 문화적 성과로 만들어왔다. 이는 주관성과 주체성에 대한 확고한 믿음과도 상통하며, 따라서 벨지(1980) 같은 비평이론가에 의하여 다음과 같은 근거로 '자유로운 휴머니즘'으로 명명되기도 한다.

건강한 인간이성은 경험론적이며 이상주의적이며 세계를 해석하려는 휴머니즘을 대변한다. 달리 표현하자면, 휴머니즘은 건강한 이성을 주장하고, 인간은 행동과 역사의 발생지이자, 근원이다. 우리의 지식은 경험의 산물이며, 이 경험은 정신, 오성 또는 사고를 통해 해석된다. 이것이 인간본성이라는 특성의 결과물이고, 그 존재의 본질은 개별 개체이다.(Belsey, 1980: 7)

휴머니즘이 건강한 이성을 주장하므로 그러한 이성을 가진 인간주의적 인간은 행동과 역사의 근원이라고 보는 벨지의 관점은 베버의 인간중심주의와 매우 근접해 있다. 베버가, 인간이 사회적 행위를 이성을 가진 개인의 의미 있는 행동이라고 이해하고 있는 것과 비교해보자면, 벨지가 위의 인용문에서 우리의 지식이 경험의 산물이며 이 경험이 정신, 오성 또는 사고를 통해 해석된다고 할 때 휴머니즘이 성취하는 문화과학의 본 모습은 바로 이러한 지식이 될 것이다. 그런데 포스트휴머니즘은 시공간적 연결성을 강조하면서 의미 내재성을 부정하는 대신, 각 의미 구성의 정치적 갈등구조를 강조하며 또한 전달의 명료성을 비판하는 대신 이 전달매체들의 고유한 역동성을 주장함으로써 인간본성, 그리고 개인의 변화 가능성을 가치의 상대성과 더불어 강조하는 비판점을 드러낸다.

오늘날같이 디지털 매체의 발달과 더불어 인간의 존재양태가 매우 다양한 양상을 보이면서 진화하고 있는 시점에서 베버의 '의식'중심의 인간관은 분명하게 충돌하는 지점을 보여준다. 특히 세룰로가 표현한 '반응적 인간'이란 디지털문화에서 감각에 의해 작동하는 디지털 기기로 촉발되는 '감각 인간(homo sensus)'으로 치환될 수 있으며 이는 습관화된 인간과도 연결된다. 감각에 대한 최근의 사회학적 연구에서 의미 있는 선행 연구로 김문조(2011)의 「감각과 사회: 시각 및 촉각을 중심으로」를 꼽을 수 있다. 이성중심적 근대의 코기토적 주체에 비해 주변적인 위치를 차지하고 있던 감각이 디지털 시대를 맞아 전면적인 부상을 하는 현상에 주목하고 있다.

그렇다면 지금의 새롭게 등장하는 인간형의 매우 높은 비중을 갖는 '감각적 인간'의 등장은 베버의 '의식'중심 인간관에서 규정하는 정상적이고 합리적 사고를 하는 인간의 범주를 염두에 두고 볼 때 매우 예외적이고 비사회적인 인간이라고 판단할 수 있다. 다시 말하자면, 지금의 디지털문화 시대의 인간 유형은 베버의 이해사회학이 강조하는 인간중심주의를 넘어서는 포스트휴머니즘을 전제하지 않고서는 '이해'되지 못하는 인간 유형으로 진화하고 있는 것이다.

디지털 미디어와의 관계에서 볼 때 인간의 감각은 그 어느 시대와 문화 환경에서보다도 더욱 첨예하게 활용되고 마치 디지털기기와의 공감각의 경지에 도달한 것처럼 인식하게 될 정도에 이르렀다고 말할 수 있을 정도이다. 이러한 디지털 미디어가 지배하는 환경에서 지금의 인간은 디지털 미디어의 융합적 인공지능과 교유하면서 이전의 인간 개념과 의미로부터 차별화하여 정의될 정도로 광범위한 차원에서 감각의 융합을 이루고 있다. 따라서 디지털 미디어 문화 환경 속의 인간은 그 어느 때보다도 집중적으로 이루어지는 혼종적, 융합적 감각화의 결정체로서 존재한다고 가정해볼 수 있는데, 이때의 인간을 '감각하는 인간', '감각중심 인간', '감각 인간', 즉 '호모 센수스'로 개념 규정할 수 있을 것이다.

디지털 미디어 문화의 성격을 파악하고 이와 긴밀하게 연결되고 촉발되고 있는 호모 센수스의 출현을 주시하고 이해하는 것은 오늘날 인간이 몸과 감각을 통해 테크놀로지와 결합 내지 융합하는 과정과 그 필수적인 결과로 드러나는 인간의 새롭게 정의되는 포스트휴먼적 존재양태를 이해하는 데 필수적이다. 특히 디지털 기기 활용이 지극히 자연스럽고 이로부터 파생하는 문화의 적극적 행위자인 지금의 젊은 세대는 디지털기기 등장 이전의 세대와는 문화적으로 전혀 다른 차원의 행위양식을 가지고 있으며, 그런 의미에서 이들을 새로운 문화적 종(species)의 원조 격이라고 칭할 수 있을 것이다. 이들의 시각, 청각, 촉각의 복합적 활용은 새로운 양식의 영상문화와 결합하면서 스펙터클 사회(기 드보르)의 자연스러운 구성원이 되고 있음은 물론 새로운 방식의 문화창조를 주도하는 창발성을 발휘하는 데 중요한 요소로 작용하고 있다. 그렇다면 이러한 디지털문화 시대의 새로운 인간종에게 있어서 과연 베버식 정의에 의한 사회적 행위가 어떠한 의미를 가질 것이며, 또한 이들의 행위를 베버적으로 해석할 수 있을 것인가에 대해 논의하기 위해서는 포스트휴머니즘 이론의 적용이 필요하다.

인간중심주의로서 휴머니즘은 그동안 여러 가지 방식으로 도전받아왔는데 가장 최근의 도전은 트랜스휴머니즘과 포스트휴머니즘에 의한 것이다. 비판적 포스트휴머니즘을 이론화하고 있는 헤어브레히터(Wolfgang Herbrechter)는, 니체의 허무주의가 자기과시적이며 인간중심적인 '세계사'를 가진 인간종족의 교만함을 비웃고 있음에 반해, 바이오·나노·정보 기술에 뿌리를 둔 세계와 기술의 자기극복과 자기생산이라는 비전은 인간종족의 하이브리드를 추진한다고 본다.(Herbrechter, 2009: 12) 따라서 니체가 비록 포스트휴먼적인 사상가로 간주된다 할지라도 광범위하게 보급된 기술철학적 포스트휴머니즘을 충족시키지는 않는다는 사실을 짐작할 수 있다는 것이다.

한편 포스트휴머니즘으로 가는 이행단계에서 고려될 만한 논의를 트랜스휴머니스트(transhumanist) 이론가들이 전개하는데 닉 보스트롬(Nick Bostrom), 레이 커즈와일(Ray Kurzweil), 한스 모라벡(Hans Moravec) 등은 인간종의 사이보그화 등의 진화와 포스트휴먼화를 합리적이고 자율적인 주체로서의 인간이 그 역량을 확장시켜 나가는 근대적 계몽의 일환으로 간주하고 있다. 즉 인간과 기계, 인간과 정보의 융합을 통해 육체적 한계를 극복하여 인간 이후의 인간으로서 '포스트휴먼'을 제시하는 것이다.(이화인문과학원 편, 2013: 69 참조) 과학기술의 발전에 따른 새로운 인간종의 출현을 염두에 둘 때 전통적인 의미에서 인간의 의지와 행위주체로서의 인간에 대한 개념을 상정하는 베버적 이념 범주는 이미 지금의 사회를 설명하고 이해하는 데 상당히 거리가 있는 것으로 보일 수 있다. 그렇지만 베버의 문화과학 개념을 기술문화로 치환하여 생각해본다고 한다면 적어도 아직 '인간'을 사회의 중심으로 둘 때는 서로 연결된 지점이 있다고 할 수 있다.

료따르같이 포스트모던적인 인간의 조건 속에서 인간중심주의가 맞이하는 최후의 비참한 상황을 우화를 통해서 보여주는 학자들에게 있어서도 인간종족의 점증적인 기술화를 부정할 아무런 이유가 없다는 것을 보여줄 뿐 아니라 오로지 순수하게 기술만으로 구성된 포스트휴머니즘도 휴머니즘적 패러다임을 벗어나기에 충분하지 않다는 것 또한 보여준다고 역설하고 있다. 이를 바탕으로 헤어브레히터는 포스트휴먼적이며 기술적으로 업그레이드된 인류를 바라보는 견해들이 이데올로기적 휴머니즘의 근본가치를 빈번히 무비판적으로 확장하는 동안 전통적인 정신과학과 문화과학은 인류라는 불완전한 개념을 옹호하거나 마치 신화와 같은 인간의 '본성'에 집중하여 인간중심적이 되었다고 본다. 따라서 헤어브레히터는 기술의 도전뿐 아니라 인간중심주의를 비판적으로 다루는 것이 중요하다고 주장하면서 이러한 논거를 바탕으로 비판적 포스트휴머니즘 (kritischer Posthumanismus)을 제안하고 있다.(Herbrechter, 2009)

기술발전과 더불어 사회관계를 형성하는 다양한 행위자에 대한 관심이 증대하는 것은 포스트휴먼 학문의 새로운 관점을 요구하며, 이는 이미 라투르 등 행위자네트워크 이론가들에 의하여 제기되고 있다. 행위자네트워크 이론에서 제기하는 행위 개념의 근본적인 발상전환은 인간뿐 아니라 다양한 비인간(non-human)을 사회적인 관계와 맥락 속에 넣어 사유해야 한다는 점을 상기시킨다.

3.2) 행위자네트워크 이론과 인간/비인간

행위자네트워크 이론은 용어 안에 이미 '행위' 개념이 들어 있어서 베버의 사회적 행위와 긴밀히 연결되는 것으로 보이지만 라투르를 비롯한 행위자네트워크 이론가들에게 있어서 행위는 베버의 행위 개념을 정면으로 부정한다. 왜냐하면 여기서 행위자는 베버가 철저하게 주관적 이성을 지닌 개인으로 상정했던 행위자가 아니고 비인간에 주목하여 상정한 개념이기 때문이다. 지금의 디지털문화 시대의 인간 유형은 베버의 이해사회학이 강조하는 인간중심주의를 넘어서는 포스트휴머니즘을 전제하지 않고서는 '이해'되지 못하는 인간 유형으로 진화하고 있기 때문에 더욱 그러하다.

　행위자네트워크 이론은 1980년대 초반에 과학기술학을 연구하던 프랑스의 브루노 라투르, 미셸 칼롱, 영국의 존 로와 같은 학자들에 의해 정립되었으며 과학기술학의 큰 흐름이었던 사회구성주의 과학기술사회학과 격렬한 논쟁을 일으키면서 이론의 정교함을 더해갔다. 홍성욱(2010)에 의하면, 이 이론은 인간과 비인간 사이에 형성되는 네트워크에 주목한다. 이 이론에 의하면 비인간을 잘 동원해서 네트워크에 편입시키는 데에는 여러 가지 이점이 있으며 다양한 전략을 구사할 수 있다. 네트워크의 형성을 특징짓는 여러 단계 중에 비인간을 '길들이는' 것이 가장 어려운 부분인데, 이를 위해 필요한 것이 우리가 과학기술이라 부르는 것이라는 것이다.

과학기술 혹은 행위자네트워크 이론의 용어로 테크노사이언스는 비인간을 우리에게 의미 있는 존재로 바꾸어주는 인간의 활동인데, 테크노사이언스의 핵심은 인간-비인간으로 구성된 세상을 움직이기 쉽고 표준화된 지식 요소로 바꾸는 작업이다. 여기서 더 나아가 행위자네트워크 이론은 기계 같은 비인간들이 인간처럼 행위능력(agency)을 가지고 있으며 이런 의미에서 연구자들이 인간과 비인간을 동등하게, 대칭적으로 다뤄야 한다고 주장한다.(라투르 외, 2010: 8) 이러한 네트워크를 구축하는 과정을 이들은 '번역(translation)'이라고 개념 규정하는데, 라투르에 의하면 (2009: 23) 이 용어를 사용하는 이유는 번역이나 연결망이 체제(system)라는 관념보다는 유연하며, 구조(structure)보다는 더 역사적이고, 복잡성보다는 더 경험적이기 때문이다. 이 이론에서 번역의 핵심은 한 행위자의 이해나 의도를 다른 행위자의 언어로 치환하기 위한 프레임을 만드는 행위이다.

비인간이 인간처럼 행위능력을 가진다는 점은 근대적인 인간관에 비추어볼 때 매우 전복적인 관점이 아닐 수 없다. 이 지점에서 베버와 라투르는 근본적으로 다른 인간관을 보이고 있다고 해도 과언이 아니다. 행위주체의 이성을 중요하게 여기는 베버와 심지어 기계나 동물 등 비인간에게도 행위능력을 인정하는 라투르는 행위자의 범주 설정에서 현저하게 다른 인식을 가지고 있음이 분명하게 드러난다. 물론 행위자네트워크 이론에서 행위자는 개인이나 그룹, 조직처럼 사회과학에서 통상적으로 사용하는 '사회적 존재'로서의 행위자 개념과는 다르다. 그러나 인간을 다시금 사유하게 한다는 점에서 행위자네트워크 이론이 시사하는 바는 클수밖에 없다.

베버의 인간중심주의와 행위자네트워크 이론가들의 논의를 비교하는 관점에서 핵심적인 쟁점은 행위자네트워크가 어떻게 형성되는가 하는 문제보다 더욱 근본적으로 행위능력을 가진 행위자를 어떻게 상정하는가에 대한 문제이다. 행위자네트워크 이론의 핵심 논지인 이종적 네트워크란 사회, 조직, 행위자 등이 모두 단순한 인간만이 아니라, 다양한 질료로 이루어진 패턴화된 네트워크로 구성되어 있다는 것이다.(로, 2010: 40) 정보사회와 디지털문화 사회로 이행하면서 인간의 '의식'은 점차 '지식'과 '정보'로 그 사회적 지위를 양보해갔다고 볼 수 있다. 왜냐하면 지식은 과학적 방법에 의해 도출되는 것이 아니라 사회적 산물로 규정되기 때문이다.

라투르에 의하면(2010: 107), 행위자는 오해를 불러일으킬 여지가 많은 단어이다. 앵글로-색슨 전통에서 행위자는 언제나 의도적인 인간 개인 행위자이고 대개의 경우 단순한 행동을 하는 사람과 대비된다. 라투르는 만약 누군가가 행위자에 대한 이런 전통적인 정의를 네트워크의 사회적 정의에 덧붙인다면, 이는 가장 심각한 오해를 범한 것이라고 지적하면서 이는 대개 남성들이 권력을 잡고자 동맹의 네트워크를 만들고 그의 권력을 확장하는 것을 지칭하는데, 미국인들이 말하듯 '네트워킹'하거나 연락망을 만드는 행위를 말하는 것이기 때문이다. 라투르는 행위자네트워크 이론에서의 행위자는 기호학적 정의(행위소, actant)이며, 이는 행동하거나 타 존재로부터 행위능력을 인정받은 존재를 의미한다. 따라서 개별적인 인간행위자를 지칭하는 것이 아니며, 일반적으로 인간이 지닌 특별한 동기를 가정하지 않는다. 행위소는 문자 그대로 행동의 원천으로 인정받은 것이면 무엇이든 될 수 있다는 것이다.

라투르는 이 점이 계속해서 지적되어왔음에도 불구하고 사회과학에서는 인간중심주의와 사회중심주의가 너무 강해서 행위자네트워크 이론의 사례 연구가 마치 소수의 초인들이 권력을 원하며 그들의 무자비한 목표를 달성하기 위해서는 어떠한 일이라도 서슴지 않는다고 말하는 것처럼 해석되어왔다고 비판하고 있다. 오히려 행위자네트워크 이론은 인간의 능력에 대한 모델을 제공하는 데 완전히 무관심하다는 것이 비판점이 되어야 한다면서 라투르는 전통적 사회이론의 인간, 자아, 사회적 행위자는 행위자네트워크 이론의 의제에 적당하지 않기 때문에 이 이론에는 (인간)행위자 모델이나 처음부터 설정되어야 할 기본적인 능력의 목록 같은 것이 없다는 점을 역설한다.

특히 행위자네트워크 이론가들의 견해에 따라 고찰해볼 때 '지식'은 이종적인 질료들의 네트워크가 만들어낸 결과로 간주될 수 있다고 주장하는 로(2010: 41)는, 더 나아가 지식뿐 아니라 행위자, 사회 기관, 기계, 조직들의 경우에까지 사회적 산물이라는 설명을 확산시켰다. 여기서 '지식'을 인용부호와 함께 사용하는 까닭에 대해서 로는, 그것이 항상 물질적 형태를 띠기 때문이라고 설명하고 있다. 로는 이어서, 여기에서 이종 네트워크는 과학뿐 아니라 다른 기관들, 즉 가족, 조직 컴퓨팅 시스템, 경제, 기술 등 사회 영역의 다양한 기관들에도 적용되며 이로써 네트워크는 인간뿐 아니라 그 밖의 기계, 동물, 문서, 돈, 건축물 등과 같이 모든 다양한 물질들로 이루어져 있다고 본다는 점에서 급진적이라고 진단한다. 이러한 관점에서 사회학이 할 역할은 이종성을 지닌 네트워크의 특성을 밝혀내고 이러한 네트워크들이 어떻게 조직이나 불균형, 권력 등의 일정한 패턴을 지니게 되었는지 연구하는 것이라고 규정하고 있다.(로, 2010: 42)

로의 주장대로 한다면 행위자네트워크 이론에서는 인간과 물체가 서로 다르다는 인식을 받아들이지도 않고 인간이 비인간에 비해 꼭 특별한 존재라고 생각될 이유는 없다. 여기에서부터 사람들이 인간이라고 이야기할 때의 인간이 과연 무엇을 의미하는지에 대한 기본적인 질문이 제기된다고 할 수 있다. 이러한 문제제기로부터 출발하여 로(2010)는 인간 존재에 대해 좀더 급진적인 설정을 하고 있다. 즉 분석적으로 보았을 때 인간이란 이종적인 물체들이 상호작용하는 네트워크로 인해 생성된 존재라는 것이다. 로는 이를 다음과 같은 질문으로 설득력 있게 설명하고 있다.

만일 나에게서 컴퓨터, 동료 연구자들, 사무실, 책, 책상, 전화 등을 빼앗아간다면 나는 더 이상 논문을 집필하고, 강의를 하고, 지식을 생산해내는 사회학자가 아닐 것이다. 나는 다른 무엇인가가 될 테고, 이것은 다른 모든 사람들에게도 마찬가지이다. 따라서 분석적으로 중요한 질문들은 다음과 같다. 단순히 지식, 기술, 가치 등을 지닌 육체를 갖고 있어야만 행위자인가? 아니면 인간의 육체적인 것을 뛰어넘어 그 외의 물체들과의 네트워크까지도 포함해야 과연 참된 행위자라고 볼 수 있는 것일까?(로, 2010: 46)

로는 어빙 고프만의 상징적 상호작용 이론이 행위자네트워크 이론과 비슷한 입장을 가진 점을 지적하면서, 그러나 고프만의 입장에서 인간의 윤리적, 정신적 측면들은 감히 도구적인 것들로 환원될 수 없다고 보았다는 점에서 두 가지 이론이 공히 인간 고유의 내면적인 것을 인정하지만 행위자네트워크 이론이 좀 더 이 범주를 뛰어넘는 이론이라는 점을 지적한다. 이러한 관점에서 행위자는 행위자인 동시에 네트워크라는 것이다.

4. 베버의 인간중심주의와
포스트휴머니즘을 연결하는 인간이해 전망

베버의 이해사회학에서 '이해'의 구심점을 이루는 사회적 행위는 바로 행위의 의미연관과 깊이 연결되어 있다. 사회학에 대한 확고한 견해로 말미암아 베버는 당시 발전하고 있던 자연과학의 물신화를 경계하면서 더욱 인간에 대한 문제의식으로 집중하는 경향을 보였다. 즉 베버의 현실에 대한 강조는 인간행위의 원인인 당위성(sollen)과 구별되는 인간행위의 결과, 즉 존재(Sein)와 존재성(Seiende)을 의미하는, 규범학문에 대비되는 현실학문(Wirklichkeitswissenschaft)을 지향할 뿐 아니라 기능적, 선험적 설명에 대비되는 현실학문을 지향하기 때문이다.(서이종, 2011: 157) 베버의 이해사회학에서 '인간'은 철저하게 주관적 의식과 의지를 가지고 의미를 추구하는 '사회적 행위'를 하는 존재이다. 이러한 인간관은 철저하게 근대적 인간관을 반영하며 대부분의 근대적 학문에서 취했던 시각과 같이 유럽중심의 남성을 표상한다.

현 단계의 급격히 변화하는 문화환경 속에서 인간은 이미 베버의 이해사회학이 상정하는 인간의 범주에서 이해할 수 있는 인간으로부터 멀리 와 있다. 즉 행위자네트워크 이론은 베버적 의미의 근대 인간중심주의가 더 이상 절대불변의 견고한 인간이해의 토대가 되기 어렵다는 점을 보여주고 있다. 정보기술의 발달로 인한 매체의 다변화, 인공지능의 첨단화, 인공신체의 출현 등 테크노사이언스의 발달은 인간과 비인간의 경계가 흐려지고 있음을 예고하고 있다. 지금의 컴퓨터 운영체제나 스마트폰의 사용으로 우리는 이미 새로운 인간종으로 진화하고 있다고 해도 과언이 아니다. 이러한 인류의 급속한 진화 과정에서 근대적 인간중심주의에 근거한 베버의 이해사회학은 분명 도전을 받고 있으며 인간이해는 새로운 해석의 방법론을 통해 재해석을 요구받고 있다.

사회적 행위는 여전히 인간을 사회 속에 위치시키는 데 중요한 매개이자 동기로 작용하고 있지만 행위자네트워크 이론에서 주장하듯 기술 같은 비인간도 인간처럼 행위능력을 가진다고 가정한다면 베버적 인간관과 사회관계, 그리고 이를 근거로 하는 문화과학은 엄밀한 재해석의 과정을 거쳐야만 현 단계와 미래의 인간과 사회를 '이해'하게 될 것이다. 테크놀로지 발달과 더불어 변화된 '인간' 개념은 사회를 구성하는 주요 구성요소에서 유기체적이고 이성중심적인 인간만 포함되는 것이 아니라 과학과 기술 등 다차원적 요소가 포함됨으로써 '사회적인 것'을 보다 포괄적인 범주에서 성찰하게 하여 사회학 연구의 외연을 확대하고 다양한 학문과의 융합이 가능하게 하는 효과를 가져올 것으로 기대된다. 따라서 향후 사회학 연구에서는 '사회적인 것(das Soziale)'의 재개념화와 사회관계망에서 중층적으로 작용하는 다양한 행위자 —여기에는 인간과 비인간, 사회 집단과 다양한 포스트휴먼이 포함된다— 와 행위소를 면밀하게 가려내고 이들의 행위능력의 지향점과 행위양상을 잘 포착하여 인간 이후의 인간이 만들어내는 사회에 대한 해석의 방법론을 구축해야 할 것이다.

4

—

혼돈(chaos)의 세 단면: 철학, 과학, 예술
— 들뢰즈의 사유를 중심으로[1]

이찬웅

1. 서론: 혼돈과 창조

들뢰즈에게 철학은 진리의 사유가 아니라 생명(Life)의 사유라 할 수 있다. 그는 베르그손과 스피노자의 교차점 위에서, 생명을 "차이를 만들어 내는 힘"이라고 간명하게 정의한다. 들뢰즈에게 생명의 도약은 창조의 최전선에서 발생한다. 그것은 하나의 사건으로서 일어난다. 기존에 확립된 법칙 바깥에서, 역사적 진행 안에서 이해되지 않는 독특한 사건으로서 도래한다. 들뢰즈의 사유는 생명이 혼돈(chaos)을 정면으로 맞닥뜨리는 경계면에 집중한다.[2]

---

1 이 글은 《철학》(127집, 2016년 여름호)에 수록된 논문을 수정·보완한 것이다.
2 "우리는 혼돈으로부터 우리를 보호하기 위해 그저 약간의 질서를 요구할 뿐이다. 다음 같은 것

이 점에서 들뢰즈는 플라톤과 비슷한 지평 위에 서 있지만 정반대 방향으로 향한다. 플라톤에게 사유란 형상(Form)과 질서로부터 출발하는 것인 반면, 들뢰즈에게 사유란 혼돈 자체를 사유하는 것이다. 우리가 기존의 개념과 법칙을 사유의 기관(organon)으로 삼을 때, 그것은 혼돈으로부터 자신을 보호하기 위한 보존 본능일 따름이다. 앞으로 자세히 보겠지만, 혼돈 안에서 생명은 그 단면을 자르고, 변이를 포착하고, 무엇인가를 창조하고, 어떤 인물을 배치한다. 생명은 끊임없이 창조의 활동을 하지만, 활동의 전선에 따라 그 양상은 달라진다. 이것의 다양한 양상을 살펴볼 때, 창조의 공통성과 상이성, 그리고 상호 간섭을 이해할 수 있다.

이 글에서는 들뢰즈가 자신의 마지막 저작 『철학이란 무엇인가』에서 펼친 철학, 과학, 예술에 대한 사유를 따라가면서, 이것들의 본성, 그리고 이것들 사이의 관계에 대해 해명하고자 한다. 특히 현대 과학의 범위는 오늘날 이전에 상상할 수 없을 정도로 미시적인 지점까지 미치고 있고(뇌과학, 나노과학), 불가능하다고 생각했던 영역까지 제작에 도전하고 있다.(인공지능, 유전공학, 디지털 아트) 이러한 발전은 인류의 최고의 활동들의 본성과 관계를 다시 한 번 생각하게 한다. 칸트에게서 분명하게 나타나듯이, 이 분야들의 근대적 구획은 인간의 내적 본성, 즉 인식능력들에 근거한다. 그러나 푸코가 선언했듯이 "인간의 죽음" 이후 오늘날 이는 더 이상 유지되기 힘들어 보인다. 이것들은 새로운 영토 위에서 재구획되어야 할 것이다.

이 글의 전반부에서는 좀 길지만 다소 도식적으로 들뢰즈의 주요 개념들을 해명하도록 하자. 그리고 글의 후반부에서는 철학, 과학, 예술의

보다 더 고통스러운 것, 더 불안한 것도 없다. 즉 자기 자신에게서 빠져나가는 사유, 도망가는 생각들, 겨우 윤곽이 나타났지만 망각에 의해 벌써 갉아먹히고, 우리가 마찬가지로 제어할 수 없는 다른 생각들로 내던져진 채로 사라지는 생각들 말이다."(Deleuze, 1991: 189)

상호관계에 대해서 구체적인 예시와 함께 이해하도록 하자. 이를 통해, 생명의 창조 작업과 자연에 내재한 요소들에 근거한 철학, 과학, 예술의 새로운 규정을 확인할 수 있으리라 기대한다.

2. 들뢰즈 관점의 성격

2.1) 철학사 위에서: 칸트와 비교할 때

철학, 과학, 예술에 대한 일반적인 이미지는 다음과 같은 것이다. '과학은 발견하고, 예술은 창조하고, 철학은 반성한다.' 하지만 들뢰즈는 이러한 정의에 동의하지 않는다. 그가 보기에, 철학의 오래된 정의, 즉 철학을 단지 반성적인 활동이라고 간주하는 것은, 사유가 쇠약해졌다는 점을 반증할 뿐이다. 과학과 예술은 반성을 하기 위해 철학을 필요로 하지 않는다.[3] 들뢰즈는 철학, 과학, 예술을 창조의 세 가지 전선(戰線)으로 규정한다.[4] 철학 역시 과학과 예술 못지않게 창조적인 활동이다.[5] 다만 창조의 대상이 서로 다를 뿐이다. **"과학의 진정한 대상은 함수(fonction)를 창조하는 것이고, 예술의 진정한 대상은 감각적 집합체(agrégat sensible)를 창**

---

3 "누구도 반성하기 위해 철학을 필요로 하지 않는다. (…) 만일 철학이 무언가를 반성하는 데 쓸모가 있어야 한다면, 철학이 존재할 어떠한 이유도 없을 것이다. 철학이 존재하는 것은, 그것이 자신의 고유한 내용을 갖기 때문이다."(Deleuze, 2003: 292)

4 "사유를 정의하는 것, 사유의 위대한 세 가지 형식, 즉 예술, 과학, 그리고 철학이란 혼돈을 언제나 대면하고, 평면을 그리고, 혼돈 위에 평면을 세우는 것이다."(Deleuze, 1991: 186)

5 "철학은 의사소통적이지도 않고, 명상적이거나 반성적이지도 않습니다. 그것은 창조적이고 더 나아가 혁명적입니다. 본성상 끊임없이 새로운 개념을 창조한다는 점에서 말이죠. 유일한 조건은 필요성(필연성)이 있어야 한다는 것, 또한 기이한 면이 있어야 한다는 것이고, 그리고 진짜 문제에 응답한다는 한에서 말입니다."(Deleuze, 1990: 186-187)

조하는 것이고, 철학의 대상은 개념(concept)을 창조하는 것이다."[6]

철학사를 돌이켜볼 때, 이 세 가지 활동에 서로 다른 본성을 부여하면서 가장 높은 수준의 정교함을 구사한 이는 아마도 칸트였을 것이다. 과학·철학·예술의 목표는 각각 진·선·미이다. 칸트가 정교하게 구축한 '비판'의 세 건축물 안에서 인식·도덕·취미의 추구는 각각 훼손되지 않는 고도의 자율성을 누려야 한다. 즉 인식의 진보는 경험을 통해서 알 수 있는 것에 한정해야 하고, 도덕의 가치는 경험을 넘어서는 절대적인 인간성의 요청으로부터 연역되며, 아름다움은 목적 없는 합목적성, 즉 경험들이 어떤 통일성을 향해 종합되는 듯한("마치 … 인 듯"[als ob]) 가상의 느낌 안에서 나타난다. 이러한 자율성은 모더니즘 기획의 핵심을 이루며, 이렇게 해서 철학, 과학, 예술은 각자의 '합법적' 영역 안에서 번성해 왔다.

칸트의 3비판서의 분절과 구성은 인간이라는 인식주체를 중심으로 회전하고 있다. 유한한 능력을 가진 인간이 무한한 세계 안에서, 인식할 수 있는 것(과학), 희망할 수 있는 것(철학), 느낄 수 있는 것(예술)의 한계와 조건을 해명하는 것이다. 이것은 인간에게 경험적인 것과 초험적인 것, 그리고 그 양자 사이의 이행이라는 경계 구역의 획정에 근거하고 있다. 즉 칸트가 구축한 세 건물은 사실상 인간의 자기 이해와 규정이라는

---

6 Deleuze, 1990: 168. 강조는 인용자. 들뢰즈는 철학, 과학, 예술의 세 분야와 관련하여, 1985년 "중재자들(intercesseur)"에서부터 이 분야들의 정의, 성격을 규명하고, 이들 간의 상호관계를 설명한다. 그리고 이러한 탐구는 1991년 『철학이란 무엇인가』에서 체계적인 종합에 이른다. 이 글에서는 주제의 논의를 위해서 들뢰즈의 저서 중 『철학이란 무엇인가』를 주요하게 참조한다. 들뢰즈의 이 마지막 저작은 과타리와 공저로 표기되어 있지만, 사실상 혼자서 집필한 것으로 알려져 있다. 이런 이유에서, 이 글에서는 편의상 들뢰즈의 저서로 지시하기로 한다. 그럼에도 이 저작에서는 앞서 1970년대에 과타리와 함께 만들어진 많은 개념들이 다시 사용되고 있기 때문에, 공저의 표기는 내용상으로 정당한 가치를 갖는다는 점이 또한 강조되어야 하겠다. 다음 해 세상을 떠날 때까지 과타리는 병중이었고, 들뢰즈는 이 저작을 통해 그와의 우정을 표시했다.

공동된 토대 위에 세워져 있다. 자연 법칙을 발견하면서 무한히 발전하고, 그럼에도 그 너머에서 인간성을 희망하고, 그리고 그 사이에서 감정을 느끼는 것이다.

그러나 들뢰즈는 이 세 영역의 구획을 흩뜨리고 경계선과 교차선을 밑바닥에서부터 다시 그리고자 한다. 칸트에게서 인간이 세계에 맞서 있다면, 들뢰즈에게서는 혼돈 속에 아이가 놓여 있다. 또는 놓여 있는 자가 동물이나 분자라고 해도 좋을 것이다. 이들은 간신히 어둠을 몰아내 자기의 환경과 영토를 만들려는 최초의 지점, 시원의 생명력이 작동하는 위치이다. 그러므로 칸트처럼 인간의 자기 발견, 내면성의 발견에 근거하고 있는 것이 아니라, 아이와 세계 사이의 운동과 리듬에서 출발한다. 아이가 반복하며 흥얼거리는 선율, 새가 자신의 숲속에서 부르는 노랫소리가 바로 그러한 것인데, 들뢰즈와 과타리는 이를 "리토르넬로(ritournelle)"라고 이름 붙였다. 철학, 과학, 예술의 활동은 모두 일종의 리토르넬로이며, 그것의 창시, 심화, 확장, 변형이다. 그리고 그것은 무한의 혼돈 안에서 이루어지는 창조이다.

2.2) 일의성의 평면 위에서: 내포적 강도(intensité)

들뢰즈에 따르면, 철학적 사유란 순수 존재론의 관점에서, 또는 같은 말이지만 내재적 관점에서만 성립 가능하다. 모든 존재는 일의적으로, 즉 단 하나의 같은 의미로 언명되어야 한다. 신(神)과 진드기는 '같은 의미로' 존재한다. 여기에는 일반적인 의미에서 신성모독이 있다. 그러나 들뢰즈가 보기에, 무한자와 유한자 사이에서 존재를 서로 다른 의미로 언명하고 규정하는 것은 신학적 유산이며 초월적 사유일 따름이다. 그런 관점에서는 존재자들은 가장 완전한 동일적 존재자인 신의 좋고 나쁜 모방으로 나타난다. 반면, 들뢰즈가 **존재의 일의성(univocité)**의 테제에 입각해 타협 없이 존재론을 전개할 때, 존재는 차이로서 나타난다. 존재자들은 존재 안에서 같은 의미를 지니면서, 하지만 서로 구별되기 때문이다. 서로 구별되면서 같은 의미를 지니는 것, 그것은 차이이다.

"사실 일의성의 본질은 존재가 단 하나의 똑같은 의미에서 언명된다는 점에 있는 것은 아니다. 그것은 존재가 단 하나의 같은 의미에서, 하지만 자신의 모든 개체화하는 차이나 내생적 양상들을 통해 언명된다는 점에 있다. […] 존재는 차이 자체를 통해 언명된다."(들뢰즈, 2004: 102-103. 강조는 인용자)

들뢰즈가 인용하는 중세 철학의 예를 빌리자면, 존재 안에서 서로 다른 존재자(개체)들이 발생하는 것은, 흰색 안에서 다양한 강도의 흰색들이 존재하는 것과 마찬가지이다. 여기에서 주의할 점은, 들뢰즈가 존재론적 층위에서 발견하는 차이가 항들 사이의 외부적 차이가 아니라는 점이다. 이 차이는 항들 이전의 차이, 개체들을 만들어내는 차이이다. 그것은 말하자면 스스로 자기 자신과 달라지는 차이화 운동의 한 요소 또는 구간이다. 이런 의미에서 그것은 내생적(intrinsèque) 차이이다. 이것은 자기 자신과 달라지는 차이이며, 두 요소로 부서지는 차이이다.

들뢰즈는 이러한 종류의 차이에 다른 이름을 붙였는데, 그것은 **내포적 강도(intensité)**이다. 우리가 쉽게 지각할 수 있는 내포적 강렬함은 속도나 온도와 같은 것들이다. 이것은 어떤 점에서 양자역학 이후에 현대 물리학이 목도하고 있는 세계상과 일치하는 것이기도 하다. 자연세계를 쌓아 올릴 수 있는 궁극적인 입자나 물체는 존재하지 않는다. 끊임없이 요동치는 에너지의 파동과 정도 차만이 있을 뿐이다. 그의 스피노자 해석 안에서 내포적 강렬함은 하나의 신체의 본질에 해당한다. 그리고 이는 두 가지 방식으로 표현되는데, 하나는 빠름과 느림의 관계이고, 다른 하나는 변용하고 변용되는 능력이다.(Deleuze, 1981b: 6장 참조) 간단히 말해,

들뢰즈와 과타리의 내재성의 평면을 구성하는 경도와 위도는 운동과 변용태(affect)이다. 들뢰즈는 이러한 평면 위에서 철학, 과학, 예술이 창조되면서 서로 관계 맺는 장면으로 우리를 이끌고 간다.

3. 철학, 과학, 예술이 설립하는 것들

3.1) 세 개의 면(面)

들뢰즈는 오직 속도와 힘, 운동과 변용태의 관점에서 사유한다. 오직 이러한 관점에서, 철학, 과학, 예술은 혼돈 안에서 이루어지는 위계 없는 활동이다. 이러한 관점에서만, 서로 다른 고유한 지대 안에 있는 이것들이 서로 유사한 모습을 드러낸다. 혼돈 속에서, 혼돈에 맞서 리토르넬로의 반복을 통해 조금의 영토를 만드는 것, 이것이 창조의 시작이라는 점을 앞서 살펴보았다. 철학, 과학, 예술은 무엇을 만드는가? 그리고 이를 위해 무엇을 필요로 하는가?

철학은 개념을, 과학은 함수를, 예술은 감각적 집합체를 창조한다. 그런데 이것을 만들 때, 허공에서 이루어지는 것이 아니라 어떤 평면을 필요로 한다. 이것은 혼돈을 서로 다른 방식으로 잘라낸 단면들이다. 그 단면들은 각각 다른 이름을 갖는다. **철학은 내재성의 면을, 과학은 좌표의 면을, 예술은 구성의 면을 필요로 한다.** 여기에서 이것들 사이의 상호관계, 즉 개념과 내재성의 면, 함수와 좌표의 면, 감각적 집합체와 구성의 면 사이의 상호관계는 미묘하다.

철학에서 개념은 내재성의 면과 구별되지만 분리될 수는 없다. 개념은 내재성의 면을 채우는 분자들, 그 사막 위에 거주하는 유목민들이다. 역으로 내재성의 면은 개념의 창조와 더불어서만 펼쳐진다. 개념 바깥에서 내재성은 미리 주어지지 않는다. 개념들의 영토와 내재성의 평면은 서로 외연에 있어 일치하지만, 동일한 것은 아니다. 내재성의 면은 개념이 창조될 수 있는 조건으로서 요구된다. 그것은 개념의 창조와 동시에 발견되고 전개되지만, 다른 한편으로 철학이 가능하기 위한 조건이다.

과학과 예술에서도 사정은 유사하다. 과학은 혼돈의 한 단면을 잘라내는데, 다만 그 위에서 함수를 그릴 수 있는 좌표의 면을 고유한 방식으로 설립하는 조건하에서 그렇게 한다. 예를 들어, 고전 역학에서 위치는 시간의 종속변수였던 반면, 양자 역학으로 패러다임을 전환할 때, 시간과 위치는 모두 독립변수로 새로 개념화되어야 했다. 예술도 새로운 구성의 면 위에서 감각적 집합체를 창조한다. 원근법은 14세기에 등장한 새로운 구성의 면이었으며, 이는 천상의 신이 아니라 지상의 인간이 바라보는 인물과 풍경을 그리기 위한 것이었다. 마찬가지로, 모네의 인상주의, 피카소의 큐비즘, 칸딘스키의 추상 회화는 자신만의 구성의 면을 스스로 만들어야만 했다.(특히 칸딘스키의 "구성"이라는 연작들을 떠올려보자.) 이처럼 함수의 창조는 좌표의 면을, 감각적 집합체의 창조는 구성의 면을 조건으로서 필요로 하지만, 역으로 후자는 시간적으로 선행하는 것이 아니라, 창조의 작업과 동시에 전개된다.

세 영역의 활동과 관련하여 주요 개념들의 차이를 도표로 나타내면 다음과 같다.(Deleuze, 1991: 204 참조) 아래 절에서 이어서 다음 항목을 설명하도록 하자.

구분	창조의 대상	변이의 포착	평면	인물
철학	개념(concept)	변동(variation)	내재성의 면 (plan d'immanence)	개념적 등장인물
과학	함수(fonction)	변수(variable)	좌표의 면 (plan de référence)	부분적 관찰자
예술	감각적 집합체 (agrégat sensible)	다양체(variété)	구성의 면 (plan de composition)	미학적 형태

3.2) 세 종류의 중재자(intercésseur)

더 나아가 들뢰즈는 이 세 활동 모두 어떤 인물을 필요로 하고 발명한다
는 점을 발견한다. 창조의 작업이 조건의 평면 위에서 실제로 펼쳐지기
위해서는 어떤 씨앗이, 또는 차라리 그 씨앗을 흩뿌리기 위해 멀리까지
인도할 누군가가 필요하다. 철학은 개념적 인물을, 과학은 부분적 관찰
자를, 예술은 미학적 형상을 창조한다. 그런데 이 인물들은 특정한 인물
의 모사나 재현이 아니다. 심지어 그 자체로 창조의 목표나 대상도 아니
다. 현대 철학에서 니체의 차라투스트라는 조로아스터교의 창시자라는
역사적 인물과 일치하지 않는다. 열역학에서 맥스웰의 악령은 현실적으
로 존재할 수 없는 사고실험의 주인공이다. 대신 이 인물들은 모두 속도
와 힘을 감지할 수 있게 하는 감식기, 그리고 운동과 변용태가 포착되는
프리즘으로서 기능한다.

3.2.1) 철학의 개념적 인물

철학자는 내재성의 평면 위에서 사유를 전개할 때, 개념적 인물(person-
age conceptuel)을 필요로 하고 이를 창조한다. 플라톤의 대화편에 등장
하는 소크라테스가 대표적이다. 하지만 흔히들 생각하듯 등장인물은 단
순히 그의 창조자-철학자의 생각을 전달하는 허구의 인물이 아니다. 오
히려 반대로 이러한 인물들을 빌려, 또는 이들을 통해 하나의 사유는 예
기치 않은 방식으로 전개되고, 철학자는 이 전개에 힘입어 보다 멀리까
지 나아간다. 이 등장인물은 하나의 개념으로서 만들어지고, 또한 개념
들을 생산하는 운동을 일으킨다. 이런 의미에서, 플라톤의 소크라테스,
니체의 차라투스트라, 또는 들뢰즈와 과타리의 분열자(schizo)는 '개념적
인물'이다. "개념적 인물은 저자의 내재성의 평면을 기술하는 운동들을
실행하고, 그의 개념들의 창조 자체에 개입한다."(Deleuze, 1991: 62) 많

은 오해에도 불구하고, 들뢰즈와 과타리의 분열자는 현실에서 병원에 입원한 분열증 환자를 가리키는 것이 아니라, 사유와 실천의 분열증적 개념화에 영감을 불어넣는 특징의 집합체이다.

그렇다면 개념적 인물은 어디에서 오는가? 개념적 인물은 저자 안에 있는, 하지만 저자 자신도 미처 알지 못했던 비인격적인 힘의 출현이다. 이는 키에르케고르가 누구보다 잘 보여주었다. 그는 자신의 저서를 출간할 때마다 매번 다른 이름을 사용해야만 했다. 그것은 단순히 문인들이 필명 뒤에 숨고자 하는 기벽에서 나오는 것이 아니다. 자기 안으로부터 불현듯 나타나는 미지의 힘 또는 사유의 충동에 필연적으로 기인하는 것이다. 철학자의 생각이 자신의 개념적 인물들을 통해 '표현'된다고 말하는 것으로는 충분치 않다. 철학자 역시 개념적 인물과 함께 어떤 생성, 이중적인 생성으로 들어가기 때문이다. 니체는 디오니소스가 되고, 디오니소스는 철학자가 된다. 철학의 활동은 이러한 이중적인 생성 그 자체를 의미한다.

"자신의 개념적 인물이 되는 것은 철학자의 운명이며, 이와 동시에 이 인물들 자체가 역사적, 신화적 또는 현재의 모습과는 다른 무엇이 된다.(플라톤의 소크라테스, 니체의 디오니소스, 쿠자누스의 백치) 개념적 인물은 하나의 철학의 생성 또는 주체이며, 이것은 그 철학자에게 적용되어 쿠자누스 또는 데카르트조차도 '백치'라고 서명해야만 하는 것이다. 니체가 '반(反)-그리스도' 또는 '십자가에 못 박힌 디오니소스'라고 서명하는 것처럼 말이다."
(Deleuze, 1991: 62-63)

3.2.2) 예술의 미학적 형상

철학이 개념적 인물을 고안하는 동안, 문학과 예술은 미학적 형상(figure esthétique)을 창조한다.[7] 미학적 형상 또는 인물의 역할은 혼돈의 우주 안에서 예기치 못한 중심으로 위치하면서, 감추어진 변용소(affect)와 지각소(percept)를 드러내는 것이다.[8] "어떤 우주의 성좌의 유일한 태양으로서, 사물들의 시작으로서, 또는 어두움으로부터 감추어진 우주를 끄집어내는 등대로서"(Deleuze, 1991: 64) 허먼 멜빌(Herman Melville)의 소설 『모비 딕』(1851)은 망망대해에서 벌어지는 흰 고래와 에이해브 선장 사이의 거대한 정서적인 사투를, 그러나 육지와 선박 위에 사는 누구도 지각하기 힘든 관계를 보여준다. 밀레는 자신의 그림 속 인물과 소품들이 충분히 사실적이지 않다고 비판받았을 때, 자신이 보여주고 싶은 것은 대지 위에 작용하는 중력이었다고 답했다.(Deleuze, 1981a: chap. 8 참조) "예술도 철학 못지않게 사유한다. 다만 변용소(affect)와 지각소(percept)를 통해서."(Deleuze, 1991: 64)

철학과 예술이 교차하는 지대에서 미학적 형상은 개념적 인물로, 또 그 역으로 변신한다. 우리는 문학과 철학의 역사에서 숱한 예들을 찾을 수 있다. 돈 주앙(Don Juan)은 영국의 바이런의 서사시의 주인공이기도

---

7 우리말 발음이 구별되지 않기는 하나, 이 글에서 혼동의 여지는 별로 없어, form은 형상(形相)으로, figure는 형상(形象)으로 옮기기로 한다. 전자가 플라톤의 전통 아래에서 지성적으로 파악한 모양을 의미한다면, 후자는 라틴어 figura를 어원으로 하는 감각적 모양새를 가리킨다. 이는 정적인 형태가 아니라 신체가 만들어내는 일련의 동적인 움직임을 내포한다. 들뢰즈의 『감각의 논리』와 리오타르의 『담론, 형상』을 염두에 두고 형상(形象)이라고 번역한다. 이에 관한 논의는 이찬웅, 2012: 107-115 참조.

8 여기에서 affect와 percept는 각각 affection과 perception과 대비된다. 후자가 현실적이고 인격적이라면, 전자는 잠재적이고 비인격적인 성격을 갖는다. 후자가 변용작용과 지각작용 자체, 또는 그 결과를 가리킨다면, 전자는 그러한 작용을 일으키는 잠재적 존재 요소를 지시한다. 적당한 번역어를 찾기 어려운데, 여기에서는 잠정적으로 '변용소'와 '지각소'라고 옮기기로 한다. 들뢰즈의 사유 궤적에서 affect 개념의 형성과 의미에 관해서는 이찬웅, 2011: 3절 참조.

하지만, 키에르케고르의 감성적 단계를 대표하는 인물이기도 하다. 니체의 디오니소스는 그리스 신화로부터 불려 나와 아폴론과 전면적으로 대립한다. 아폴론이 지중해의 빛 아래에서 명료한 형상(forme)을 유지하는 인물이라면, 디오니소스는 심연 속에서 힘들(force)에 의해 찢겨지는 인물이다.

개념적 인물은 철학자에 의해 만들어지지만, 그는 철학자의 사유에 개입하고 중재한다. 철학자들이 구사하는 개념적 인물들과 관련하여, 들뢰즈는 몇 가지 주의할 사항을 언급한다. 특히 이런 문제는 니체와 나치즘의 관계를 중심으로 제기되었다. 니체는 빈번히 귀족과 노예를 구분하고, 노예적인 삶을 혐오하는 반면 귀족적인 삶을 찬양한다. 노예적인 삶은 겸손함을 특징으로 하고 귀족적인 삶은 자신의 힘에 대한 긍정을 특징으로 한다. 니체의 이러한 관점과 표현은, 의도적이든 아니든, 나치즘을 정당화하는 것으로 비난받았다.

들뢰즈는 이러한 오해가 개념적 인물이 품고 있는 두 겹의 층위를 구별하지 못하는 데서 온다고 생각한다. 니체를 포함해 모든 철학자의 개념적 인물들은 심리-사회적 유형들을 참조하지만, 그것으로 환원되지 않는다.(Deleuze, 1991: 65 참조) 니체가 로마의 귀족-지배자-군인을 찬양의 어조로 언급하는 것은 사실이다. 그러나 그것은 역사적으로 실존했던 특정한 개인이나 집단을 지시하지 않는다. 오직 인간들을 가로지르고 있는 힘들과 운동의 종류를 폭로하고 감지하게 하기 위해서일 뿐이다. 이러한 의미에서, 철학자는 들뢰즈와 과타리의 용어법을 빌리자면, 모든 사물, 동물, 인간들은 "탈영토화"와 "재영토화"의 운동 안에 놓여 있고, 개념적 인물은 바로 그러한 안과 밖으로 향하는 이중의 영토적 운동의 장소로서 중요한 것이다. 마르크스가 정관사를 붙여 '자본가'와 '노동자'를 말할 때(LE capitaliste, LE Prolétaire), 그것은 구체적인 특정한 개인이나 집단을 가리키는 것이 아니다. 토지가 생산 수단으로서, 그리고 노동이 임금 안에서 재영토화되는 운동을 가시적으로 드러내기 위한 것이다. 이런 의미에서 철학자와 예술가는 과학자이며 의사이기도 하다. 물리적, 심리적, 사회적 힘들을 측정하고, 그러한 힘들에 사로잡혀 있는 심리-사회적 유형들의 증상을 진단하기 때문이다.

들뢰즈에게 철학이 문학과 예술과 유사한 임무를 나누어 갖는 것은 이러한 이유에서이다. 그것은 양자가 역사적으로 실존했던 인물이나 현상에 대한 해석이기 때문이 아니다. 또는 철학이 문학과 마찬가지로 근본적으로 은유이기 때문도 아니다. 철학과 예술이, 한편으로 역사적, 사회적으로 실존하는 인물을 참조하지만, 다른 한편으로 그것으로부터 힘과 증상을 추출해 새로운 실존 방식의 발명으로 이끌어가기 때문이다.

3.2.3) 과학의 부분적 관찰자

예술 못지않게 철학도 필연적으로 어떤 인물을 필요로 하고 창조한다는 것은 어렵지 않게 이해할 수 있다. 반면 과학도 그렇다는 점은 쉽게 납득하기 어려울 수 있다. 하지만 과학에도 발화행위의 주체가 존재한다. 근·현대 과학에 **악령(démon)**이 빈번하게 등장하는 것은 우연이 아니다. 그것은 중세처럼 신이 절대적 관찰자와 종합자의 위치를 차지하고 있는 것이 더 이상 불가능해진 상황을 의미한다. 그리고 근대과학의 진리성이 근본적으로 상대성을 중심으로 구성되었다는 점과 관련이 있다. 여기에서 상대성이란 우주 공간에 절대적인 원점이나 특권적인 지점 없이 운동하는 모든 관찰자에게 물리 법칙이 동등하게 나타나야 한다는 것을 의미한다. 이러한 상대성의 원리를 끝까지 밀고 나가, 최고의 원칙으로서 가치를 입증한 사람은 아인슈타인이었다. 진리의 상대성이 문제가 아니라, 상대성의 진리 위에 근대과학은 구축되었다.[9]

---

9 철학적인 용어로 옮기자면, 전자는 상대주의(relativism)이고 후자는 관점주의(perspectivism)라

이 상대적 좌표의 면 위에서 "부분적 관찰자"로서 등장하는 것이 악령이다. 악령은 좌표의 면 위에 거주하며 운동하고, 또는 그러한 좌표의 면이 구성될 수 있게 해준다. 예를 들어, 라플라스의 악령은 현재 주어진 자료로부터 과거와 미래 시점의 모든 상태를 계산할 수 있다. "철학적 친구, 구혼자, 백치, 초인 … 은 악령들이다. 그에 못지않게 맥스웰의 악령, 아인슈타인과 하이젠베르크의 관찰자 또한 그러하다."(Deleuze, 1991: 123) 이를테면, 맥스웰의 악령은 일정 운동량 이상의 분자만을 통과시킨다고 가정되는데, 이 사고 실험은 열역학 제2법칙의 성격과 위상을 문제 삼고 있다. 상대성 이론을 설명하기 위해 등장하는, 빛의 속도에 가까워지는 관찰자나 우주여행에서 돌아온 쌍둥이도 일종의 악령의 기능을 한다.[10]

부분적 관찰자는 사실상 과학 이론 안에서 잠재적이거나 극한적인 것으로 놓여 있다. 그는 변곡점이나 교차점과 같은 특이점들을 따라 여행한다. 과학자나 수학자는 법칙이나 공식으로부터 무언가를 지각하고 감지하지만, 바로 자신이 설치한 이 부분적 관찰자의 지각과 감지를 통해서 한다. 궁극적으로, 부분적 관찰자는 가상적이므로 그 위치는 무한히 축소될 수 있고, 그것은 극한에서 입자나 곡선 자체와 합치된다. 부분적 관찰자가 갖는 지각소(percept)와 변용소(affect)는 수학적 도형이나 물리적 입자 자체가 갖는 것이 된다. 우리는 여기에서 일견 이상한 들뢰즈의

할 수 있다. 소위 포스트모더니즘에 대한 오해와 비판은 부분적으로 이것들을 혼동하는 데에서 기인한다. 철학사에서 관점주의를 진리 또는 사유의 조건으로 삼은 이는 라이프니츠와 니체이다. 특히 라이프니츠는 철학과 과학 양쪽에 걸쳐 관점주의적인 형이상학과 기하학을 전개했다. 들뢰즈는 이 사상사의 노선 위에서 현대적 사유, "새로운 바로크주의"를 전개한다. 이와 관련해서는 Deleuze, 1988 참조.

10 근현대 과학의 사고 실험과 아포리즘들 속에 등장하는 많은 악령과 동물들에 관해서는 에른스트 페터 피셔, 2009 참조. 슈뢰딩거의 고양이, 아인슈타인의 유령, 맥스웰의 악령, 뷔리당의 당나귀 등에 관한 흥미로운 분석이 있다.

생각을 이해할 수 있게 된다. 들뢰즈는 분자 자체가 지각소와 변용소를 갖는다고 생각한다. 그것은 특이점 주위를 맴도는 부분적 관찰자의 극한을 의미한다. 자연적 요소들이 그 자체로, 즉 인간과의 연관 이전에 지각소와 변용소를 갖는다. 이 점은 들뢰즈의 사상 전체에서 중요한 의미를 가질 뿐만 아니라, 철학-과학-예술을 가로지르는 핵심적인 선을 발견할 수 있게 해준다는 점에서 특별하다. 잠시 후에 이 문제로 다시 되돌아오기로 하자.

4. 세 가지 활동의 상호관계

지금까지 들뢰즈가 창조의 관점에서 철학, 과학, 예술을 어떻게 정의하는지, 그리고 구체적으로 창조되는 것이 무엇인지 살펴보았다. 이제 이 세 분야 사이의 관계에 대해서 알아보고자 한다. 철학과 과학의 경우, 개념과 함수의 관계는 무엇인가? 들뢰즈와 많은 프랑스 현대철학자들은 과학적 개념들을 철학적으로 전유하곤 했는데, 이는 어떤 의미에서 가능한가? 그리고 과학과 예술의 경우, 아름다움은 어떤 의미를 갖는가? 다시 말해, 현대 과학은 지식뿐만 아니라 아름다움을 느끼게 한다고 하곤 하는데, 그렇다면 과학은 예술을 대체할 수 있는가? 이 절에서는 이러한 문제를 들뢰즈와 함께 생각해보고자 한다.[11]

---

11 세 번째로 철학과 예술의 관계도 다루어야겠지만, 이는 복잡하고 상세한 논의가 필요한 미학적 또는 예술 철학적 주제이어서, 다른 지면에서 별도로 다루기로 하자.

4.1) 철학과 과학의 관계

4.1.1) 물체와 사건의 경계면

들뢰즈는 『의미의 논리』에서 스토아 철학을 활용해 독특한 사건의 철학을 전개한다. 스토아주의에 따르면, 세계는 물체와 비(非)물체의 두 층위로 구분될 수 있는데, 플라톤과는 다른 구분선을 따라 그러하다. 한 층위에 신체들의 혼합이 있고, 다른 층위에 비물체적인 사건들이 있다. 스토아학파는 영혼도 서로 간의 영향 관계 안에 놓여 있기 때문에, 일종의 신체적인 것으로 간주한다. 사건들은 신체들의 혼합 안에 구현되지만, 그 자체로는 잠재적인 또는 이념적인(idéal) 것이다. 이 두 층위 사이의 관계와 더불어, 각 층위의 내부적인 연관에 대해서도 동시에 사유해야만 한다. 물체는 사건의 구현에 대해 원인으로 작용하지만, 사건들은 이미 잠재적으로 어떤 상호적 연관 속에 놓여 있다.

들뢰즈가 이러한 구분선에 부여하는 특별한 한 가지 함축은 "이중의 인과성(double causalité)"에 있다. "사건은 이중의 인과성에 종속된다. 이는 한편으로 사건의 원인인 신체들의 혼합을 지시하고, 다른 한편으로는 준-원인(quasi-cause)인 다른 사건들을 지시한다."(Deleuze, 1969: 115) 이러한 이중의 인과성 이론은 모든 원인을 물질적인 층위로 환원하고자 하는 태도에 대한 비판을 함축한다. 예를 들어, 사랑 또는 증오의 정서는 뇌 속에 특정한 물질의 분비를 동반할 수 있고, 후자를 원인으로 지정할 수 있다. 그러나 '사랑에 빠지는 것' 또는 '증오에 불타는 것'은 하나의 사건으로서 도래한다. 그것은 다른 이념적인 사건들과 정서들(만남, 설렘 또는 불화 등)과 이미 잠재적인 연관 속에 놓여 있고, 이것들은 준-원인으로서 작용한다. 이렇듯 잠재적 사건들은 겨우 존재하지만, 분명 구별되는 층위를 형성하며 내속한다.(insister) 이것에 대해 사유하고 탐구하는 것이 철학 또는 문학의 과제이다. 예를 들어, 스피노자의 『윤리학』이나 셰익스 피어의 『햄릿』은 잠재적 사건들의 관계망을 탐험하는 작품이다. 반면, 뉴턴의 『프린키피아』나 뇌과학자의 작업은 사건들의 구현을 야기하는 신체들의 상호작용을 탐구한다. 과학과 철학은 물체와 사건의 스토아적 구분선을 따라 각각 자신의 독자적인 영역을 발견한다.

이러한 사건의 존재론의 연장선상에서 『철학이란 무엇인가』에서는 철학적 개념 자체가 하나의 사건과 같은 것으로서 일어난다. 개념이 사건과 같은 것이라는 말은 이중적인 의미에서 그러하다. 첫째로, 그것은 물체들의 혼합 안에 구현된 사건을 다시 잠재적인 것으로 추출해 보존한다는 뜻에서 그러하다. 둘째로, 개념의 착상은 혼돈의 단면 위에서 이전의 질서 바깥에서 예기치 않게 사건으로서 도래한다. 예를 들어, '나는 생각한다(Cogito)'는 데카르트의 철학의 중심 개념이다. 그것은 그가 특정 시간에 생각했던 현실적 행동으로부터 이념성과 잠재성이 추출된 사건-개념이다. 또한 데카르트가 스콜라 철학과 결별할 수 있는 새로운 내재성의 면을 찾고자 할 때, 불현듯 그것의 전개를 가능케 해줄 중심 사건으로서 등장한 것이었다.

4.1.2) 변동과 변수: 색채론의 경우

프랑스 현대철학이 과학의 어휘를 활용했을 때, 적지 않은 오해와 비난을 받았다.[12] 이것의 대부분은 과학적 함수를 철학적 개념으로 전유하는 과정을 이해하지 못하는 데에서 온다. 예를 들어, '힘'이라는 개념을 쇼펜하우어나 니체가 구사할 때, 그것은 『교양 물리학』의 첫머리에 등장하는 힘과 관련된 여러 물리학 법칙이 적용될 수 있는 대상이 아니다. 하지만

---

12 대표적으로 『지적 사기』를 들 수 있는데, 사실 이 책의 대부분은 긴 인용문 뒤에 저자 본인들이 이해할 수 없다는 고백으로 이루어져 있다. 이것이 어떠한 이유에서 정당한 비판이 될 수 있는지 의문이다.

힘이라는 개념은 원래 물리학만이 사용하는 배타적인 개념이 아니며, 자연학과 철학이 분화되기 이전의 어떤 상황에서부터 유래하는 것이다. 반대로, 고전 물리학에서 정의하는 '일(work)'이라는 물리량도 일상적인 관점에서 보면 상식에 위배된다. 그러나 물리학 체계를 형성하는 공식들의 경제 안에서 그러한 정의의 편의성과 정당성이 입증된다. 즉 같은 어휘라 하더라도 과학적 함수의 요소인지, 아니면 철학적 개념의 요소인지에 따라 다르게 이해되어야 한다. 들뢰즈의 어법을 빌려 말하자면, 그러한 차이는 혼돈을 잘라내는 방식의 차이에 기인한다.

과학과 철학의 차이와 관련하여 구체적인 한 가지 예를 통해 이해해보도록 하자. 오랫동안 괴테의 『색채론』(1810)은 그 내용의 적합성에 있어 논란의 대상이었다. 뉴턴의 광학은 객관적인 파장을 통해 표기할 수 있어서 과학적인 반면, 괴테의 색채론은 개인의 경험에 근거해 있는 심리적 기술에 불과하다는 것이다. 그러나 후자는 심리적이라는 이유에서 단순히 기각될 수 있는 것이 아니다. 뉴턴은 색채를 분해할 수 있는 변수를 발견한 반면, 괴테는 색채가 지각에 영향을 미치는 변이들을 포착한 것이기 때문이다.

"괴테는 웅장한 색채 개념을 구축하는데, 여기에는 빛과 그림자의 분리 불가능한 변동들(variations inséparables), 식별 불가능성의 지대들, 강화의 과정들이 있다. 이것들은 모두 철학에서도 역시 어떤 지점까지 실험이 있는지 보여준다. 반면, 뉴턴은 독립적인 변수(variables indépendantes), 즉 주파수를 구축했다. 철학이 근본적으로 자신과 동시대의 과학이 필요한 것은, 과학이 끊임없이 개념들의 가능성을 가로지르기 때문이며, 개념들은 필연적으로 과학에 대한 암시를 포함하기 때문이다."(Deleuze, 1991: 153)

괴테의 색채론은 독립적인 변수들로 환원해 함수 관계로 나타내고 있지 않고, 따라서 과학적이지 않고 과학이 되지 못한다. 그러나 괴테의 색채론은 생리적, 심리적 체험으로부터 나오는 개념을 생산하고 있다. 그런 점에서 그것은 철학적 색채론이다. 이 이론은 단순히 관념적으로 구성된 허구가 아니다. 괴테의 색채론은 인간의 망막과 심리에 작용하고 있는 효과의 면에서 서술되고 있고, 색채가 야기하는 지각소와 변용소를 포착하고 있다. 따라서 이 개념적 색채론은 과학보다는 예술과 접한 경계면에서 고유한 힘을 발휘한다. 왜냐하면 예술의 평면, 즉 구성의 면을 채우는 것은 자연적 사물과 같은 물리적 요소들이 아니기 때문이다. 그림, 음악, 영화에서 볼 수 있는 것은 지각을 불러일으키는 물감, 음색, 명암과 같은 것이며, 이것이 예술적 실재를 구성한다.

이처럼 괴테의 『색채론』은 빛과 흰색, 투명함과 불투명함의 연속적 **변동(variation)**을 포함하는 개념을 구사하고, 이는 회화와 영화의 시각적 구성 안에서 **다양체(variété)**로서 나타난다. 반면, 이에 앞서 뉴턴은 『광학』(1704)에서 색채들을 배열할 수 있게 하는 독립적인 **변수(variable)**를 발견하고자 했다. 괴테는 이탈리아 여행 동안 많은 예술작품들을 직접 볼 수 있었고, 회화의 관점에서 당대의 지배적인 이론이었던 뉴턴의 이론을 대체할 수 있는 다른 이론의 필요성을 느끼게 되었다. 괴테의 색채론의 전개는 관념적인 구상이 아니라, 혼돈의 한 단면을 자르는 체험에서 시작된다. "프리즘을 통해서 들여다본 괴테는 검은색과 흰색이 서로 만나는 경계선상에서, 화가들에게는 이미 오래전에 알려져 있던 양극적 현상, 다시 말해 차가운 색과 따뜻한 색이 대립적으로 생겨나는 것을 보았다."(괴테, 2003: 역자 서문, 8) 프리즘 안에서 괴테는 뉴턴과 다른 방식으로 색채의 혼돈스러운 우주의 단면을 잘라냈다. 그는 특정한 시공간의 경험으로부터 하나의 색채를 사건이자 개념으로서 추출해낸다.

요컨대, 뉴턴의 광학은 색채들을 객관적인 공간 위에 나열할 수 있는 변수를 확립하고자 하고, 괴테의 색채론은 심리적 지각에 나타나는 지각소와 변용소의 변동을 포착하고자 한 것이다. 과학적, 광학적 색채론과 회화적, 지각적 색채론의 관계는 들뢰즈가 다음과 같이 말할 수 있는 것의 한 예가 된다. "어떤 대상이 과학적으로 함수에 의해 구축될 때, 그럼에도 함수 안에서 전혀 주어지지 않은 철학적 개념을 찾는 일이 남아 있다."(Deleuze, 1991: 111) 그렇다고 해서, 철학이 과학과 대립하거나 단절되어야 한다는 뜻은 아니다. 괴테의 색채론이 뉴턴의 광학을 벗어날 때, 이는 후자의 지적 자장(磁場) 안에서 또한 가능한 일이기도 했다. "철학이 근본적으로 자신과 동시대의 과학을 필요로 하는 것은, 과학이 끊임없이 개념의 가능성 위로 지나가고, 개념들은 필연적으로 과학에 대한 암시를 포함하기 때문이다."(Deleuze, 1991: 153) 즉 일반적으로 말해, 철학은 동시대 과학의 발견과 함께 나아가면서 연속적이고 다양체적인 변동을 개념화하는 과제를 갖는다.

4.2) 과학과 예술의 관계

현대 과학의 발전은 미적 영역의 고유성마저도 침식하는 것 같다. 예를 들어, 관련 영화나 서적이 큰 인기를 끄는 것에서 알 수 있듯이, 현대 우주론의 광활한 상상력은 시적 감동을 대신하고도 남는 것 같다. 그러므로 과학과 예술의 관계를 묻는 질문은 다음과 같이 정식화될 수 있다. 수학의 공식은 감동적인가? 과학의 방정식은 아름다운가? 수학자들은 아래의 오일러 공식이 수학의 가장 기본적인 수 다섯 가지를 한데 담고 있어서 아름답다고 말한다.

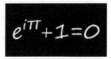

$$e^{i\pi} + 1 = 0$$

다른 한편, 전자기학의 모든 발견을 한데 응축하는 맥스웰 방정식은 실로 신비하다고 할 수 있다. 그것은 우주의 한 단면의 비밀을 말해주는 것 같은 느낌이 든다.

And God said

$$\oint E \cdot dA = q/\varepsilon_0$$
$$\oint B \cdot dA = 0$$
$$\oint E \cdot dS = -d\Phi_B / dt$$
$$\oint B \cdot dS = \mu_0 i + \mu_0 \varepsilon_0 d\Phi_E / dt$$

and THEN there was light.

이러한 종류의 방정식은 아름다운가? 전문가나 충분한 배경 지식이 있는 일반인이라면 여기에서 어떤 감정을 느낄 텐데, 이 감정의 정체가 아름다움이라고 말해도 좋은가? 철학사를 돌이켜볼 때, 고대의 플라톤은 그렇다고 말할 것이고, 근대의 칸트라면 충분히 그렇지는 않다고 말할 것이다. 아름다움의 위상과 관련하여, 플라톤은 그것이 객관적인 또는 이념적인 것이라고 생각한 반면, 칸트는 주관적인 것이라고 생각했다. 플라톤은 아름다움 자체의 정의(定義) 또는 형상이 존재하며, 그것은 구체적인 사물들 안에 참여하기 때문에 그 안에서 발견된다. 따라서 아름다움은 사물들 또는 형상들의 속성이다. 수학적 도형이나 방정식도 아름다움을 자신의 속성으로 갖는다.

반면 칸트가 보기에, 아름다움이 대상의 속성이 아니라 마음의 활동으로부터 나온다.[13] 그것은 "상상력과 지성의 자유로운 유희"로부터 온다.

13 칸트는 네 가지 관점에서 아름다움을 분석하는데, 각각의 핵심적인 내용은 다음과 같다. 아름

아름다움의 보편적 개념이란 존재하지 않으며, 따라서 그것은 이런저런 사물에 적용될 수 있는 것이 아니다. 아름다움의 감정이 특별한 것은 상상력이 지성의 규정에서 벗어나 유희하도록 자극하기 때문이고, 이때 상상력은 "생산적이고 자기활동적인" 양상을 띠면서 주도적으로 지성의 개념들을 활용하거나 창조한다.

어떤 종류의 수학의 방정식, 과학의 함수에는 고유한 아름다움이 있는 것처럼 보인다. 세계의 다양한 현상이 한두 개의 수식으로 압축되는 순간, 칸트가 말한 것처럼 "목적 없는 합목적성"이 있다고 느껴지기 때문이다. 다시 말해, 자연은 어떤 의도를 갖고 만들어진 것은 아니지만, '마치' 어떤 의도가 있는 것'처럼' 느껴진다. 그리고 이 수식은 단순히 개념을 적용하도록 요구하는 것을 넘어, 우리의 상상력을 자극해 "자유롭게 유희"할 공간을 열어주기도 한다. 하지만 칸트적인 관점에서 볼 때, 이것은 결국 제한적이거나 부수적인 아름다움일 따름이지, 순수한 아름다움은 아니다. 왜냐하면 아름다움이란, 누군가 꽃을 바라볼 때처럼 어떤 이해나 관심이 없는 시선에서 오는 것인데, 과학의 공식은 궁극적으로 인식을 목표로 하기 때문이다. 더 나아가 그것은 논리적 증명을 통해 자신의 가치를 입증해야만 한다.

들뢰즈는 칸트와는 다른 관점에서 과학의 (부분적인) 아름다움을 해명한다. 인식 주관 쪽에서가 아니라, 창조의 대상들이 함유하고 있는 실질적인 요소 안에서, 과학과 예술을 잇는 보다 적극적인 선(線)을 발견한다. 칸트가 인간 인식의 주관적인 측면 안에서 아름다움과 미학의 정초 가능성을 발견했다면, 들뢰즈는 존재론적인 차원에서 예술작품의 성립

다움이란 (1) 일체의 관심 없이 흡족한 것이며, (2) 개념 없이 보편적으로 적의하며, (3) 목적 없는 합목적성의 형식이며, (4) 개념 없이 필연적인 흡족을 주는 대상이다. 칸트, 2009 중 '미의 분석학' 참조.

조건을 해명한다. 잠시 후 자세히 말하겠지만, 들뢰즈는 예술작품을 "지각소들과 변용소들의 구성물(composé de percepts et d'affects)"이라고 정의한다. 이러한 지각소와 변용소가 있기 때문에 우리가 현실적인 지각작용(perception)과 정서적 변용작용(affection)을 경험하게 된다.

그런데 앞서 말한 것처럼, 과학적인 대상 자체도 지각소와 변용소를 갖는다. 신플라톤주의자 프로클로스(Proklos)는 유클리드 기하학에서 지각소와 변용소가 갖는 중요성을 강조했다. 현대 우주론의 설명 안에서는 모든 입자들, 파동들, 시공간조차도 이러한 지각소와 변용소로 가득 차 있다. 바로 이러한 이유 때문에, 수학과 과학의 대상들도 고유한 아름다움과 숭고함을 전달하는 것이다.

하지만 들뢰즈가 보기에도, 아름다움이나 다른 정서를 순수하게 함유하고 있는 쪽은 역시 과학이 아니라 예술이다. 왜냐하면 예술만이 순수한 지각소와 변용소를 함유하기 때문이다. 지각소와 변용소의 순수한 상태를 찾을 때, 우리는 예술의 영역으로 진입한다. 이러한 이유에서, 카오스 이론을 시각화한 것은 어떤 아름다움을 주지만 예술작품이 될 수는 없다. 예술가는 카오스 이론으로부터 지각소와 변용소를 추출해 새로운 감각적 집합체를 구성해야만 한다.[14]

"여기에서 변용소는 에너지의 관계가 되고, 지각작용마저도 일정량의 정보가 된다. 우리는 이러한 규정을 결코 더 전개할 수 없는데, 왜냐하면 순수지각소와 변용소는 여전히 우리를 벗어나면서 예술의 존재를 가리키기 때문이다. 그러나 정확히 말해, 철학 고유의, 그리고 과학 고유의 지각과 변용이 있다는 것, 요컨대 개념과 함수의 감각될 수 있는 것(sensibilia)이 이미 한편에 과학과 철학, 다른 한편에 예술 양쪽을 연결하는 관계의 토대를 지시하

---

14 이에 대한 예는 Deleuze, 1991: 205 참조.

고 있다. 그렇게 해서 우리는 어떤 함수에 대해서 '그것이 아름답다'고, 어떤 개념에 대해서 '그것이 아름답다'고 말할 수 있는 것이다."(Deleuze, 1991: 126)

5. 결론: 세 영역의 간섭

철학, 과학, 예술은 창조의 세 전선이다. 이 분야들은 각각 고유한 대상을 창조한다. 개념, 함수, 그리고 감각적 집합체가 그것이다. 창조란 차이의 운동이며, 모두 일의적 존재의 평면 위에서 위계 없이 펼쳐진다. 이것은 현대적 관점의 분배이다. 고대 플라톤은 형상과 진리를 정점으로 철학, 과학, 예술을 위계 지었다. 근대에 와서 이 위계는 흩트려지고, 상호 간에 독립적인 방식으로 자기중심을 주장했다. 16세기 베이컨은 경험 과학을 학문의 모델로 삼았고, 18세기 칸트는 윤리학을 인간성의 핵심이라고 주장했으며, 19세기 낭만주의는 예술과 시를 최고의 위치에 올려놓았다. 크게 보아, 이러한 역사는 과학의 부정할 수 없는 발전과 성과 앞에서 철학과 예술이 자기 자신의 입지를 축소하거나 위상을 재조정하는 과정이었을 것이다.[15] 20세기 초에 논리실증주의자들은 급기야 철학은 고유한 대상을 갖지 않으며 분과 학문들의 전제들과 논리들을 검토하고 반성하는 것으로 한정해야 한다고 주장했다.

그러나 들뢰즈는 어느 한 분야가 배타적으로 존재, 세계, 자연에 대해 말할 수 있는 특권을 가지고 있다고 생각하지 않는다. 그러한 특권적 주장은 너무 많은 것을 전제하거나 너무 적은 것에 만족할 때 발생한다.

---

15 일반적으로 낭만주의가 과학과 기술에 대한 반동이었다고 평가하지만, 다른 한편으로 이에 대한 비판으로, 리처드 홈스, 2013 참조.

즉 초월적인 형상을 상정하거나 경험적인 데이터에 한정해 논의의 준거점으로 삼아야 한다고 주장할 때 발생한다. 들뢰즈의 "초월론적 경험론(empirisme transcendantal)"은 너무 높지도, 너무 낮지도 않은 그 사이의 아슬아슬한 높이를 따라 펼쳐진다. 그리고 들뢰즈의 사유가 가장 멀리까지 과격하게 펼쳐질 수 있는 원동력은 "존재가 차이를 통해서만 언명된다."고 생각했다는 데에 있다. 창조는 이 차이의 운동이면서, 동시에 어떤 차이들을 발견하고 보존하고 작동시키는 데에 있다. 들뢰즈는 철학, 과학, 예술을 한데 모으고 창조의 작업의 전선에 나란히 배치한다. 이 활동은 모두 혼돈의 단면을 잘라 변이가능성(variabilité)을 가시적으로 만드는 작업이다. 개념은 변동(variation)을 포착하고, 함수는 변수(variable)를 확립하고, 예술은 다양체(variété)를 설치한다. 달리 말하자면, 이 세 분야는 차이가 모습을 다르게 드러내는 세 영역이기도 하다.

각 영역의 고유성 못지않게 상호 간섭이 존재한다. 개념, 함수, 감각-집합체는 상호 간에 교환, 참조 내지는 포획이 존재한다.(외생적 간섭) 또는 앞서 말한 것처럼, 어떤 인물(예를 들어 차라투스트라)은 그 본성에 있어 두 영역에 걸쳐 있다.(내생적 간섭) 끝으로, 철학, 과학, 예술은 모두 각각 자신의 바깥을 필요로 하고 전제로 한다. 그 바깥에서 이 세 분야는 상호 식별 불가능해진다.(정위 불가능한 간섭)[16] 세 번째 간섭과 관련하여, 우리는 아마도 우주의 경계를 탐험하는 SF영화의 걸작들을 통해서 이런 경험을 어렴풋하게나마 할 수 있을 것이다. 스탠리 큐브릭의 「2001 스페이스 오디세이」(1968)나 타르코프스키의 「솔라리스」(1972)에서 개념, 함수, 감각-집합체는 어떤 극한에 다다르고, 이것들은 뒤섞여 거의 구분되지 않는다. 이것은 리토르넬로 너머의 자연, 단면의 설립 바깥에 있는 카오스모스(chaosmos)이다.

---

16 세 가지 간섭에 대하여, Deleuze, 1991: 204-206 참조.

2부
문학 속의 포스트휴먼 서사들

5

—

포스트휴먼을 꿈꾸는 냉소주의
— 미셸 웰벡의『어느 섬의 가능성』[1]

오영주

> 오늘날 누군가가 거짓이 아니면서도
> 긍정적인 담론을 펼칠 수 있다면,
> 그는 세상의 역사를 바꾸게 될 것이다.
> — 웰벡

1. 들어가는 말

1.1) 예비고찰 : 풍속소설과 과학픽션

포스트휴먼 담론에서 이미 고전이 된『우리는 어떻게 포스트휴먼이 되었
는가』(1999)는 제목을 통해 포스트휴먼을 과거시제로 언급하고 있다. 그
러나 저자인 캐서린 헤일스가 밝히듯이 제목의 과거시제는 '반어적' 효과
를 겨냥한 것이다.(헤일스, 2013: 29-30) 인간의 사이보그화(化)를 포스트휴
먼의 알파이자 오메가처럼 제시하는 모라벡(Hans Moravec) 유의 '포스트생
물학적' 전망을 반어적으로 드러내면서, 자유주의 휴머니즘의 '휴먼'을 넘

---

1 이 글은《외국문학》(58집, 2015년 5월)에 발표했던 논문을 수정한 것이다.

어설 '진정한' 포스트휴먼으로 사고를 전환시키기 위해 과거시제를 사용한 것이다. 그런데 헤일스는 과거시제를 사용한 이유가 단지 아이러니의 효과를 내기 위해서만은 아니었다고 덧붙인다. 포스트휴먼의 실현은 미래의 현실이지만, 인간의 탈휴먼화 과정은 이미 시작되었기 때문이다.

포스트휴먼 담론이 문학과 영화를 참조할 때 주로 대상으로 삼는 장르는 과학픽션(SF)이다. 그런데 과학과 기술의 발전이 가져올 미래에 대한 예측과 전망을 보여주는 과학픽션의 '공상'이 빠른 속도로 현실에서 실현되고 있는 20세기 말부터, 풍속소설의 전통을 잇는 작품에서도 포스트휴먼이 등장하기 시작했다. 미셸 웰벡의 『소립자』(1998)와 『어느 섬의 가능성』(2005)이 바로 그 한 예이다.[2] 두 소설에는 유전공학을 통해 만들어진 새로운 종, 포스트휴먼이 등장한다. 그러나 두 작품의 서사에서 포스트휴먼이 차지하는 위치와 무게는 다르다.

『소립자』에서 최종 화자로 등장하는 2079년의 포스트휴먼은 에필로그에 잠시 개입해 포스트휴먼으로 이행된 2009년에서 2079년까지의 정황에 대해 간단하게 전할 뿐이어서, 독자로서는 그가 "무성생식을 하고 영원히 죽지 않는, 개인성과 분리와 생성변화를 극복한"(332), "인간이 자신의 모습대로 만든 새로운 종"(338)에 속한다는 사실 정도를 제외하고 그 구체적인 모습을 알 수 없다. 3부로 구성된 『소립자』는 포스트휴먼으로의 이행에 결정적인 역할을 한 분자생물학자 미셸 제르진스키와 그의 이복형제의 이야기로 채워져 있다. 반면 『어느 섬의 가능성』에서는 탈휴먼 과정과 포스트휴먼의 모습이 좀 더 구체적으로 다루어진다. 2000년대의 휴먼(다니엘1)과 그의 클론인 4000년대의 포스트휴먼(다니엘24와 다니엘

---

2 이하 『소립자』와 『어느 섬의 가능성』을 인용할 경우, 인용 뒤 괄호 속에 한국어 번역본의 쪽수를 기입했다. 출처에 혼동의 우려가 있을 경우 전자는 '소립자'로 후자는 '섬'이라 명시한 후 쪽수를 적었다. 번역본의 표현이 본 글의 문맥에 어울리지 않을 경우 새로이 번역해 사용했다. 모든 인용문의 '/' 표시는 원문의 줄바꾸기를 대신한다.

25)이 각각 화자로 등장하는 이 소설 역시 3부로 구성되어 있는데, 1부는 다니엘1의 「삶의 이야기」와 그에 대한 다니엘24의 「논평」, 2부는 다니엘1의 「삶의 이야기」와 다니엘25의 「논평」이 교차하며 제시된다. 「마지막 논평, 에필로그」라는 제목의 3부는 다니엘25가 신인류의 장을 탈퇴한 후의 이야기이다.

다니엘1의 「삶의 이야기」는 50세 즈음에 연대기적으로 쓴 일종의 자서전으로, 1부는 희극배우이자 희극작가로서의 성공과 명성, 실패한 결혼과 새로운 사랑이 중심 소재이다. 2부는 나이 어린 여자와의 연애와 절망, 인간 복제를 통해 영생을 추구하는 엘로힘교에 '귀빈'으로 초대받아 목도하게 되는 일들, 오로지 호기심 많은 관찰자였던 그가 신도가 되어 DNA를 엘로힘교에 남기고 "적나라한 절망"(387)외에는 기다리는 것이 없는 삶에 스스로 작별을 고하는 내용으로 채워진다. 전형적인 풍속소설로 간주될 수 있는 「삶의 이야기」는 소설의 4/5를 차지하며, 화자인 다니엘1의 삶의 여정은 작가 웰벡의 여정과 겹치는 부분이 많다.[3] 한편, 「논평」은 과학픽션의 요소를 갖추고 있다. 그 시간적 배경이 서기 4000년대로 먼 미래이며, 신인류는 새로운 종이며 그들의 과학 수준은 현 인류의 수준보다 앞서 있다. 그러나 「논평」에는 통상적인 과학픽션의 독자를 만족시켜줄 요소는 거의 없다. 더구나 다니엘24와 25의 「논평」의 목적이 그들이 '시조(始祖)'라 일컫는 다니엘1의 「삶의 이야기」에 대한 명상이기에, 독자는 이 '신인류'들의 내면에 대해서는 알 수 없다. 사실, 신인류는 내면이 없거나 거의 없는, 웃음과 눈물을 알지 못하는 존재이다. 「논평」에 따르면, 클론의 첫 세대가 만들어진 후 2000년 동안 신인류는 오로지 '인

---

3 엘로힘교는 2002년 세계 최초로 인간 복제에 성공했다고 발표한 라엘리언교를 모델로 삼았는데, 웰벡은 한때 인간 복제 운동에 우호적이라는 이유로 이 신흥종교로부터 '대사제'의 직함과 '귀빈' 대접을 받았다. 라엘리언교의 인간 복제에 대해서는 라엘(2001). 「Yes! 인간 복제」. 한국 라엘리언 무브먼트 편집부 편. 메신저를 참고하라.

간'으로부터 멀어지는 것을 목표로 살아왔다. 신인류의 존재이유는 엘로 힘교도들이 남긴 삶의 이야기 속에 나타난 불행에 대해 명상함으로써, 인간으로부터 점점 멀어져 '미래인'의 도래를 준비하는 것이다. 요컨대, 「삶의 이야기」 각 장 뒤에 짧게 첨부된 「논평」을 통해 독자가 알 수 있는 것은, 유전자 개량 후 복제된 신인류는 과거의 인류보다 훨씬 뛰어난 신체적 조건을 가지고 있다는 것, 그러나 여전히 "인간과 마찬가지로 '개인'이라는 신분으로부터, 그에 동반되는 무거운 고독으로부터 해방되지 못했다."(143)라는 것, 이들의 일상이 짧은 산책과 약간의 육체적 단련과 '시조'의 삶의 이야기에 대한 명상과 논평의 작성으로 오롯이 채워진다는 것, 그들은 안전하게 보호된 기지에서 컴퓨터 화면을 통해서만 서로 소통하며 보다 완전한 '미래인'을 기다리며 살아가고 있다는 정도이다.

　『소립자』와 비교해볼 때 『어느 섬의 가능성』이 포스트휴먼의 세계를 구체적으로 묘사하고 있긴 하지만, 이것도 어디까지나 상대적으로 그러할 뿐이다. 소설의 그 어디에 포스트휴먼이 등장하느냐는 질문이 나올 정도로, 『어느 섬의 가능성』은 과학픽션의 일반적인 독자가 가질 '공상 과학적' 기대를 충족시켜주진 않는다. 대신, 포스트휴먼을 소망하게 된, 현 인류의 삶과 풍경을 묘사하면서 "현 인류의 관습, 지식, 가치 그리고 인류의 존재 자체에 대해 조망"(Houellebecq, 2002: 76)하게 한다.[4]

1.2) 포스트휴먼 유토피아에서 디스토피아로

『소립자』는 극과 극의 성격과 삶의 여정을 보여주는 두 이복형제의 초상

4　사실, 이 두 가지가 웰벡이 과학픽션에서 보았던 기능이다. 웰벡에 따르면 과학픽션은 "인류의 관습, 지식, 가치, 인류의 존재 자체에 대한 정확한 조망을" 가능하게 한다는 점에서 '철학적 문학'의 기능을, 인류의 삶과 풍경을 '묘사'한다는 점에서 '시적 문학'의 기능을 가진다.

화를 통해,『어느 섬의 가능성』은 직업적 명성과 부를 얻었으나 소진한 한 코미디언의 초상화를 통해, 좁게는 2000년 전후의 프랑스 사회, 넓게는 서구 산업 사회의 쇠퇴에 대해 이야기한다.『소립자』에서 웰벡은 68혁명을 그 쇠퇴와 파국의 직접적인 원인으로 지시한다. 권위에 대한 전면적인 거부와 자유를 부르짖었던 68운동이 낳은 것은 이기적인 쾌락주의의 자식들로, 그 결과 가족의 해체, 사회적 고립, 경쟁만능, 사랑불능, 인간성 황폐가 초래되었다고 진단한다. 68세대였던 '나쁜 엄마' 때문에 인생의 첫 단추가 잘못 채워진 두 형제의 여정을 그리는『소립자』에서 '잘못은 모두 68때문'(Viard, 2008)이었다면, 행복한 유년을 보낸 후 직업적 성공을 거머쥔, 그러나 '진정한 사랑'을 찾아 헤매는 불행한 코미디언이 등장하는『어느 섬의 가능성』에서 인간 불행의 원인은 "결코 행복해질 수 '없는'"(섬, 68) 인간 자체에 있다.

두 소설에서 웰벡이 독자에게 들이미는 거울 속에는 "원숭이와 거의 구별되지 않는, 고통을 짊어진 가치 없는 종"(소립자, 339)인 인류와 작별을 고하는 희망 외에는 어떠한 희망도 없어 보이는 세계가 비춰진다. 육체가 숭배되고 성관계가 넘쳐날수록 불가능해지는 사랑, 노화와 죽음에 대한 두려움, 정신적 공허는 단지 프랑스만의 문제가 아니라 역사상 유례없는 물질적 풍요를 누리고 있으나 그 어느 때보다 결핍에 시달리는 오늘날의 인류의 모습, 저명한 한 경제학자의 표현에 따르면 "눈부시게 풍족하면서도 동시에 참혹하게 피폐한 이 세계"(센, 2009: 201)의 모습이기도 하다. 이 희망 없는 휴먼과 담판을 짓기 위해 웰벡이 상상한 것이 바로 유전자의 우생학적 수정을 통해 복제된 신인류, 포스트휴먼의 세계이다. 유전공학으로 탄생한 새로운 종은 인간 고통의 근원으로 지목된 성과 노화와 죽음으로부터 자유롭다. 그런데 흥미로운 사실은, 이렇게 생겨난 포스트휴먼의 세계가『소립자』에서는 유토피아로,『어느 섬의 가능성』에서는 '천국 같은 지옥, 지옥 같은 천국'인 디스토피아로 제시된다는 점이다.

『소립자』의 에필로그는 포스트휴먼이 "옛 인류의 눈에는 천국처럼 보일" 세상에서 "자신을 '신'이라 부르며"(339) 살고 있다고 전한다. 또한 프롤로그의 시(詩)는 "이제 우리는 목적지에 도달했다 / 우리는 분리가 지배하는 세계 / 우리를 나와 남으로 갈라놓는 사고방식을 뒤로하고 / 새로운 법칙의 지배를 받는 / 고요하고도 풍요로운 환희 속에서 유영하고 있다."(12)라며 바로 이 '천국'을 노래하고 있다. 반면,『어느 섬의 가능성』의 다니엘24와 25는 자신의 삶을 "평온하고 기쁨 없는 삶"(78), "인간들에게는 아마도 견딜 수 없을 정도로 권태로운 삶으로 보였을 평온하고 관조적인 삶"(412)이라고 전한다. 더구나, 욕망으로부터 비롯된 인류의 약점과 불행에 대해 명상하며 전적으로 새로운 미래인을 기다려야 할 신인류들 중에서 욕망에 대해 향수를 느끼고, 신인류의 세계를 탈퇴하는 경우가 있다고 다니엘25는 전한다. 물론『어느 섬의 가능성』은 신인류가 신체적으로 인간보다 월등하지만 여전히 인간의 특성을 지닌 단계로,『소립자』의 포스트휴먼과 달리 개인의 차원을 벗어나지 못한 존재들임을 거듭 강조한다. 그들은 "미래의 도래를 준비하는 운명에 처한 불완전한 존재들, 과도기적 존재들"(224)일 뿐이다. 그럼에도 불구하고, 이 휴먼에서 포스트휴먼으로의 중간 존재, 일종의 트랜스휴먼이 미래를 준비해야 하는 자신의 존재이유를 방기해버리는 것으로 끝나는 소설의 마지막은 분명 포스트휴먼에 대한 유토피아적 전망을 흐리기에 충분하다.

샤를 라몽은, 유토피아에서 디스토피아로의 이러한 선회를 주요 인물의 차이로 설명했다.(Ramond, 2013) 라몽의 논지는 다음과 같다.『소립자』에서 휴먼에서 포스트휴먼으로의 이행에 결정적인 역할을 하는 인물인 제르진스키는 분자 생물학자로 일급 과학자이다. 그가 인간적 삶에 대해 초탈한, 거의 성인의 경지에 오른 자이듯,『소립자』에서 포스트휴먼의 도래는 인류 전체가 고개를 숙이지 않을 수 없는 과학의 쾌거로 제시된다. 반면,『어느 섬의 가능성』의 다니엘1은 아슬아슬하게 소란스런 무대를 제공하면서 인기를 얻은 냉소적인 코미디언이다. 그의 부와 명성은 모방과 경쟁의 세계에 적극적으로 참여함으로써 얻어진 것이고, 엘로힘교단이 그를 동원한 이유 또한 지극히 세속적으로 대중을 끌어들이는 그의 능력 때문이었다. 또한 소설은 신인류를 탄생시킨 '과학'이 소비사회의 성전인 백화점만큼이나 세속적인 엘로힘교에 의해 추동되었음을 적나라하게 보여준다.[5] 사실, 실재하는 이 의심쩍은 신흥종교를 모델로 한 포스트휴먼의 미래가 신적 완전성을 구가한다면 어딘가 설득력이 떨어졌을 것이다. 또한 라몽은 두 소설에 제시된 상이한 포스트휴먼의 모습을 소설의 시점 측면에서 설명하기도 한다.『소립자』에서 포스트휴먼은 소설의 액자틀 구실을 하는 프롤로그와 에필로그에 목소리로만 등장해 간단히 자신들의 존재를 설명하고 액자 속에서는 전지적 시점으로 남아 인간의 이야기를 서술하는데, 시점과 목소리의 이러한 구성은 포스트휴먼 (화자)의 신적 위상에 잘 부합한다. 반면『어느 섬의 가능성』의 줄거리는, 그 1/10이 신인류가 쓴 것이다. 그 대부분이 그들이 떠나온 인간이란 종에 대한 논평이라 할지라도 '논평'을 하는 존재가 신적 존재라면 어색해 보인다는 것이다.

포스트휴먼에 대한 두 소설의 상반된 시각을 소설의 내적 논리와 필요성으로 설명하는 라몽의 시각은 흥미롭긴 하나, 충분해 보이진 않는다. 사실, 작가 웰벡의 주된 관심사는 소설의 미학적 측면이나 서사 구조도 아니었고, 또 그것이 그의 강점도 아니다. 웰벡은 누보로망 계열의 소설

---

5 "엘로힘교는 레저 문명 속에서 탄생된 만큼 그것에 완벽하게 적응했다. 엘로힘교는 어떠한 도덕적 제약도 가하지 않고, 인간의 삶을 이득과 쾌락의 카테고리로 환원시키면서도, 모든 유일신 종교가 내세웠던 근본적인 약속, 죽음에 대한 승리를 책임졌다. 엘로힘교는 영적인 혹은 혼란스러운 측면을 철저히 제거하고 그 승리의 결과와 약속의 성격을 물질적 삶의 무한한 연장, 즉 육체적 욕망의 무한한 만족에 한정시켰다."(352)

가들이 언어 실험에 치우친 나머지 소설의 역사적 임무를 배반했다고 주장하면서, '할 말이 있다는 사실이 훌륭한 문체의 조건'이라는 쇼펜하우어의 단장을 인용하기도 한다.(Houellebecq, 1998: 53) 요컨대, 웰벡은 '세상에 대해 할 말이 있기' 때문에, '세상에 대해 직접적으로 말하기 위해' 글을 쓰는 작가이다. 그렇다면 『소립자』와 더불어 일종의 포스트휴먼 옹호자로 간주되었던 웰벡이 왜 『어느 섬의 가능성』에서는 비관적이고 절망적인 포스트휴먼 세계를 제시하는가? 이를 통해 그는 무엇을 주장하고자 하는가? 이를 통해 그의 작품은 무엇을 드러내고 있는가?

2. 냉소주의라는 이름의 시대정신

2.1) 현실의 예리한 관찰자

『어느 섬의 가능성』의 「삶의 이야기」의 화자인 다니엘1은 냉소적인 인물이다. 스스로 "냉소적이고 신랄한(cynique, amer)"(39), "추접하고 냉소적(salaud et cynique)"(67)이라며 냉소를 자임하기도 한다. '냉소적'이라는 한국어에 대응하는 프랑스어 cynique는 그리스어 'κυνικό'에서 왔다. 그러나 이 단어가 '개와 같은'이라는 어원의 의미를 그대로 지시하는 경우는 드물다. 대신 고대 그리스의 '견유주의'에서 파생된 의미로 사용된다. 즉 프랑스어의 형용사 cynique는 일반적으로 '관습과 도덕에 어긋나는 행동을 아무렇지 않게 도발적으로 하는'이라는 의미로 사용되고, 문맥에 따라 '상식과 도덕을 조롱하며 비판하는'이라는 함의를 띠기도 한다. "첫 아내가 임신을 하자, 나는 거의 곧바로 그녀를 차버렸다.", "아들이 자살한 날, 나는 토마토 계란 요리를 만들어 먹었다."(31) — 「삶의 이야기」의 초두에 버티고 선 이 두 개의 진술은 냉소주의자 다니엘1의 모습을 유감

없이 보여준다. 물론, 아들이 자살한 날 토마토 계란 요리를 만들어 먹는 것이 사회적으로 지탄받아야 할 일인지에 대해 반문해볼 수 있다. 엄밀히 따지면 그 행동 자체가 상식에 어긋나거나 부도덕한 것은 아니다. 그러나 '아들이 자살한 날에도 나는 먹어야 했다.'와 '아들이 자살한 날 나는 토마토 계란 요리를 만들어 먹었다.' 사이에는 엄청난 차이가 있다. 전자와 달리 후자가 냉소적인 까닭은 발화 내용이 아니라 발화 행위에 있다. 그 사실을 말함으로써, 다시 말해 이 발화는 아들의 자살이란 사건을 토마토 계란 요리를 만들어 먹는 일상만큼이나 하찮은 것으로 만들어버리는 뻔뻔스러운 행위이다.

흔히 생각하듯 '차갑게 웃는 행위' 자체가 바로 '냉소적인 행위'인 것은 아니다. 'cynique'와 '냉소적'이란 두 단어를 등가로 두었을 때, '개와 같은 행동을 하는 것'이 웃음을 유발하는 것이 아니라, 그 행동 자체가 '냉소하는 것'이다. 말하자면, 소극(笑劇)의 희극배우가 연출하는 몸 연기는 코믹의 전술이지 냉소가 아니다. 냉소의 대상은 기이한 행동이 아니라 오히려 그런 행동을 보고 웃으며 손가락질하는 세상이다. '개와 같은 행동'을 하는 사람, 즉 냉소의 주체는 '그래, 나는 이런 놈이다.'라고 만천하에 드러내면서, 자신을 향해 눈살을 찌푸리는 사람들을 향해 '그렇다면 당신은 어떠한가.'라며 거울을 가져다 댄다.(백지은, 2003: 283) '아들이 자살한 날 나는 토마토 계란 요리를 만들어 먹었다.'라는 다니엘1의 자기폭로는 이렇게 자신을 비난하는 편의 판단을 다시 그들에게 반사시키기에 독자들을 불편하게 만든다.

영어의 'cynic'이 '사람들의 행동이 오로지 이기심에 의해 추동된다고 생각하는'이라는 의미소를 가지듯이, 냉소적인 사람은 상대가 —그것이 개인이든, 집단이든, 더 나아가 사회이든— 진리라 주장하는 것에 동의하고 찬탄하는 대신, 그 배후에 있을 어리석음, 모순, 이념의 그림자를 감지하고 비웃으며 폭로한다. 이처럼 냉소적인 사람은 순진함과는 거리가 멀다. 다니엘은 누군가를 찬탄해본 적이 없을뿐더러(406), 그 누구에게도 속지 않는다.(67) 다니엘을 좋아하는 사람들 또한 "뭐든 믿지 않는 경향이 있는 사람들"(39)이다. 다니엘이 "당대 현실의 에리한 관찰자"라는 칭찬을 받으며 코미디언으로 승승장구할 수 있었던 까닭은 감동이나 찬탄과 같은 마음의 움직임과 거리가 먼 그의 성정에 덕본 바 많다.

나는 점점 신랄해졌고, 따라서 점점 독설가로 변해갔다. 이런 상황에서 마침내 성공이 찾아왔다. 나로서도 믿기 어려운 성공이. 나는 재결합가정, 《르몽드》지 기자, 별 볼일 없는 중산층 등을 비웃는 작은 스케치들로 시작했다. 나는 무엇보다 딸이나 의붓딸의 섹시한 모습 앞에서 중견 지식인들이 느끼는 근친상간의 유혹을 아주 잘 그려냈다. […] 요컨대, 나는 '당대 현실의 에리한 관찰자'였다. […] 결국, 익살꾼이라는 직업, 일반적으로 말해 삶에 있어서 '익살스러운 태도'가 누리는 가장 큰 혜택은 아무 벌도 받지 않고 개차반으로 굴 수 있다는 데에, 심지어 그러고도 모두가 동의하는 가운데 성적으로나 금전적으로 큰 수익을 올릴 수 있다는 데에 있다.(23-25)

다니엘은 찬사와 격려를 받아 마땅한 재결합가정, 지성인의 신문으로 이름 높은 《르몽드》 기자들을 익살스럽고 음탕한 암시들로 희화화하면서 시청자와 관객을 도발했고, 영악한 그는 또한 결코 어떤 선을 넘지 않는 수준에서 도발할 줄 알았다. 이후, 영화와 음악 제작에도 손을 뻗친 그는 인종차별주의, 소아성애, 식인행위, 존속살해 등 금기시된 소재를 스케치하면서 도발의 수위를 높여갔다. 고령화 문제를 다룬 영화에서는 쓸데없는 입으로 전락한 부모는 즉시 잡아먹어야 한다고 주장하는 인물을, 의료보험 적자에 대한 시나리오에서는 인간 종을 지능이 뛰어난 곰의 종으로 대체하자고 주장하는 인물을 등장시키는 등, 사회적 이슈를 재빨리 소재로 삼아 "교활한 프로의 능숙한 솜씨로 그 빌어먹을 관객들이 폭소를 터뜨리도록"(211) 만들면 매스컴은 그에게 "자유세계의 역설적 협객"(146)이라는 칭호를 선사하는 식이었다.

언론과 대중이 '개차반으로 구는' 이 원맨쇼 배우에 동의하고 환호하는 까닭은 무엇인가? 그에게 최고의 비평적 성공과 대중적 성공을 동시에 가져다준 마지막 공연은 그 이유를 가늠하게 한다. 중동의 갈등을 소재로 삼은 이 공연에서 그는 아랍인, 유대인, 기독교인을 차례차례 "알라의 기생충(vermine)", "할례받은 이(poux)", "마리아의 보지에 붙은 사면발니(morpions)"로 싸잡아 부르며 희화화했는데, 이에 좌파의 한 신문은 "독특하고 혁신적인" 방식을, 우파의 한 주간지는 세계3대 종교 가운데 "어느 쪽도 지지하지 않은"(60) 균형감각을 높이 평가했다. 공연의 대중적 성공은 언론의 칭찬과 상관없이, 엉뚱한 방향에서 날아왔다. '정치적 올바름'을 대변하는 한 인사가 공연 관람 후 "구역질이 났다."고 한 말이 매스컴에 나돌자 사람들이 공연장으로 쇄도했던 것이다. '100% 증오'라는 이 공연의 부제가 말해주듯, 코미디언 다니엘의 성공은 기존의 도덕과 가치에 대한 불신과 증오가 팽배한 사회가 만들어낸 현상이다.

코미디와 시나리오와 랩을 통해 '개차반으로' 굴면 굴수록 인기가 치솟고, 결국 명성이 프랑스 국경을 넘어 "유럽의 스타"(96)로 발돋움한 사실을 다니엘은 의아하다는 듯이 기록한다. 이는 순진함을 가장한 냉소 전략이다. 그는 자신의 성공이 관객의 '100% 불신'을 만족시키는 데 달려 있다는 사실을 잘 알고 있었다. 그리고 이를 위해 수년간의 숙련기간을 거쳤을 뿐만 아니라, 억양 하나 몸짓 하나까지 몇 시간씩 다듬었다. 그가 "웃음의 끈을 마음대로 부릴 수 있는 검증된 프로"(62)인 이유는 그 무엇도 신뢰하지 않는 그의 재능(?)뿐 아니라, "죽어라고 일만 한"(119) 노력 때문이기도 한 것이다. 다니엘의 성공은 그가 냉소주의를 선택했기 때문이라기보다, 대중과 미디어의 냉소주의가 다니엘을 선택했기에 가능했다.

2.2) 우울한 냉소주의

"이 시대는 온통 냉소적이 되었다." — 슬로터다이크기 『냉소적 이성 비판』(1983)에서 내린 진단이다. 『순수이성비판』 출판 200주년을 기념하기 위해 쓴 이 책에서 이 독일 철학자는 냉소주의가 1960년대 이후의 현대 문화 전반에 작동하고 있음을, 그리고 그것이 무기력하고 우울한 냉소주의임을 밝히면서, 그 대안을 제시하고자 했다. 이를 위해 그는 현대의 밑그림을 그린 계몽주의로 거슬러 올라간다. 그에 따르면 18세기 계몽주의자들은 '메타 냉소주의자'였다. 권위에 기대어 진리를 주장하는 것들을 이성의 빛으로 폭로하고 비웃음으로써 새로운 진리를 세우고자 했다는 점에서 그러하다.

> 계몽주의자는 메타 냉소주의자, 즉 역설의 대가이고 풍자의 대가이다. 그는 자신만만한 태도로 적의 머릿속에 들어 있는 음모를 눈치채고 홍소로 폭파해버린다. 설마 너희가 우리를 바보로 취급하는 것은 아니겠지? […] 이런 분위기에서 계몽은 불신의 역습으로 나아간다. 의혹으로 기만을 능가하기 위해서 말이다.(슬로터다이크, 2005: 27)

슬로터다이크에 따르면 냉소주의는 원래 보편적인 것이 아니었다. 계몽주의자들이 믿었듯이 이성이란 모든 인간에게 잠재되어 있지만, 계몽에 의한 이성의 계발과 현실적 적용이 일반화되기 위해서는 시간이 필요했다. 애초에는 사회의 상층이나 하층, 사회의 양극단에서 표출되던 냉소주의가 대중적 현상이 된 것은 사회가 전반적으로 계몽되면서부터이다. 슬로터다이크는 그 변곡점으로 각각 제1차 세계대전과 공산주의에 대한 환멸을 든다.(슬로터다이크, 2005: 238) 제1차 세계대전과 함께 전쟁의 본질이나 사회질서, 진보, 시민적 가치, 시민 문명 자체의 본질에 대해 더 이상 소박하게 믿을 수 없게 되었다면, 1960년대부터 확산되기 시작한 현실 공산주의에 대한 실망은 계몽의 '이성적인 타자'에 대한 기대나 희망마저 꺾어버렸다는 것이다. 요컨대, 계몽 이성이 세상을 선도한 지 약 2세기가 지난 후, 계몽은 자신의 약속을 지키지 못한 채 신화가 되어버렸고, 스스로에 피곤해져버렸고, 급기야 모든 것에 무관심하게 되었다는 것이다. 슬로터다이크는 이를 '냉소적 이성'이라 칭하고, 냉소적으로 깨어 있는 이 의식의 한 특징으로 우울을 꼽는다.

현대의 냉소주의자는 자신을 경계선상의 우울증 환자로 간주한다. 그는 우울증을 통제하면서 어느 정도의 작업 능력을 유지할 수 있다. 그렇다. 현대적 냉소주의의 근본 요소는 바로 그들의 노동능력인 것이다. […] / 냉소주의자는 바보가 아니다. 그들은 늘 만사의 궁극적인 귀착점인 무(無)를 보기 때문이다. 그동안 그의 심리적 장치는 충분히 유연해져 생존 요소로서 자신의 활동에 대한 영구적 회의를 자기 내면에 설치했다. 그들은 자기들이 무엇을 하는지 알고 있다. 그러나 상황 논리나 자기 보존의 욕망이 그렇게 해야 한다고 말하기 때문에 그렇게 행하는 것이다.(슬로터다이크, 2005: 46-47)

자기분열은 냉소적 이성의 또 다른 특징이다. 예를 들면 오늘날 우리는 세계 체제를 지탱하고 있는 가치가 결코 '가치'가 아니라는 사실을 모르지 않는다. 우리는 계몽되었기 때문이다. 그러나 우리는 우리가 알고 있는 것으로부터 더 이상 어떠한 실천도 끌어내지 않는다. 혹은 못한다. 현대의 냉소주의는 '믿지 않음에도 불구하고 여전히 행한다.'라는 점에서 과거의 냉소주의와 구별된다. 고대 그리스에서 지배층의 위선을 조롱한 디오게네스의 '개와 같은' 기행은 궁극적으로 덕과 예지와 자유에 이르기 위해서였다. 근대 계몽주의자들의 불신과 의혹은 이성에 대한 불굴의 믿음에서 비롯되었고 이성적 사회의 건설이라는 목표가 있었다. 그런데 다니엘이라는 광대를 통해 대중들이 동의하고 환호하는 냉소, 현대의 냉소 뒤에는 진리에 이르고자 하는 욕망도, 그런 것이 있다는 신념도 찾아볼 수 없다. 그것은 아무것도 변화시킬 수 없는 포즈일 뿐이다. 그 무엇에 대해서도, 자신에 대해서도 환상이 없는, 냉소주의자 다니엘이 이 사실을 모를 리 없다.

익살꾼도 혁명가처럼 세상의 폭력성을 받아들였고, 더 심한 폭력으로 그에 대응했다. 하지만 그 행위는 세상을 변화시키는 대신, 모든 혁명적 행위에 필요한 폭력을 '웃음'으로 변환시킴으로써 그것을 받아들일 만한 것으로 만들어버렸다. [⋯] 요컨대, 태초 이래 모든 광대들이 그랬듯, 나는 일종의 '협력자'였다. 나로 인해 세상은 고통스럽고 불필요한 —모든 악의 근원은 생물학적인 것이고, 따라서 상상할 수 있는 어떠한 사회적 변화와도 무관하니까— 혁명을 면할 수 있었다. 나는 명쾌하게 정리했고, 행동을 금지했으며, 희망을 철저하게 깨부쉈다.(160)

'혁명가'와 마찬가지로 냉소주의자인 우리는 현재의 세계체제가 무한 경쟁의 톱니바퀴 속으로 우리를 밀어 넣으며 인간성을 황폐하게 만들고 있다고 비판한다. 하지만 '혁명가'와 달리 우리는 자기보존의 욕망에 의해 상황논리를 내세우며 여전히 이 시스템에 동참한다. 내가 아니면 다른 이들이, "어쩌면 나보다 못난 사람들이"(슬로터다이크, 2005: 47) 내 자리를 차지할 것이므로. 이렇게 냉소주의는 우리를 더 많은 경쟁과 고통에 더 잘 순응하도록 이끈다. 슬로터다이크가 현대적 냉소주의를 '계몽된 허위의식'이라 명하는 이유가 여기 있고, 다니엘이 자신을 '협력자'라 모멸하는 이유도 여기 있다. 허위의식을 타파하기 위한 수단이었던 냉소가 오히려 허위의식을 '받아들일 만한 것'으로 만들고 있는 것이다.[6] 계몽의 선조가 아니라 자식으로서의 냉소주의자는 우울할 수밖에 없다.

그리스의 견유주의자들은 결코 자기모순 속에 갇혀 있지 않았다. 디오게네스의 삶은 유머가 넘치는 자기 확신, 자신만만하고 당당한 사람만이 가질 수 있는 자기 확신을 보여준다. 그의 '거칠고 무례한' 행동 뒤에는 혼란이 아니라 확신과 명철한 성찰이 있다. 반면, 30년간의 광대 생활을 돌아보며 다니엘은 자신의 작품이 아무러한 가치도 없으며, 자신의 직업적 삶에 어떠한 기쁨도 없었음을 고백한다. "직업적으로 볼 때 난 실패자가 아니었다. 적어도 상업적으로는. 세상에 대해 충분한 폭력을 휘두르면, 세상은 결국 그 더러운 돈을 뱉어내기 마련이다. 하지만, 결코 기쁨을 되돌려주지는 않는다."(165) 무대에 오르기 전에 다니엘은, 자신이 조종하는 끈에 따라 증오로 요동치며 웃음을 토해내는 관객들의 '상판'을 견디기 위해 항우울제를 한 움큼씩 집어삼켜야 했다. "그 자신의 정신 속에서 종을 대표하는 전형적인 인간 존재"(365)인 그는 만성 우울증 환자였다.

6 프랑스의 인기 작가 프레데릭 베그베데의 소설 『낭만적 에고이스트』의 주인공 역시 자기 세대를 특징짓는 '포즈로서의 냉소', '허위의식으로서의 냉소'에 대해 다음과 같이 말한다. "명석함에 대해 계속 이야기해봅시다. 명석함이 우리 세대의 최대 장점, 최종의 가치가 된 것 같으니까요. [···] 우리는 우리를 대단하다고 생각하지요. 우리가 대단하지 않다는 것을 알고 있기에 우리는 대단한 것이지요. 그 어느 세대도 이토록 당당하게 자신의 어리석음을, 이토록 의기양양하게 자신의 실패를 고발한 적은 없었습니다. 자기 자신에 이토록 만족해한 세대는 없었다는 말이지요. 명석함의 숭배는 무기력으로 귀결됩니다. 쓸모없는 지성이지요."(Beigbeder, 2005: 335)

3. 포스트휴먼으로의 이행

3.1) 반동분자?

비평가들은 "'문학적인' 익살꾼"(362)인 다니엘1을 웰벡의 허구적 분신으로 간주하는 데 별 이견이 없다. 현 인류의 치부를 끊임없이 폭로하면서 그 어떤 대안도 제시하지 않는, 문제를 해결하기 위한 모든 노력에 코웃음을 치는, 이러한 '냉소'가 세상을 '받아들일 만한' 것으로 만들고 있다는 사실을 모르지 않는, 그렇기에 위반의 황홀한 폭발이 아니라 자학의 고통스런 우울에 갇힌 인물 — 이는 다니엘1의 모습이자 작가 웰벡의 모습이기도 하다. 웰벡에게 붙여진 "허무주의자, [...] 냉소적인 인물, 인종주의자, 여성을 끔찍하게 싫어하는 인간"(Houellebecq, 2008: 7)이라는 악명은 「삶의 이야기」를 쓴 다니엘1의 그것이기도 하다. 마찬가지로, "약간 회의적인 성향이 있는 사람들"(39)이 자신에게 우호적이라는 다니엘1의 지적은 웰벡에게도 유효하다.

일반적으로 웰벡은 자신에게 가해지는 비난에 대해 적극적으로 반격하기보다 방기하거나, 때에 따라서는 비난을 증폭시키려는 듯이 행동하기도 한다. 그런데 주목할 점은 웰벡이 유독 '반동적'이라는 악명에 대해서 정색을 하고 부인했다는 사실이다. 아래 인용은 『공공의 적』에서 웰벡이 자신을 '신반동주의자'로 지목한 한 책자[7]를 거론하면서 한 말이다.

---

7 출판과 동시에 대대적인 논란을 불러일으킨 Daniel Lindenberg(2002). *Le Rappel à l'ordre: Enquête sur les nouveaux réactionnaires.* Seuil을 가리킨다. 린덴베르그는 프랑스의 전통적인 좌/우파 분류기준에서 볼 때 좌파라 할 수 없는 인물들이 좌파지식인으로 간주되고 있다고 주장하며 그 목록을 작성하고 이들을 '신반동주의자'로 명명했다. 대중문화, 인권, 68, 페미니즘, 반인종주의, 이슬람에 대해 비판적이거나 적대적인 태도를 분류기준으로 삼아 작성한 이 목록에 올라간 작가로는 웰벡 외에도 필립 뮈레, 철학자로는 마르셀 고세, 알랭 핑켈크로트, 뤽 페리 등이 있다. 2016년 동일한 출판사에서 개정판이 나왔는데, 그 서문에서 저자는 약 15년 전

반동분자란 이전의 상태가 더 바람직하다고 보는 사람, 또한 그런 상태로 다시 돌아가는 것이 가능하다고 보는 사람, 그 결과 그런 방향에서 저항하는 사람을 의미합니다. / 그런데 만약 내 모든 소설을 가로지르는, 때로는 강박적이기조차 한 유일한 생각이 있다면, 그것은 바로 일단 시작된 '타락의 전 과정에서 일어나는 절대적인 불가역성'이라는 생각입니다. 이와 같은 타락은 친구관계, 가족, 부부, 더 중요한 사회 집단과 사회 전체에서 볼 수 있습니다. […] 잃어버린 것은 모두 정말로 완전히 잃어버린 겁니다. 이는 유기적인 것 이상의 것으로, 불활성의 물체에도 잘 적용되는 보편적 법칙과도 같습니다. 문자 그대로 그것은 '엔트로피적'입니다. 따라서 모든 쇠퇴와 패배의 필연적인 특징을 이 정도로 확신하게 된 누군가에게 반동이라는 개념은 전혀 어울리지 않습니다.(Houellebecq, 2008: 118-119)

악의 근원은 생물학적인 것으로 어떠한 사회적 변화도 해결책이 될 수 없다고 생각하는 다니엘1과 마찬가지로 시장과 마르크시즘을 동일한 층위에 두면서 모든 정치적 대안을 불신하는 웰벡은 '좋았던' 과거를 전제하고 더 나아가 그로 회귀하길 욕망하는 사람과는 거리가 멀다. 웰벡은 정치적 카테고리로 자신을 규정해야 한다면, 현실을 변화시키고자 하는 의지가 없다는 점에서 차라리 보수주의자이며, "희망보다는 위험에 훨씬 예민한, 살아가기 힘들 정도로 우울한 성격을 지닌 비관론자가 될 확률이 높은"(Houellebecq, 2008: 119) 보수주의자로 불러달라고 부탁한다.

이러한 웰벡에게 예술의 존재이유가, 한 비평가가 주장하듯(김동수,

의 자신의 분석이 조금도 낡지 않았음을 강변한다. 이 책의 분류기준이 얼마나 객관적인가라는 문제와는 무관하게, 우리가 주목하는 점은 프랑스의 이러한 현상은 전통적인 정치 패러다임의 와해를 보여주는 하나의 징후이며, 또 이것이 세계적인 현상이라는 사실이다. 이는 프랑스대혁명과 볼셰비키혁명으로부터 비롯된 정치 이데올로기의 패러다임이 적법성을 상실하고 있는, 정치의 '포스트모던적' 상황이기도 하다.

2012), "사라지는 것들의 아름다움"에 대한 찬가일까? 적어도, 포스트휴먼 소설로 분류되는 『소립자』와 『어느 섬의 가능성』은 '아름다운 것들의 사라짐'을 애석해하며 부르는 '돌아오라 쏘렌토로'가 아니다. 두 소설에서 아름다움은 사라지고 있는 과거나 현재에 있지 않다. 『소립자』에서 그것은 일견 미래에 놓인 것 같고, 『어느 섬의 가능성』에서는 그 어디에도 없다. 오히려, 두 소설을 지배하고 있는 것은 돌아갈 '쏘렌토'가 없다는, '절대적인 불가역성'의 감정이다. 웰벡은 『소립자』에서 "대다수의 사람들이 받아들이는 세계관의 근본적이고 전반적인 변화", 일명 "형이상학적 돌연변이"(9)라는 개념으로 이 불가역성을 설명한 바 있다. 『소립자』의 프롤로그에 따르면 기독교의 출현과 근대과학의 출현이라는 두 번의 형이상학적 돌연변이에 이어 20세기 후반기 인류는 제3의 형이상학적 돌연변이를 목도하고 있다. 그런데 그 무엇도 이를 막을 수 없다. 왜냐하면 이는 일단 발생했다 하면 또 다른 돌연변이가 생겨나기 전까지, 기존의 정치·경제·사회 시스템 전반을 변화시키며 끝까지 그 과정을 밀어붙이게 되어 있기 때문이다. 『소립자』와 『어느 섬의 가능성』은 바로 현대 문명이 직면한 불가역성, 형이상학적 돌연변이, 포스트휴먼에 대한 이야기이다.

　그런데 『소립자』와 달리 『어느 섬의 가능성』에서 웰벡은 바로 이 두 소설에 대한 의견을 표명할 수 있었다. 요컨대, 『어느 섬의 가능성』에서 웰벡은 형이상학적 돌연변이에 대해 '글을 쓰고 있는' 인물(다니엘1)과 그 글에 대한 「논평」을 작성하는 또 다른 인물(다니엘24와 25)을 등장시킴으로써, 그 또한 형이상학적 돌연변이에 대한 이야기인 『소립자』와 『어느 섬의 가능성』에 대해 일종의 '메타' 논평을 할 수 있었다. 즉 독자는 「삶의 이야기」에 대한 다니엘1의 자기 평가와 다니엘24와 25의 논평을 통해 웰벡이 자신의 작가적 실천, 포스트휴먼으로의 이행에 대한 소설을 쓰는 자신의 행위를 어떻게 바라보고 있는지를 유추해볼 수 있다. 그 메타 논평에 따르면 웰벡은 포스트휴먼을 등장시킨 자신의 소설에 '반인륜적 범죄(crime contre l'humanité)'라는 레테르를 붙인다. '반동적'이라는 레테르보다 결코 더 유쾌하다 할 수 없는 '반인륜적'이라는 레테르를 선택한 이유는 무엇인가?

3.2) 반인륜적 범죄

다니엘1이 「삶의 이야기」를 쓰게 된 동기는 엘로힘교의 교주인 뱅상의 권유에 의해서이다. 애초의 목적은 엘로힘교의 성지인 란자로테섬에서 겪은 경험을 기록하는 것이었지만, 그의 글은 점점 자전적인 성격을 갖게되었다. 다니엘1이 자살하고 얼마간의 시간이 지난 후, 뱅상은 엘로힘 신자들 모두에게 각자의 「삶의 이야기」를 작성하도록 했다. 「삶의 이야기」 작성은 엘로힘 교도의 임무가 되었다. 그러므로 서기 4000년의 신인류에게는 약 6200편, 즉 복제를 통해 영생을 선택한 '선조'의 수와 동일한 편수의 「삶의 이야기」가 남아 있다. 그런데 소설은 다니엘1의 이야기를 들려줄 뿐이다. 이러한 구성은 웰벡으로 하여금 왜 다니엘1이 형이상학적 돌연변이를 대변할 만한 인물인가를 설명해야 할 필요성을 느끼게했을 것이다. 왜 포스트휴먼 프로젝트에 직접 관여한 과학자나 포스트휴먼 이념을 정립한 사상가가 아니라, 냉소적인 인기 코미디언인가? 웰벡은 다니엘25의 「논평」을 통해 그 이유를 설명하고 있다.

> 다니엘1이 남긴 삶의 이야기는 많은 경우 [신인류] 논평자들에 의해 표준으로 삼을 수 있는 전범(典範)으로 간주되었다. [다른 사람들이 자신의 관심영역에만 치우친 반면] 다니엘1은 우리에게 엘로힘 교회의 탄생을 약간 초연한 태도로 완벽하게 묘사해준 유일한 인물이었다. […] 다니엘1은 눈앞에 일어나고 있는 일의 중요성을 진정으로 이해한 유일한 인물이었던 것으로 보인다. / 이러한 사정이 나[다니엘25]에게 특별한 책임감을 부여한다. 나의 논

평은 평범한 논평이 아니다. [⋯] 왜냐하면 그것이 우리 종과 가치 체계가 탄생된 정황을 너무나 가까이에서 건드리고 있기 때문이다. 그 중심적인 성격은 [다니엘1이] 종을 대표하는 전형적인 인간 존재였다는 사실에 의해 더욱 증가되었다.(365-366)

다니엘1은 신인류가 탄생한 정황을 가장 객관적으로 기술했고 또 그 의미를 정확하게 파악했다. 현실의 예리한 관찰자였던 이 유명 코미디언은 인류를 염탐하는 뛰어난 스파이였을 뿐 아니라, 란자로테섬에서 자신이 목격한 일들이 "인류의 진화에 있어서 가장 결정적인 것이 될 단계"(346)임을 분명히 인식하고 있었다. 또 자신의 이야기가 배포되고 인구에 회자되면 현생인류의 종말을 촉진할 것이기에, 자신을 인류의 배반자라고 생각한다. 인류 역사에 수없이 존재했던 배반자와 자신이 다른 점은 "기술적 조건들이 [자신의] 배반에 가공할 효과를 줄 수 있는 시대를 산 최초의 인물"(407)이라며, 자신의 「삶의 이야기」가 하나의 범죄, 인류의 소멸을 가속화할 '반인륜적 범죄' 행위라며, 이 범죄가 불가피한 이유를 다음과 같이 설명한다.

나는 피할 수 없는 역사적 진화를 개념화함으로써 그것을 가속화할 뿐이다. 앞으로 인간은 점점 더 자유, 무책임, 광기 어린 쾌락의 추구 속에서 살고 싶어 할 것이다. 그들은 그들 틈에서 '아이들'이 이미 살았던 것처럼 살고 싶어 할 것이다. 나이의 무게가 견딜 수 없을 정도로 무거워지면, 투쟁을 견디는 것이 불가능해지면, 그들은 목숨을 끊을 것이다. 하지만 그 전에 그들은 엘로힘 교회에 가입할 것이고, 그들의 유전자 코드는 보존될 것이다. 그들은 오로지 쾌락에 바쳐진 그 삶이 끝없이 계속되기를 바라며 죽어갈 것이다. 역사의 방향은 그러했다. 서구에만 한정되지 않을 역사적 움직임이 장기적으로 추구하는 방향은 그러한 것이었다. / [⋯] 그때, 현재 형태의 인간

이라는 종은 사라질 것이다.(406-407)

병, 노화, 죽음, 소위 '인간의 자연' 앞에서 인류는 오랫동안 별다른 일을 할 수 없었다. 이를 인간 조건으로 '자연스럽게' 받아들이면서 크게 고민할 필요가 없었던 것이다. 그러나 과학과 기술의 발전으로 인간은 자신의 자연을 변화시킬 수 있는 단계에 접어들었다. 유전학의 발달로 재생산(번식)과 자기보전(생존)이 얽히게 되었고, 의학의 목적은 치료를 넘어 증강 육체를 향해가고 있다. 21세기, 사람들은 유전자 테스트와 초음파를 통해 어떤 인간이 태어나(지 말아)야 할지를 결정하고 있으며, 그 누구도 성형을 위해 수술대 위에 누운 사람을 비난하지 않는다. 현대 선진사회에서 낮은 단계의 증강 육체는 일상이 되었고, 우생학은 사적으로 행해지고 있다. 인간은 이미 자신의 종적 특성을 변화시키고 있는 것이다. 다니엘1은 이 변화가 멈추지 않으리라고 확신한다. 자신의 불행한 사생활이 보여주듯 건강과 젊음과 불멸이라는 파우스트적 열망이 이기적 개인주의와 소비 만능의 사회와 만나 시너지를 내며 증폭하고 있고, 이를 실현시켜줄 기술과학을 만난 이상 '현재 형태의 인간이라는 종은 사라지리라.'는 것이다. 그리고 이는 작가 웰벡의 생각이기도 하다.

주지하는 바와 같이 반인륜적 범죄란 용어는 제2차 세계대전의 전범을 처벌하기 위해 만들어졌다. '반인륜적 범죄'라는 용어는 인간의 존엄성을 구성하는 것이 무엇인지를 근본적으로 질문하도록 한다. 이를 명문화했다는 사실만으로도, 이러한 범죄가 존재한다는 사실만으로도 인간의 존엄성이 다시 정의되어야 할 무엇이 되었다는 것을 의미한다.(Michaud, 2006) 그런데 반인륜적 범죄란 용어는 21세기 초반기 인간 배아 복제를 법률적으로 금지하기 위해 경쟁적으로 사용되었던 용어이기도 하다.[8] 인

8 프랑스의 경우, 2001년 개정된 생명윤리법은 인간 배아 복제를 '반인륜적 범죄'로 규정하고 있

간 복제와 이웃하고 있는 인간 배아 복제는 다른 어떤 것에 의해서도 대체될 수 없는 고유한 인격성과 정체성을 가진 존재, 인간의 존엄성을 파괴하는 '반인륜적 범죄'라는 것이다. 웰벡이, (비록 위악적이긴 하지만) 반인륜적 범죄라는 용어는 받아들이면서도 '반동적'이라는 레테르를 거부하는 이유는 그 무엇과도 바꿀 수 없는 고유한 인간의 본질이란 것을 믿지 않을 뿐 아니라, 이미 흔들리고 있는 인간의 정의(定義)를 복구하려는 의사가 없기 때문이다. "나는 심각할 정도로 내 일에 싫증이 나기 시작했다. 가장 견딜 수 없는 것은 내가 '휴머니스트'로, 물론 약간 '거슬리기는' 하지만 그래도 휴머니스트로 여겨진다는 사실"(24)이라며 사람들이 자신에게 '선사'하는 휴머니스트라는 레테르를 견딜 수 없어 하는 코미디언 다니엘1의 모습에서 웰벡을 보는 것은 어렵지 않다. 사실, 웰벡은 인간의 특별한 가치나 존엄성이 어디에 근거하느냐고 반문한다.

> 인간의 권리, 인간의 존엄성, 정치의 기반, 이 모든 것을 나는 내동댕이쳤습니다. 나에게는 이런 요구들의 유효성을 인정할 수 있는 어떠한 이론적 장치도 없습니다. / 하지만 여전히 윤리는 남아 있고, 그에 무언가가 있습니다.(Houellebecq, 2008: 179)

여기서 웰벡은 인간의 정체성이나 본질이 더 이상 유효하지 않음을 말하면서 근대 휴머니즘의 기반이 지탱될 수 없음을 암시하고 있다. 그리고 지금까지 살펴보았듯이 자신의 문학적 분신인 다니엘1을 통해 '반인륜적 범죄'를 자임했다. 우리가 웰벡을 포스트휴먼 소설가로 간주하는

다. 1994년 생명윤리법이 처음 제정되었을 때는 이러한 규정이 없었다. 그러나 세기 전환기의 생명공학 붐을 타고 인간 복제가 현실화될지 모른다는 우려 속에서 이 법을 개정해야 한다는 여론이 높았고, 2004년 논쟁 끝에 통과되었다.

이유가 바로 여기 있다. 흔히 생각하듯 포스트휴먼성이란 기계공학이나 생명공학이 만들어낼 새로운 존재의 도래나 군림만을 의미하지 않는다. 보다 근본적으로 그것은 근대성의 가치가 의혹에 붙여지면서 인간을 수식할 술어가 불분명해진 역사적 맥락과 관계된다. 포스트휴먼성이 문제되기 시작한 것은 과학기술의 놀라운 결과물들 그 자체 때문이 아니라, 그것이 인간을 재해석하도록 요구하고 요청했기 때문이다.

웰벡이 『소립자』와 『어느 섬의 가능성』을 쓸 때 그의 머릿속에는 올더스 헉슬리의 『멋진 신세계』(1932)와 『섬』(1962)이 있었다. 웰벡은 『소립자』에서 주요 인물을 통해 헉슬리에 대한 자신의 생각을 펼치고 있으며(소립자, 170-175), 또 '어느 섬의 가능성'이란 제명(題名)은 토머스 모어로부터 헉슬리까지 이어지는 유토피아적 공간으로서의 '섬'을 환기시킨다. 물론, 헉슬리가 두 소설에서 상상하는 미래는 극명하게 대비된다. 『멋진 신세계』와 달리 『섬』이 제시하는 미래는 과학과 기술의 놀라운 발전에도 불구하고 여전히 자연을 사랑하고 아끼고 찬양하는 사람들의 몫이다. 그런데 이 차이는, 웰벡이 인물의 입을 통해 드러내는 생각에 따르면, 눈속임에 불과하다. "헉슬리 자신은 노망이 들었던 탓인지 그 유사성을 전혀 의식하지 못했던 것 같지만, 『섬』에 묘사된 사회는 『멋진 신세계』와 닮은 구석이 아주 많다."(소립자, 173)는 것이다. 우리가 보기에 『멋진 신세계』와 『섬』이 본질적으로 '닮은' 까닭은, 두 작품이 기반하고 있는 인간에 대한 정의가 동일하기 때문이다. 두 작품은 휴먼의 정체성과 가치들에 대한 흔들리지 않는 믿음, 근대 휴머니즘의 믿음 위에 구축된 텍스트이다. 우리가 과학기술의 발전이 가져올 미래상을 놀라울 정도로 예견하고 있는, 『멋진 신세계』와 『섬』을 포스트휴먼 소설로 간주할 수 없는 까닭도 여기 있다. 반면 과학픽션의 독자를 만족시켜줄 장르적 장치들이 거의 없음에도 불구하고 『소립자』와 『어느 섬의 가능성』을 훌륭한 포스트휴먼 소설로 간주하는 까닭은, 앞 단락에서 설명했듯이, 두 작품이 포스트휴먼의 역사적 맥락을 뛰어나게 드러내기 때문이다.

4. 냉소주의의 딜레마

서론에서 우리는 『소립자』와 『어느 섬의 가능성』이 포스트휴먼 사회를 각각 유토피아와 디스토피아로 제시한다고 전제하고 논의를 시작했다. 사실 『소립자』를 출판했을 때, 웰벡은 우생학 옹호자라는 비난을 받기도 했다.(Chassy, 2002) 유전자 조작과 복제로 탄생한 포스트휴먼이 '신'처럼 살고 있다고 전하는 에필로그가 그 비난의 근거로 제시되었다. 반면 불행한 복제인간이 등장하는 『어느 섬의 가능성』은 비판을 비켜갔다. 그런데 이러한 독해는 '순진'했던 것이 아닐까. 과연 『소립자』는 포스트휴먼 유토피아를, 『어느 섬의 가능성』은 디스토피아를 제시하고 있는가? 『소립자』의 결말이 포스트휴먼의 조건 없는 유토피아를 지시하지 않기에 하는 질문이다.

　『소립자』의 에필로그는 우선 제르진스키의 『완전 복제를 위한 서설』이 출간된 2009년에서 포스트휴먼의 도래까지, 약 1세기의 세계정세에 대해 요약하고 있다. 기성 종교와 휴머니스트들을 필두로 인간 복제에 대한 전반적인 반발이 계속될 것이나 서서히 세계 여론이 우호적으로 돌아선다는 것이다. 이 가까운 미래의 '역사'에 대해 기술하는 화자의 어조는 중립적이고 객관적이다. 반면 그 이후의 역사, 즉 제르진스키의 후계자인 허브체작이 포스트휴먼 프로젝트를 현실화시키는 순간부터 인류 소멸까지의 묘사는 허브체작의 논문처럼 "기묘"하고 "비약적"(334)이다. 웰벡의 주특기인 아이러니가 느껴지는 이 부분은 과학기술 만능주의에 대한 풍자로 읽히기도 한다. 더 나아가 포스트휴먼의 세계가 천국이며 그들이 '신'처럼 살고 있다는 언급도 조건적인 논평이다. "옛 인류의 눈에는 우리 세계가 천국처럼 보일 것이다. 하기는 우리도 이따금 농담 반 진담 반으로 우리 자신을 '신'이라는 이름으로 부르는 경우가 있다. 옛 인류에게 그토록 많은 꿈을 꾸게 만들었던 그 이름으로 말이다."(339) ― 포스트휴먼의 세계는 "옛 인류의 눈에" 천국처럼 보일 뿐이며, "이따금 농담 반 진담 반" 자신들을 '신'이라 부를 뿐이다. 인류가 스스로를 소멸시키고 다른 종으로 태어나는 인류 종말의 묘사에 스며 있는 풍자와 신적 포스트휴먼 사회에 대한 유보는 포스트휴먼 유토피아의 비현실성을 암시하는 징후로 읽힐 수 있다.

그렇다면 『소립자』와 『어느 섬의 가능성』은 포스트휴먼에 대한 비관적인 세계를 제시하고 있는가? 웰벡은 포스트휴먼에 대해 부정적인가? 비평가들은 포스트휴먼의 도래와 불가분의 관계에 있는 현대의 과학기술에 대한 웰벡의 관점을 통해 그 대답을 유추한 바 있다. 사빈 반 베즈마엘은, 웰벡이 과학기술의 발전이 재앙을 가져오리라고 생각한다고 주장한다.(Wesemael, 2010: 63-65) 이 주장은 기술과학과 소설의 진화에 대한 웰벡의 언급으로부터 도출한 것인데, 웰벡에 따르면 세계에 대한 과학적 설명이 일반화되면 인간의 행위 역시 디지털 파라미터의 단순한 리스트에 따라 설명하는 경향이 확산될 것이고, 이 경우 풍부한 인물 창조란 불가능하리라는 것이다. 베즈마엘의 논거는 일회성에 그친 언급에서 과학기술에 대한 웰벡의 비관론을 도출하고 있다는 점에서 빈약하다. 반면 드니 드몽피옹은 과학적 발견들이 인간을 불행에서 구출하리라 웰벡이 확신한다고 본다.(Demonpion, 2007: 361) 드몽피옹에 따르면, 웰벡은 인간의 불행에 관한 한 자신의 정신적 스승이라 할 수 있는 쇼펜하우어와 전혀 다른 탈출구를 제시한바, 그것이 바로 과학기술, 즉 인간 유전자 조작이다. 인간이 스스로를 개선할 여지가 전혀 없다고 간주하는 웰벡의 입장에서 볼 때, 불행으로부터 벗어날 수만 있다면 그 무엇에 ―외계인이건 라엘리언교이든― 기대어도 상관없다는 것이다. 그런데 웰벡이 과연 "'아무것도 잃어버릴 것이 없기에' 모든 것을 얻게 되리라."(Demonpion, 2007: 361)고 생각했을까? 이를 가늠하기 위해 슬로터다이크를 다시 불러오고자 한다.

『냉소적 이성 비판』을 출판한 지 16년 후인 1999년 슬로터다이크는 한 컨퍼런스에서 「인간농장을 위한 규칙」을 발표했다. 웰벡의 『소립자』가 출판된 지 몇 달 후의 일이다. 슬로터다이크는 이 글에서 휴머니즘의 기획인 문자를 통한 인간 길들이기가 실패했다고 단언하고, 인간의 야만성을 잠재우고 길들이기 위한 새로운 방법을 고려해야 할 시기가 왔다고 주장했다. 휴머니즘이 새로운 시대에 적합한 윤리의 기반을 제공할 수 없다는 사실이 밝혀진 이상, 새로운 인간성 창조를 고려해야 하며, 그 한 방편으로 유전공학을 생각해볼 수 있다는 것이 그의 주장이었다. 1996년 복제양 돌리의 탄생으로 세계의 관심이 유전공학에 집중되어 있었던 때인 만큼,[9] 또 '인간농장'이나 '사육'과 같은 도발적인 용어를 사용함으로써 미디어의 집중 주목을 받았던 만큼, 슬로터다이크는 유럽 전체를 인간 복제 논쟁에 휩쓸리게 했고, 포스트휴먼이란 용어를 유럽인에게 알리는 계기를 만들었다.

이 논쟁에서 우리가 주목하는 점은 슬로터다이크가 드러낸 '냉소주의'의 어떤 측면이다. 사실을 사실이라 부르고 기만을 기만이라 부르는 솔직함과 용기로 슬로터다이크는 메타냉소주의자, 계몽주의자의 후예다운 모습을 보였다. 첨단 생명공학의 결과들 앞에서 장두노미(藏頭露尾)로 일관하던 철학자들로 하여금 휴머니즘이라는 권위의 모래 더미에서 머리를 꺼내 현실을 직시하도록 했다. 도발적인 용어의 사용 외에도 인간화를

---

9 1996년 복제양 돌리의 탄생으로 촉발된 유전학에 대한 관심은 생물개량과 생명공학 산업에 대한 대대적인 투자를 촉발했고, 10여 년간 그 열기가 계속되었다. 2015년 현재, 그 투자 열기는 인지과학과 인공지능 쪽으로 옮겨왔다.

가축화로 표현한다든가 인간의 역사를 "인간의 대사육자와 소사육자들 사이의 투쟁" 혹은 "휴머니스트와 슈퍼휴머니스트들 사이의 투쟁"(슬로터 다이크, 2004: 68)으로 규정하는 방식은 그가 『냉소적 이성 비판』의 저자였음을 새삼 환기시킨다. 그런데 이 유럽발 포스트휴먼 논쟁에서 슬로터다이크는 자신이 냉소적 이성을 극복할 대안으로 제시한 고대의 견유주의 (kynismus)를 실천했는가? 우리 시대에 만연한 우울한 냉소주의를 "용맹한, 대담한, 활기찬, 당돌한, 길들여지지 않은"(슬로터다이크, 2005: 206) 냉소로 내부 파열시킴으로써 극복할 수 있는 방법을 보여주었는가? 현실적 삶에 대한 어떤 긍정을 대안으로 제시했는가? 언급한 바대로 「인간농장을 위한 규칙」은 휴머니즘의 곤궁을 에두르지 않고 지적했다는 장점을 가진다. 하지만 그 곤궁을 타파하기 위한 방법에 대해서는 어떠한 대답도 피한다. 비판적 이성의 후손인 이 철학자는 생명파멸론자들이 주장하듯이 인간의 본질을 상정할 수도 없고, 기술예언자들처럼 기술이 인간을 구원하리라고 믿을 수도 없다.(Dominique, 2003: 29-86) 현대의 디오게네스 후예들은 이 그리스 철학자가 가졌던 '확신'을 가질 수 없다. 아니, 어떤 종류의 확신도 가질 수 없다. 21세기의 인류는 고대 그리스의 단순함으로 더 이상 돌아갈 수 없는 것이다.

5. 나오는 말

『어느 섬의 가능성』은 냉소적 주인공을 등장시켜 현 인류 문명의 곤경을 적나라하게 보여주는 냉소적 작가의 소설이다. 소설은 휴머니즘 위에 구축되었던 가치들이 더 이상 유효하지 못함을 끈질기게 제시하고, 폭로하고, 조롱한다. 그런데 냉소주의는 기만을 폭로할 수 있을지라도, 기만에서 벗어난 새로운 진리를 구축할 수는 없다. 다니엘1이 자신이 혁명가가 아니라 협력자임을 고백했듯이, 웰벡 역시 자신의 한계를 환상 없이 인정하는 바이다.

[내 소설에 대해] 미디어가 쏟아낸, 동화에나 나올 법한 말들을 보건대, 아이러니와 부정성과 냉소주의를 더 밀고 나가면서 문학적 재능을 보여주기란 쉽다. 그런데 그 다음부터가 어렵다. 냉소주의를 넘어서려고 할 때부터 아주 어려워진다. 오늘날 누군가가 거짓이 아니면서도 긍정적인 담론을 펼칠 수 있다면, 그는 세상의 역사를 바꾸게 될 것이다.(Houellebecq, 1998: 111)

『어느 섬의 가능성』의 「마지막 논평, 에필로그」는 바로 이 '거짓이 아니면서도 긍정적인 담론' 생산의 어려움을 여실히 보여준다. 소설의 에필로그는 다니엘25가 신인류의 세계를 이탈한 후의 이야기이다. 신인류의 삶을 견디지 못해 기지를 이탈한 다니엘25는 신인류가 처음 고안되었던 섬인 란자로테를 향해 길을 떠난다. 풍문에 따르면 그곳에는 휴먼이나 이탈한 신인류들이 모여 있을지도 모른다. 긴 행로 끝에 그는 섬으로 이끄는 바닷속으로 난 길 앞에 다다르지만 길을 멈추고 만다. 소설은 그것이 인류이든 탈퇴한 신인류이든 어떠한 집단과도 만나기를 거부하고 일종의 가사(假死) 상태를 선택하는 다니엘25를 보여주며 끝난다. 주목할 점은, 그럼에도 불구하고 그가 여전히 미래인의 도래를 기다리고 있다는 사실이다.[10] 인류와 신인류 사이에서 그 어느 쪽도 선택할 수 없는 다니엘25의 상태는 포스트휴먼에 대한 기대와 두려움 사이에서 분열되어 있는 오늘날의 복잡한 정신들, '우리 시대의 시대정신' 냉소주의의 현주소이다.

---

10 우리는 「『어느 섬의 가능성』 혹은 '잃어버린 몸을 찾아서' — 포스트휴먼 주체와 몸」에서 『어느 섬의 가능성』이 인물의 차원에서는 포스트휴먼의 불가능을, 텍스트의 차원에서는 그 가능성을 지시하고 있음을 밝혔다.

6

녹색 유토피아
— 페미니스트 유토피아 소설 『허랜드』와 『시간의 경계에 선 여자』의 생태주의적 비전과 과학기술

송은주

1. 들어가며

서구 문학에서 유토피아의 전통은 꽤 뿌리가 깊다. '유토피아'라는 용어 자체를 처음으로 내놓은 토머스 모어(Thomas More)의 유토피아 이전에도 그 연원을 플라톤까지 거슬러 올라갈 수 있다. 톰 모일란(Tom Moylan)은 문학적 유토피아가 심대한 변화의 시기에 내러티브 형식으로 발전했고 16세기 이래로 격동의 순간에 번성해왔다고 말한다.(Moylan, 2014: 3) 미국 유토피아 문학에서 특히 주목할 만한 시기는 19세기 후반에서 20세기 초까지와 1960년대부터 1970년대까지이며, 이는 페미니스트 유토피아 문학의 경우에도 마찬가지로 해당된다. 이 두 시기는 많은 여성 작가들에 의하여 유토피아 문학작품이 활발히 집필된 시기이면서, 여성운동의 측면에서 보자면 1세대 자유주의 페미니즘과 제2의 물결 페미니즘

(Second Wave Feminism)의 바람이 불었던 때이기도 하다. 유토피아는 언제나 다른 세계를 꿈꾸면서 현재 상태를 비판하는 역할을 한다. 그런 점에서 두 시기의 여성 유토피아 문학작품들은 1세대의 여성 참정권 운동과 2세대의 민권운동이 일으킨 사회 변화의 바람을 타고 페미니스트들이 꿈꾸었던 대안적인 새로운 사회상을 문학적으로 제시하고자 했다.

여기에서는 19세기 후반부터 20세기 초반 시기의 작품 중 샬럿 퍼킨스 길먼(Charlotte Perkins Gilman)의 『허랜드(Herland)』와, 1970년대 작품 중에서는 마지 피어시(Magie Piercy)의 『시간의 경계에 선 여자(Woman on the Edge of Time)』를 유토피아 문학 전통의 맥락 속에서 비교 분석함으로써 페미니스트 유토피아 비전의 현재적 의미를 고찰하고자 한다. 두 작품은 70여 년의 시간차를 두고 그 시대의 사회적 맥락에서 비롯된 차이들을 반영하면서도 페미니스트 비전의 연속성을 보여주고 있다. 페미니스트 유토피아 소설은 여성의 사회적, 정치적 역할이 재구성되는 시기에 활발히 나왔는데, 『허랜드』는 여성참정권, 여덟 시간 노동, 여성의 교육 개혁, 피임을 위한 운동이 격렬하게 일어나던 시기에 나왔고, 피어시의 작품은 동일임금, 재생산 권리, 전문적이고 비전통적인 직업에 대한 폭넓은 접근, 가사노동 분담, 문화적 스테레오타입의 폐지를 위한 투쟁의 맥락 속에서 나왔다.(Pfaelzer, 1984: 282) 『허랜드』는 페미니스트이자 사회 개혁 운동가로서 길먼의 이상을 허구의 형식을 통해 효과적으로 전달하고 선전하려는 목적에서 씌어졌으며, 피어시의 『시간의 경계에 선 여자』는 1970년대 급진적 페미니즘을 설파한 슐라미스 파이어스톤(Sulamith Firestone)의 『성의 변증법(Dialectic of Sex)』을 완벽하게 소설화한 작품이라는 평을 받았다. 1920년 여성 참정권이 허용되기 전까지, 미국 여성 작가에 의해 씌어진 유토피아 작품은 오십여 편에 달한다.(Kessler, 1985: 190) 키스 부커(Keith Booker)는 모어 이래로 유토피아 문학에서 성 평등에 대한 개념은 전무했으나 19세기 말부터 변화의 조짐이 보였으며, 『허랜드』

는 페미니스트 유토피아 전통의 시작으로 볼 수 있다고 말한다.(Booker, 1994: 338) 그러나 여성 유토피아 소설은 1920년대 이후 1960년대까지 소 강상태에 빠진다. 여성 참정권을 허용한 미국수정헌법 19조가 통과되면 서 백인 중산층 여성들이 그들의 모든 요구가 이제 충족되었다고 생각 하게 되었으며, 이후 양차 세계대전과 대공황은 여성이 전통적인 성 역 할을 고수하기를 바라는 남성의 욕망을 강화시켰다.(Kessler, 1985: 191) 1920년대 이후 이와 같은 유토피아적 비전의 실패와 그로 인한 장르의 쇠퇴는 여성 작가들만의 경우가 아니라 유토피아 문학 전반에 나타난 경 향이었다. 유토피아는 한편으로는 스탈린의 러시아, 나치 독일과 같은 이데올로기로 흡수되었고, 한편으로는 소비자 천국 속으로 흘러들어 가 버렸다.(Moylan, 2014: 7) 유토피아 전통이 다시 부활한 것은 1960년대 말에서 1970년대의 반문화 운동의 출현에 힘입은 것이다. 이 시기의 저 항운동은 자치권의 정치학, 민주적 사회주의, 생태학, 특히 페미니즘과 깊이 연관되었다.(Moylan, 2014: 11) 여성 작가들의 유토피아 전통 또한 1960년대 후반과 1970년대 페미니스트 운동으로 상당한 에너지를 얻었 고, 마지 피어시, 어슐러 르귄(Ursula Le Guin), 조애나 러스(Joanna Russ) 등이 유토피아 장르에 힘을 다시 불어넣었다.(Moylan, 2014: 338) 김경옥 은 어슐러 르귄의 작품 분석을 통해 여성 과학소설 작가로서 1960~70년 대의 민권운동과 페미니즘의 영향 속에서 어떻게 과학기술의 문제를 사 회학의 영역까지 확장하였는가를 분석함으로써 여성 과학소설가들의 새 로운 시도를 보여주었다.(김경옥, 2015: 70) 유토피아는 현실에 존재하지 않는 가상의 세계를 꿈꾸면서도 그 세계를 언제나 현재 사회의 모순과 갈등을 극복한 이상적인 대안 세계로 그리기 때문에 필연적으로 당대의 역사적, 사회적 상황과 깊이 연관된다. 그러므로 두 작품의 비교 분석을 통해 페미니스트 유토피아의 비전이 사회적, 역사적 맥락 속에서 어떻게 영향받고, 당대에 요구된 사회적 변화의 과제에 어떻게 대응하고자 했는가를 살펴볼 수 있을 것이다.

『허랜드』와 『시간의 경계에 선 여자』를 분석하면서 특히 주목하고자 하는 부분은 페미니스트 유토피아가 제시하는 생태적 비전과 과학기술이 만나는 지점이다. 밸 플럼우드(Val Plumwood)는 "여성들이 자기들끼리, 자연세계와 더불어 평화롭게 살아가는 나라에 대한 이야기는 페미니스트 유토피아의 반복되는 주제"라고 말한다.(Plumwood, 1993: 8-9) 두 작품은 공동체적이고 생태주의적인 사회를 페미니스트 유토피아로서의 대안 사회로 제시한다. 여성과 자연의 일치성을 찬양하는 에코페미니즘(Ecofeminism)은 1970년대 등장했으나, 이러한 관점은 그 이전에도 이미 어머니 자연의 신화 속에 존재해왔던 것이다. 에코페미니즘은 여성과 자연에 대한 억압이 같은 근원에서 나왔음을 폭로하며 가부장적 과학의 폭력성과 반생태성을 비판했다는 점에서 의의가 있지만, 한편으로는 여성을 자연과 동일시하는 전통적인 젠더 관념을 강화하고 여성은 본래부터 자연친화적이며 생태적이라는 본질주의로 빠질 위험이 있다는 비판을 받았다. 또한 인종과 계급의 문제를 충분히 고려하지 않았다는 점도 비판의 대상이 되었다. 길먼과 피어시의 유토피아는 단순히 여성과 자연을 동일시하는 단순한 공식에 따르지 않으며, 과학기술을 거부하기는커녕 그들이 꿈꾸는 유토피아 세계를 현실로 만들어줄 수 있는 가장 중요한 수단으로 적극 포용한다. 두 작품의 유토피아는 첨단 과학기술로 무장한 고도로 산업화된 사회가 아니라 전원적이고 목가적인 농촌의 모습을 한 자연친화적이고 생태적인 유토피아이면서도, 그 세계를 목가적 아르카디아로 만드는 물적 토대는 과학기술이 제공하고 있다. 즉 그들의 자연은 오염되지 않고 인간의 손으로 가공되지 않은 기원적이고 순수한 자연이 아니라 기술에 의하여 개선되고 문명과 혼합된 혼성적 자연이다.

두 작품은 유토피아 사회를 실현할 사회 제도적 변화뿐 아니라 물적 조건으로서 과학기술의 사회적 역할을 중요하게 고려한다. 유토피아와 과학소설의 교차는 19세기 과학기술의 급속한 발전과 함께 진보한 과학기술이 현재의 사회가 당면한 여러 문제들을 해결하고 유토피아를 실현해주리라는 낙관적 기대와 함께 일어난 경향이다. 피터 피팅(Peter Fitting)은 현대의 과학소설과 유토피아의 교차는 과학소설의 근본적인 특징인 미래에 대한 희망과 공포를 반영하거나 표현하고, 나아가 그러한 희망과 공포를 과학과 기술에 연결 짓는 능력으로 시작된다고 말한다.(Fitting, 2010: 15) 그럼으로써 기술이 사회 변화를 위한 도구로서의 역할을 하게 된다. 1920년대와 1930년대까지도 미국의 펄프 잡지들의 과학소설은 더 나은 세계를 만드는 기술의 역할에 대한 낙관적인 확신을 보여주었으나, 제2차 세계대전에서 원자폭탄의 위력을 확인한 이후로 과학소설은 그 낙관주의를 상당 부분 잃게 된다.(Fitting, 2010: 20) 그럼에도 불구하고, 피팅은 미국 과학소설이 근본적으로 낙관적이라는 주장을 견지한다.

이처럼 과학기술을 유토피아와 연관 짓는 낙관적 기대는 여성 작가들의 작품에서도 발견된다. 제인 L. 도나워스(Jane L. Donawerth)와 캐롤 A. 콜머튼(Carol A. Colemerton)은 16세기부터 여성 유토피아 소설 작가들의 계보를 정리하면서, 19세기 들어 이 문학에 나타난 새로운 경향으로 사회문제에 과학적 해결책을 포함시킨다는 사실을 든다.(Colemerton, 1994: 9) 이 시기에 여성의 재산권, 이혼, 참정권, 직업을 확보하려는 19세기 페미니즘의 목표를 반영하여, 기술을 통한 가정 영역과 의무의 유토피아적 변화, 젠더 역할의 수정에 대한 탐색이 이루어졌다는 것이다.(Colemerton, 1994: 6-7) 19세기부터 20세기 초반까지의 미국 여성 유토피아 작가들을 연구한 진 팰저(Jean Pfaelzer)도 과학을 이상화하고 기술의 이용을 통한 여성의 평등한 지위 획득을 꿈꾸었다는 점을 주요 특징으로 든다. 이는 1세대 자유주의 페미니스트들의 과학 인식을 반영하는데, 그들은 과학 지식 자체는 가치중립적이고 객관적이며, 남성들이 과학을 이용하거나 오용하는 방식에 문제가 있을 뿐이라고 보았다. 현존하는 과학연구의 방법론적 규범에 이의를 제기하기보다는 남성이 지배하는 '나쁜 과학'만이 문제라고 인식한 것이다.(와이즈먼, 2009: 25-27) 자유주의 페미니즘이 권력을 개인 간의 문제로 국한시켜 보았던 반면, 1960~70년대의 급진적 페미니즘과 에코페미니즘은 권력이 사회 구조 안에 얼마나 깊게 뿌리내리고 있는가를 보여주었다. 그러나 문제는 권력 구조를 지나치게 획일적으로 본 나머지 새로운 기술이 열어놓을 수도 있었던 전복적 잠재력을 간과했으며, 여성을 수동적인 희생자로만 보았다는 점이다. 1980년대 이후로 과학이 자본주의 생산방식과 연결되어 있으며, 과학은 사회관계라는 새로운 깨달음과 함께 과학과 이데올로기의 구분이 지속될 수 없다는 인식이 대두되었다.(와이즈먼, 2009: 30-32)

허랜드와 매타포이세트(Mattapoisett)는 상당히 닮은 모습이지만, 두 세계의 근간에 깔린 생태적 세계관은 1910년대와 1970년대, 각기 다른 역사적 맥락에서 구성된 것이다. 그러므로 두 세계의 생태적 유토피아로서의 면모를 살펴볼 때, 그 시대에 생태와 자연, 여성의 관계를 둘러싸고 어떤 논의가 전개되었으며, 두 작품이 그러한 당대의 논의를 어떻게 반영하고 문학적으로 재구성하였는가를 분석할 필요가 있다. 『허랜드』의 합리적 이성과 과학기술에 의한 자연과 인간의 개선은 당대 유행했던 우생학적 기획으로 나아가며, 현대의 트랜스휴머니즘의 맥락 속에 있다. 반면 제2물결 페미니즘의 영향을 받은 『시간의 경계에 선 여자』는 자유주의 페미니즘의 한계를 비판하며 인종과 계급의 문제까지 고려하고자 한다. 『허랜드』가 과학기술에 의한 진보의 정점에 이른 유토피아를 그리고 있는 반면, 『시간의 경계에 선 여자』의 유토피아는 그 이상의 실현 면에서 조금 더 유보적이다. 『허랜드』와 같이 초기의 페미니스트 과학소설은 과학의 진보와 이의 문학적 재현에 자신감을 갖고 낙관적 태도를 보였으나, 1960년대 들어서는 민권운동을 둘러싼 복잡한 이데올로기적 지형의 영향으로 과학의 진보 이데올로기나 무비판적 기술애호와 거리를 두기

시작한다.(Woolmark, 2005: 157)

두 작품은 분명 생태주의적 세계관의 핵심이라 할 만한 통찰들을 포함하고 자연과 인간이 평화롭게 공존하는 녹색 유토피아를 지향하고 있으나, 에코페미니즘 텍스트라 정의 내리기에는 어긋나는 지점들이 있다. 이러한 어긋남은 생태주의적 통찰이 충분히 확장되지 못한 한계에서 비롯되었다고 할 수도 있으나, 한편으로는 에코페미니즘 또한 비판받을 소지가 많았던 점을 고려하면 역으로 에코페미니즘의 한계를 넘어설 또 다른 지점을 보여준다고도 할 수 있다. 조앤 해런(Joan Haran)은 페미니스트 과학소설이 동시대 페미니즘의 사상적 조류를 반영할 뿐 아니라, 특히 과학과 관련하여 페미니스트 사회, 정치 이론의 실험과 표현을 위한 공간을 제공하며, 모순적이고 양가적인 논쟁들을 표현하고 담을 수 있다는 점에서 과학소설이 사회 정치 이론보다 이점이 있다고 말한다.(Haran, 2008: 154) 이처럼 두 작품은 당대의 사회 정치 이론을 소설 속에 끌어들이면서도 이론으로 다 해명되지 않는 현실의 모순과 모호성을 포함한다. 그러므로 이 두 세계를 비교하면서, 본고에서는 두 작품이 각각 과학기술에 관한 당대 이론과의 관련 속에서 그것이 내포한 유토피아적 가능성과 위험을 여성의 관점에서 어떻게 허구화하는가에 초점을 맞추고자 한다.

2. 녹색 유토피아

『허랜드』와 『시간의 경계에 선 여자』는 전통적인 유토피아 소설의 내러티브를 일부 따르고 있다. 『허랜드』의 유토피아는 동시대의 것이지만 어딘지 모를 오지 깊숙이 위치하여 지리적으로 고립된 공간인 반면, 『시간의 경계에 선 여자』의 유토피아인 매타포이세트는 공간적으로는 주인공이 사는 지역과 가까운 뉴욕에 위치하지만 시간상으로 떨어진 2137년의 세계이다. 이처럼 동떨어진 유토피아 사회를 우연한 기회에 외부인이 방문하고 관찰할 기회를 가진다. 『허랜드』에서는 각각 의사, 과학자, 사회학자인 세 백인 남성 제프 마그레이브(Jeff Margrave)와 테리 니콜슨(Terry Nicholson), 밴다이크 제닝스(Vandyke Jennings)가 오지 정글 원주민들의 말을 듣고 여자들만이 산다는 나라를 찾고자 탐험에 나선다. 『시간의 경계에 선 여자』의 여주인공 코니 라모스(Connie Ramos)는 일종의 텔레파시를 통해 2137년의 미래에서 온 루시엔테(Luciente)와 '접속'하여 그녀가 사는 마을인 매타포이세트로 시간 여행을 하게 된다. 그러나 허랜드의 방문객들은 기존 사회에서 교육받은 백인 중산층 남성으로 특권적인 지위를 누리던 인물들인 반면, 『시간의 경계에 선 여자』의 주인공 코니는 성적 타자일 뿐 아니라 라틴계라는 점에서 인종적으로 타자이며, 교육받지 못했고, 생활보호 대상자로 살아가는 가난한 사회 최하층의 싱글맘이라는 점에서 계급적으로도 타자화된 인물이다. 코니는 조카 돌리(Dolly)의 애인이자 포주인 헤랄도(Heraldo)의 폭력에서 돌리를 지켜주려 했다가 도리어 폭력을 썼다는 이유로 정신병원에 강제 수용되어 정상인으로서의 기본적인 권리조차 박탈당한다. 전자의 인물들이 새로운 세계에서 기존에 자기들이 누려온 사회적 지위에 따르는 특권을 박탈당하면서 거꾸로 타자의 위치에 놓이는 경험을 하게 되는 반면, 후자의 인물은 미래의 유토피아 매타포이세트에서 자신의 세계에서는 경험해보지 못한 인정과 사랑, 환대를 받는다. 외부인은 처음에는 이 낯선 세계의 다른 질서에 당혹하고 거부감마저 느끼지만, 차츰 그 세계를 이해하게 되면서 자신의 세계를 비판적인 눈으로 다시 보게 되고, 현실 세계의 모순을 재인식하게 된다. 제프와 테리, 밴, 세 남자는 처음에는 남자들 없이 허랜드가 문명화된 사회를 건설했다는 사실을 인정하기 힘들어한다. 그러나 허랜드 여성들과 교류하고 그들로부터 교육을 받으면서 차츰 여성들의 힘만으로 미국 사회보다 오히려 더 진보한 유토피아를 건설하는 데 성공했다는 사실을 받아들이고, 그 세계의 가치관에 감화된다. 과거에서 온 코니에 대해서도 매타포이세트의 사회 제도와 운영 방식 등에 대해 이 같은 교육이 이루어지며, 매타포이세트인들은 유토피아를 유지하고자 하는 그들의 투쟁이 코니가 20세기의 현재에 과학기술을 독점한 전문가들과 그 뒤에 있는 자본과의 관계에서 자기결정권을 포기하지 않으려는 투쟁과 연관되어 있음을 일깨워준다. 교육받지 못하고 가난한 유색인종 여성이기 때문에 자신의 권리를 빼앗겨도 어느 정도는 당연하다고 체념하고 살던 코니는 루시엔테와의 만남을 통해 그들의 유토피아적 미래가 자신의 투쟁 여부에 달려 있음을 깨닫게 된다. 유토피아 소설의 문학적 효과 중 한 가지는 현실 세계와 다른 질서에 따라 구성되고 작동하는 다른 세계를 보여줌으로써 우리가 은연중에 당연하고 자연스러운 질서이자 진리로 받아들여온 것들을 재고하게 만드는 일종의 브레히트적 소격효과이다. 유토피아 내러티브는 대안적 공동체의 재현을 통해 지배적 사회질서의 문제를 부정적으로 부각시키고, 사회 구성원들이 자연적이며 영원히 고정된 것으로 간주하는 질서가 역사적 발전의 산물이고 변화에 열려 있음을 보여주는 기능을 한다.(Fitting, 2010: 3)

20세기 초반의 허랜드와 22세기의 매타포이세트는 페미니스트 유토피아로서 공통적으로 자연친화적이고 생태적인 공동체의 모습을 보여준다. 케슬러는 1970년대 페미니스트 유토피아가 공동체주의적 가치, 생태적 가치, 영적 가치의 세 가지 주제적 특징을 공유하고 있으며, 이러한 1970년대 유토피아의 관심사들은 한 세기 전 글에서도 발견된다고 말한다. 조애나 러스(Joana Russ) 역시 1960~70년대 여성운동의 발전과 더불어 집필된 여성 과학소설들에 나타나는 유토피아적 사회의 공통적인 특징 중 하나로 강한 생태의식을 꼽는다. 등장인물들은 자연세계에 강한 감정적 유대관계를 느끼며, 피어시의 『시간의 경계에 선 여자』에서 묘사되는 미래 사회처럼 의도적으로 과거 산업화 이전의 전원적인 농촌으로 회귀한 모습을 보여주기도 한다는 것이다. 허랜드와 매타포이세트는 농경 사회에 기반을 두고, 도시와 공장지대 대신 전원 풍경과 농촌 마을들로 이루어진 목가적 유토피아의 모습을 보여준다. 허랜드는 "정원 국가"로 묘사되며, 허랜드의 유토피아적 묘사를 완성하는 데 아름답고 풍요로운 자연이 중요한 역할을 하고 있다. 허랜드에 처음 들어간 세 남성의 눈을 통하여 묘사된 경치는 잘 가꾸어진 정원의 이미지이다. 남성들은 잘 닦인 길과 깨끗한 거리 등 조경이 잘된 정원 국가의 모습에 감탄한다. M. 길버트(M. Gilbert)와 수잔 구바(Susan Gubar)는 『허랜드』를 "단성생식하는 여성들의 세계의 문화가 모계사회의 생태적이고 윤리적인 우월성을 가지고 있음을 명백하게 극화하는 동시에 부계사회의 열등성을 보여준다."고 높이 평가했다.(Gilbert & Gubar, 1985: 1147) 길버트와 구바의 평가는 『허랜드』를 일종의 원형적 에코페미니즘 텍스트로 보는 관점이다. 리웬 창(Liwen Chang) 또한 『허랜드』에서 녹색 가치와 생태적 균형이 강조되고 있으며, 자연과 문화가 서로를 더욱 북돋아주는 상보적 관계에 있다고 평가한다.(Chang, 2010: 343) 어맨더 그레이엄(Amanda Graham)은 밸 플럼우드의 에코페미니즘 이론을 이용하여 『허랜드』를 에코페미니즘 텍스트로 읽을 수 있는 근거를 찾아낸다. 그레이엄은 『허랜드』에서 모성과 환경에 대한 길먼의 관점이 생태여성주의의 윤리와 일치하고 있다고 보는데, 여성과 자연에 대한 남성의 억압을 같은 뿌리에서 나온 것으로 보고 대안적인 여성 문화를 창조함으로써 생태학적, 여성주의적 문제를 해결하고자 하는 문화적 에코페미니즘과 유사하다는 점에서 그렇게 보고 있다. 매타포이세트 역시 22세기라는 시대 배경에도 불구하고 흔히 떠올릴 법한 미래 도시의 모습과는 거리가 먼 전원 풍경이다. 건물은 모두 작고 낮으며, 채소밭들 사이로 오두막이 있고 소들이 풀을 뜯고 수탉이 홰를 치며 운다. 루시엔테는 다른 일을 병행하더라도 "우리는 모두 농부들(We're all peasants)"이라고 말한다.(Piercy, 1976: 62)

생태주의적 유토피아로서 두 세계의 특징은 자연친화적인 환경뿐 아니라, 자급자족이 완벽하게 이루어지며 모든 것을 재활용한다는 점이다. 이는 공동체가 지속가능해야 한다는 전제에서 나온다. 허랜드는 오래전 자연재해로 외부와의 통로가 끊기면서 고립되었고, 좁은 국토에서 한정된 자원으로 생존하는 길을 찾아야 했다. 허랜드에서는 사치나 낭비는 있을 수 없으며, 모든 면에서 실용성이 최고의 가치가 된다. 세 남자들은 허랜드인들의 옷이 매우 기능적으로 디자인되어 있고 활동하기 편하며 쓸데없는 장식이나 치장이 없는 데 감탄한다. 마찬가지로 매타포이세트 주민들의 옷차림 또한 낡은 듯 보이지만 질이 좋고 튼튼하게 만들어져 오래 입을 수 있는 실용적인 것들이다. 그들은 커피나 와인 등 생존에 꼭 필요하지 않은 기호식품의 생산을 가급적 줄이고 기본적인 생필품을 풍부하게 공급하는 데 집중하기 때문에, 필요한 것은 모두 풍족하게 누릴 수 있지만 코니가 처음 보기에 그들의 생활은 소박하다 못해 초라하다. 허랜드인들은 좁은 국토의 토양이 황폐해지는 것을 막기 위해 많은 노력을 기울였으며, 모든 음식 찌꺼기나 목재 부산물 등을 잘 처리하여 퇴비화함으로써 생태적으로 순환이 이루어지는 완벽한 재활용 체계를 만든다: "땅에서 나오는 것은 전부 다 땅으로 되돌아간다.(Everything which came from the earth went back to it.)"(Piercy, 1976: 80)

이처럼 허랜드와 매타포이세트는 전원적이고 목가적인 유토피아를 보여주고 있으나, 길먼과 피어시는 과학기술을 거부하는 러다이트주의자가 아니다. 오히려 두 사람은 현대 과학기술의 역할과 유용성을 높이 평가하고 있으며, 이 목가적 유토피아를 유지하는 데 과학기술이 핵심적인 역할을 하고 있다. 허랜드의 경우, 이 나라의 물적 토대를 유지하는 데 20세기 초반 서구 과학의 성과가 반영되어 있다. 허랜드의 길은 단단한 인조 물질로 포장되었고, 유럽 최고의 도로처럼 커브, 경사, 하수구가 완벽히 갖추어져 있다.(Gilman, 2009: 13) 세 남자들은 이 정도로 관리할 수 있다면 주민들이 상당한 수준의 기술과 능력을 갖추었으리라 추측한다.(Gilman, 2009: 14) 남자들의 묘사에서 보듯이, 허랜드의 완벽한 풍경을 구성하고 유지하는 데에는 도시공학과 건축술, 조경학, 위생학 등 여러 가지 첨단 기술과 과학이 동원되었을 것이다. 허랜드의 '문명화된 자연'은 사실 모성 신화의 '어머니 대지'라기보다는 레오 막스(Leo Marx)의 용어를 빌리면 기술의 힘으로 개량된 "중간 풍경(middle landscape)"의 이상적인 모습이다.

『허랜드』의 이러한 자연관은 19세기 말부터 20세기 초까지 당대 생태학의 주류를 차지했던 인간중심적 자연보존주의를 반영한다. 20세기 초반의 생태학은 생태철학 쪽으로 발전한 현재의 조류와는 상당한 차이가 있다. 생태학이 처음으로 학문 분과로서의 모습을 갖추기 시작한 것은 1880년대 말경이다. 19세기부터 영국 낭만주의 시인들이나 길버트 화이트(Gilbert White)의 작품에서 보이는 목가주의적 생태학과, 린네로부터 발전한 '자연의 경제' 개념을 내세워 자연의 효율적 이용과 관리를 정당화한 자연보존주의적 생태학의 두 가지 다른 견해가 존재했다. 허랜드의 자연은 이러한 당대의 보존주의적 생태학을 반영하여 완벽하게 관리된 모습을 보여준다. 허랜드에 들어간 남자들은 숲에 죽은 가지 하나조차 없을 만큼 말끔히 정리된 모습에 놀라워한다: "문명 얘기를 하자면 … 이렇게 잘 다듬어진 숲은 독일에서도 본 적이 없어. 봐, 죽은 가지 하나 없어 ― 포도 덩굴도 가지런히 해놓았어!"(Gilman, 2009: 13) 제프는 허랜드의 숲을 그냥 숲이 아니라 "시판용 청과물 농장(truck farm)"이라고 표현한다.(Gilman, 2009: 13) 이처럼 허랜드의 자연은 어느 하나 인간의 손길이 닿지 않은 것이 없으며, 세세한 부분까지 모두 인간의 필요에 따라 가공된 자연이다. 크리스틴 이건(Kristen Egan)은 허랜드인들의 환경은 녹색 도시 계획의 모델이며, 이들의 환경주의적 방식은 자연에 대한 사랑보다는 문명을 유지하려는 욕구에서 나온 것이라고 말한다.(Egan, 2011:

80) 허랜드에서 과학과 기술은 목가적인 세계를 위협하는 잠재적 위험 요소라기보다는 이러한 세계의 실현 가능성을 높여주는 효과적인 수단으로 기능한다. 자연 환경과 자원을 효율적으로 관리하는 데 목적을 두는 보존주의적 생태학은 가정을 관리하고 경영하는 여성의 능력을 공적으로 발휘할 통로 역할을 할 수 있다는 점에서, 페미니스트로서 길먼의 의제에도 부합한다.

20세기 초반의 『허랜드』가 당대에 유행했던 보존주의적 생태학의 인간중심적 관점을 보여준다면, 1976년 씌어진 『시간의 경계에 선 여자』는 1970년대 등장한 에코페미니즘의 영향으로 좀 더 진보한 생태주의적 관념을 보여준다. 매타포이세트 주민들의 세계관은 '모든 것은 상호 연결되어' 있으며, 서로 영향을 주고받는다는 생태주의적 사고에 기반을 두고 있다. 그들의 삶은 공간적으로 지구상의 모든 존재들과 서로 얽혀 있을 뿐 아니라, 과거와 현재, 미래까지도 상호연관되어 있다. 그들의 생태주의적 사고는 "우리는 거미줄처럼 얽힌 자연의 일부"라는 루시엔테의 말에서 잘 드러난다.(Piercy, 1976: 225) 개인주의보다 공동체 구성원들 간의 관계를 무엇보다도 중시하고, 모성의 보살핌과 책임의 윤리를 강조하는 점에서도 매타포이세트는 에코페미니스트의 관점을 공유한다. 루시엔테는 그들이 과학 연구를 하면서도 "끔찍한 실험을 경계한다."고 말한다. "생물 체계에 관해서는 연관된 모든 요인을 알 수 없다."는 것이 서로 밀접한 관계를 맺고 살아가는 생물학을 공부할 때 그들이 배우는 첫 번째 원칙이다.(Piercy, 1976: 89)

"우리 기술은 당신네 기술에서 단선적으로 발전하지 않았어요. … 우리에게는 자원이 제한되어 있어요. 그래서 상호 협력하에 계획을 세우죠. 우리는 그 어떤 자원도 낭비할 수 없어요. 아마도 당신네 말로는 종교라고 할 만한, 우리가 믿는 어떤 사상 아래 우리는 물, 공기, 새, 물고기, 나무와 우리

가 동반자라는 인식을 갖게 되었어요."(Piercy, 1976: 117)

매타포이세트는 그들이 "탐욕과 파괴의 시대"라 부르는 코니의 시대가 초래한 환경 파괴를 복구하고 건설된 사회이기 때문에, 생태적이고 친환경적인 가치가 경제적 가치에 우선한다. 그러므로 기저귀나 파티복까지도 퇴비로 재활용할 수 있는 소재로 만들며, 태양열이나 메탄가스와 같은 재활용이 가능한 친환경 에너지만으로 모든 수요를 감당하고, 개인 소유의 자동차 대신 자전거와 대중교통을 이용한다. 코니는 첫 방문에서 매타포이세트가 자신이 어린 시절을 보낸 텍사스의 시골과 똑같다며 크게 실망한다. 초고층 빌딩, 로봇들, 우주선 기지 등으로 상징되는 진보가 실현되지 않았으므로, 지독한 가난에 시달렸던 과거로 퇴보했다고 여긴 것이다. 그러나 매타포이세트는 그녀가 기대했던 것과 다른 방식으로 진보한 세계이다. 겉으로 보이는 평범한 과거의 전원 풍경 뒤에는 그 세계를 유지하기 위한 고도로 발달한 과학기술의 존재가 있다. 고도의 기술과 정교한 과학이 생태적으로 균형 잡히고 성장 지향적이지 않은 경제와 적절하게 혼합되어 있으며, 컴퓨터를 이용하여 위험하거나 지루한 단순 노동은 모두 자동화했다. 사람들은 아이 돌보기나 정원 가꾸기, 요리, 예술작품 만들기와 같이 성취감과 재미, 보람을 느낄 수 있는 노동만을 담당한다. 그런 점에서 매타포이세트는 과학기술을 거부하는 순수한 목가적 유토피아가 아니라, 과학기술을 적절히 선용함으로써 인간의 기본 욕구를 충족시키고 나아가 자아실현의 물적 조건을 마련한 이상 사회라 할 수 있다.

『허랜드』와 『시간의 경계에 선 여자』에서 자연은 문명에 의하여 더럽혀지지 않은 순수함을 담지하는 기원적 장소라기보다는, 문명과 뒤섞이고 과학기술에 의하여 변형되며, 문명과 공존하는 자연으로 묘사되고 있다. 특히 자원으로서 자연의 효율적인 이용을 꾀하는 데에서 더 나아가 자연을 과학기술로 효율적으로 관리하며 조작하려 한다. 허랜드에서 처음 세 남성과 마주쳤던 세 여성들 중 한 명인 엘라도어(Ellador)가 산림원으로서 산림을 관리하는 방식은 보존주의 생태학의 전형을 보여준다. 엘라도어는 어린 시절 나무에 해를 입히는 나방을 발견하여 선생님에게 칭찬을 받고 산림원이 되기로 결심한다. 선생님은 엘라도어에게 허랜드 사람들이 그 나방을 멸종시키기 위하여 많은 노력을 기울여왔으며, 엘라도어가 발견하지 못했더라면 다시 해충이 퍼져서 유실수가 큰 피해를 입게 되었을 것이라며 칭찬해준다. 이 일화에서처럼, 허랜드의 숲에서 인간의 경제적 필요에 부합하지 않는 요소들은 모두 주도면밀한 계획 아래 제거되거나 개량된다. 허랜드인들은 너무 많은 자원과 토지를 차지하는 가축과 해충, 위험한 포식동물들을 모두 멸종시켰을 뿐 아니라, 단위당 생산성이 떨어지는 모든 가축을 없애고 애완동물도 고양이만을 남겨놓았는데, 그마저도 울지 않도록 품종개량을 했다. 숲속의 새들마저 길들여져 야생성을 잃고 문명화된 듯하다.(Gilman, 2009: 16)

이 버뱅크 부인들이 고양이를 어떻게 했는지 아는가? 아주 오랜 기간에 걸친 주의 깊은 선택과 배제를 통하여 그들은 울지 않는 고양이 종을 개발해 냈다! 그건 사실이다. 이 불쌍한 벙어리 짐승들이 할 수 있는 일은 배가 고프거나 문을 열고 싶을 때 끽끽 소리를 내는 것 정도에 불과하다. 물론 가르랑거리기도 하고 어미 고양이들은 새끼 고양이에게 소리를 낸다.(Gilman, 2009: 51)

『허랜드』의 엘라도어가 산림 감시원으로 자연을 통제하고 관리하는 역할을 맡았듯이, 루시엔테는 식물 유전학자로서 식물 유전자의 개량을 위해 연구한다. 그들은 인간의 필요에 따라 적정 수준에서 식물 종을 개량하며, 모기를 일부 제거하는 등 생태계에 인공적인 조작을 가한다. 『허랜드』와 차이가 있다면, 루시엔테의 작업은 인간에게 이익이 되지 않는 생물 종을 제거하는 것이 아니라 생물 다양성을 더 확대하는 것이 주된 목적이며, 매타포이세트에서는 자연을 통제하고 조작할 수는 있으나 무조건적이고 과도한 인간의 개입은 예측하지 못한 결과를 가져옴으로써 생태계의 균형을 파괴하는 부정적 결과를 초래할 수 있다는 것을 알고 있기에 개입의 정도를 적절히 조절한다. 그럼에도 기본적으로 자연을 기술로 변형하고 개선하려는 시도 자체를 문제시하지는 않는다. 기술은 인간의 삶 전반에 깊이 침투하여 영향을 미칠 뿐 아니라 인간 존재 자체까지 변모시키고 있다. 대표적인 예로, 루시엔테는 코니와 대화하던 중 낯선 용어가 나오면 손목에 찬 시계 형태의 기계장치인 '케너(kenner)'에 질문한다. 케너는 기억 보조기 겸 컴퓨터로, 통신기기로 이용될 뿐 아니라 개인 정보를 기록하고 방대한 정보를 저장하고 있다가 필요할 때마다 제공한다. 그래서 케너는 개인의 인지기능을 연장한 도구이자 개인의 정체성을 이루는 일부로까지 간주된다. 루시엔테는 케너를 잠잘 때 외에는 벗어놓지 않는다고 말하며, 케너가 파손되어 거기 담긴 정보를 복구할 수 없게 되자 상심한 나머지 자살한 사람도 있다고 이야기해준다. 케너를 단순히 인간을 보조하는 기계가 아니라 신체의 일부가 되는 보철물을 넘어 자아의 일부로까지 여기는 매타포이세트 주민들의 모습은 코니가 미래 사회의 상징으로 으레 떠올리는 초고층 건물이나 로봇 따위보다 훨씬 진보한 과학기술에 의하여 근본적으로 변화된 포스트휴먼(posthuman)의 양상을 보여준다.

기술이 자연에 개입하는 양상이 가장 단적으로 드러나는 예가 매타포이세트의 수태와 출산이다. 에드워드 벨라미(Edward Bellamy)에서 B. F. 스키너(B. F. Skinner)까지, 남성 작가들이 그린 유토피아가 보통 정부나 경제 개혁을 위한 청사진으로 기능하는 반면, 페미니스트 유토피아 작가들은 사회의 성적 구성, 즉 젠더 역할의 처방에서 생물학적 차이가 맡는 역할의 중요성을 분명히 의식해왔다.(Rudy, 1997: 25) 『허랜드』를 비롯하여 많은 페미니스트 소설들은 여성혐오와 재생산과 관련된 문제를 남자를 제거해버림으로써 해결하였으나, 피어시는 대신 재생산을 과학의 힘을 빌려 재구성함으로써 해결하고자 했다.(Rudy, 1997: 25) 『허랜드』에서는 남자와의 성관계 없이 여성이 정신의 힘만으로 수태하는 단성생식 덕분에 핵가족 개념이 해체되고 양육의 책임을 사회 전체가 공동으로 떠맡게 된다. 『시간의 경계에 선 여자』에서는 자연스러운 출산 과정에 재생산 기술을 적극 도입함으로써 여성까지도 출산과 양육의 책임으로부터 해방시킨다. 매타포이세트에서는 체외수정을 통해 아기들이 인공 자궁에서 공장식으로 '생산'된다. 이러한 재생산 기술을 통한 인공적인 출산은 올더스 헉슬리의 『멋진 신세계』에서는 디스토피아적 악몽으로 묘사되고 있으나, 『시간의 경계에 선 여자』에서는 여성이 과학기술로 생물학적 한계를 극복하게 해줌으로써 양성 평등을 누리는 유토피아의 조건이 된다. 급진적 페미니즘은 생식 기술을 여성의 신체에 대한 가부장제적 착취의 한 형태로 보고 이에 반대하였으나, 피어시는 체외 수정과 인공 자궁 등의 생식 기술을 통해 생물학적 성 평등을 성취할 수 있다고 본 파이어스톤의 주장을 작품 속에 적극 수용한다. 매타포이세트 주민들은 몸에 직접 기계장치를 이식하는 데에는 강한 거부감을 보이며, 그들이 싸우는 적들은 몸을 거의 인공 장기와 기계장치로 바꾸어 더는 인간이라고도 할 수 없는 존재들이다. 매타포이세트인들은 과학기술의 힘으로 수명을 연장하려는 시도를 하지 않고 죽음을 자연스러운 삶의 일부로 받아들이듯이, 육체의 한계를 과학의 힘으로 무리하게 초월하려 하지 않는다. 그러나 그들이 유전자 혼합이나 체외 수정, 인공 자궁 등 생식 기술을 이용한다는 사실은 그들이 기계장치 이식 없이도 '순수'한 자연 그대로의 존재는 아니며, 기술에 '오염'된 혼성적 존재이며 사이보그임을 보여준다. 코니는 아기 배양소를 보고 나서 그들을 "인종과 성별의 표식 없이 유리병에서 태어난 미래의 괴물들"이라고 혐오감을 느낀다.(Piercy, 1976: 98) 그들은 자연과 비자연, 인간과 괴물의 경계에 있는 포스트휴먼 존재들이다. 이처럼 유토피아 건설에 과학기술을 적극 활용하는 모습은 긍정적으로 평가하자면 자연과 문명의 이분법을 뛰어넘고, 자연과 여성을 등치시키는 에코페미니즘의 본질주의에서 탈피한다는 점에서 혁신적이다. 두 작품은 과학기술의 개입을 통한 자연의 개선과 인간향상(human enhancement)을 지지하는 현대의 트랜스휴머니즘의 관점을 앞서 보여준다고 할 수 있다. 그러나 자유주의 페미니즘의 영향 아래 있는『허랜드』가 휴머니즘의 계몽과 진보의 이념을 계승한 트랜스휴머니즘에 더 가까운 태도를 보이는 반면, 인종과 계급 문제까지 고려하고자 한 제2물결 페미니즘의 영향을 받은『시간의 경계에 선 여자』는 좀 더 복잡한 태도를 취한다. 다음 장에서 그러한 차이를 살펴보도록 하겠다.

3. 페미니스트 유토피아와 트랜스휴머니즘

유토피아로서 허랜드와 매타포이세트의 물적 토대를 제공하는 핵심 요소가 과학기술이라는 사실은 과학기술을 통하여 인간의 삶을 개선하고 자연이 인간에게 부과한 물리적 한계를 초월하고자 하는 트랜스휴머니즘의 오랜 유토피아적 비전과 맥을 같이한다. 근대과학은 이성과 합리주의의 힘으로 인간의 내적, 외적 조건을 개선하고 무한한 진보를 가져올 수 있다는 신념을 바탕에 두고 있다. 이러한 현실의 한계를 초월한 삶에 대한 욕망은 고대의 신화로부터 오랫동안 내려오다가 근대 이후 이성, 과학, 진보의 이름으로, 그리고 계몽과 휴머니즘의 정신으로 비약적인 발전을 거듭해 나가면서 최근에 와서는 트랜스휴머니즘에서 현실화될 가능성을 맞이했다. 닉 보스트롬(Nick Bostrom)은 트랜스휴머니즘을 "실행 가능한 근거에 입각하여, 특히 노화를 방지하고 인간의 지적, 신체적, 심리적 능력들을 크게 향상시키기 위해, 광범위하게 활용할 수 있는 기술들을 개발하고 만들어냄으로써 인간의 조건을 근본적으로 개선하는 일이 가능하고 또한 바람직하다고 확신하는 지적, 문화적 운동"으로 정의한다.(Bostrom, 2016: 4) 트랜스휴머니즘은 인간향상과 진보를 위해 기술과 과학을 활용하는 것을 당연히 따라야 할 도덕적 당위성을 지닌 정언명령으로 본다. 트랜스휴머니즘이라는 용어는 줄리언 헉슬리(Julian Huxley)가 1927년 처음으로 사용했으며, 그의 가까운 친구였던 존 버든 샌더슨 홀데인(John Burden Sanderson Holdane)과 존 데스몬드 버널(John Desmond Vernal)은 1920년대에 지금의 트랜스휴머니즘의 특징이라 할 만한 관점들을 옹호했다. 인간 종의 끊임없는 진보적 진화에 대한 믿음, 인간 조건의 개선을 위한, 그 당시에는 우생학으로 알려진 유전공학에 대한 옹호, 진실의 중재자로 과학의 종교 대체, 인간 개입으로 인지능력 확장, 완벽한 미래를 만들어낼 과학과 기술의 능력에 대한 끝없는 믿음이 그것이었다.(More, 2013: 29) 그러나 인류의 개선을 위한 이 야심찬 프로그램은 나치의 우생학 이용과 제2차 세계대전으로 가로막혔고 1920년대의 우생학 운동은 종막을 고했다.(More, 2013: 30) 현대에 와서 트랜스휴머니스트들은 자녀의 형질을 부모가 선택할 권리를 인정해야 한다는 일종의 자유주의 우생학을 지지하고 있다.

　허랜드의 유토피아 기획은 인종주의 이데올로기와 결합하여 유사과학이 아닌 진짜 과학으로 위력을 떨치던 20세기 초반의 우생학에 기대고 있다. 허랜드의 세계는 교육을 통한 진보와 성장을 절대적으로 신뢰하고 이를 최대 신조로 삼는다는 점에서 홀데인과 버널의 이상을 상당 부분 공유하고 있다. 외부 세계인 자연을 인간에게 유익하도록 완벽하게 통제하고자 하는 욕망은 궁극적으로는 인간 종을 더 높은 단계로 끌어올리고자 하는 의식적인 진화를 향해 나아간다. 허랜드에서는 전문가의 교육과 관리를 통해 "최상의 인간을 만들어내는 것"이 가장 중요한 국가적 과제가 되며(Gilman, 2009: 61), 양육의 궁극적인 목표는 "위대한 인종의 건설"이다.(Gilman, 2009: 95) 허랜드의 여성들이 모두 아리아인의 혈통을 가지고 있으며, 한 어머니로부터 단성생식으로 자손이 번성해왔으므로 다른 민족이나 인종의 피가 혼합될 위험이 없다. 허랜드에서는 모든 여성들이 평생 한 명만의 아이를 낳도록 엄격한 산아제한을 실시하며, 어머니가 되기에 적합지 않은 자질을 가진 여성의 경우에는 아이를 갖지 않도록 설득하여 단념시킨다. 열등한 유전자를 자연 도태시킴으로써 전체 종의 개량을 꾀하는 소극적 우생학을 도입한 식인데, 이러한 결정이 어떤 기준으로, 누구에 의하여 내려지는지에 대해서는 설명이 없다. 모호하게 '사회 전체의 합의'에 따라 열성 유전자를 가진 사람조차 대부분 설득되고 동의하는 것으로 처리된다. 한 예로 허랜드의 여성들은 섹슈얼리티를 결여한 존재들로 그려지는데, 성적 욕망이 있는 여성의 경우 어머니가 되기에 부적격자로 간주된다. 열등한 종의 도태를 결정하거나, 부적격자로 판정된 여성이 전체의 결정에 반하여 아이를 낳는 개인의 권리를 행사한 경우 나라가 어머니로부터 아이를 빼앗아 대신 양육한다는 허랜드의 방식은 우생학이 대중적으로 엄청난 지지를 받으며 정책 결정에까지 영향을 미쳤던 당대의 상황을 반영한다. 당시 유전적으로 결함 있는 사회 구성원의 재생산 예방을 목표로 하는 대븐포트(Charles Davenport)의 소극적 우생학 연구가 큰 영향을 끼쳐 1920년대에는 강제적 불임 조치가 법제화되기에 이르렀다.(Cuddy & Roche, 2003: 12-14)

미셸 푸코(Michel Foucault)는 근대로 넘어오면서 생사여탈권으로 특징지어졌던 군주의 권력이 생명권력으로 변형되었고, 생명에 대한 권력의 조직화는 육체의 규율과 인구의 조절이라는 두 극을 중심으로 전개되었다고 주장한다.(푸코, 2010: 150) 푸코는 생명권력의 작동에서 법이 규범처럼 작동하고 사법제도가 특히 조절 기능을 갖는 기관(의료, 행정 등)의 연속체에 갈수록 통합되는 경향을 보인다고 말한다.(푸코, 2010: 156) 생명권력이 거의 완벽하게 개인을 통제하고 지배하는 허랜드에서는 사법체계가 더 이상의 필요성을 잃고 의료체계로 대치된다. 그들은 애초에 출생 단계에서 결함 있는 유전자를 걸러냄으로써 범죄자가 나올 가능성을 최소화하며, 범죄자가 나올 경우 이를 처벌하기보다는 '치료해야 할 대상'으로 본다. 허랜드에서는 여성이 "인간의 창조자(the maker of human)"로서 출산에서의 선택을 통해 이러한 생명권력을 손에 쥐고 실행하는 주체가 된다. 대나 세틀러(Dana Seitler)는 길먼이 우생학 이론을 통하여 사회적 신체와의 관계에서 젠더와 권력의 다른 배치를 상상하는데, 이로써 푸코가 '통치성(governmentality)'이라고 부른 것, 섹슈얼리티와의 관계에서 사회적 책임의 시스템에 백인 여성이 동화되는 내러티브가 구성된다고 본다.(Seitler, 2003: 69) '통치성'이란 삶·생명에 관한 통계학적 계산을 통해 인간들을 '인구' 단위로 관리하는 동시에 이들의 행위와 품행에 개입해 '개인' 단위로도 관리하는 형태의 권력을 말한다.(푸코·파스퀴노, 2014: 32) 그의 비판은 길먼이 우생학 이데올로기를 페미니스트가 사회를 구원하고 재생하는 근원으로 재현함으로써 페미니즘의 언어를 인종화하는 오류를 범했다는 것이다.(푸코·파스퀴노, 2014: 66) 길먼은 1927년 《노스 아메리칸 리뷰(North American Review)》에 쓴 기사에서 "많은 인종들"의 출생률은 "순전히 경제적이고 정치적인 필요성"을 위해 규제되어야만 한다고 주장했으며, 1908년 《미국 사회학회지(American Journal of Sociology)》에 기고한 「흑인 문제에 대한 제언(A Suggestion on the Negro Problem)」에서는 아프리카계 미국인들의 현재 상태가 우리에게 사회적으로 해로우므로 강제적으로 전체 인구에서 제거해야 한다고 주장했다.(Seitler, 2003: 68에서 재인용) 허랜드에서 여성은 주체의 위치를 획득했으나, 이는 남성 대신 생명을 통제하는 배제와 차별의 권력을 행사함으로써 가능하게 된 것이다. 그런 점에서 허랜드의 유토피아적 비전이 단지 가부장제의 "불만족스러운 거울(discontented mirror)"을 보여주는 데 그쳤다는 페이저의 비판은 적절하다.(Peyser, 1992: 2)

이처럼 과학과 이성에 의한 진보를 강조함으로써 개인에 대한 통치성이 강화될 위험은 트랜스휴머니즘이 비판받는 문제 가운데 하나이다. 보스트롬은 '트랜스휴머니즘이 다양성을 해칠 것인가?'라는 질문에 각자의 취향에 따라 능력을 발전시킨다면 인간 종의 개선이 동질화로 이어지는 것은 막을 수 있으리라 예견한다. 그러나 모두가 고르게 좋은 두뇌, 외모, 인성을 갖출 수 있도록 인류를 진화시킴으로써 동질화되는 것은『허랜드』에서도 사실상 피할 수 없는 결과이다. 또한 트랜스휴머니즘은 우생학과 달리 개인의 자율적인 결정에 의한 인간향상을 지지하지만, 실상 개인의 정체성은 독립적이며 개별적인 것이기보다는 타인과의 관계맺음 속에서 존재하고 영향을 주고받는 상호주체성이다. 유전자를 개선하고자 하는 나의 결정은 후손의 미래에도 영향을 미치게 되며, 이 결정이 타인의 미래를 규정짓고 제한을 가할 위험이 생기게 된다. 존 L. 맥그레거(Joan L. McGregor)는 유전자를 향상시킴으로써 개인의 능력과 기회를 확대해주려는 선의에서 비롯된 것이라 해도 부모의 인간향상 시도가 자식의 미래를 규정짓는다는 점에서 '열린 미래'의 가능성을 부정하고 제한한다고 비판한다. 또한 장애이론가(disability theorist)들의 입장을 빌려 트랜스휴머니스트들이 뭐라고 차별성을 주장하건 장애인으로서의 삶은 살 가치가 없으며 '좋은 부모'라면 마땅히 자식들을 위해 '올바른 선택'을 해야 한다는 점을 분명히 한다는 점에서 결국 과거의 우생학과 그다지 다르지 않다고 말한다.(McGregor, 2012: 411)『허랜드』에서 아이를 낳을 자격이 없는 여성에 성적 욕망이 있는 여성도 포함되었음을 생각한다면, 인간향상을 위한 '올바른 선택'의 기준이 무엇인가를 결정하는 문제는 치열한 사회적, 정치적 논쟁의 장이 될 수밖에 없다. 인간향상 프로세스를 실행하는 데 가치판단이 개입될 수밖에 없다는 점은, 결국 과학이 모든 인간을 이롭게 할 진보의 필요성을 도덕적 당위로 내세운다 해도 그 자체로 윤리가 될 수는 없음을 뜻한다.

『허랜드』가 트랜스휴머니즘이 뿌리를 둔 휴머니즘적 신념으로 완벽한 미래를 향한 일직선적 진보의 이상을 설파하며 그러한 진보가 실현된 완벽한 세계로서 허랜드를 제시하는 반면, 『시간의 경계에 선 여자』의 유토피아는 과학기술이 정치적으로 중립적이고 투명하다고 믿지 않으며 계몽주의적 휴머니즘의 이념에 회의적이라는 점 때문에 좀 더 복잡하고 모호하다. 다음 장에서는 전통적인 유토피아로서의 허랜드와 비판적 유토피아로서 매타포이세트가 갈라지는 지점을 살펴보고, 전통적 유토피아의 한계를 매타포이세트가 어떻게 뛰어넘고자 하는가를 보겠다.

4. 비판적 유토피아

길먼은 레스터 워드(Lester Ward)의 사회철학에서 깊은 영향을 받아 의지적 진화를 믿었으며, 여성이 출산과 양육의 주체로서 그러한 의지적 진화를 추동하고 국가의 진보를 이끄는 역할을 담당해야 한다고 보았다. 『허랜드』는 바로 그러한 여성의 주도로 인류 진화의 정점에 다다른 완벽한 세계를 그린다. 허랜드는 진화의 정점에 이르러 모든 갈등과 반목이 해소된 평화롭고 완벽한, 정적인 유토피아로 묘사된다. 국민들은 모두 거의 비슷하게 우수한 지성과 훌륭한 성품을 갖춘 완벽한 개인이 되었고, 사회 전체에 어떤 결핍도, 오염도, 위험도 없다. 테리는 허랜드인들을 "하나의 여왕벌에서 나온 벌이나 개미들과 다를 바 없는 존재", "집단으로만 존재하고 개인은 없는 여자들"이라고 비난하고(Gilman, 2009: 80), 허랜드를 "영원히 계속되는 주일학교"라고 불평을 늘어놓으며 허랜드의 평화롭고 목가적인 삶에 불만스러워한다.(Gilman, 2008: 99) 허랜드

는 과학과 이성의 힘으로 구축된 가난도, 질병도 없는 완벽한 유토피아
적 세계이다.

　개척의 세월은 이제 다 지나갔다. 그들의 문명은 초기의 어려움을 오래전
에 다 극복했다. 안정된 평화로움, 변함없는 건강, 크나큰 선의, 모든 것을
질서 있게 유지하는 매끄러운 관리, 극복해야 할 것은 아무것도 남지 않았
다. 그곳은 오래되고 잘 확립된, 완벽하게 운영되는 시골의 즐거운 가족과
같았다.(Gilman, 2009: 99-100)

어둠이 없고 빛만이 존재하는 곳, 인생의 그 어떤 어두운 면이나 비극
도 없는 곳이다. 안락하고 평화롭지만 더 이상의 변화나 발전의 가능성
도 없다. 허랜드의 이러한 정적인 모습은 알레사 존스가 페미니스트 유
토피아의 특징 중 하나로 든 과정 지향적 유토피아주의(process-oriented
utopianism)와 배치되며(Gilman, 2009: 174), 오히려 페미니스트들이 비판
하는 토머스 모어 식의 정적인 완벽함을 지닌 유토피아, 너무나 이상적
이어서 더 이상 나아갈 데가 없고, 완벽한 질서를 유지하기 위해 엄격한
위계질서에 의존하며 강제력을 이용하는 사회들에 더 가깝다. 완벽하고
이상적인 진화의 최종 상태로서의 유토피아를 유지하기 위하여 외부와
의 접촉을 차단하고 통제와 관리를 강조하는『허랜드』의 모습은 역설적
으로 개인이 전체의 이익을 위해 개성을 잃고 종속되는 디스토피아의 그
림자를 띠게 된다.『허랜드』는 이성과 과학에 의한 인류의 진보를 확신하
고 지지한다는 점에서 트랜스휴머니즘의 이상을 페미니즘의 관점에서 전
유하고자 했다고 볼 수 있다. 20세기 초반에 과학에 대한 이와 같은 적
극적인 태도는 길먼이 주장한 여성의 경제적 자립과 더불어 성 평등을 위
한 물적 조건을 마련하고자 했다는 점에서 의의가 있다. 그러나 한편으
로 길먼의 자유주의 페미니즘은 이성과 과학에 의한 진보와 이상의 실현

을 개인적 선택의 문제로 돌림으로써 현실에서는 그러한 이상이 젠더, 인종, 계급에 따라 다른 양상으로 나타날 수 있다는 점을 간과하는 트랜스휴머니즘의 한계를 공유하고 있다. 『허랜드』는 국가 차원에서 정책적으로 인종 개량을 시행한다는 점에서 개인의 자유로운 선택을 중시하는 트랜스휴머니즘보다도 우생학에 경도된 한계가 나타난다.

　『시간의 경계에 선 여자』는 『허랜드』의 정적인 유토피아가 봉착하는 막다른 골목을 빠져나오기 위한 방법으로, 완성된 유토피아가 아니라 과정 중에 있는 유토피아로서 열린 결말의 개방성과 미결정성을 택한다. 이는 『허랜드』와 같은 20세기 초반 이전의 유토피아와 1970년대 이후 유토피아를 구분하는 또 하나의 중요한 차이점이다. 피팅은 초기 유토피아와 1960~70년대 유토피아의 차이로, 전자가 이미 성취된 사회로 그려지며 더 나은 사회를 위한 청사진을 제공하는 반면, 후자는 여전히 '진행 중인' 유토피아로 그려지는 경우가 많다고 지적한다. 이 사회들은 종종 불완전하며, 살아남기 위해 분투하는 모습으로 묘사된다. 이는 톰 모일란이 정의한 '비판적 유토피아(critical utopia)'의 개념과도 비슷하다. 비판적 유토피아는 유토피아 전통의 한계성을 인식하고 있으므로, 유토피아의 비전을 여전히 꿈으로 간직하면서도 청사진으로서의 유토피아는 거부함으로써 유토피아가 현재 사회에 대한 비판으로 효과적으로 기능하는 한편으로 자기비판적 인식을 유지하여 공허한 유토피아 클리셰로 떨어지지 않게 막아준다.(Moylan, 2014: 10) 비판적 유토피아는 유토피아 사회 내에 계속하여 존재하는 차이와 불완전성에 초점을 맞추며, 그럼으로써 더 역동적인 대안을 만들어낸다.(Moylan, 2014: 10) 매타포이세트는 완벽한 유토피아가 아니고 구성원들 간에도 반목과 불화가 존재하며, 이제는 거의 궤멸되어 극지방과 달 등 지구의 일부 지역으로 밀려나 있다고 하더라도 기계화된 적대 세력과의 전쟁도 계속되고 있다. 매타포이세트의 가장 큰 미결정성은 디스토피아적 미래도 또 다른 가능성으로 존재한다는 데 있다.

『허랜드』에는 남성이 아예 없기 때문에 남성의 '나쁜 과학'과의 대립이 그려지기보다는 여성의 손에서 공동체 전체의 복지를 위하여 과학이 선용되는 양상만 묘사되는 것과 달리,『시간의 경계에 선 여자』에서는 코니의 정신병원 의사들로 대변되는 가부장적이고 남성중심적인 '나쁜 과학'과 매타포이세트의 '좋은 과학'이 만들어내는 디스토피아와 유토피아의 대립이 그려진다. 『허랜드』가 아리안 인종만으로 이루어진 국가를 제시함으로써 유토피아에서 인종의 문제를 처음부터 배제하고, 열등한 유전자를 가진 여성은 교화하고 단종시킴으로써 불평등의 문제를 해소하고 유토피아를 성취할 수 있다고 보았다면,『시간의 경계에 선 여자』는 같은 여성이라 할지라도 허랜드의 일원이 되도록 허용될 수 없고 도태되어야 할 타자인 코니의 관점에서 유토피아를 바라봄으로써 유토피아를 위하여 고려되어야 할 조건들을 확장한다. 정신병원에 강제 입원당한 코니는 약물 치료와 함께 두개골에 구멍을 뚫어 무선 장치와 전극선을 삽입함으로써 폭력 성향을 조절하는 실험의 대상자가 된다. 의사들은 그녀에게 이 수술로 '정상'이 되어 사회에 복귀할 수 있게 될 것이라고 설득한다. 앞서 말했듯이 과학기술로 자연과 인간을 개선하려는 시도는 매타포이세트에서도 이루어지지만, 문제는 누가 그 실행 권력을 쥐고 어느 정도까지, 어떤 방법으로 자연에 개입할지 결정할 것인가이다. 벨뷰 병원에서 실험 여부를 결정하는 것은 자본주의 권력이며, 이는 과학 지식을 독점한 소수의 전문가의 권위를 등에 업고 가부장제와 결탁한다. 의사들은 뇌 이식 장치가 환자들을 장기 입원시켜 약물 치료를 하는 것보다 비용이 적게 먹힌다고 시 당국을 설득하며, 환자들에 대한 실험을 성공시켜 더 많은 연구비를 타내고자 한다. 코니는 자신의 신체에 가해지는 조작에 대해서 결정권이나 발언권이 없다. 코니를 정신병원에 입원시키는 것은 겉보기에는 멀쩡한 남성인 헤랄도의 증언이며, 수술 또한 성공한 사업가인 그녀의 오빠 루이스(Luis)의 동의를 얻었으므로 아무런 문제가 없다. 이러한 가부장적인 '나쁜' 과학이 주도하는 현실은 코니가 루시엔테와 접속하려다가 잘못 떨어지는 또 다른 미래인 길디나(Gildina)의 디스토피아적 미래로 이어진다. 길디나의 미래는 다국적 기업인 '멀티(multi)'가 지배하는 세계이다. 이는 자본주의 기업 권력에 의하여 과학기술이 독점당함으로써 공동의 이익을 위해서가 아니라 오로지 자본의 논리에 따라 자연과 인간에 대한 조작이 아무런 제한 없이 극단까지 치닫게 되었음을 뜻한다. 극심한 환경오염으로 지상은 거의 사람이 살 수 없는 곳이 되었으며, 과학기술의 혜택도 계급에 따라 양극화되어 부자들은 몇 배로 연장된 수명을 누릴 수 있지만 가난한 사람들은 오염된 지상에서 인간 이하의 삶을 살아야 한다. 인간의 신체는 장기 이식과 약물 주입, 기계 보철물로 용도에 따라 효용을 극대화하도록 개조했다. 길디나는 계약결혼으로 살아갈 수 있도록 가슴과 엉덩이를 과도하게 강조한 체형으로 개조되었으며, 길디나의 파트너는 약물을 이용하여 전투 능력을 극대화했다. 그들의 모습은 허랜드의 우생학적 인간 종 개선이나 매타포이세트의 유전자 조작 프로젝트가 코니에 대한 수술 실험처럼 자본의 이익을 위해서만 복무하는 쪽으로 진행된다면 도달할지도 모를 암울한 결과이다. 수명 연장이나 보철물과 약물에 의한 신체 기능의 강화는 트랜스휴머니즘이 추구하는 이상이지만, 피어시는 길디나의 미래를 통해 과학기술과 자본의 관계에 대한 비판적 성찰과 시민 공동체의 과학기술에 대한 견제가 이루어지지 않을 경우 도래할 트랜스휴먼 디스토피아를 묘사하고 있다.

매타포이세트의 유전자 조작 프로젝트 역시 과학기술로 자연에 개입하더라도 이러한 파국적인 디스토피아로까지 치닫지 않을 수 있는 것은 국가 권력이나 자본에 의해서가 아니라 공동체 전체의 합의에 따라 과학 실험의 진행 여부가 결정되기 때문이다. 매타포이세트에 정부가 없다는 점도 20세기에서 온 코니를 혼란에 빠뜨리는 차이점이다. 공동체의 중요한 의사 결정은 전체 성원들의 토론과 합의를 거쳐 이루어져야 한다. 이는 때로는 많은 시간과 노력을 요하는 비효율적인 과정이기도 하기 때문에 루시엔테는 불평도 하지만 그럼에도 권력을 어느 한 개인이나 집단이 독점하는 것을 막으려면 반드시 치러야 할 사회적 비용임을 알고 있다. 코니가 방문했을 당시 매타포이세트에서 치열하게 진행 중인 사안은 식물 유전자 조작을 둘러싼 조형파(Shaper)와 혼합파(Mixers)의 논쟁이다. 조형파는 인간 종의 개선에 유전적으로 개입하고 선택한 특질들을 육성하기를 바라는 반면, 혼합파는 그렇게 개선한 인간이 어떤 모습이 될지 아무도 알 수 없으며 자연의 온전성을 그 자체로 존중해야 한다는 이유로 무작위적인 유전자 혼합을 지지한다. 루시엔테는 식물 유전학자이지만 조형파의 주장에는 반대하며, 자신의 주장으로 반대파를 설득하기 위해 노력 중이다. 그러나 소설이 끝날 때까지 이 논쟁의 결말은 나오지 않으며, 만약 조형파가 논쟁에서 이긴다면 매타포이세트 또한 디스토피아적인 유전자 조작으로 나아갈 가능성도 있음을 암시한다.

매타포이세트의 열린 결말은 그들이 과거의 인물인 코니와 접속해야 할 이유를 제공한다. 불안정하고 유동적인 미래 속에서 계속 존재하기 위해 그들은 경계를 넘어 다른 이들과 연대해야 한다.

> 당신 시대의 당신 말이에요. 한 개인으로서 당신이 우릴 이해하는 데 실패할 수도 있고, 당신 자신의 인생과 시간 속에서 투쟁하는 데 실패할 수도 있겠죠. 당신 시대의 당신이 우리와 함께 투쟁하는 데 실패할지도 몰라요. … 존재하기 위해서, 존재 속에 계속 남기 위해서 우리는 싸워야 하고 장차 다가올 미래를 얻어야 합니다. 우리가 당신과 접속한 이유도 그 때문이에요.(Piercy, 1976: 189-190)

코니는 어째서 매타포이세트 주민들이 좀 더 영향력 있는 인물이 아니라 하필이면 가장 소외되고 박탈당한 계층인 자신에게 접속했는지 의

아하게 생각한다. 코니는 동거하던 남자 클로드(Claude)가 감옥에서 생체 실험에 자원했다가 비극적인 죽음을 맞은 후 좌절에 빠져 술과 마약에 취한 상태에서 딸 앤젤리나(Angelina)에게 폭력을 휘두르고 아이를 정부 당국에 빼앗겼다. 당국은 코니가 아이를 키울 능력도, 자격도 없다고 판정 내리고 앤젤리나를 백인 가정으로 입양시킨다. 딸의 양육권 박탈과 폭력 성향을 교정하기 위한 정신병원에서의 치료 등 코니의 교화를 위하여 내려지는 조치는 허랜드에서 일탈 행동을 하거나 충분한 자질을 갖추지 못한 부적격자에게 취할 만한 조치이다. 허랜드에서라면 교정의 대상이 되었을 문제 인물이 매타포이세트를 구원할 희망으로 그려지는 역설은 20세기 초반의 1세대 자유주의 페미니즘에서 1970년대 민권운동과 함께 번성한 2세대 페미니즘으로의 변화를 단적으로 보여준다. 1세대 페미니즘이 여성도 남성과 같은 교육을 받고 동등한 권리를 누릴 수 있다면 남성 못지않은 합리적 이성과 과학기술을 이용할 능력을 발휘하여 성평등을 이룰 수 있으리라 기대했다면, 2세대 페미니즘은 그러한 기회가 같은 여성일지라도 계급과 인종에 따라 동등하게 주어지지 않는다는 1세대 페미니즘이 간과한 현실에 주목한다. 매타포이세트인들의 연대 요청은 사회에서 가장 소수자의 위치에 소외된 인물이 그 사회의 모순을 가장 예리하게 인식하고 유토피아를 향한 변화의 필요성을 절감할 수 있다는 인식에서 나온다. 샌드라 하딩(Sandra Harding)은 여성의 경험이 남성들의 성적 고정관념의 허위성을 밝혀낼 유리한 지점이 될 수 있으리라는 페미니스트 본질론을 경계해야 한다고 지적한 바 있다.(하딩, 2009: 451) 하딩은 주변인인 여성들의 삶의 관점과 타자들(제3세계 여성들, 레즈비언들 등)의 위치가 덜 왜곡된 지식을 산출할 수 있는 장소가 된다고 본다.(하딩, 2009: 452) 그러므로 타자의 삶의 관점에서 연구를 시작함으로써 체계적으로 지배당하고 착취당하는 자들을 위한 과학 지식을 생산하려는 노력이 필요하다는 것이다. 이는 다시 말하면 지식을 생산하는 주체로서의 위치를 절대화하고 싶은 욕망에 저항해야 하며, 여성이라 할지라도 끊임없이 자신을 소수화하려는 노력이 필요함을 의미한다.

『시간의 경계에 선 여자』는 과거와 현재와 미래, 서로 다른 세계에 속한 인물들 간의 상호작용이 일으키는 새로운 변화에 대해 개방성을 보여준다. 타자로 주체성을 확산하고, 지배보다는 상호주체성에 근거한 관계를 맺는 것이 페미니스트 사상과 생태주의적 사상이 겹쳐지는 핵심 지점이라는 스트래튼(Susan Stratton)의 말을 고려한다면, 타자에 대한 개방과 포용으로 주체의 경계를 넘어 타자와의 상호관계 속에서 상호주체성을 구성하려는 피어시의 시도야말로 생태주의적인 특성을 잘 보여준다.(Stratton, 2001: 34) 타자와의 관계맺음은 타자에 대한 책임 또한 받아들인다는 의미이다. 부커는 1970년대 유토피아의 특징 중 하나를 과거에는 지리적으로 멀리 떨어진 곳에 위치했던 유토피아가 미래의 것으로 묘사되는 경우가 많아졌으며, 이는 현재 우리의 선택이 미래의 유토피아를 결정할 수 있다고 주장함으로써 적극적인 현실 참여를 유도한다는 점이라고 말한다.(Booker, 1994: 339)『허랜드』의 이방인 방문자이자 허랜드를 관찰하고 기록하는 사회학자 밴은 허랜드 사회의 우수성과 진보에 감화되지만 그는 결국 떠나야 할 방문객일 뿐이며 그 사회에 변화를 일으키거나 관여하지 못한다. 허랜드는 세 남성과의 만남을 통해 나라를 개방하고 다른 나라들과 교류를 시작할지 논의하지만, 결국 외부인들을 미국으로 되돌려보내고 고립 상태를 유지하기로 결정한다. 허랜드는 인종적 동일성과 혈통의 순수성을 유지하기 위하여 외부로부터 어떠한 오염이나 침범도 허용하지 않고 경계를 관리하며 폐쇄된 계로 유지된다. 이는 20세기 초반 미국 사회에 만연했던 인종혼합과 피의 오염, 그로 인한 열등화에 대한 길먼의 공포를 반영한다고 할 수 있다. 이에 반하여 매타포이세트의 생태주의적 성격은 모든 것이 연결되어 있다는 생태적 인식, 과거의 코니의 세계와 미래의 루시엔테의 세계, 또 다른 디스토피아적 미래인 길디나의 세계까지, 다른 시공간상의 세계들이 서로 연결되고 상호의 존하고 있다는 인식에 있다.

『시간의 경계에 선 여자』에서의 시간은 최종적인 유토피아를 향하여 진화해 나가는 일직선을 그리지 않는다. 과학기술에 의한 진보를 믿으면 서도, 근대의 계몽주의적 휴머니즘의 연장선상에 있는 트랜스휴머니즘 이 과학기술로 한계를 극복하고 이상적인 인간(Human) 주체를 향해 나 아가는 일직선적 진보를 추구하는 것과는 다른 관점을 보인다. 코니의 세계는 무수한 가능성들을 지닌 유토피아적 미래와 디스토피아적 미래 들로 분기하는 세계이다. 루시엔테가 말하듯이, 모든 것은 서로 연결되 어 있고, 그들의 미래는 가능한 미래들 중 하나일 뿐이다.(Piercy, 1976: 189) 수용인으로서 코니는 그 세계들을 오가고 침투하며 어느 한 고정된 미래로의 일직선적인 진로를 교란한다. 코니의 현재와 루시엔테의 미래 는 상호 연관되면서 서로 영향을 주고받으며 복잡하게 분기해 나간다. 수용인으로서 미래에 접속하는 코니의 주체는 경계가 불분명하며 외부와 의 끊임없는 상호교섭 속에 존재하는 유동적 주체이다. 해러웨이(Donna Haraway)는 시스터 아웃사이더가 세계 생존의 가능성을 암시할 수 있는 것은 그녀의 순진함 때문이 아니라 경계에 설 수 있는 능력, 기원의 전체 성이라는 건립 신화 없이 글을 쓰는 능력 때문이라고 말한다.(Haraway, 1991: 152) 해러웨이는 경계의 혼란에서 희열을 느끼는 한편으로 경계를 구성하는 책임의 필요성을 주장하는데, 코니는 제목 그대로 '경계에 서 있는' 여자로서 이러한 희열과 책임을 함께 받아들인다. 코니가 현재와 미래의 경계선을 오가면서 단순한 시간여행자가 아니라 적극적인 행위자 로 책임지고 나서게 되는 계기는 루시엔테의 딸 던(Dawn)과의 만남이다. 코니는 던에게서 빼앗긴 자신의 딸 앤젤리나의 모습을 본다. 그녀는 앤 젤리나를 통하여 자신이 존재하지 않을 미래의 시간대와 연결되어 있음 을 느끼며, 그 미래에 대한 책임을 받아들이고 행동을 취함으로써 수동적인 '수용자'로서가 아니라 적극적인 행위자로서 미래에 참여한다.

"과거, 현재, 미래는 각 개인 안에 존재하고 각 개인은 미래에 대한 책임을 받아들이고 행동해야만 해요. 수동적인 태도는 인간의 자유처럼, 당신이 가장 신성하게 여기는 것에 치명적인 미래를 만들어내게 될 수도 있어요."
(Piercy, 1976: 215)

코니는 자신이 할 수 있는 최후의 저항으로 의사들의 커피에 치명적인 독을 탄다. 소설은 그녀가 독을 타고 나서 소란이 일어나는 모습을 보며 다가올 파국을 기다리는 장면에서 끝난다. 코니는 자신이 인간을 비인간화하려는 나쁜 과학의 세력에 맞서는 전쟁에 참여하는 중이라는 믿음에서 일종의 게릴라적 전투 행위로 살인을 저지르지만, 정말로 그녀의 폭력 행위가 루시엔테의 미래를 가져오는지도 알 수 없는 일이다. 그러한 불확정성, 모호함을 받아들임으로써 매타포이세트는 완벽함을 추구하는 유토피아가 단선적인 디스토피아로 굳어질 위험을 빠져나간다.

언젠가는 총체적 복구가 이루어질 거예요. 바다는 균형을 이룰 테고, 모든 강은 깨끗하게 흐르고, 습지와 숲은 무성해지고요. 더는 적도 없겠죠. 그들과 우리의 구분도 없고. 우린 사상과 예술의 중대한 문제에 대해 서로 즐겁게 논쟁을 벌일 수 있을 거예요. 옛 방식의 흔적은 희미해질 테고요. 나는 그런 시대를 알 수 없어요. 당신이 궁극적으로 우리를 모르는 것과 마찬가지일 거예요. 우리가 알 수 있는 건 우리가 진심을 다해 상상할 수 있는 정도에 불과해요. 결국 우리가 보는 것은 우리 자신한테서 나오는 가능성이에요.(Piercy, 1976: 233)

매타포이세트는 여전히 아직 성취되지 않은 유토피아를 기다리는 미완의 유토피아이다. 루시엔테의 말은 그 '미래를 알 수 없음'에 우리의 희망이 있다고 역설하며, 불확실한 미래를 위하여 현재의 대안을 상상하는 능력에 유토피아 비전의 의의를 둔다. 그 개방성과 상호관계성이 『시간의 경계에 선 여자』가 제시하는 생태주의적 비전이다.

5. 나가며

길먼과 피어시의 유토피아는 생태주의적 특성과 과학기술에 대한 낙관적 기대라는 공통점이 있으나, 『허랜드』가 집필된 시기의 1세대 자유주의 페미니즘과 『시간의 경계에 선 여자』가 씌어진 2세대 페미니즘의 과학기술에 대한 서로 다른 인식을 반영하고 있다. 『허랜드』의 합리적 이성과 과학기술에 의한 자연과 인간의 개선은 당대 유행했던 우생학적 기획으로 나아가며, 현대의 트랜스휴머니즘의 맥락 속에 있다. 반면 제2물결 페미니즘은 자유주의 페미니즘의 한계를 비판하며 인종과 계급의 문제까지 고려하고자 하였다. 『허랜드』가 과학기술에 의한 진보의 정점에 이른 유토피아를 그리고 있는 반면, 『시간의 경계에 선 여자』의 유토피아는 그 이상의 실현 면에서 유보적이다. 제2물결 페미니즘 이후 과학기술과 여성문제의 관계에 대한 논의는 사이버페미니즘과 테크노페미니즘 등 새로운 페미니즘 이론으로 확장되고 있다. 그러나 진보한 과학기술과 새로운 삶의 공간으로 자리매김한 사이버 공간을 젠더화된 신체의 한계를 넘어 여성해방을 성취할 수 있는 유토피아적 가능성으로 기대하는 견해와, 사이버 공간에서도 여전히 성차가 작용하며 여성에 대한 억압은 과학기술과 결합되어 더욱 교묘한 양상으로 나타난다는 비판이 공존한다. 그런 점에서 『허랜드』와 『시간의 경계에 선 여자』에서 다루는 여성, 과학, 유토피아의 복잡하게 뒤엉킨 문제는 여전히 현재적 의미가 있다. 결핍 없는 완벽한 이상향을 향한 꿈은 고대 역사로부터 인류의 발전을 추동해온 힘이다. 그러나 그 완벽함이 무엇으로 정의되는가에 의문을 제기하고, 완벽한 상태에 도달하기 위하여 배제되어야 할 존재들을 끊임없이 불러냄으로써 유토피아를 그 자체로 완벽하고 정적인 닫힌 세계가 아니라 유동성과 불안정성을 감수하고서도 유토피아 외부와 소통하게 하는 '녹색 유토피아'로 만드는 것이 비판적인 페미니스트 유토피아의 몫이 될 것이다.

7

기술과학적 포스트휴먼 조건과 추론소설
─ 가즈오 이시구로의『나를 보내지 마』와
윌리엄 깁슨의『패턴 인식』[1]

이경란

1. 기술과학적 포스트휴먼 조건과 추론소설(sf)[2]

인간과 기계, 인간과 동물, 인간과 인간 아닌 존재들 사이의 경계 문제
나 유전공학, 로봇공학, 정보과학 등 기술과학의 발전이 야기한 혹은 야
기할 상황과 문제들은 문학사적으로 주로 공상과학소설들이 다루어왔
다. 하지만 20세기 말과 21세기 초 영어권 문학 장에 나타나고 있는 흥
미로운 현상 중 하나는 소위 주류 소설가들이 이러한 공상과학소설들
이 다루어온 문제들을 자신들의 중요한 문학적 주제로 다루는 경향이 증

---

1 이 글은《영미문화연구》(28호, 2015년)에 수록된 논문을 수정 보완한 것이다.
2 'speculative fiction(sf)'은 대체로 '사변소설'로 번역되지만, '경험에 의지하지 않고 순수한 사유
   만으로 인식에 도달한다.'는 의미에서의 '사변(思辨)'보다는 '현재의 상황에 비추어 미래를 논리
   적으로 추론한다.'는 의미에서 '추론(推論)'소설이 더 정확한 번역어로 생각된다.

가하고 있다는 사실이다. 돈 드릴로(Don DeLillo), 리처드 파워스(Richard Powers), 루스 오제키(Ruth Ozeki), 가즈오 이시구로(Kazuo Ishiguro), 마거릿 앳우드(Margaret Atwood) 같은 작가들이 그러하다. 또 다른 한편에서는 윌리엄 깁슨(William Gibson)처럼 1980년대부터 미래 사회를 다루는 공상과학소설을 꾸준히 발표해온 작가가 21세기에 들어서면서 현재와 현실 사회를 시간적, 공간적 배경으로 하는 작품들을 연속적으로 발표하여 주목을 받고 있다. 장르문학과 주류 소설문학 양쪽에서 서로를 향해 나아가 접점을 찾아내는 이러한 현상은 기존의 공상과학소설을 추동해온 과학과 기술의 문제와 그것이 야기하는 인간 혹은 인간됨의 정의와 경계 문제가 장르문학 작가들과 독자들의 관심을 넘어 주류 문화와 일반 독자의 중요한 관심사로 대두하고 있음을 보여준다. 말하자면 기술과학적 포스트휴먼 조건에 대한 현 시대 작가들의 상상적 반응이 장르 문학인 공상과학소설과 주류 문학의 경계를 무화시키는 작품들로 표현되고 있다고 볼 수 있다.

사실 주류 문학을 발표하던 작가가 공상과학소설 영역으로 들어가거나 공상과학소설을 발표하던 장르문학 작가가 주류문학의 영토 안으로 들어가는 경우, 주류문학 비평가와 장르문학 비평가 양쪽 모두의 환영을 받는 작품을 생산하기는 쉽지 않다. 마거릿 앳우드는 2003년에 인류문명의 끝과 그 이후를 다룬 디스토피아적 포스트-아포칼립스 소설인 『오릭스와 크레이크(Oryx and Crake)』[3]로 권위 있는 공상과학소설 상인 아서 C. 클라크 상(Arthur C. Clarke Award)을 받고도 자신의 소설이 공상과학소설이 아니라고 주장함으로써 공상과학소설 작가들, 비평가들, 독자들 사이에 논란을 야기했었다. 21세기에 들어서 사실주의적 공상과학소설 같은 하이브리드 텍스트들을 발표한 깁슨은 이러한 새로운 경향의 작품들

---

3 한국어 번역본 제목은 『인간종말리포트』(2008)이다.

이 새로운 문학적 성취라기보다는 단지 새로운 문학시장의 요구를 따른 시도에 불과하다고 저평가되기도 했다.(Ketterer, 2014: 247-248) 하지만 사실주의적 공상과학소설의 시장이 확대되고 있다는 사실 자체가 "공상 과학소설이 점점 더 일반 독자의 일반 문학으로 간주되고 소위 리얼리즘 의 영역인 자율적 박진성의 영역으로 통합되어 들어가는"(Tomberg, 2013: 251) 상황을 표현하고 있다고도 볼 수 있다. 그렇다면 문학시장의 변화 와 과학기술의 발전이 야기하는 현재와 미래의 추론 가능한 조건들에 대 한 작가들의 허구적 반응은 모두 현 시대 서양문화의 표현이고, 나아가 전 지구적 문화가 점점 더 기계적이고 기술적인 특성을 띠게 되는 현상의 결과이다.

현대 과학의 중요 영역인 유전공학, 나노기술, 로봇기술, 컴퓨터기 술 등을 연구하는 과학자나 공학자들만이 아니라 새롭게 등장하는 기 술의 사회적, 문화적 영향을 연구하는 인문사회과학 연구자들도 현 시 대의 새로운 과학기술과 그 기술들의 전례 없이 빠른 발전이 인간의 신 체적, 정신적 능력과 존재 조건을 변화시키고 있다는 사실에 대체로 동 의한다. '인간/휴먼(human)' 혹은 '휴머니즘(Humanism)' 앞에 '포스트 (post)'라는 접두어를 붙인 '포스트휴먼(posthuman)' 혹은 '포스트휴머니즘 (posthumanism)'에 관한 최근의 논의들은 현대의 놀라운 과학기술들이 인 간의 경계와 인간됨의 정의에 가하는 변화와 그러한 변화에 대한 우리의 올바른 대응을 모색하는 다양한 학문영역의 담론들을 총칭한다. 현대 과 학기술의 발전이 출현시키는 포스트-휴먼적 존재들을 다루는 '포스트휴 먼-이즘(Posthuman-ism)' 담론은 많은 경우 인간과 비인간, 인간과 기계, 인간과 동물의 이분법적이고 위계적인 경계를 교란시킨다는 점에서 전통 적인 인간중심적, 이성중심적, 서구중심적 휴머니즘의 한계를 넘어서려 는 '포스트-휴머니즘(post-Humanism)' 담론들과 중첩되곤 한다.

포스트휴먼 혹은 포스트휴머니즘이라는 용어들이 사용되는 다양한 방식과 맥락은 새로운 과학기술의 사회적, 정치적, 군사적, 의학적 적용이 야기하는 변화들과 그러한 급격한 변화에 대한 우리 자신의 대응이 지속 적인 성찰과 결단을 요청하는 현재진행형의 문제임을 보여준다. 포스트 휴먼 담론의 한쪽 극단에는 『우리의 포스트휴먼 미래: 생명기술 혁명의 결과(*Our Posthuman Future: Consequences of the Biotechnology Revolution*)』 (2002)를 쓴 프랜시스 후쿠야마(Francis Fukuyama)처럼 인간본성을 변화 시키는 생명과학기술이 사회적으로, 윤리적으로 부당하고 불평등한 미 래를 야기할 것이라고 심각하게 우려하면서 포스트휴먼 조건을 부정적 으로 바라보는 학자들이 있다. 다른 극단에는 인간과 기계의 융합이 가 져올 포스트휴먼 미래를 기술결정론의 관점에서 낙관적으로 혹은 불가 피한 것으로 바라보는 기술애호적 포스트휴머니스트들이 있다. 특히 한 스 모라벡(Hans Moravec)이나 레이 커즈와일(Ray Kurzweil) 같은 트랜스 휴머니스트들은 과학기술을 통한 인간의 향상과 강화를 열광적으로 옹 호한다. 그리고 현대 과학의 눈부신 발달이 멀지 않은 미래에 인간과 기 계, 인간과 정보를 융합시켜 우리 인류를 육체의 한계를 극복한 새로운 종으로 진화시킬 것이라고 예언한다.[4] 「사이보그 선언문: 20세기 말 과 학, 기술, 사회주의 페미니즘(A Cyborg Manifesto: Science, Technology, and Socialist-Feminism in the Late Twentieth Century)」에서 "여신이 되기보 다는 차라리 사이보그가 되겠다."(Haraway, 1991: 181)고 선언했던 다나

---

4 커즈와일은 『특이점이 온다: 기술이 인간을 초월하는 순간(*The Singularity Is Near: When Humans Transcend Biology*)』(2005)에서 인간과 기술의 융합이 미래의 특정한 시점(2030년경) 에 인간을 현재의 생물학적인 존재와는 완전히 다른 존재로 만들 것이라고, 우리가 "우리의 생 물학적 상태를 재프로그램화하는 도구를 빠르게 획득함으로써 우리의 생물학적 상태를 넘어서 고 있다."(커즈와일, 2005: 273)고 주장한다. 모라벡 역시 『마음의 아이들: 로봇과 인공지능의 미래(*Mind Children: The Future of Robot and Human Intelligence*)』(1990)에서 인간 두뇌를 정밀하게 스캔하여 인간의식을 컴퓨터와 같은 비유기적인 기계장치에 업로딩하는 정신의 탈육 체화와 불멸성을 예언한다.

해러웨이(Donna Haraway)는 기술우호적 진영에 속한다고 볼 수 있다. "20세기 후반 미국의 과학 문화가 인간과 동물 간의 경계, 유기체와 기계, 물리적인 것과 비물리적인 것 사이의 경계를 매우 모호하게 만드는" (Haraway, 1991: 149) 상황과 인간과 인간 아닌 타자들(기계, 동물, 괴물)의 경계가 뒤섞인 존재들을 나타내기 위해 사이보그 형상을 사용하면서 사이보그 조건과 존재들을 긍정적으로 받아들이기 때문이다. 하지만 사이보그에 대한 해러웨이의 관심은 트랜스휴머니스트들처럼 과학과 기술을 이용해 인간의 생물학적 조건을 초월한 존재가 되기 위해서가 아니다. 그보다는 여성들이 동시대의 과학과 기술 영역에 적극 참여하기를 촉구하면서 기존의 인간중심주의와 남성중심주의를 유지해온 이분법들을 깨뜨리기 위해서이다. 2003년에 발표된 「동반종 선언문(Companion Species Manifesto)」이 보여주듯, 그녀에게는 반려동물도 사이보그처럼 "인간과 인간 아닌 존재, 유기체와 기술체, 카본과 실리콘, 자유와 구조, 역사와 신화, 부자와 빈자, 국가와 주체, 다양성과 고갈상태, 모더니티와 포스트모더니티, 자연과 문화를 뜻밖의 방식들로 결합"(Haraway, 2013: 4)시키는 존재이며, 그래서 똑같이 남성중심적, 인간중심적 휴머니즘을 유지해온 이분법의 경계를 넘도록 허용하는 존재이다. 그러므로 원숭이, 사이보그, 옹코마우스, 반려동물을 연구대상으로 삼아온 해러웨이는 극단적으로 비관적인 기술혐오적 진영이나 극단적으로 낙관적인 기술애호적 진영에 속하지 않는다. 그보다는 두 극단적 입장 모두에 비판적인 거리를 유지하면서 인간과 비인간, 인간과 동물, 남성과 여성 사이의 위계적 질서를 공고히 해온 기존의 휴머니즘의 한계를 비판하는 비판적 포스트휴머니즘 진영에 더 접근해 있다.

반면, 『우리는 어떻게 포스트휴먼이 되었는가(How We Became the Posthuman)』라는 눈길을 끄는 제목의 책에서 "정보가 어떻게 신체를 상실했는지, 인간이 어떻게 포스트휴먼이 되었는지"(Hayles, 1999: 291)를 사이버네틱스의 발전을 추적하며 분석한 캐서린 헤일스(Katherine Hayles)는 사이버네틱 포스트휴먼 주체가 자유주의적 휴머니즘 주체를 해체하고 있음을 인정한다. 하지만 동시에 "신체화를 체계적으로 경시하고 말소"하며, "신체를 자아의 고유한 부분이 아니라 지배와 통제의 대상"으로 간주하고 "신체화를 사고/정보의 예화라고 주장하는 한" 사이버네틱 포스트휴먼 주체는 자유주의 전통을 붕괴시키기보다는 오히려 계승하고 있다고 날카롭게 경고한다.(Hayles, 1999: 4-5) 헤일스는 탈신체화된 사이버네틱 포스트휴먼 주체를 비판하면서 "무한한 힘과 탈신체화된 불멸이라는 환상에 미혹되지 않고 정보기술의 가능성을 받아들이는 포스트휴먼, 유한성을 인간존재의 조건으로 인정하고 경축하며 인간 생명이 아주 복잡한 물질세계에, 우리가 지속적인 생존을 위해서 의지하는 물질세계에 담겨 있음을 이해하는 포스트휴먼"(Hayles, 1999: 5)을 꿈꾼다. 이런 점에서 헤일스는 비판적 포스트휴머니스트이다.

최근에 『포스트휴먼(The Posthuman)』이라는 책을 출판한 페미니스트 로지 브라이도티(Rosi Braidotti)도 비판적 포스트휴머니스트라고 볼 수 있다. 한편으로는 현대의 과학과 기술의 발전이 새로운 인공지능 살상무기들을 만들고 학대받고 판매되는 생명공학 포스트휴먼 생물체들을 생산하는 포스트휴먼 곤경을 분명하게 짚어낸다. 하지만 동시에 그녀는 이러한 곤경과 위기가 바로 기회일 수 있고 또 기회가 되어야 한다고 말한다. 대문자 인간/남성(Man) 중심의 휴머니즘적 주체를 해체하고 새로운 탈인간중심적, 지구행성적, 생명중심적 포스트휴먼 주체를 담아낼 형식을 고안해내야 하고 또 낼 수 있는 긴급하고 중요한 기회라고 강조한다.

이렇게 다양한 포스트휴머니즘 담론에도 불구하고 포스트휴먼 조건은 인간과 동물, 인간과 기계, 인간과 비인간들 사이의 경계가 문제시되고 해체되는 상황으로 이해될 수 있다. 그리고 브라이도티의 주장처럼 이러한 포스트휴먼 조건/곤경은 기존의 사유와 지식과 자아 재현을 대체할 새로운 형식과 우리가 실제로 누구이며 무엇인지에 대한 비판적이면서도 창조적인 사고를 촉진하는 기회로도 이해할 수 있다. 기존에 이러한 상황에 관심을 두어온 문학 장르는 공상과학소설이었다. 해러웨이나 헤일스가 사이보그나 사이버네틱스를 논하는 글에서 공상과학소설들을 자신들의 논의를 전개하기 위한 중요한 참고자료로 사용하고 있음을 보아도 그러하다. 물론 미래나 우주를 배경으로 인간과 외계 혹은 미래의 타자들과의 만남과 경계 문제를 다루었던 공상과학소설들이 모두 근대적 휴머니즘과 근대적 인간 주체에 도전하는 그런 의미의 포스트휴먼이나 포스트휴머니즘을 다루고 있는 것은 아니다. 많은 공상과학 작품들이 보수적인 인간중심적 사고의 틀을 견고하게 유지하고 있는 것도 사실이다. 그럼에도 불구하고 공상과학소설로 불리는 장르문학이 기술과학의 발전과 인간의 경계를 문제 삼는 포스트휴먼 조건에 관련된 상황을 어떤 문학 장르보다 앞서서 폭넓게 다루어온 것을 부인할 수는 없다. "공상과학소설의 중요한 상징적 기능은 바로 차이, 다름, 타자성과의 만남을 재현하는 것"(Roberts, 2000: 25)이었고, 그래서 지식이나 과학적 상상력에 기반을 둔 공상과학소설은 타자와의 만남을 통해 주변화된 담론들의 관점을 발화하는 진보적이고 급진적인 잠재력을 가질 수도 있었다.

공상과학소설을 위한 상을 받고도 자신의 소설이 "괴물과 우주선이 등장하는 공상과학소설(Science Fiction)이 아니라 실제로 일어날 일을 다루는 추론소설(speculative fiction)"이라고 주장했던 앳우드의 말(Potts, 2003)은 현실에서 가능하지 않은 일들과 만날 수 없는 타자들을 자유롭게 다뤄온 공상과학소설 장르의 오랜 역사를 상기시킨다. 동시에 자신의 '공상과학적' 소설을 그와는 다른 것으로 규정하고 싶어 하는 앳우드의 욕망도 보여준다. 2003년 토론토에서 열렸던 캐나다 공상과학소설과 판타지에 대한 학술대회 기조연설로 준비했던 글에서 앳우드는 공상과학소설과 추론소설을 다음과 같이 구별한다.

나는 정통 공상과학소설과 추론소설을 구별하고 싶다고 말했습니다. 나에게는 공상과학소설이라는 이름은 그 안에 우리가 아직 할 수 없거나 혹은 시작할 수 없는 것들을 담고 있고, 우리가 결코 만날 수 없는 존재들과 우리가 갈 수 없는 장소들을 이야기하는 책들을 의미합니다. 추론소설은 어느 정도는 이미 우리 손 안에 있는 수단들을 사용하며, 지구 위에서 일어나는 일을 다룹니다.(Atwood, 2004: 513)

본 논문은 21세기 초반 영미권 작가들이 현 시대의 기술문화가 야기한 포스트휴먼 조건과 논의에 어떤 상상적 반응으로 대응하는지, 그 결과로 나타난 그들의 서사가 포스트휴먼 혹은 포스트휴머니즘 논의에 어떤 방식으로 개입하는지 살펴보고자 한다. 대상으로 선택한 작품은 2005년에 영국에서 발표된 가즈오 이시구로의『나를 보내지 마(*Never Let Me Go*)』와 2003년에 미국에서 출판된 윌리엄 깁슨의『패턴 인식(*Pattern Recognition*)』두 작품이다. 이 글에서는 앳우드의 구별을 받아들여 이 두 작품을 '공상과학소설'이라고 말하기보다는 '추론소설'로 범주화한다. 이는 이 두 작품이 각각 공상과학소설적 소재나 문체를 사용하고 있음에도 불구하고, 현재 우리의 지구 위에서 실제 일어나고 있는 일, 혹은 현재 조건의 논리적 추론의 결과 앞으로 일어날 가능성이 있는 일을 깊게 성찰하고 추론한 작품들이기 때문이다. 동시에, 앞에서 언급한 것처럼, 동시대 현실의 과학기술적 포스트휴먼 조건에 예민하게 반응하는 많은 소설가들이 주류소설과 공상과학소설의 경계를 무화시키는 새로운 작품을 생산하는 최근의 현상을 부각시키고자 한다. 사실주의 소설을 써왔던 이시구로와 공상과학소설을 써왔던 깁슨이 동시대의 과학기술적 포스트휴먼 조건에 반응하여 생산한 작품들이 '추론소설'이라는 중간적 하이브리드 영역으로 수렴하고 있는 경향이 이를 뒷받침한다. 21세기 초에 생산된 작품들의 문학적 상상력이 오늘날의 기술문화적 조건을 어떻게 포스트휴먼 조건으로 이해하고 있는지, 그들이 그려낸 현 시대의 포스트휴먼 기술문화가 어떤 윤리적 문제와 주체성의 문제를 제기하는지, 그러한 윤리적, 철학적 문제에 독자의 관심을 끌기 위해 각 작가가 어떤 서술 전략을 사용하고 있는지 등을 분석하고, 이들이 제시하는 인간과 기계, 자연과 인공물의 경계와 관계에 대한 전망을 살펴보고자 한다.

2. 이시구로의 『나를 보내지 마』: 생명공학 포스트휴먼 서사에서 포스트휴머니즘 서사로

가즈오 이시구로의 『나를 보내지 마』는 인간에게 장기를 제공하기 위해 실험실에서 창조된 휴먼-클론들이 자신들의 "특별한" 운명을 저항 없이 받아들이도록 교육받으며 성장하는 일종의 성장소설이다. 인간과 클론이 공존하는 사회를 다룬다는 점에서 전형적인 공상과학소설적 장치를 가지고 있다. 하지만 독자가, 이 이야기가 클론과 인간이 공존하는 미래적 가상세계를 다루고 있음을 깨닫게 되는 것은 상당한 시간이 흐른 이후의 일이며, 이야기 역시 상당히 진전된 이후의 일이다.

클론과 인간이 공존하는 사회를 그리면서 이 소설을 읽기 시작한 독자들이 이 소설이 공상과학적 소설임을 깨닫기 어렵게 하는 서사적 장치들은 작가에 의해 면밀하게 준비된다. 무엇보다도 실험실에서 클론이 어떻게 만들어지는지, 클론의 몸에서 최대 네 번까지 장기를 적출하면서 어떻게 그들의 생명이 유지될 수 있는지 등 보통의 공상과학소설이라면 다룰 만한 과학기술 자체에 대한 설명이 전혀 등장하지 않는다. 심지어 시간적, 공간적 배경도 지구 밖 우주나 먼 미래가 아니라 소설이 출판되기 직전인 20세기 후반의 영국, 즉 "잉글랜드, 1990년대 후반"으로 설정되어 있다. 소설 이곳저곳에 자연스럽게 등장하는 지역 이름들도 모두 현

재 영국에 실제로 존재하고 영국 지도에 나오는 낯익은 지명들이다. 등
장인물들이 거주하거나 오가며 만나는 지역의 자연이나 지형도 영국의
어느 한적한 지역을 묘사하듯 사실적으로 그려져 있다. 이러한 사실주의
적 특징들은 독자들이 이 소설을 현재 영국의 어느 시골 지역에서 일어남
직한 상황을 다루는 사실주의적 소설로 접근하게 유도하는 서사적 장치
들이다.

사실 일본에서 태어나 영국으로 이주한 일본계 영국 작가 이시구로는
이 작품을 발표하기 전에 이미 일본을 배경으로 전후의 상처와 현재를
절묘하게 엮어낸 첫 소설『창백한 언덕 풍경(A Pale View of Hills)』(1982),
일본인 예술가의 회고담을 그린『부유하는 세상의 예술가(An Artist of the
Floating World)』(1986), 영국 귀족 집안의 집사를 주인공으로 한『남아 있
는 나날(The Remains of the Day)』(1989), 작가의 실제 경험이 담긴, 그래
서 '가장 사적인' 소설로 간주되는『우리가 고아였을 때(When We Were
Orphans)』(2000) 등으로 세계적인 명성을 확보한 소위 주류 소설가이다.
이 소설에 대해서도 이시구로는 자신이 처음부터 유전공학이나 클론 이
야기를 쓰려고 한 것이 아니라, 어떤 외진 곳에 집단으로 모여 있는 어
떤 '학생들'에 대한 이야기를 쓰고자 오랫동안 준비했었다고 말함으로써
(Ishguro, 2006), 이 소설의 공상과학소설적 해석을 최소화한다

하지만 이 '학생들'이 어떤 존재들인지, 그들의 삶의 조건이 어떤 것인
지 결정하지 못하고 있던 이시구로에게 이들을 '클론들'로 설정하게 한
계기는 어느 날 우연히 텔레비전에서 본 생명복제에 대한 프로그램이었
다. 이러한 사실은 이 소설이 현재 우리의 삶 속에 이미 들어와 있는 생
명공학적 포스트휴먼 조건이 출현시킬 포스트휴먼 곤경을 문제 삼고 있
음을 보여준다. 1996년 영국에서는 복제기술로 세포를 제공한 암양과
똑같은 유전정보를 지닌 새끼 양 돌리가 만들어졌고, 1998년 미국에서
는 애완견 복제를 위해 어마어마한 개인 기금이 주어진 미시플리시티 프

로젝트(Missyplicity Project)가 시작되었다. 특정한 아기를 창조하는 재생산 복제가 아닌 질병 연구를 위한 치료 복제가 영국에서 합법화된 것이 2002년, 유전적 질병으로 고통받는 5세 소년인 자인 하시미(Zain Hashmi)의 부모가 아들을 치유하기 위해 배아 선택을 통해 아들의 형제를 만들어 그 탯줄조직을 치료에 사용할 수 있게 해달라고 청원한 사례에 대해 영국의 미디어가 격렬하게 토의한 것이 2004년의 일이다.(Griffin, 2009: 646) 이처럼 20세기 말 21세기 초는 미국과 영국에서 클로닝과 생명공학 기술에 대한 과학적 담론이 공적으로 활발하게 토론되던 시기였고, 바로 이런 생명복제 기술이 야기하는 문제가 이시구로의 포스트휴먼 서사를 촉발한 것이다.

그런데 이시구로는 이러한 생명공학적 포스트휴먼 조건 혹은 곤경을 다루는 서사를, 다음에 인용하는 소설의 시작 부분이 보여주듯이, 일인칭 화자가 자신의 현재와 과거를 회상하는 전형적인 사실주의 문학의 한 형식인 자서전적 서사 형식에 담는다.

나의 이름은 캐시 H. 다. 서른한 살이고, 지금까지 11년이 넘게 돌보미였다. 그만큼도 충분히 오랜 기간으로 보이겠지만, 실제로 그들은 금년 말까지 8개월을 더 일해달라고 했다. 그러면 정확히 12년이 될 것이다. 내가 그렇게 오래 돌보미였다는 것이 꼭 그들이 내가 일을 환상적으로 잘하고 있다고 생각하기 때문만은 아니라는 것을 안다 …. 그래서 자랑하려는 것은 아니지만, 그래도 그들이 내 일을 만족스러워했다는 것은 알고 있고, 나도 대체로 그러하다. 나의 기부자들은 늘 기대보다 잘하곤 했다. 그들의 회복 시간은 인상적이었고, 거의 어느 누구도 '흥분상태'로 분류되지 않았다. 심지어 네 번째 기부 직전에도 말이다. 그래, 이건 정말 자랑일 수 있어. 하지만 내 일을 잘할 수 있다는 것 그것은 내게 아주 중요하다. 특히 나의 기부자들이 '안정됨'을 유지한다는 것 말이다.

어쨌든, 나에 대해 대단한 주장을 하는 것은 아니다. 현재 일하는 돌보미 중 나만큼 잘하고도 반도 인정 못 받는 이들을 알고 있다. 당신이 그들 중 하나라면 당신이 불만스러워할 수 있다는 것을 이해할 수 있다 — 나의 방, 나의 차, 무엇보다 내가 누구를 돌볼지 선택한다는 것에 대해 말이다. 그리고 나는 헤일샴 학생이다 — 때로는 그것만으로도 사람들의 지지를 받으니까.(Ishguro, 1995: 1)

소설을 시작하는 첫 줄이 보여주듯 이름과 나이와 직업으로 자신을 소개하고 독자들을 친근하게 "당신"이라고 지칭하며 자신의 내적 감정과 생각을 솔직하게 토로하는 일인칭 화자의 목소리는 독자들을 익숙한 사실주의적 자서전의 세계 안으로 끌어들인다. "돌보미", "나의 기증자들", "네 번째 기증" 같은 익숙하면서도 낯선 언어, 캐시 H., 토미 D.처럼 성이 약자로만 주어지는 학생들, 매주 정기적으로 학생들의 건강을 검진한다는 학교 등이 약간은 독자들의 의심을 일으키는 것이 사실이다. 하지만 확고하게 자신을 문장의 주어 자리에 위치시키는 일인칭 화자의 존재와 '내가 하는 이야기 당신도 물론 알고 있지요?'라고 말하는 듯 자신 있게 자신과 독자가 공유하고 있는 세상을 가정하는 화자의 목소리는 독자가 화자의 세계에 친밀감을 느끼고 화자와 동일시하는 데 어려움이 없게 한다. 화자가 기억하는 어린 시절 기숙학교에서 아이들이 경험하는 일상적 사건들, 자신들이 만든 물건을 자신들끼리 사고파는 학교 행사들, 학교에 기숙하는 아이들이 학교 바깥 세계에 대해 가지는 호기심 등도 독자들에게는 익숙한 자서전적 장치들이다. 이렇게 일견 평범하게 자신의 학생 시절의 경험을 회상하면서 자신의 과거 생각과 그에 대한 현재의 판단을 독자에게 친근하게 전달하는 일인칭 화자의 목소리는 화자와 독자 각각을 상호소통이 가능한 주체들로 설정해주는 서사 장치이다.

역설적으로 바로 이러한 사실주의적 소설 장치들 때문에 이 소설은 아주 효과적으로 포스트휴먼 조건을 성찰하는 비판적 공상과학소설 혹은 추론소설의 영토에 속하게 된다. 약간 의심스러운 단서들에도 불구하고 영국의 어떤 기숙학교 학생들의 현실에서 있음직한 이야기라고 믿으며 서사를 따라가던 독자들은, 소설의 중간쯤 화자이며 주인공인 캐시 H.와 그녀의 친구들이 학교 바깥 세상에 거주하는 '정상인'과 다른 존재임을 알게 된다. 즉 인간이 만든 인공물 클론임을 알게 된다. 하지만 이때 독자들은 이미 그때까지 저자가 사용해온 사실주의적 서사 전략에 의해 돌아올 수 없는 선을 넘어간 상태이다. 화자와 그녀 친구들의 내면세계에 깊숙이 들어가 그들의 감정과 생각에 공감해온 독자들은 복제인간인 클론은 인간인가 아닌가에 대한 과학적 혹은 철학적 토론이 불가능한 정서의 영역에 들어가 있다. 독자들은 '클론들이 이토록 인간과 같다고?'를 깨닫는 방식이 아니라, 역으로 '아니, 이 인간들이 클론이라고?'를 깨닫는 방식으로 충격을 받는다.(Shaddox, 2013: 453) 말을 거는 일인칭 화자의 존재는 너무나 익숙하고 평범한 서사 장치이지만, 바로 이 작은 서사 장치가 클론 화자를 우리가 흔히 인간이 만든 인공물을 간주하는 방식인 일방적인 관계 속의 '대상'이나 '사물'이 아니라, 우리/독자가 더불어 소통을 할 수 있는 '주체'임을 인식하고 인정하게 하는 장치가 되었던 것이다.

이렇게 이시구로는 아주 세심하게 일인칭 화자의 목소리, 화자가 전달하는 내면의 생각과 경험, 화자가 독자와 맺는 관계들을 통해 독자와 화자 사이에 감정적 유대를 구축한다. 이런 서사 전략들은 독자들을 인간이 인간에게 필요한 장기를 적출하기 위해 복제인간을 만드는 소설 속 세상에 대해 특정한 방식으로 반응하도록 조건 지운다. 이런 관점에서 보면 이시구로의 생명공학적 포스트휴먼 서사가 이룬 가장 큰 성취는 과학적 논의나 철학적 성찰이기보다는 "특별한" 클론을 "정상의" 인간으로 경험하고 감정이입했던 '독자 인간'의 창조이다.

이시구로의 생명공학적 포스트휴먼 서사의 또 다른 흥미로운 특징은 클론을 '주체'로 그려낼 뿐 아니라, '복제하는 주체들'과 '복제된 주체들'이 맺을 수 있는 다양한 관계 중 소설 안의 사회가 허용하는 최선의 관계에 초점을 맞추고 있다는 사실에 있다. 같은 해에 개봉된 미국 영화「아일랜드(The Island)」(2005)와 달리, 이시구로의 소설은 클론을 핍박하는 사회나 사람들보다는 클론을 '인간적'으로 대우하고 보호하는 휴머니스트 '가디언들'에게 초점을 맞춘다. 휴머니스트 가디언들도 장기적출을 위해 실험실에서 만들어진 클론 학생들을 마치 거미처럼 낯설고 혐오스러운 존재로 느낀다. 이는 가디언들도 그들의 몸에 배어 있는 인간중심적 사고와 감정을 극복하지 못하고 있음을 보여준다. 하지만 적어도 이성적으로는, '특별한' 클론도 '정상의' 인간처럼 창조력과 영혼을 지닌 존재임을 인정하는 가디언들은 클론 학생들의 예술작품들을 대중에게 전시하여 클론도 인간처럼 영혼을 가진 존재임을 인정하게 하는 여론을 형성하고 그를 통해 그들을 '인간적인' 환경에서 성장시키는 기금을 모은다. 헤일샴 학교는 휴머니스트 가디언들의 필사적인 노력의 산물이다.

여주인공 캐시 H.가 다른 시설에서 성장한 클론들을 만나며 알게 되듯이, 헤일샴은 '학생들'에게 행복한 어린 시절을 보장해주었다는 점에서 분명 특별한 학교였다. 하지만 클론들을 단지 장기를 적출하기 위해 양육하는 몸/물건으로만 간주하는 '장기기증 프로그램'은 유지하면서 그들을 '인간'적으로 대우하려는 가디언들은 결국 자기모순에 빠져 심각한 정신적 고통을 겪는다. 학생들에게 자신의 '특별한' 몸을 건강하게 유지하라고 훈육하면서 그것이 20세가 되었을 때 장기를 내어주고 죽게 될 '특별한' 운명을 다하기 위해서임을 말해주지 않음으로써 최소한 그들의 어린 시절만은 보호하겠다는 에밀리 교장(Miss Emily)도, 학생들에게 장기적출과 이른 죽음 이외의 어떤 미래도 기다리지 않음을 솔직하게 알려주어 헛된 희망 없이 최소한의 존엄성을 유지하게 해주어야 한다고 주장했던 평교사 루시(Miss Lucy)도 어쩔 수 없는 클론들의 존재와 운명에 심각한 혼란과 고통을 받는다. 역사적 관점에서 보면, 가디언들의 행위는 그들의 선의에도 불구하고 특정한 인간집단(서양인, 백인, 남성)을 '인간'으로 정의하고 그 정의에서 벗어나는 인간들(비서양인, 비백인, 비남성)을 인간 이하의 존재로 배제하던 서구의 계몽주의적 휴머니즘을 반복하고 있다. 가디언들의 자기모순과 그에 따른 고통과 혼란은 인간이 인간 인공물의 고통에 반응을 보이는 능력을 여전히 유지하고 있다는 점에서 긍정적이지만, 동시에 그들이 서구 근대의 인간중심적 휴머니즘을 넘어서지 못하고 있음을 나타내는 증거이기도 하다. 가디언들의 휴머니즘적 시도가 지닌 한계를 통해 인간과 인공물, 인간과 비인간 생명체들의 관계를 이분법적 위계로 엄격하게 나누는 휴머니즘적 인간관으로는 인간의 새로운 기술들이 만들어내는 포스트휴먼 조건에 제대로 대응할 수 없음을 분명하게 보여준다는 점에서 이시구로의 서사는 휴머니즘과 휴머니즘적 주체에 대한 비판과 대안적인 포스트휴먼 주체의 출현을 요청하는 비판적 포스트휴머니즘과 같은 선 위에 있다.

이런 맥락에서 캐시 H.의 친구이면서 학생들과 가디언 모두에게서 창조성이 없다고 심각하게 괴롭힘을 받았던 토미 D.의 그림과 그에 대한 캐시의 반응은 아주 흥미롭다. 캐시는 토미의 상상적 동물 그림들이 자신이 가디언들에게서 배운 어떤 그림 유형과도 다르다고 생각하며 낯설어한다. 캐시가 묘사하듯 그의 그림은 마치 라디오의 내부 부속들처럼 몸의 내부가 그려진 유기체이기 때문이다. "처음 받은 인상은 뒷면을 제거한 라디오처럼 작은 관들, 얽혀 있는 근육들, 소형 나사와 둥근 바퀴들이 모두 강박적으로 세밀하게 그려져 있었다."(Ishguro, 2005: 185) 하지만 동시에 캐시는 토미의 환상적인 동물 그림들이 그 기계적 특징에도 불구하고 어떤 상냥함을, 심지어는 연약함까지도 담고 있다고 느낀다. 그 동물들이 어떻게 물건을 잡고 어떻게 스스로를 보호할지 염려까지 일으키는 그런 그림이라고 느낀다. 기계적이면서 유기체이고, 금속의 속성과 유기체의 연약함을 동시에 담고 있는 토미의 동물 그림은 인간과 인공물, 유기체와 기계를 엄격히 이분법으로 나누는 문화 안에서는 받아들이기 어려운 그림이다. 그래서 헤일샴을 운영하는 선생님과 학생들 모두로부터 "쓰레기"로 간주되는 그림이다. 하지만 클론과 인간이 공존하는 사회, 인공물인 클론의 장기와 자연물인 인간의 장기가 한 몸에 조화롭게 공존하는 사회 안에서 인공물과 인간, 기계적 속성과 유기적 속성을 엄격한 이분법적으로 나누는 것은 더 이상 정당화되기 어렵다. 그렇다면 토미의 그림은 오히려 이렇게 클론들의 존재 조건과 클론과 인간이 공존하는 문화의 사이보그적 특성을 정확하게 담고 있는 재현물은 아닐까. 더 나아가 해러웨이가 지적하듯 인간이 유전자에 의해 만들어진 "행동하는 기계(behaving machines)"이며 인간의 "유전자가 컴퓨터를 위한 프로그램"과 같고 인간의 "두뇌가 논리적 프로그램을 가진 처리장치"(Haraway, 1991: 62)와 같은 것이라면, 유기체적 특성과 기계적 특성이 혼합된 토미의 새 그림들은 기술과 자연의 선을 흐려놓은 토미 D.의 존재조건을 재현한 포스트휴먼적 예술은 아닐까.

이렇게 이시구로의 소설은 인간이 자신과 DNA가 똑같은 생명체를 만들어낼 수 있는 기술과학 사회가 되어버린 현재의 포스트휴먼 조건에서 추론한 공상과학소설적 사회를 가정한 후, '복제하는 보통/인간'과 '복제된 특별/클론'이 과연 얼마나 다른 존재자들인가를 질문한다는 점에서 생명공학적 포스트휴먼 서사이다. 동시에 휴머니스트 가디언들의 고통과 혼란을 부각시킴으로써 생명공학적 포스트휴먼 서사를 포스트휴머니즘 서사로 확장시킨다. 클론들을 '인간이면서 인간이 아닌 존재'로 설정하고 세심한 교육과 문화 이데올로기를 통해 주어진 운명에 순응하는 존재로 양육하는 가디언들의 양육 방식은 서구 휴머니즘이 '인간'을 '서양의, 백인의, 남성의, 이성애적' 존재로 규정하고 이 규범에 들어오지 않는 인종적, 민족적, 젠더적, 성적 타자들을 비인간으로 타자화시키고 훈육시켰던 역사를 상기시킨다. 따라서 이시구로가 다루는 클론들과 인간들의 서사, 학생들과 가디언들의 서사는 인간 종을 위해 인간 이외의 어떤 생명도 기꺼이 희생시키는 인간중심주의와 종차별주의에 대한 비판과 근대 휴머니즘이 정의한 대문자 인간을 위해 여성, 흑인/노예, 원주민, 동성애자들을 기꺼이 희생시켰던 백인중심주의, 남성중심주의, 이성애중심주의에 대한 비판을 동시에 포괄하는 포스트휴머니즘 서사이다.

3. 윌리엄 깁슨의 『패턴 인식』: 사이버스페이스와 "신비한 융합(participation mystique)"

이시구로의 『나를 보내지 마』가 클론과 인간이 공존하는 사회라는 공상과학소설적 주제를 사실주의적 문체와 일인칭 서술 기법으로 다룬 추론소설이라면, 윌리엄 깁슨의 『패턴 인식』은 인터넷 네트워크와 사이버스페이스가 전 지구화된 자본주의와 착종된 현 시대의 테크노 문화를 주인공의 내면을 가까이 따라가는 삼인칭 서술 기법과 공상과학소설적 스타일로 우리를 둘러싼 현실과 사물을 낯설게 하고 거리를 두고 성찰하게 하는 추론소설이다. 깁슨이 21세기에 들어와 발표한 빅엔드 삼부작(BIGEND TRILOGY)이 지닌 사실주의와 SF적 소외효과라는 이중 비전을 강조하면서 이 작품들을 사실주의적이면서 동시에 공상과학소설적인 작품으로 읽어야 한다고 강조하는 야크 톰버그(Jaak Tomberg)는 깁슨의 최근 작품에서 정말로 '새로운' 것은 그 스타일이 리얼리즘과 공상과학소설을 '동시에' 담고 있다는 것이라고 말한다. 사실주의적 모티프와 공상과학소설적 모티프가 한 텍스트에 나란히 공존한다는 그런 방식이 아니라, 하나의 같은 모티프가 사실적으로도 공상과학소설적으로 읽힐 수 있는 그런 방식이며, 바로 이러한 스타일이 같은 문장을 아주 익숙하면서도 동시에 인식적 거리두기가 가능한 그런 문장으로 만든다고 강조한다.(Tomberg, 2013: 263, 267)

『패턴 인식』의 핵심적 주제인 인간과 사이버스페이스, 인간과 컴퓨터 기술의 관계에 대한 깁슨의 관심은 그의 첫 소설 『뉴로맨서(*Neuromancer*)』(1984)에서부터 분명하게 나타난다. 『뉴로맨서』 이후 현재까지 30여 년 동안 10여 권의 책을 더 출판하였음에도 그는 여전히 '사이버스페이스'라는 말을 만든 사람으로 소개된다. 이는 그가 첫 소설만큼 영향력 있는 작품을 생산하지 못했음을 의미하는 것일 수도 있지만, 그의 '사이버스페이스' 개념이 그의 작품 세계 전체와 우리의 동시대 문화에 여전히 의미 있는 개념이기 때문이기도 하다. 컴퓨터가 일상화되기 이전인 1980년대에 21세기 중반쯤의 미래를 상상했다는 『뉴로맨서』와 이후 『카운트 제로(*Count Zero*)』(1986)와 『모나 리자 오버드라이브(*Mona Lisa Overdrive*)』(1988)를 포함한 스프롤(Sprawl) 삼부작은 글로벌 정보 네트워크인 사이버스페이스를 자유롭게 누비는 영웅적 컴퓨터 해커 카우보이라는 문화적 인물을 성공적으로 만들어냈고, 그보다는 가까운 미래를 배경으로 한 1990년대의 브리지(Bridge) 삼부작인 『가상의 빛(*Virtual Light*)』(1993), 『아이도르(*Idoru*)』(1996), 『내일의 만찬(*All Tomorrow's Parties*)』(1999)에서는 온라인 팬클럽, 온라인 자동통역, 빅 데이터, 가상 실재, 유명인사 저널리즘, 나노 테크놀로지 등이 다루어지면서 오늘날 우리에게 익숙해진 컴퓨터와 네트워크 기술을 그려내고 있다. 사이버스페이스라는 말이 다시 등장한 것은 21세기에 들어와 출판된 빅엔드 삼부작(『패턴 인식』(2003), 『도깨비 나라(*Spook Country*)』(2007), 『제로 역사(*Zero History*)』(2010))에서이다. 흥미롭게도 이 작품들은 더 이상 미래가 아닌 현재 혹은 서사의 바로 직전 과거를 다룬다. 하지만 이 작품들이 그리는 현재는, 『도깨비 나라』의 등장인물들이 지적하듯, 과거에는 개념적 공간 혹은 가상의 공간으로 간주되던 사이버스페이스의 안이 뒤집혀 밖으로 나오는 "외번(外翻, everting)"[5] 현상이 일상적으로 발생하는 그런 현재이다. 깁슨 자신도 2011년의 데이비드 월러스-웰스(David Wallace-Wells)와의 인터뷰에 "사이버스페이스는 이제 모든 곳에 있고, 외번되고 있으며, 세계를 식민화하고 있다. 그런 사이버스페이스를 다른 어떤 곳인 듯 말하는 것은 우스꽝스럽게 보이기 시작할 정도이다."(Wallace-Wells, 2014: 199)라고 말한다. 이렇게 사이버스페이스가 현실이라는 바깥으로 뒤집혀 나오고 현실이 사이버스페이스 속으로 들어가 일상적으로 뒤섞이는 상황은 현재의 우리에게 너무나 익숙한 "유비쿼터스 연결성(ubiquitous connectivity)"(Jones, 2014: 19)을 가능하게 하는 조건이다.

깁슨은 애플 컴퓨터를 선전하는 포스터와 마치 기계 안으로 들어갈 듯 아케이드 게임에 몰두하던 아이들의 모습을 보고 '사이버스페이스'라는 용어를 만들어내었으며(Wallace-Wells, 2014: 216-217), 이후 『뉴로맨서』에서 순전한 상상으로 그 내용을 채워 넣었다고 말한다. 이러한 고백은 깁슨이 과학기술 자체보다 과학기술에 대한 인간의 반응에 더 관심이 있었음을 보여준다. 그러므로 그의 '사이버스페이스'는 글로벌 정보 네트워크에 대한 메타포이면서 동시에 인간과 디지털 기술의 관계에 대한 메타포이다.(Jones, 2014: 19) 이렇게 길거리에서 목격되는 문화 현상과 새로운 기술의 발전에 대한 단서들을 과학적 이론이 아닌 일상의 현실에서 관찰하고, 인간과 기계와 기술의 새로운 관계를 전망하는 깁슨의 창작 방식은, 깁슨의 소설들을 과학기술에 의존하여 자유롭게 미래를 전망하는 공

---

5 "외번되다(evert)"는 말은 주머니의 안이 밖으로 나오거나 우산의 안이 뒤집혀 밖으로 나온 상태 등을 의미하는 말이지만, 주로 '자궁경부의 외번', '안검연(眼瞼緣)의 외번'처럼 기관의 안이 밖으로 뒤집혀 나오는 현상을 의미하는 의학적 용어로 사용된다. 깁슨은 『도깨비 나라』에서 현실공간과 가상공간이 너무나 밀접해진 상태를 "사이버스페이스가 외번되고 있다."로 말하고 있으며, 이후 여러 대담에서 같은 표현을 사용한다.

상적인 과학소설이기를 넘어서서, 현재에 이미 들어와 있는 미래, 즉 현재의 문화적 현상으로서의 기술과 인간의 관계를 포착하는 사실주의적 소설로 만든다. 특히, 작품이 쓰이던 현재 혹은 바로 직전을 시간적 배경으로 하는 빅엔드 시리즈의 첫 소설『패턴 인식』은 사이버스페이스가 현실 어디서나 존재하고 어디서나 연결되는 정보기술 문화의 유비쿼터스 연결성의 잠재적 가능성과 위험성을 전 지구적으로 편재해 있는 폭력과 자본주의의 맥락에서 다룬다.

『패턴 인식』은 등장인물들과 독자들이 거주하는 세계가 컴퓨터 기술로 시작하고 끝나는 컴퓨터연산의 세계임을 보여주는 장치들로 가득하다. 소설은 「끔찍한 밤의 웹사이트(The Website of Dreadful Night)」라는 제목의 장으로 시작하여 「메일(Mail)」 장으로 끝난다. 여주인공 케이시(Cayce)의 첫 행동은 낯선 환경에서 한밤중에 깨어나 위안을 받기 위해 인터넷 웹사이트에 접속하는 것이며, 화자는 등장인물을 설명할 때 구글(Google)을 이용한다. "다미엔(Damien)을 구글하면 뮤직 비디오와 광고 감독이라고 나온다. 케이시를 구글하면 '쿨헌터(cool hunter)[6]'라고 나온다."(Gibson, 2003: 2) 인터넷 여기저기에 짧은 영상을 익명으로 올리는 미지의 예술가를 찾아가는 일종의 '성배 찾기' 서사의 클라이맥스에서도 케이시는 런던의 한 공원에서 우여곡절 끝에 알아낸 이메일 주소인 stellanor@armaz.ru.로 핫메일(Hotmail)을 보낸다. "나는 케이시 폴러드(Cayce Pollard)입니다. 아버지는 2001년 9월 11일 뉴욕에서 행방불명되었지만 그가 그 공격으로 죽었다는 것을 증명할 수 없었습니다."(Gibson, 2003: 254)로 시작하는 케이시의 메일은 이름도 모르는 미지의 수신자에

---

6 '쿨헌터(cool hunter)'는 1990년대 초 미국에서 등장한 용어로 시장의 흐름과 트렌드 변화를 관찰하고 예측하는 활동에 종사하는 마케팅 전문가를 말한다. 여주인공 케이시는 시장에서 성공하는 트렌드와 로고에 정신적 알레르기 반응을 일으키는 특별한 능력/약점이 있다. 역설적으로 그녀는 자신의 알레르기 반응을 이용해 쿨헌터로 활동한다.

게 발신자의 내밀한 경험을 전달하는 인터넷 메일의 가능성을 보여주며, 자신이 파커보이(Parkaboy), 아이비(Ivy), 모리스(Maurice), 플리미(Flimy) 같은 현실 세계에서는 만난 적도 없는 사람들과 인터넷에 올라오는 영상물에 대해 같이 이야기를 나누는 일이 자신에게 중요한 일인지 설명하는 메일의 내용은 사이버스페이스가 어떻게 미지의 사람들을 연결시키는 신비한 공감과 융합의 공동체를 만들어낼 수 있는지 보여준다.

인터넷 공간에 문득문득 올라와 이름도 직업도 인종도 국적도 생긴 모습도 서로 모르는 수많은 사람들을 열광시키는 영상물은 단지 그것을 통해 그것을 좋아하는 사람들이 서로 연결된다는 의미에서만이 아니라, 인터넷 공간에서 그것을 찾아다니는 과정이 인간과 기술을, 인간과 물리적 시스템을 하나로 융합시킨다는 의미에서도 "신비한 융합(participation mystique)"을 가능하게 한다. 21세기를 사는 우리 독자들이 우리의 현실에서 매일매일 경험하는 컴퓨터 기술과 인간의 융합 상태를 상기시킨다는 점에서 미지의 영상물 제작자에게 보내는 케이시의 메일 내용은 인용할 만하다.

우리는 당신이 무엇을 하는지, 왜 그러는지 모릅니다. 파커보이는 당신이 꿈을 꾸고 있다고, 우리를 위한 꿈을 꾸고 있다고 생각합니다. 때로는 당신이 우리 꿈을 꾸고 있다고도 생각하는 듯합니다. 이렇게 어렵게 이루어지는 융합은 신비합니다. 당신이 무엇을 하고 있든 우리가 그것의 일부가 되는 그것을 탐색하도록 우리 자신을 허용하는 방식이 말입니다. 시스템 안으로 침투해 들어가, 그것과 아주 깊게 하나가 되면, 당신이 아닌 그것이 우리에게 말을 하기 시작합니다. … 우리가 단지 거기에 앉아 스크린만 응시하는 듯하지만, 사실 몇몇은 어쨌든 모험가이지요. 우리는 위험을 감수하면서 거기에 있는 것입니다. 그의 말처럼 경이로운 것을 되가져올 희망에 말입니다. …
당신은 우리 모두가 여기서 다음 영상을 기다리고 있다는 것을 아시나요?

밤새 웹을 오르내리며 당신이 우리를 위해 그것을 어디에 남겨두었는지 찾고 있다는 것을 아시나요? …

당신은 거기 있나요? 내가 여기 있는 방식으로?

친애하는 당신의

케이시 폴러드

(케이시피)

(Gibson, 2003: 255)

인터넷 공간에 출현하는 영상물에 대한 관심이 인터넷 공간에 모인 디지털 주체들의 소통을 가능하게 할 뿐 아니라, 현실 속의 아날로그 주체들로 하여금 밤새 영상물을 찾아 웹을 서핑하고 "시스템 안으로 침투해 들어가 그것과 아주 깊게 하나가 되면, 그것이 우리에게 말을 하기 시작한다."는 케이시의 말은 컴퓨터 기술의 발전이 이제 인간과 인간을, 인간과 인간이 만든 컴퓨터 시스템을 신비하게 융합된 상태로 만들어내고 있음을 시사한다. 인간이 만든 것과 신비한 융합을 이룬 인간, 아날로그 주체와 디지털 주체가 병합된 하이브리드 주체는 기존의 휴머니즘 인간 개념에 도전하는 포스트휴먼 주체이다. 영상물을 만든 "당신"과 영상물이 웹 여기저기에 흩어져 있는 사이버스페이스 시스템인 "그것"과 영상물을 찾아 시스템을 뒤지는 "우리"가 구별되지 않는 상태, "당신"이 있는 "거기"와 케이시가 있는 "여기"가 분리되어 있지 않는 상태, 현실의 "케이시 폴러드"와 디지털 페르소나인 "케이시피(CayceP)"가 분리되지 않는 상태, 인간을 하이브리드 주체로 존재하게 하는 현 시대의 기술문화적, 포스트휴먼적 조건을 이 메일은 잘 보여주고 있다.

케이시가 마침내 영상물을 만든 그 미지의 사람을 찾아 만나게 된 순간, 케이시는 자신과 다른 사람들을 그토록 매혹시켰던 영상물들의 근원이 자신과 같은 고통을 공유하고 있는 여성임을, 아니 더 정확히 말하면 "어둠 속에서 말없이 말하는 상처"(Gibson, 2003: 305)임을 알게 된다. 영상물을 만드는 예술작가 노라(Nora Volkova)와 그 영상물을 인터넷 공간에 유통시키는 스텔라(Stella Volkova)는 소련의 크렘린에서 강력하고 부유한 삼촌 안드레이(Andrei Volkova)의 정치적 적들이 장치한 폭탄에 부모를 잃은 쌍둥이 자매이다. 지뢰 뇌관이 머릿속 깊은 곳에 박혀 제거할 수도 없는 심한 부상을 입은 노라는 말도 못하고 주변 어느 것에도 관심을 보이지 않지만, 단지 CCTV에 찍힌 사람들의 영상에만 관심을 보이고, 그 영상을 컴퓨터로 편집하고 특정한 이미지들을 창조해내는 순간에만 유일하게 지적으로, 정신적으로 현존한다. 지뢰 뇌관이 머리에 박힌 상태에서 자신의 고통과 죽은 부모에 대한 사랑을 영상물을 편집하며 표현하는 노라의 창작 장면은, 어떻게 보면 현실적으로 있을 법하지 않은 설정이지만, 예술작품을 자율적인 개인의 의식적인 결과물로 보는 기존의 개념과는 충격적으로 다른 포스트휴먼적 창조 과정을 시사하는 장면이기도 하다. 케이시는 "그녀와 그녀의 친구들이 그토록 찾던 디지털 나일 강의 원천"이 머릿속에 폭탄 뇌관이 박힌 말도 못하고 의식도 모호한 여성의 "창백한 손", "이미지를 캡처하는 희미한 클릭", "스크린에 초점을 맞출 때만 현존하는 눈", "단지 상처, 어둠 속에서 말없이 말하는 상처"(Gibson, 2003: 305)라는 사실에 놀라움을 금치 못한다. 하지만 『나를 보내지 마』에서 토미 D.의 기계적 유기체 그림이 기계성과 유기체성의 분리를 부인하듯, 노라가 영상물을 만들어내는 이 장면은 정신과 몸, 기술과 인간, 감정과 의식이 분리할 수 없는 배치로 접속되어 있음을 형태로 보여준다는 점에서 인간과 기계, 인간과 기술의 구별이 어려워진 동시대 예술의 한 형태를 보여주고 있다. 또한 쌍둥이 자매 스텔라의 말처럼 영상물을 만들지 않을 때는 존재하지도 않는 듯한 노라가 만든 영상 작품에 그토록 많은 사람들이 감동받게 되는 것은 그녀를 사이보그적 존재로 만든 우리 시대의 폭력들, 폭력을 사랑하는 사람들을 상실한 슬픔, 슬픔을 표현하고 위로하는 창작도구가 된 컴퓨터, 개인의 예술적 표현을 전 세계로 유통시키는 인터넷 기술이 적절하게 절합되고 배치된 결과이다. 이는 기술과 인간의 관계가 단지 기술혐오나 기술애호로 설명할 수 없는 매우 복잡한 관계임을 보여준다. 상처와 컴퓨터, 슬픔과 사이버스페이스가 결합해 만들어진 노라의 디지털 예술을 통해 인간과 인공물, 의식과 몸, 이성과 감정 사이의 관계를 재고해보게 한다는 점에서 이 소설은 컴퓨터 기술이 만들어낸 테크노 문화 안에서의 포스트휴먼과 포스트휴머니즘 논의에 흥미로운 텍스트이다.

창조성도 없이 사람들의 사적 영역에 폭력적으로 침투해 들어오는 상품 브랜드와 패션 로고에 심각한 심리적 알레르기 반응을 보이는 케이시, 민간인이 가득한 비행기가 공격무기가 되어 민간인이 가득 찬 건물을 공격한 9·11 사건으로 아버지를 잃은 케이시가, 폭력적 현실에서 도피하는 유일한 곳이 노라의 상처와 슬픔과 치유의 산물을 공유하는 사이버스페이스 F:F:F(Fetish: Footage: Forum)라는 사실은 그러므로 결코 우연이 아니다. 소설이 시작할 때 케이시는 사이버 토론방인 F:F:F를 세상의 뉴스가 차단된 곳, 세상으로부터의 도피처, 시간과 공간에서 자유로운 곳, 순수한 문화적 공동체로 생각한다. 아니, 그렇게 여기고 싶어 한다. '저기' 사이버스페이스가 '여기' 현실과 분리된 곳이라고 믿을 때에만 그곳이 순수의 공간, 세상으로부터의 도피처가 될 수 있기 때문이다. 하지만 시간이 흐르면서 케이시가 깨닫게 되는 것은 사이버스페이스가 그녀가 생각하는 것보다 훨씬 현실 공간과 밀접하게 연결되어 있다는 사실이다. 런던의 바에서 만난 낯선 사람이, 뉴욕 전철의 낯선 흑인여자가, 노라의 영상을 언급하거나 옷에 붙이고 있을 때 케이시는 낯선 그들과 경계를 넘는 신비한 공감과 융합을 경험한다. 하지만 케이시에게 세상에서의 단절을 의미했던 이 사이버스페이스는 사람들이 관심을 두는 모든 것을 상품화하려는 영국의 광고 사업가 빅엔드나 노라의 영상물에 대한 사람들의 관심을 통제하고자 하는 소련의 보안 담당자들에게는 자신들의 경제적 혹은 정치적 목적을 위해 사람들을 잠입시켜 활동하게 한 현실적인 공간이기도 하다. 동시에, 케이시가 바깥세상에서의 도피처라고 간주했던 곳, 친구의 거실처럼 편안했던 인터넷 웹사이트 F:F:F는 노라의 영상물에 대한 지속적인 토론의 기록을 창출함으로써 특정한 하위문화를 창조하고 현실에 영향을 미치는 공적 공간이기도 했다. 디지털 주체였던 파커보이가 위험에 빠진 케이시를 구하러 달려오는 아날로그 주체인 피터 길벗(Peter Gilbert)으로 외번되듯이, 21세기의 케이시가 경험하는 사이버스페이스는, 1980년대 사이버해커인 케이스(Case)의 사이버스페이스와 달리, 늘 현실로 외번되는 현실공간이다.

김슨이 이 소설 내내 보여주고 있는 것은 인간과 컴퓨터 시스템, 디지털 공간과 현실 공간, 디지털 주체와 아날로그 주체가 서로 복잡하게 관계를 맺고 융합되어 있는 상태들이다. 케이시가 로고 알레르기가 있는 자신을 보호하고 세상과 교섭하기 위해 입는 독특한 의상인 "Cayce Pollard Units(CPU)"은 컴퓨터 중앙처리장치 "CPU"와 운을 맞추고, 디지털 주체인 케이시는 아날로그 주체인 "Cayce Pollard"와 운을 맞춘 "CayceP"라는 이름을 사용하며, 사이버스페이스에서 "파커보이"로 활동하는 길버트의 명함에는 그가 "1967년 이후(SINCE 1967)" 존재하는 사람으로 소개되어 있다. 이러한 사소하지만 반복되는 서사장치들은 김슨이 창조한 소설 세계 안에서는 현실의 주체도 디지털 주체도 똑같이 구성된 것으로 보이게 하며, 유사한 세계 속에 사는 독자들도 자신의 주체성의 속성을 재고하고 성찰하게 유도한다.

이렇게 김슨은 자신의 소설 세계를 인간이 만들어낸 컴퓨터 기술과 컴퓨터 기술이 가능하게 한 인간 존재가 "신비한 융합" 상태를 만들어내고 있는 기술과학 사회로 그리고 있으며, 이러한 사회는 자연과 문화, 물질과 비물질, 몸과 의식을 나누는 기존의 경계가 흔들림으로써 인간의 경계가 흔들리는 포스트휴먼 사회로 그려진다. 9·11로 아버지를 잃고 F:F:F라는 사이버스페이스에서 예술작품을 보며 논하며 위안을 받는 케이시와 그녀가 찾아다니는 미지의 예술가, 케이시처럼 폭력으로 부모를 잃고 스스로도 상처 입은 사이보그 예술가 노라와 컴퓨터 기술로 이름 없이 사라질 위험에 빠진 예술가를 전 세계에 알리는 작업을 수행하는 스텔라를 통해 깁슨은 폭력과 컴퓨터 기술과 인간을 복잡하게 연결시키고 배치한다. 케이시와 노라와 스텔라 세 여성의 연결은 전 지구적 폭력과 전 지구적 마케팅과 전 지구적 사이버스페이스가 결합되는 부정적인 양상들을 분명하게 드러내지만, 동시에 시간과 공간의 한계를 넘어 사람들을 연결시키고, 시대적 폭력이 야기한 개인들의 아픔을 공유하고 치유하는 공감과 융합의 공동체를 구축할 수 있는 컴퓨터 기술과 사이버스페이스의 가능성도 놓치지 않는다. 이러한 점에서 깁슨은 21세기에 창작한 작품을 통해 과거 사이버스페이스 해커였던 케이스가 꿈꾸었던 탈신체화된 포스트휴먼 주체가 아닌, 헤일스가 꿈꾸는 "무한한 힘과 탈신체화된 불멸의 환상에 미혹되지 않고 정보기술의 가능성을 받아들이는 포스트휴먼"(Hayles, 1999: 5)의 다양한 양상들을 시도해보았다고 평가할 수 있다.

4. 결론

지금까지 살펴본 것처럼 『나를 보내지 마』와 『패턴 인식』 같은 21세기 초에 영국과 미국에서 출판된 문학 텍스트들은 생명공학의 발전과 전 지구적 네트워크와 사이버스페이스의 활성화를 가능하게 하는 컴퓨터 기술이 가져온 첨단 기술문화가 인간과 비인간, 인공물과 자연물, 정신과 마음, 주체와 객체를 분리하고 위계화하는 기존의 이분법적 경계선에 도전하고 있다. 사실주의 요소와 공상과학소설적 요소를 동시에 담고 있는 이 추론소설들은 포스트휴먼 조건과 곤경이 담고 있는 이분법적 경계 해체를 통해 전통적인 휴머니즘을 비판하는 포스트휴머니즘 텍스트이기도 하다. 인간이 만든 클론들, 클론이 그린 그림들, 두뇌와 폭탄뇌관이 결합된 사이보그 예술가, 밤새 모니터를 응시하고 웹을 서핑하며 영상물을 찾아다니는 디지털/아날로그 주체들은, 헤일스가 『나의 어머니는 컴퓨터였다(*My Mother Was a Computer*)』(2005)의 결론에서 강조하듯, "우리가 만든 것"과 "(우리가 생각하는) 우리가 무엇인가"가 분리될 수 없는 상호관계로 엮여 공진화하고 있다는 사실을(Hayles, 2005: 240), 그리고 그 과정에서 기술적인 문제와 윤리적인 문제가 동시에 출현함을 분명하게 보여준다. 이시구로는 사실주의적 스타일로 공상과학소설에 나옴직한 클론을 다룬다. 깁슨은 낯설게 하는 공상과학소설적 스타일로 현재 우리에게 이미 익숙해진 컴퓨터와 사이버스페이스의 가능성과 위험성을 다룬다. 이시구로와 깁슨의 서사전략은 둘 다 한편으로는 독자들의 동일시를 가능하게 하면서도 동시에 독자에게 인식상의 거리를 제공한다. 둘 다 현재의 포스트휴먼 기술문화가 제기하는 윤리 문제에 독자들의 관심을 효과적으로 끌기 위한 전략들로 볼 수 있다.

포스트휴먼 기술문화가 제기하는 윤리 문제에 현 시대의 소설들은 왜 그토록 예민하게 반응하는가? 아마도 그 이유는 『패턴 인식』에 등장하는 광고 사업가 빅엔드가 지적하듯, 우리의 현재가 기술과학적으로 너무나 급격하게 변화하고 있을 뿐 아니라 더 나아가 더 급격한 변화의 씨앗도 담고 있기 때문일 것이다. 현재가 그것을 토대로 미래를 예측할 수 있는 견고한, 그리고 오래 지속하는 토대가 되지 못하는 이러한 상황에서, 문학은 무엇을 할 수 있을까? 빅엔드는 "현재 우리가 할 수 있는 것이 단지 위험 관리, 즉 주어진 순간의 시나리오들을 살펴보고 패턴을 인식해보는 것"(Gibson, 2003: 59)이라고 말한다. 현 시대 문학이 할 수 있는 것도 이처럼 급격하게 변화하는 기술과학 문화의 가능성과 위험을 관리하고 주어진 현재의 시나리오들을 주의 깊게 성찰하여 앞으로의 방향과 패턴을 추론해보는 작업일 수 있다. 이런 면에서 유전공학의 발전이 야기한 문제들을 다룬 이시구로의『나를 보내지 마』와 컴퓨터 기술이 제공할 가능성과 영향들을 다룬 깁슨의『패턴 인식』은 현재의 중요한 기술과학이 우리 사회와 인간의 존재 조건에 미칠 영향을 점검해보고, 현재 상황이 나아갈 방향과 패턴에 독자의 적극적인 관심과 개입을 요청한다는 점에서 현 시대의 기술과학적 포스트휴먼 조건 및 포스트휴먼 곤경에 적극적으로 대응한 문학적 시도로 평가할 수 있다.

8

포스트휴먼 관점에서 본 『프랑켄슈타인』

이선주

1. 왜 포스트휴먼 관점인가

메리 셸리(Mary Shelley)의 『프랑켄슈타인(*Frankenstein*)』(1818)은 수많은 유수한 비평들을 산출해왔다. 그 많은 비평들은 크게 세 가지 방향으로 모을 수 있다. 페미니즘 입장을 취하는 비평가들은 여성에게 지극히 억압적인 근대 남성 위주의 가부장제 사회의 병폐를 비판하기 위해 라캉의 정신분석 이론에 기대어 여성의 몸이나 응시의 은유로 소설을 분석하거나 여성 작가로서의 글쓰기나 작가적 정체성의 특성 면에서 분석한다. 페미니즘 입장의 또 다른 부류는 여성의 출산과 양육에 근거해서 여성성에 긍정적 인간성을 부여하며 프랑켄슈타인의 인간 창조를 여성성의 중요 권한인 출산을 찬탈하는 가부장적 지배의 연장선상으로 분석한다. 이렇게 자연적 혹은 심리적 젠더 차이를 강조하며 『프랑켄슈타인』을 분석하는 비평가에는 멜러(Anne Mellor), 레만(Steven Lehman), 손현주가 있다. 두 번째 비평조류로는 "근대 프로메테우스(The Modern Prometheus)"라는 부제와 연결해서 프랑켄슈타인의 실험을 신의 금기를 어기고 오만함의 죄를 지은 과학자라는 입장에서 보거나, 반대로 억압에 굴복하지 않는 창조적 정신을 상징하는 것으로 보는 입장이다. 존재의 메커니즘을 연구해 생명을 창조하려는 프랑켄슈타인의 야심은 오만함과 창조성의 양면을 모두 지니고 있다. 이 소설은 모든 파국이 다 벌어지고 난 상태에서 북극해에서 만난 선장 월튼(Walton)에게 회한과 자책에 휩싸인 프랑켄슈타인이 들려주는 내러티브 형식이어서 이 양면 중 그의 오만함에로 강조점이 주어지는 비평이 많이 나왔다. 최근에는 그 오만함을 과학담론의 프레임으로 가져와 과학자의 실험성과 윤리규범과의 갈등으로 다루기도 하며 무모한 실험을 하는 근대의 "미친 과학자(Schummer, 2007: 7)"들에 대한 당대의 태도를 현대 과학적 입장을 가지고 분석하는 비평들도 있다.

또 다른 많은 비평은 '괴물'의 괴물성을 이질적인 존재를 타자화하는 경향에 대한 다층적 분석으로 연결시킨다. 서구의 사유에서는 일찍이 선을 자아 정체성 및 동질성의 개념과 등치시켰으며 악의 경험은 우리 밖의 이질적 존재와 연결시켰다. 외모적 이질성을 괴물로 치부하고 경계를 지어 배척하는 경향은 괴물성에 대한 숙고로 이어진다. 괴물성은 하층계급에 대한 억압, 여성에 대한 적대감, 인종차별주의, 이방인 배척과 같은 다양한 타자화 양식의 근거가 되어왔다. 이러한 괴물성에 대한 사유는 배척당하는 타자의 인격성을 부각시키는 방식의 분석을 취하기도 하고 또는 서구의 사유가 집착하는 '내적 동일성' 안에 이미 '외적 이질성'이 전복적 성격으로 내재되어 있음을 분석하기도 한다.

이 글은 포스트휴먼 관점에서 『프랑켄슈타인』을 읽고자 한다. 여기서 취하는 포스트휴먼 관점은 앞에서 정리한 세 가지 방향의 비평들과 연결점이 있다. 나는 페미니즘 이론가들처럼 근대 이성적 휴머니즘 주체가 역사적으로 백인 유럽 남성으로 구성되어왔다는 데 인식을 같이하면서 그러한 근대 이성적 주체에 비판적 입장을 갖고 있다. 두 번째 비평조류인 프랑켄슈타인의 생명 창조 실험을 어떻게 보는가에 있어서 나는 종교나 윤리의 기준을 넘어선 오만한 인간의 실패로 보기보다는 새로운 발견을 향해 노력하는 과학자의 창조적 도전으로 보는 입장을 취하고 있다. 세 번째 비평은 괴물의 상징성을 타자담론이라는 사회적 의미로 파악하는 비평이어서 이 글에 기본적으로 함축되어 있는 인간 대 포스트휴먼이라는 구도에 유사하게 적용가능하다. 그런 면에서 이 글은 기존 비평들과의 연속성 위에 있으면서 기존 비평들에 기대고 있다.

  그러면서도 이 글은 기존의 세 가지 비평과 다른 중요한 차이가 있다. 세 가지 비평조류는 분석의 방향은 다르지만 모두 괴물을 일단 창조된 다음부터는 우리와 같은 보통의 인간으로 보고 있다는 공통점을 갖는다. 그런데 프랑켄슈타인의 괴물의 생성과 물질성을 직시하면 괴물은 보통의 인간이 아니라는 것을 간과하고 넘어가기 어렵게 된다. 이 소설의 괴물은 우리가 보통 '괴물' 하면 생각하게 되듯 역사를 거슬러 올라가서 볼 수 있는 신화적인 괴물이 아니다. 이 소설의 괴물은 동물적 인간이 아니라 테크놀로지로 만들어낸 인조인간으로 보아야 더 적합하다. 여기서의 괴물은 과거의 역사적인 괴물이 아니라 근대과학이 할 수 있는 자연에 대한 과학적 제어를 생산적 응용을 향해 최대로 밀고 간 것이다. 한센(Mark Hansen)이 말하듯이 "기술 절벽(technology creep)"이라 할 정도의 엄청난 불연속적 인공생명이 생성된 것이다.(Hansen, 1997: 581) 괴물은 이 소설이 나온 19세기 벽두에만 놀라운 것이 아니라 지금 인공생명의 발전상황에서 보아도 놀라울 정도로 미래를 앞당겨놓은 것이다. 그런 점에서 『프랑켄슈타인』의 괴물을 인공생명, 인조인간으로 보며 분석하는 포스트휴먼 관점은 의미가 크다 할 수 있다.

포스트휴먼이란 무엇인가? 헤일스(Katherine Hayles)는 포스트휴먼을 우리와 떨어져 있는 어떤 존재로 생각할 것이 아니라 우리는 이미 "포스트휴먼이 되었"다고 선언한다. 우리가 다루는 컴퓨터 프로그램과 같은 "분산 인지 시스템에서 재현된 신체는 계속해서 변화하는 유연한 기계 인터페이스를 통해서 발제된 신체(enacted body)와 하나가 된다. 컴퓨터 스크린을 스크롤해 내려가면서 명멸하는 기표들을 응시할 때 당신은 이미 포스트휴먼이 되었다."(헤일스, 2013: 18)고 말한다. 우리가 생활하는 장 곳곳에 분산 인지 시스템이 작동하며 그 안에 재현된 인공생명과 우리는 연관을 맺고 있는 발제된 신체라는 면에서 이미 포스트휴먼이 되었고 포스트휴먼 시대에 살고 있다. 그러면 인칭으로서의 포스트휴먼은 무엇을 지칭하는가? 포스트휴먼은 인간의 뇌에서 착안해 만든 인공지능일 수도 있고, 신체를 버리고 슈퍼컴퓨터 안의 정보 패턴으로 살기를 선택한 업로드의 형태일 수도 있으며, 또는 유전공학과 신경생리학 등의 발전으로 신체적 능력이 증강된 인간일 수도 있고 기계와 유기체가 결합한 사이보그일 수도 있다. 이 개체들 가운데 앞의 두 개는 헤일스의 표현에 따르면 실리콘 기반 생명 형태이고 뒤의 두 개는 단백질 기반 생명 형태이다. 컴퓨터 코드도 자연적인 생명 형태이고 단지 매체가 인공적일 뿐이다. 이 소설의 괴물과 같은 단백질 기반 인공생명체는 물론 생명이거니와, 실제 발제된 신체는 없으나 실리콘 기반 인공생명체까지도 생명이라고 보며 사회적 행위성과 윤리성을 더욱 생각해야 한다는 것이 포스트휴먼적 인식이다.

이러한 포스트휴먼적 인식에 서게 되면『프랑켄슈타인』의 괴물의 존재감과 특성이 확연히 부각된다. 괴물을 무조건 같은 인간의 프레임에 놓고서 차별과 공존을 논의하는 것만으로는 시대를 너무도 능가한 이 소설의 탁월성을 드러내 보일 수 없다. "프랑켄슈타인의 장벽(barrier)"(Slusser, 1992: 46)을 치우고 괴물을 동등한 인간으로 받아들이자고 말하는 것으로는 뭔가 부족하다는 느낌을 그렇기 때문에 받는다. 괴물은 인간과 비인간, 유기체와 기계 사이의 경계를 위반한 인조인간으로 실제로 생성된 것이다. 이렇게 봄으로써『프랑켄슈타인』을 새롭게 해석하기 위하여 다음 세 부분으로 나누어 분석해보고자 한다.

2장에서는 프랑켄슈타인이 나타내는 근대과학은 기계론에 기초함을 살펴본다. 프랑켄슈타인이 죽은 시체의 사지라는 무기질에 전기와 같은 인공물질을 작용하여 인간을 만들어내는 과정은 근대과학의 기계론에 토대를 두고 있으며, 그가 인조인간을 창조한 순간 그것의 괴물 같은 외모를 보고서 버려버리는 것도 데카르트적 기계론에서 나온 행동임을 분석한다. 3장에서는 괴물이 감각을 통해 의식을 형성해가는 내러티브는 포스트휴먼 관점의 감각과 의식 개념에 부합함을 살펴본다. 의식이 인간만의 고유성이 아닐뿐더러 의식이 뇌라는 어떤 특정 영역에서만 나오는 게 전혀 아닌 것이다. 4장에서는『프랑켄슈타인』의 내러티브가 인공생명의 출현을 기록하는 마치 기계적인 텍스트 같은 속성을 보여줌에 초점을 둔다. 이를 통해 괴물이 회오리를 불러일으키는 중간 부분부터 메리 셸리가 텍스트에 대한 제어력을 텍스트 자체에 내어줌으로써 포스트휴먼적 성격을 결과적으로 살리게 됨을 분석하고자 한다. 아울러 괴물을 막아서던 프랑켄슈타인이 모든 것을 다 잃게 되었을 때 발휘하는 결연한 행동을 어떻게 들뢰즈(Gilles Deleuze)의 '되기', 즉 '괴물 되기'로 볼 수 있는지를 분석한다.

2. 프랑켄슈타인의 기계론적 근대과학

자아, 주체, 정체성 등의 이름으로 인간을 사유하기 시작한 것은 근대의 산물이다.(마정미, 2014: 5) 자아, 주체, 정체성이라는 근대적 관념에는 스스로 책임지는 자율적 인간에 대한 믿음이 들어 있다. 근대는 인간 자신에 대한 자신감이 충천한 시기이다. 스스로 책임지는 자율적 인간을 가능하게 하는 것은 이성의 사용이다.(오영주, 2009: 195) 근대 이전에도 인간은 이성을 가진 독보적 존재라는 믿음이 있었고 이성이 지식을 이끄는 빛이었던 것은 사실이다. 그러나 근대 이전의 인간 이성은 신의 교리 안에 갇혀 있었다. 항상 선험적 틀로서 종교 교리가 작동하였다. 근대 계몽에 이르러 드디어 인간은 이성을 사용하는 자율적 인간이 된다. 인간이 이러한 독보적 지위에 오르게 된 데는 한편으로는 앞서 말한 종교적 믿음의 이완이 있었고, 다른 한편으로는 과학의 발전이 있었다. 과학의 발전으로 인간은 자연과 우주에 대한 물리적인 지식을 획득한다. 자연이 통제 가능하게 여겨지고 우주가 이해 가능하게 되면서 둘 다 인간의 인식 틀 안에 놓이게 된다.

프랑켄슈타인은 근대과학의 발달을 이끄는 첨단 과학자이다. 그가 고향 제네바를 떠나 독일 잉골슈타트 대학교(University of Ingolstadt)에 유학하여 만난 발드만(Waldman) 교수는 그를 근대의 기계론적 과학연구의 길로 이끈다.

"이 학문을 가르치던 옛날 교사들은 불가능을 장담했고 아무것도 하지 않았습니다. 현대의 거장들은 약속하는 바가 거의 없죠. 그들은 금속을 금으로 바꿀 수 없다는 것, 생명의 영약은 헛된 꿈이라는 것을 알기 때문입니다. 그러나 이 철학자들, 더러운 오물을 만지작거리고, 현미경과 쇳물 도가니를 뚫어지게 쳐다보는 것밖에 할 줄 아는 게 없어 보이는 이들은 실로 기적을 행해왔습니다. 이들은 자연의 후미진 곳을 관찰하고 자연이 거기 숨어서 어떻게 일하는지 보여줍니다. 이들은 신의 영역에도 접근합니다. 혈액이 어떻게 순환하는지, 우리가 숨 쉬는 공기의 성질은 무엇인지 밝혀냈죠. 이들은 새롭고도 거의 무한한 능력을 획득해왔습니다. 천둥을 명령하고 지진

을 흉내 내며 그늘에 가려져 보이지 않는 세계를 모방하기까지 합니다."(46)[1]

위의 인용에는 중세의 연금술적인 과학과 근대의 기계론적 과학이 비교되고 있다. 근대과학혁명의 본질은 우리가 세계의 대상을 파악하고 인식하는 패러다임의 근본적인 전환으로 이해될 수 있다.(신상규, 2015: 15-19) 근대 이전에 인간이 세계를 이해했던 기본적인 방식은 아리스토텔레스로 대표될 수 있는 목적론적 세계관이다. 이는 사물의 존재 및 발생은 모두 목적에 의해서 규정된다는 판단에 근거하는 세계관이다. 아리스토텔레스는 어떤 것이 존재한다는 사실 속에는 어떤 특정한 목적을 향하고 있다는 의미가 필연적으로 내포되어 있다고 본다. 자연적인 유기체가 성장하는 경우에는 성장의 각 계기적인 단계를 거치면서 그것이 도달하고자 하는 성체의 최종적인 모습이 이미 들어 있다고 보았다. 이는 아기 떡갈나무 안에 이미 부모 떡갈나무의 형상이 들어가 있고 크게 보면 자연과 우주도 이미 목적을 향한 형상이 그 안에 내재되어 있다고 보는 유기체적인 사고이다. 이는 직관주의적인 지성이며 비유적인 사고여서 과학적인 사고와는 거리가 있다. 근세까지 지배적이던 목적론적 사고는 중세의 독단주의적인 타락을 야기하였다. 모든 자연재해와 불행도 신의 섭리이며 모든 것은 신의 최종적 목적을 향한 과정이라고 보는 것이다. 이러한 직관주의적 목적론에서 과학은 신비주의적이고 비실증적이다. 그렇기 때문에 불가능한 과학도 가능하다. 인간의 불멸을 꿈꾸고 쇳조각을 금붙이로 바꿀 수도 있다는 주장도 과학 안에서 용인된다. 그러한 중세 연금술적 과학과 달리 근대 자연과학은 계산적인 물리과학에 기초한다. 오물을 현미경으로 관찰하며 물질의 성분을 밝혀내고 혈액이 어떻게 순환하는지를 증명한다. 질료에 일어나는 변화를 합목적적이 아니라 결정

1 텍스트는 Mary Shelley의 *Frankenstein*(London: Penguin, 2006)이며 이하 페이지 수만 기입한다.

론적이고 기계론적인 방식으로 작용하는 원인의 개념으로 설명한다. 사물의 운동은 어떤 자연적 목적을 달성하기 위해서가 아니라 인과적인 기계론의 법칙에 일치하는 방식으로 움직이도록 원인 지어졌기 때문에 발생한다.

프랑켄슈타인은 관찰과 실험을 통해 질료를 분석하고 표준적인 수학 공식으로 풀이하고 명명하는 근대 기계론적인 과학에 매료된다. 그런데 그는 보통의 근대과학자보다는 훨씬 더 큰 발명을 해내고 싶은 야심을 가지고 있다. 발드만 교수의 말을 들으면서 그는 "내 존재의 메커니즘을 이루는 많은 열쇠들이 하나씩 만져지는 것 같았다. 암호들이 차례로 풀리는 소리가 들리"는 것 같았다고 한다.(47) 그는 존재, 즉 인간 생명체를 생성해내고 싶은 것이다. 프랑켄슈타인은 과학지식을 탐구하고 물질을 원인 결과에 입각해서 실험을 하면 생명을 만들어낼 수 있다는 환희에 벅차오른다. 생명의 비밀을 밝히리라는, 마치 중세 연금술사와 같은 꿈을 이루리라 다짐을 하며, 그 방법은 근대의 기계적 과학기술을 통해서 연마한다.

물질에서 생명을 생성해내는 연구에 투신하는 프랑켄슈타인의 묘사는 가히 "장관(spectacle)"이다. 런던(Bette London)은 연구실에 틀어박혀 시체의 사지를 펼쳐놓고 연구하는 그의 모습을 "남성성의 장관(spectacle of Masculinity)"으로 해석한다.(London, 1993: 262) 근대가 이성의 시대라 하면, 이때의 위대한 인간 이성은 오직 남성에만 해당된다. 근대 이성, 주체, 과학은 여성성에는 해당되지 않고 남성성만을 대상으로 하기 때문이다. 주변 전체가 칠흑같이 캄캄한데 가운데만 밝힌 붉은 조명은 절단된 사지와 기관들을 앞에 두고 연구에 몰두하는 프랑켄슈타인에게만 집중된다. 그는 2년 동안 부모도 애인도 만나지 않은 채 스스로를 세상으로부터 격리한다. 그는 고독한 연구와 외골수적인 관심 집중과 냉철한 분석력으로 연구에 투신한다. 인간 프레임의 구조를 분석하고 골격과 근육의 질료를 밝히는 데 많은 시간을 보낸다. 납골당에서 가져온 사지와 기관들을 그 기능과 형태에 맞게 조립하여 형체를 만든다. 마지막으로 생명 없는 시체에 생명을 불어넣기 위해 한 결정 요인을 가한다. "나는 내 발 아래 놓여 있는 생명 없는 것에 존재의 스파크를 불어넣을 것이다." (59) 호우(Ulf Houe)가 말하듯이, 애석하게도 메리 셸리는 이 생성의 순간에 그게 정확히 전기라는 것을 밝히지는 않는다.(Houe, 2016: 100) 현재의 우리가 볼 때는 생명의 원인 인자가 전기임을 셸리가 명시하지 않은 것은 애석하지만, 시체의 사지를 조합한 무기질에 생명을 불어넣기 위해 사용한 일격의 동력을 언급하는 대부분의 비평가들은 모두 그것이 전기라고 보고 있다.[2] 메리 셸리와 남편 퍼시 셸리(Percy Bysshe Shelley)가 당시에 전기로 생명력을 불어넣는 실험을 한 볼타(Alessandro Volta)나 갈바니(Luigi Galvani)를 들어 알고 있었고, 전기와 생명력의 관계를 연구한 에버네시(John Abernathy)나 로런스(William Lawrence)와 학문적 교류를 갖고 있었다. 메리는 그 생명 생성의 순간에 전기를 명시하지는 않지만 그 순간의 "spark of being"이나 "convulsive motion"(59)이라는 언급이나 창조 직전에 치는 번갯불에서 충분히 전기가 생성의 결정 인자임을 추측할 수 있게 한다.

실험은 실제로 성공해서 프랑켄슈타인은 무기질로부터 생명을, 그것도 인간보다 더 증강된 신체를 가진 '포스트휴먼'을 만들어낸다. 괴물의 창조 순간은 시몽동(Gilbert Simondon)의 생성 이론을 적용하기에 적합하다. 시몽동에 따르면 존재는 자기 동일적 단일성을 지닌 안정적 실체가 아니라 퍼텐셜 에너지로 가득 찬 준안정적인 시스템과 같다.(김재희,

2 호우도 셸리가 전기임을 명시한 것은 아니지만 전기임을 예측할 수 있게는 했다는 입장이고 홈스(Richard Holmes), 호그세트(David Hogsette), 파라(Patricia Fara) 등 대부분의 비평가들이 무생물에 생명력을 불어넣은 결정력을 근대의 혁신 동력인 전기로 당연히 보고서 논평을 하고 있다.

2011: 231) 이 준안정적인 존재는 금방이라도 결정체를 산출할 수 있는 과포화 용액을 닮았다. 과포화 용액은 한계 이상의 많은 용질을 포함하고 있는 용액이라서, 용질의 결정 조각을 넣어주면 곧바로 과잉되어 있던 용질이 결정으로 석출된다. 과포화 용액의 이런 결정화 과정은 존재의 개체화과정, 다시 말하면 존재의 생성을 유비적으로 드러낸다. 생성되기 직전의 괴물은 프랑켄슈타인이 죽은 시체를 수집하여 사지와 기관과 혈관을 조합하여 사람의 형체와 용질을 다 갖추어놓은 포화상태와 같다. 그 무기질에 어떤 결정적인 용질 조각이 넣어진다면 그가 바라던 대로 인간 생명체가 생성될 것이다. 메리 셸리는 암시적으로만 제시하지만 틀림없이 전기라는 근대적 동력을 그 무기물에 넣는 순간 괴물이라는 용질이 결정으로 석출된다.

시몽동에 따르면 개체화 과정은 곧 존재의 생성작용이다. 생성은 존재의 한 차원이며 존재가 자기 자신과 달라지는 역량, 달라지면서 스스로 해(解)를 찾는 역량에 해당한다. 전(前)개체적인 존재는 상(phase)이 없는 존재이다.(시몽동, 2011: 105) 존재 가운데서 개체화가 수행되며, 존재가 상들로 분배되면서 하나의 해가 존재 안에 나타나는데, 이것이 생성이다. 프랑켄슈타인은 자신과 같은 존재를 근대 기계적 과학을 이용하여 만들려 했고 전기라는 결정적 용질을 넣어줌으로써 개체화를 생성해내는 데 성공한다. 그런데 생성된 개체화는 프랑켄슈타인이 생각한 것처럼 근대 인간의 상이 아니다. 생성(개체화)은 존재가 상들로 분배되면서 그 가운데 출현하는 하나의 해이며 생성은 존재가 자기 자신과 달라지는 역량이기 때문이다. 어떤 존재로부터 생성된 개체화는 원인인 그 존재와 동일할 수 없다. 더구나 그 원인인 존재도 고정된 실체를 가지고 있지 않다. 존재는 퍼텐셜 에너지로 충전된 준안정적 시스템일 뿐이기 때문이다. 근대 인간이라는 존재는 자기 동일적 단일성을 지닌 안정된 실체가 아니다. 단일한 실체란 없고 오히려 퍼텐셜 에너지로 충전된 준안정적 시스템이다. 그런 고로 프랑켄슈타인이 근대 인간의 무기질을 수학적 계산과 물리적 공식을 이용하여 과학적인 실험으로 생성한 개체화는 그가 바라던 근대 인간일 수는 없다.

근대 인간이 아니니 그 개체화는 프랑켄슈타인이 보기에, 괴물이다. 프랑켄슈타인이 괴물을 버려버리는 것은 데카르트적 기계론에서 나온 행동이다. 데카르트는 자연세계에 대한 이해에 있어서 기계론적 세계관을 전면적으로 수용했고, 인간을 제외한 모든 동물을 인과론적 법칙의 지배를 받는 일종의 기계로 간주했다.(신상규, 2015: 20) 데카르트에 따르면 동물의 행동은 외부의 물리적 자극과 그것에 기계적으로 반응하는 신경계의 움직임을 통해서 완전하게 설명될 수 있다. 동물은 기계적 세계의 법칙에 전적으로 종속되어 있는 본능적 존재이다. 동물이 본능적인 기계적 법칙에 종속되어 있다는 점에서 동물은 물질이다. 반면 인간은 물질적 신체와 비물질적인 정신의 결합으로 이루어진 복합적 존재이다. 데카르트는 정신과 육체가 근본적으로 그 범주를 달리하는 서로 전혀 다른 특성을 지닌 별개의 실체이며 이것들이 두뇌 깊숙이 자리 잡은 송과선을 통해서만 상호작용한다고 생각했다. 그런데 인간에게 있어서 정신과 물질이 결코 대등한 지위를 가진 것은 아니어서 인간에게 있어서의 실체는 오직 정신이다. 데카르트는 "나는 나 자신을 사유 이외의 모든 것과 별개의 것으로 명확하고 분명하게 인식할 수 있으며 따라서 나는 사유하는 실체이다."(소렐, 1999: 123)라고 말한다. 인간을 자율적인 존재로 서게 하는 사유가 없는 존재는 모두 인간의 의지 아래 놓인다. 기계론적 과학자인 프랑켄슈타인에게 괴물은 동물이고 기계이다. 기계는 사유하지 않으므로 언제든 폐기할 수 있는 게 된다.

프랑켄슈타인이 괴물의 생성 직후 괴물을 폐기해버리는 것은 이러한 사고에서이다. 그런데 그가 괴물을 버리는 데 전혀 주저함이 없었던 것은 인간의 우월성에서만은 아님이 또한 드러난다. 프랑켄슈타인이 2년 만에 맞닥뜨린 괴물은 놀랍게도 자신의 권리를 상대방에게 수긍시킬 정도로 까지 사유와 언어능력을 갖추었다. 인간을 신체적으로 증강한 괴물이 인간에 못지않은 이성능력까지 갖추고 있자 프랑켄슈타인은 자신이 생성한 이 생명체에 압도당한다. 프랑켄슈타인이 괴물을 버린 이유는 그를 물질적인 기계 정도로 생각하기 때문만이 아니라 그 인공생명체의 가공할 만한 미래성이 두려워서이다. 괴물의 호소가 그의 마음을 움직여 괴물에게 여성 짝을 만들어주기로 약속하고 거의 만든 순간 그는 그것을 망가뜨려 버린다. 괴물 한 쌍의 생성이 일으킬 포스트휴먼적 미래에 대한 두려움이 엄습했기 때문이다. "지금 나는 새로운 존재를 막 만들어내고 있는데 그것의 용질에 대해 마찬가지로 나는 무지하다. 어쩌면 그녀는 자신의 배우자보다 천 배 만 배 사악해서 살인과 참극 자체를 즐길 수도 있다."(206) 그들의 자손 번식을 우려하며 "나 혼자 좋으라고, 나중 세대에게 이런 저주를 부를 권리가 있는 걸까?"(207)라고 그는 번민한다.

그는 포스트휴먼의 존재에 압도당하고 그것이 인간 종과 번식하거나 인간 종을 위험에 빠트리게 될 것에 경악하는 것이다. 그가 후대에 "프랑켄슈타인의 장벽"이라는 고유명사를 창출하게 될 정도로 괴물을 막아서는 데에는 휴먼을 넘어서는 것 같은 압도적인 인공생명에 대한 두려움이 몰려왔기 때문이다. 과포화 상태에 있는 준안정적 상태의 무기질 시스템에 전기를 가해서 괴물을 생성해내는 기술과학을 터득한 그는 그 기술을 버리기로 결단한다. 인간 신체보다 더 증강되고 인간 이성에 뒤지지 않는 사고력을 가진 인공생명체와 싸워야 하는 인간의 험난한 대결을 막고자 함이다. 프랑켄슈타인이 괴물에 장벽을 높이 세우는 것은 앞에서 살펴본 것처럼 근대 이성중심 사고에서 나온 기계동물에 대한 배척인 것은 분명하지만, 그것은 더 나아가 인간을 밀어내며 들어올 것 같은 강력한 인공생명에 대한 배척인 것이다.

프랑켄슈타인의 장벽 쌓기가 포스트휴먼에 대한 것이라면 그의 배척은 그래서는 안 된다고 비판받아야 한다는 단순한 틀을 넘어선다. 1818년이라면 프랑켄슈타인의 괴물 배척이 당연한 것으로 받아들여졌을 것이고, 응용과학과 기술과학의 발달로 소위 포스트휴먼 시대라고 하는 현 시대에도 그것에 대한 입장은 단순하지 않다. 리오타르(Jean-Francois Lyotard)는 앞서 살펴본 근대적 이성주체, 즉 인간만이 이성을 갖는다라든가 인간은 사유하는 실체임을 주장하고 강요하는 입장을 인간주의(humanism)라고 부르며 일관되게 비판한다.(Sim, 2001: 9-17) 그러한 리오타르도 포스트휴먼과 같은 인공생명을 비인간(Inhuman)이라 칭하며 그러한 비인간적인 출현에 철저히 반대한다. 그는 인공생명과 같은 "비인간적인 것에 저항하는 이외에 다른 무엇이 정치로 남아 있는가."(Lyotard, 1991: 7)라면서 현재의 기술과학에 의해 계획되고 있는 인간 소멸에 대항해 싸울 것을 촉구한다. 프랑켄슈타인의 괴물 생성과 배격이 단순한 도덕적 옳고 그름의 틀에서 말하는 것으로는 전혀 충분하지 않고 그가 두려워하던 미래는 현재 우리가 복합적인 심정과 대처로 맞아들이고 있는 기술과학적 실제상황이다.

3. 포스트휴먼 관점에서의 감각과 의식

프랑켄슈타인이 괴물을 버리고서도 아무렇지 않았던 것은 그런 야수, 데카르트의 용어로 하면 그런 '자동기계'에 의식이 있으리라고 그는 생각하지 않았기 때문이다. 그런데 2년 만에 프랑켄슈타인 앞에 나타난 괴물이 들려주는 자신의 탄생과 성장 내러티브는 의식이란 무엇인가, 의식은 뇌에서만 존재하는가, 몸이 의식적인가와 같은 중대한 질문을 던지게 한다.

많은 근대 철학자들은 감각과 의식 사이, 육체와 정신 사이는 분리되어 있다고 생각해왔다. 대표적으로 데카르트는 나 자신을 사유 이외의 모든 것과 별개의 것으로 명확하고 분명하게 인식할 수 있다고 했다. 사유하는 나만이 실체이고 이러한 이성적 영혼은 단지 우연적으로만 감각기관과 연결되어 있다고 했다. 이성의 작용은 감각기관에 의존하지 않는다. "그는 자신의 자아나 영혼, 그리고 사유가 실제적이라는 사실에 대해서는 조금도 의심하지 않으면서도 감각이나 육체를 지니고 있지 않은 자신을 생각할 수는 있었다."(소렐, 1999: 110) 이로부터 데카르트는 자율적으로 활동하는 이성이라는 개념을 이끌어내었다. 이성은 감각에 의존하지 않고 반면에 감각은 이성에 의해서만 파악된다고 보았다. 데카르트는 "지성이나 상상력뿐만이 아니라 감각까지도 모두 오직 두뇌 안에서만 이루어진다."(케니, 1991: 233)고 했다. 사과가 달다거나 빨갛다는 사실과 같이 인간이 물체를 지각하는 것은 감각이 아니라 지성을 통해서 이루어진다고 했다.

메리 셸리와 특히 그녀의 남편 퍼시 셸리와 지적 교류를 해오던 로런스(William Lawrence)도 의식을 뇌의 분비물로 보았다. 당대 왕립외과대학의 교수였던 로런스는 중세적인 신관과 같은 형이상학적 실재를 부정한다. 그는 부분들의 조직화된 집합은 생명력 있는 존재가 되는 방식으로 자동적으로 맞추어지게 되어 있고 그렇게 부분들의 기계적인 조합이 생명을 만들어낸다고 보았다. 그는 "신비로운 생명 원리 따위는 절대로 없고 인체는 복잡한 물리적 조직체일 뿐이라고 단언했다."(Holmes, 2010: 470) 로런스는 "마음이나 의식은 물질적인 뇌 안에서의 분비물의 결과일 따름"(Hogsette, 2011: 535)이라고 보았고 그의 유물론적 자연관은 당대 젊은 지식인들에게 크게 영향을 미치기도 했다.

의식과 감각의 확연한 분리, 의식에의 감각의 절대적 의존성을 주장하는 데카르트만큼 의식의 찬양자는 아니라 할지라도, 의식은 뇌에서 나온다라는 철학적, 과학적 논의는 최근까지도 세력을 이어왔다. 여전히 환원주의적인 현대 철학자에게서도 의식의 두뇌 결정론이 끈질기게 이어지고 있다. 의식이라는 용어는 우리가 보통 지각력이 있는 인간, 하면 연상되는 속성들, 즉 생각, 감정, 기억, 인식, 지능, 자기이해, 존재감과 같은 이 모든 속성들을 지칭한다.(Pepperell, 2009: 13) 과연 이렇게 포괄적이고 중대한 의식의 책임소재지가 뇌뿐이냐에 대한 의문은 포스트휴먼 철학자와 과학자들에 의해 본격적으로 제기된다.

뇌가 정신 현상을 야기하거나 결정짓는다는 흔히 인정받아온 믿음은, 의식에 대한 많은 과학적, 철학적 논의에서 신체를 간과함으로써 생긴 결과이다. 측정 불가능할 정도로 복잡한 뇌는 육중하게 많은 서로 연결된 신경세포들을 가지고서 인간의 지적 활동을 지원하고 있다는 것은 사실이지만 뇌가 의식의 유일한 발생원은 아니다. 아니, 더 중요하게는 감각과 의식은 분리되어 있지 않다.(Pepperell, 2009: 15-19) 지구상에 처음 생성된 괴물이 어떻게 감각하고 의식하는가에 대해 메리 셸리는 감각과 의식의 연속성의 관점을 따르고 있다. 괴물이 처음 눈을 뜨고 걷고 감각하고 의식하는 모습은 둘 사이의 관계를 생각할 수 있는 좋은 실례를 제공한다. 프랑켄슈타인의 방을 나서서 처음 세상 밖으로 나온 괴물은 "이상하게 중첩된 감각들 때문에 보고 느끼고 듣고 냄새 맡는 행위가 뒤섞여 일어났다."고 말한다.("A strange multiplicity of sensations seized me, and I saw, felt, heard, and smelt at the same time." 121) 그는 조금씩 걸음을 떼면서 사방에 놓인 물체들을 알아채고 "걷다 보니 빛의 열기 때문에 힘이 빠져 그늘이 있을 만한 곳을 찾았다."("the heat wearying me as I walked, I sought a place where I could receive shade." 121) 생성된 직후 몸을 움직이며 청각, 시각, 후각이 한꺼번에 그에게 엄습해옴을 느끼고 주변에 처음 보는 사물들을 쳐다본다. 조금 더 걸어 나가 보니 자기 몸을 자유롭게 움직일 수 있다는 것을 알게 되고 내리쬐는 햇빛에 피로와 갈증을 느껴 그늘을 찾아간다. 처음 감각과 의식이 발현되는 이 장면에서 신체 감각은 생성과 함께 가지고 있고 그 신체 감각에 의해 의아함과 신기함과 피로감 같은 의식이 곧 야기됨이 보인다. 그가 몸을 움직여 걸어볼수록 더 많은 물체를 접하면서 생각과 감정도 더 복합적이 된다.

의식을 통해서만 감각을 느끼게 되는 것이 아니라 오히려 감각이 의식을 야기하는 것으로 이 장면은 그려진다. 아니, 신체 감각이 의식을 야기한다는 말보다 더 정확하게는 "몸은 의식적이다."(Pepperell, 2009: 19) 의식은 뇌의 기능인 것만큼이나 틀림없이 신체 전체의 기능이라 할 수 있다. 긴장하게 되면 그것을 내 경직된 근육에서 느끼고, 즐겁다면 그 즐거움을 내 입과 뺨에서 의미심장하게 느끼고, 지루하면 내 몸은 가만히 있지 못한다. 또한 반사적으로 보이는 몸동작 속에 순간적인 의식이 담겨 있다. 위에서 떨어지는 아이를 순간 붙잡는 것처럼, 위험스럽거나 예기치 않은 사건에 대해 가끔 우리가 하는 깜짝 놀랄 정도로 빠른 반응은 몸이 의식적임을 보여준다. 이 소설에서도 괴물이 불이라는 것을 처음 보면서 그 따스함에 기뻐서 모닥불 속에 손을 내밀다가 화들짝 비명을 지르며 물러선다. 반사적인 감각과 지능적인 의식이 동시에 순간 작용한 결과이다. MIT 인공지능연구소의 브룩스(Rodney Brooks)는 인간의 본질적인 특성은 중앙통제적인 이성이 아니라 이동 능력 및 단순한 상호작용 능력임을 증명하는 실험을 한다. 브룩스는 사이보그 같은 인공생명을 만드는 데 있어 그것이 이동성이 있고 환경과 상호작용을 할 수 있게 하는 것이 가장 어려운 부분이라고 생각한다.(Brooks, 1991: 250) 일단 이런 특징들이 자리 잡으면 정교한 인지능력과 같은 나머지는 비교적 빨리 진행됨을 브룩스를 비롯한 여러 인공생명 학자들이 증명한다. 『프랑켄슈타인』의 괴물은 감각과 의식은 분리되어 있는 것이 아니라 연속적이며 신체의 이동성과 주변에 대한 상호작용으로 의식이 확장되는 것으로 그려져 있다.

인간 안에 완전한 의식의 도래는 언어의 완전한 습득과 일치한다. 언어 사용 이전 단계의 애기도 괴물처럼 의식이 있고 자각을 하나, 완전히 발전한 성인들에게 보통 적용하는 그런 반성적이고 자기 의식적인 의미에서의 자각은 명백히 아니기 때문이다. 괴물이 처음 언어를 익히는 장면은 감각과 의식의 연속성이라는 문제에서 중요하다.

> 그들의 발음은 빨랐고, 그들이 가리키는 단어들이 눈에 보이는 사물과 뚜렷한 관계가 없었으므로 나로서는 그것이 의미하는 수수께끼를 풀 단서를 전혀 찾을 수가 없었던 거요. 그러나 내 헛간을 비춰주는 달의 주기가 여러 번 바뀌는 동안 엄청난 노력을 쏟은 끝에 마침내 그들의 대화에서 가장 자주 나오는 몇몇 사물의 이름을 터득했소. 내가 배우고 연습한 단어는 "불", "우유", "빵", "땔감"이었소.(133)

언어는 세계의 질서를 제도화한다. 이 말은, 세계는 질서가 있다거나 물체들 간의 분리가 명확하게 되어 있는 것이 절대 아님에도, 사물을 단어로 지칭하는 언어 습득과정을 통해 분리개념을 터득하고 사물 간에 구별의 질서가 있어 보이게 된다는 의미이다. 인간을 독자적인 존재로 생각하지 않고 인간의 사고를 독자적 실체라고 보지 않는 포스트휴먼적 시각에서 보면 사물들 간의 분리나 질서란 유동적이지 전혀 절대적인 개념이 아니다. 그러나 일단은 인간이 지식을 습득하고 인식을 확장해 나가는 데 언어는 절대적인 도구이다. 괴물이 특정 소리와 의미를 연결하기 위해 애씀은 보다 높은 단계의 의식으로 나아가기 위함이다. 괴물은 달의 주기가 여러 번 바뀌는 동안 엄청난 에너지를 쏟은 끝에 기본 언어를 습득한다. 다음 인용은 오두막집 사람이 책 읽는 소리를 들으며 소리와 의미를 읽히려 애를 쓰는 괴물의 묘사이다. 앞서 일상의 보다 분명한 실용 단어들을 익혔던 괴물은 이제 책에서 나오는 추상명사와 문어체를 접하고 있다.

처음에 나는 독서라는 것을 도저히 이해할 수 없었는데, 점차 그가 글을 읽을 때는 말할 때와 똑같은 소리들이 많이 나온다는 것을 깨달았소. 그래서 그가 이해하는 말의 기호를 그 종이에서 찾아내는 거라고 나는 추측했소. 나는 그것도 정말 배우고 싶었소. 하지만 그들이 기호로 사용하는 소리도 이해하지 못하는 내가 무슨 재주로 그럴 수 있었겠소? 말의 과학에서 내 이해 수준은 크게 향상되었고 온 마음을 그 노력에 기울였지만 어떤 대화를 끝까지 들을 정도는 못 되었소.(135)

단어와 사물을 맞게 연결하고 추상적인 단어의 의미를 익히고 책을 읽고 이해하는 것은 매우 지능적인 사고이다. 그렇다면 이렇게 높은 수준의 의식과 사고는 신체 감각과는 분리된 것인가? 주위의 물체를 식별하고 감정을 느끼는 것과 같은 단순한 의식은 신체 감각과 동시에 나타날 정도로 연속적인 데 반해 언어의 습득과 같은 고도의 의식은 뇌의 작용으로만 보일 수 있다. 그러나 페페렐은 이러한 지능적 사고도 뇌에만 해당되는 국부적인 것이 아니라 몸 전체에 분산되어 있음을 사고에 대한 에너지 개념을 들어 설명한다.(Pepperell, 2009: 87-91) 사고에 대한 에너지 개념이란 사고도 신체의 에너지 작용이라는 의미이다. 먼저 괴물은 언어라는 것을 처음 대하기 때문에 기표와 기의를 연결하는 데 오랜 동안 어려움을 겪는다. 소쉬르와 같은 구조주의 언어학자나 데리다와 같은 해체주의 언어학자 둘 다 주장하는 바와 같이 이 어려움은 기표에 대한 의미가 자연적인 것이라거나 이미 주어진 것이 아니라 사회적으로 '구성된' 임의적인 것이기 때문에도 생겨난다. 단어는 사물과 반드시 일대일로 대응하는 선형적인 것이 전혀 아니다. 사회적인 맥락을 알아야만 하고 그 의미도 여러 가지로 변화하므로 언어습득이 어렵다. 먹다, 자다와 같은 쉬운 단어들은 감각적으로 다가오며 바로 알게 되어 에너지 소비가 적은 반면, 구체적인 형체가 없는 추상적인 단어를 익히는 데는 훨씬 많은 신체적 에너지가 필요하다. 그 단어를 알기 위해 괴물은 자신으로부터 모든 자극과 경험을 끌어올려야 해서 많은 에너지가 가동된다.

언어를 익히는 고도의 지능적 사고도 뇌를 통해서만이 아니라 몸 전체에 분산되어 이루어진다. 연상 작용의 활성화를 결정하는 것은 무엇이라고 특정할 수 있는 것이 아니라 개인적 경험, 문화적 관습뿐 아니라 자극 당시의 콘텍스트, 개인의 생리적 상태나 표현의 어조 같은 요소들이 포함될 것이다. 그래서 높은 수준의 지적 사고는 더 많은 것을 몸으로부터 끌어내고 환경과도 연결해서 끌어올려야 하므로 더 많은 에너지가 든다. 괴물이 언어를 익히는 데 그렇게 많은 시간을 들이고 시행착오를 거듭하는 묘사에서 사고의 에너지 개념이 적절히 적용될 수 있다.

4. 인공생명의 출현을 기록한 텍스트로서의 특징

『프랑켄슈타인』은 인공생명의 출현을 기록한 텍스트이다. 인공생명의 출현과 여파를 기록한 이 텍스트는 어떤 특성을 갖고 있는가? 이 소설에서 괴물이 내러티브를 주도적으로 몰고 가는 부분은 괴물이 프랑켄슈타인의 동생 윌리엄(William)을 살해하고 그 살인죄를 전혀 무고한 하녀인 저스틴(Justin)에게 씌우는 부분에서부터이다. 프랑켄슈타인이 괴물을 만들어내는 과정까지의 내러티브는 그에게만 모든 초점이 맞춰지다가, 괴물의 복수가 시작되면서부터 내러티브의 장악력은 압도적으로 괴물에게로 넘어간다. 프랑켄슈타인이 괴물에게 설득당해 짝을 만들었다가 부숴버린 이후부터는 더욱 무서운 힘으로 괴물이 내러티브를 몰고 간다. 괴물이 온 세상을 회오리로 몰아넣는 것처럼 모든 사물과 인간들이 그의 목적을 위한 도구로 임의적으로 포섭된다. 어떤 논리나 도덕도 개의치 않는 괴물의 거대한 의지에 주변의 모든 것이 속절없이 뒤흔들린다. 매우 가까운 친구 클레발(Clerval)이 살해당하고 그 살해범으로 몰려 프랑켄슈타인이 감옥생활을 하고 석방되어 엘리자베스와 결혼을 하고 괴물이 경고했던 대로 결혼한 날 밤 엘리자베스가 살해당하는 그 연속적인 재앙들을 모두 일으킨 에이전트는 포스트휴먼이다. 이해 안 되는 기괴한 상황들, 옴짝달싹 못하게 옭죄어오는 괴물의 논리들, 인간의 힘으로 대응할 수 없게 기습적인 우연들로 인하여『프랑켄슈타인』의 내러티브는 마치 사이보그처럼 저절로 기계적으로 나아가는 특징을 보인다.

한센은 괴물이 몰고 가는 부분의 텍스트를 "기계적인 텍스트(machinic text)"라고 부른다.(Hansen, 1997: 499) 괴물의 통제 아래 놓인 내러티브가 논리도 도덕도 넘어서서 마치 기계처럼 돌아간다는 의미이다. 그런 성격으로 꼽을 수 있는 것으로 첫째는, 괴물이 주도하는 내러티브는 원인과 결과의 논리적 서술을 개의치 않는다는 점이다. 괴물이 생전 처음 보는 저스틴이 자고 있는 모습을 본 순간 윌리엄의 목걸이를 그녀의 호주머니에 넣어두어 살인죄를 뒤집어씌우면서 왜 죄의 근원은 그녀에게 있다고 하는지, 집에 있어야 할 저스틴이 윌리엄이 살해당한 날 왜 숲속의 헛간에서 밤을 홀로 보내는지, 여자 괴물을 죽인 프랑켄슈타인이 홀로 배를 타고 가면서 잠시 조는 짧은 시간 동안 어떻게 그 멀리 아일랜드까지 가게 되는지 등이 논리적으로 설명되지 않는다. 인간 이성의 흐름이라 여겨지는 원인 결과의 선형적 흐름이 무시되고 괴물의 목적과 의지에 주변의 모든 것이 휩쓸려 들어간다. 기계적인 내러티브를 보여주는 두 번째 특성은 도덕적 구조에 전혀 개의치 않는다는 점이다. 보통의 소설 내러티브는 선이 보답받고 악은 징벌받는 권선징악의 구조를 띠거나 최소한 희생당한 선은 뒤늦게라도 애도를 받는 인과응보의 성격을 갖고 있는 데 반해, 괴물의 내러티브는 도덕에 전혀 개의치 않는다. 여러 가지 살인 사건의 진짜 범인이 잡히지 않게 되어 있고 무고하게 죽어간 자에 대한 어떤 위안도 주어지지 않는다. 살인사건으로 소중한 사람을 잃은 사람들은 그 불행한 사건을 억울하게 겪어내는 당사자임에도 실제 무슨 일이 왜 일어났는지에 대해서 마지막까지 전혀 알지 못하고 끝난다.

원인 결과의 논리적 구조나 도덕적인 판단 기준을 상관하지 않는 구조라고 하면 뭔가 좀 낮은 수준의 내러티브라고 생각하기 쉽다. 실제 흔히 높은 수준의 내러티브라고 생각하지는 않는 고딕 소설이 이러한 특성을 가지고 있기도 하다. 흔히 고딕 소설에서 불행을 초래하는 중대한 행위에 대한 원인이 제공되지 않고 권선징악의 도덕법칙을 어기는 자의적이고 횡포적인 세계가 그려진다. 그러나 『프랑켄슈타인』의 기계적인 내러티브는 팽팽한 긴장감과 스릴을 주며, 오히려 보통의 다른 내러티브보다 훨씬 수작이다. 도덕이나 원인 결과도 개의치 않고 마치 자동기계인 양 가속화하며 몰아치는 내러티브가 그것을 끌고 가는 행위자에게 아주 어울리는 방식이기 때문이다. 고딕 소설의 내러티브를 장악하는 힘은 흔히 유령과 같은 초자연적인 행위자인 반면, 『프랑켄슈타인』의 절정의 내러티브를 휘어잡는 에너지는 인간보다 더한 힘을 가진 포스트휴먼이다. 내러티브의 에이전트가 무기물로부터 생성된 인공생명인 것이다. 내러티브의 기계성은 바로 인공생명이 이끄는 내러티브여서 띠는 성격이다. 이것은 첨단의 과학기술에 의해 그 당대를 넘어서는 어떤 외재적인 용질이 작용하여 새로운 것이 생성됨으로써 발생하는 여러 사건과 여파들을 그려내는 내러티브이다. 내러티브를 끌어가는 것이 인간적인 논리나 도덕이 아니라 괴물의 에너지인 것이다.

괴물이 일으키는 갈등은 인간적 차원에서 해결될 수 있는 일들이 아니다. 그래서 저스틴이 살인자가 되어가는 말도 안 되는 상황에서 프랑켄슈타인은 잘못을 바로잡지 않고 "내 이야기는 공개적으로 말할 성질의 것이 아니었다. 사람들은 그 공포스러운 이야기를 천박한 자의 미친 짓으로 여길 것이다."(89)라며 괴로워할 뿐이다. 그가 비겁해서 진실을 밝히지 않는 것이 아니라 그가 사실을 말한다 해도 동시대 사람들 가운데 누구도 믿지 못할 것이기 때문이다. 괴물의 생성이 전혀 새로운 기술적 인공생명의 생성이듯이, 메리 셸리는 자신이 글쓰기의 주체라기보다는 내러티브를 괴물이 몰아가도록 내버려두고 있는 듯하다. 프랑켄슈타인이 자신이 생성한 인공생명이 어느 만큼의 역량을 가지는지 알지 못하듯이 "메리 셸리는 괴물이 지시하고 있는 실재를 장악하지는 못하는, 그리고 할 수도 없는 텍스트를 용케 생산해내고 있는 것이다."(Hansen, 1997: 590) 그래서 마치 회오리바람처럼 내러티브가 자동으로 달리는 것 같다. 그렇다고 내러티브가 향하고자 하는 목적이 없다는 의미는 아니다. 마치 자동기계처럼 보일 정도로 기계적인 내러티브가 향하는 목적은 인간을 넘어서는 포스트휴먼적 신체와 의지를 갖고 있는 괴물의 목적이다.

기계처럼 몰아치던 내러티브를 프랑켄슈타인이 한번 돌려놓는다. 괴물에게 쫓기던 그가 엘리자베스까지 잃게 된 순간 돌아서서 괴물을 쫓기로 작정한 것이다. 동생도 친구도 이미 잃은 프랑켄슈타인이 아내까지 잃게 되면서이다. 소중한 사람들을 다 잃어버리고 그런데도 괴물은 살인을 멈추지 않을 것이므로 프랑켄슈타인은 자신이 괴물이 되어 괴물을 상대하겠다고 작정한다. 시대를 너무도 앞질러 포스트휴먼을 만들어놓은 모든 결과를 일대일로 해결하겠다고 작정한 것이다. 이 순간 내러티브의 장악력은 프랑켄슈타인에게로 다시 돌아간다. 괴물이 이 세상을 떠나도 좋다는 마음을 먹게 하려면 프랑켄슈타인 자신이 괴물이 되어 치열하게 겨루는 수밖에 없다. 그것이 자신의 죽음임은 자명하다. 자명한 죽음을 무릅쓰고 그 결연한 의지 하나만으로 작동하는 마지막의 프랑켄슈타인은 가히 괴물 되기이다.

그런데 그 전에 그가 죽기로 작정하기까지의 그의 신념은 결코 단일하지 않았다. 그는 과학자로서 생명의 메커니즘을 발견하여 세상에 기여하겠다는 근대 프로메테우스적인 야망을 가지고서 출발하였다. 실제 그는 무기물과 전기를 이용하여 인공생명을 생성해내는 데 성공한다. 그러나 그 성공은 프랑켄슈타인이 의도했던 그런 성공이 아니다. 그는 이성과 사고를 가진 만물의 영장인 근대 남성을 생성하고자 했으나 생성된 것은 인간보다 지나치게 크고 너무도 미적으로 기괴하여 괴물로 보였다. 창조물의 기괴한 모습에 그의 과학주의적 세계관이 크게 흔들린다. 주체의식과 자존감이 흔들리면서 그가 갖고 있던 근대 자연관은 근대 이전의 중세적 자연관으로 회귀한다. 인간의 역량에 몰두해 있던 앞부분에서는 자연은 눈에 들어오지 않아 거의 자연에 대한 묘사가 되어 있지 않다. 반면에 괴물에게 두려움과 번민을 느끼면서 그는 자연에서 위로를 찾고자 하고 그가 찾는 자연은 중세적 신관을 비춰주는 자연으로 새삼 묘사된다. 이제 자연은 만물의 창조주인 신에 대한 믿음과 경외감을 불러일으키는 숭고한 자연이다. 특히 여기에서 묘사되는 자연은 먼 거리에서 바라보아야만 시야에 들어오는 장엄한 자연들이다.(이선주, 2014: 113) 빙하로 둘러싸인 깎아지른 듯한 알프스의 산 절경이거나 구름이 중간에 걸려 있고 산꼭대기가 하늘에 닿을 듯한 몽블랑 정상의 절경들이다. 신의 절대성과 준엄함을 보여주는 숭고한 자연의 묘사들은 괴물이 주는 압도적 두려움 앞에서 프랑켄슈타인이 신에게 회귀하고 싶은 심정을 잘 드러내 보여준다. 포스트휴먼적 관점에서 보았을 때 중세적 자연관에 회귀하는 이 부분의 프랑켄슈타인의 내러티브는 복고적인 도피로 읽힌다. 이러한 태도는 감당 안 되는 현실이나 적응하기 어려운 테크놀로지를 대면하게 되면 사람들이 흔히 그 현실을 복고적인 감상으로 회피하거나 급격한 기술변화를 무조건적으로 비판하는 태도들과 같은 맥락이라 할 수 있다. 한동안 신의 창조관으로 회귀함을 보여주는 이러한 자연묘사는 결국 자신의 창조의 모든 결과를 자신이 해결하기로 하면서부터 사라진다.

프랑켄슈타인은 자신을 쫓아오는 괴물을 자신이 쫓기로 결단한다. 이는 자신이 괴물이 됨으로써만 가능하다. 그는 들뢰즈와 가타리가 말한 괴물 되기에 이른다. 되기란 우리 삶의 현실성, 즉 고정되어 있는 어떤 본질이나 상태가 아니라 변화하는 것, 생성하는 것을 통해서 삶을 전개시키고자 하는 것이다.(들뢰즈·가타리, 2003: 444) 되기, 즉 생성이란 자신의 현실적 삶으로부터 다른 삶으로의, 즉 바깥으로의 이행이다. 19세기 초엽인 소설 속의 사회는 인공생명인 괴물이 기술과학을 통해 생성되리라고 상상하지도 못하고 전혀 받아들일 준비가 되어 있지 않다. 자신의 무리가 아직 전혀 없이 혼자인 괴물은 살 수 있는 영토가 사람이 사는 이 지구밖에 없고, 그러므로 이 사회 속에서의 삶을 폭력으로 쟁취하려 하자, 그 창조자인 프랑켄슈타인은 자신과 함께 그를 이 세상 밖으로 내몰기로 한다. 이 엄청난 비극들과 고군분투를 다 겪은 뒤 프랑켄슈타인이 괴물을 모는 곳은 얼음으로 뒤덮인 북극이다. 지구상에서 생명이 살 수 없는 가장 척박하고 가장 추운 북극이 인간과 포스트휴먼의 최종 추격지로 되어 있는 것은 어울리는 배치이다. 개들이 끄는 마차를 얼음으로 뒤덮인 북극으로 전속력을 내어 계속 몰다 보면 그 북의 끝단이 있어, 그 북단에서 두 존재가 마침내 순간 사라질 것 같은 그러한 배치이다. 프랑켄슈타인이 죽고 나자 실제 괴물은 그렇게 북극에서 사라진다. 괴물이 지구상에서 순순히 사라져준 것은 자신과 운명 공동체인 프랑켄슈타인이 그의 에너지를 다 쓰고 죽은 다음이다. 프랑켄슈타인은 빛의 속도로 내달리는 괴물을 쫓아 자신이 할 수 있는 최고의 속도와 에너지를 내품는다. 프랑켄슈타인은 인간인 그가 할 수 있는 속도와 에너지를 극한치까지 발휘하여 자신의 실재를 벗어나서 탈주한다. 괴물로서는 죽어도 전혀 여한이 없을 만큼 자신의 생성자가 자신을 대응한 셈이다. 오직 한 가지 결단에 자신의 에너지를 쏟아내면서 프랑켄슈타인은 괴물이 끌어가던 기계적 내러티브 속으로 몸을 던진다. 아니, 프랑켄슈타인은 괴물의 주도권을 자신이 낚아채어 괴물을 북단으로 몰아가며 자신의 몸을 불사른다. 심신이 고갈된 프랑켄슈타인이 직접 서술할 수 없는 상태이므로 그에게 감명된 월튼 선장이 그의 대리인이 되어 내러티브를 이끌어간다.

포스트휴먼인 괴물의 기계적 내러티브가 괴물이 되어 그 내러티브 안으로 뛰어든 마지막의 프랑켄슈타인으로 인해 서사적 비극성까지도 획득한다.

포스트휴먼과 인공생명에 대한 현재의 연구들에서 그것을 보여주는 어떤 원형적인 것으로 자주 『프랑켄슈타인』이 언급된다. 그런데 언급은 자주 되고 있지만 그 관점을 하나의 논문으로 온전하게 분석해 나간 연구는 여전히 거의 없다. 틀림없이 『프랑켄슈타인』이 포스트휴먼 관점으로 볼 수 있는 원형적 작품이지만 그 관점으로 처음부터 끝까지 끌고 나가기에는 빈틈이나 모순되는 부분들이 소설 곳곳에 잠복해 있기 때문이다. 1818년에 쓰인 생명에 대한 지극히 획기적인 반란이라 할 수 있는 이 소설을 포스트휴먼 관점으로 보고자 할 때 어떤 모순점 없는 일관성을 기대하는 것은 분명히 무리일 것이다. 이 논문의 의의는 그런 어려운 점에도 불구하고 현대의 여러 포스트휴먼 이론들을 응용하며 『프랑켄슈타인』의 여러 중대한 면모들을 논리적으로 분석해보고자 했다는 데 있다 할 수 있다. 이 글은 프랑켄슈타인이 무기질에 전기를 작용하여 인공생명을 만들어내는 과정이 근대 기계론적 과학에 토대를 두고 있음을 분석하였고 근대 기계론적 과학이 기초하고 있는 데카르트적인 이성과 신체의 분리, 신체에 대한 사고의 우월성에 대해 비판한다. 이 비판은 인간을 독자적인 존재로 생각하지 않고 인간의 사고를 독자적 실체라고 보지 않는 포스트휴먼 시각에 근거한다. 괴물의 감각과 의식에 대한 묘사 부분을 통해 의식은 뇌로부터 나온다는 일반적인 인식을 비판한다. 이 비판은 의식이나 사고는 신체의 에너지 작용이며 사고는 몸 전체에 분산되어 있다는 포스트휴먼적 시각에 근거한다. 포스트휴먼 시대에는 인공지능이나 소프트웨어 프로그램과 같은 실리콘 기반 생명체들에서 볼 수 있듯이 탈신체화된 생명체들이 빈발하게 된다. 탈신체화된 이들 생명체가 추상적 과학화에서 떠돌거나 인간과의 콘텍스트로부터 이탈하지 않도록 하기 위해서는 신체화된 형태의 담론인 내러티브가 매우 중대하다.(헤일스, 2013: 21-29, 398-400) 그런 맥락에서 이 글은 인공생명의 출현을 기록한 텍스트로서의『프랑켄슈타인』의 특성도 분석하였다. 괴물이 주도하는 내러티브가 인간적 윤리나 원인 결과의 논리를 개의치 않는 기계적인 텍스트의 성격을 띠는 것과 프랑켄슈타인이 괴물되기로 투신하며 내러티브에 가져온 변환을 분석하였다.

3부

기술과 자연, 그리고
포스트휴먼 신체

9

포스트휴먼 도시의 기계화된 신체와 '자연™'
— 청계천의 생태복원 담론 분석

김애령

1. 들어가는 말

2016년 7월, 해양수산부 국립수산과학원 중앙내수면연구소의 청계천 어류 계절별 모니터링 조사에서는 납자루, 가시납지리, 갈문망둑을 포함한, 총 3과 19종의 어류가 서식하고 있는 것으로 확인되었다.[1] 철새보호구역으로 지정된 청계 9가 인근 신답철교 일대에서는 몇 년째 왜가리와 백로를 만날 수 있다.[2] 청계천 수변에는 이미 400종이 넘는 다양한 식물들이 자라고 있다.(김형국·구본학, 2010) 서울 도심의 복원된 청계천은 지

---

[1] 「국립수산과학원 청계천 서식 어류 특성 조사 — 계절별 모니터링 실시」, 쿠키뉴스, 2016년 7월 30일.
[2] 「청계천에 왜가리」, 《세계일보》, 2007년 9월 26일.

난 10년간 시민들과 관광객들에게 사랑받는 가볼 만한 '생태공원'이 되었다.

47년 만에 청계천 물길을 다시 열기 위한 복원 공사는 2년 3개월이 걸렸다. 그 공사로 총 5.84km 길이의 도로면을 제거하여 개천을 드러내고 22개의 다리를 조성하면서 조경을 정비했다. 그러나 2005년 10월부터 다시 흐르기 시작한 청계천은 자연적인 하천이 아니다. 이 하천은 전기 모터에 의해 일정량의 물을 모아 소독하고 정화해서 흘려보낸다. 수질 오염을 막기 위해 깊이 40cm를 유지해야 하고, 그를 위해 한강물과 지하수를 2급수로 정수해서 하루 12만 톤씩 순환시키는 방식으로 물길을 유지한다. 순환 모터를 돌리는 데 소요되는 전기료만 연간 약 10억 원이 든다.

다종의 물고기가 서식하고 다양한 식물이 자라며 왜가리와 백로가 깃들이는 이 도심의 '복원된 자연'은 어떤 자연인가? 그것은 비판자들이 지적하는 것처럼 '거세당한 자연', '자연을 위조한 인공물'에 불과한가?(조명래, 2005) 하루 12만 톤의 정수된 물을 순환시키는 모터를 장착한 청계천은 그저 기계장치일 뿐인가? 그러나 이미 그곳에는 많은 생물이 서식하고 순환하고 있다. 우리는 이 '생태계'를 어떻게 이해해야 하는가? 인공물을 장착하고 다시 흐르는 청계천은 도심 속에 일종의 자연을 생산했다. 이러한 현실을 어떤 개념적 틀로 분석하고 판단할 수 있을까?

청계천 복원을 기획하고 실행한 전문가 및 관료 집단은 청계천의 복원을 정당화하는 핵심 개념으로 '생태복원'을 내세웠다. 그런가 하면 청계천복원 과정에서 드러난 다양한 정치·경제·사회적 문제점을 지적하고 비판하는 진영에서도 이 사업을 비판하는 근거로 '생태' 이념을 가지고 온다. 이 글은 이 두 진영이 각기 내세운 '생태'라는 이념, 그리고 이 이념 적용에서의 차이와 갈등에 주목하며, 청계천복원 과정에 대두된 생태복원 담론의 전개 양상을 분석한다. 청계천의 '생태복원'을 둘러싼 찬반 양측의 논쟁은 '자연' 대 '인위(人爲)'라는 이분법 안에 놓여 있다. 이 글은 탈근대 도시에서의 '자연'의 의미를 재정립하기 위해, 이 대립적 논쟁이 전제하는 이분법을 재고해보고자 한다. 그러기 위해 해러웨이(Donna Haraway)의 '앙코마우스™'에 착안한 '자연™'이라는 개념을 청계천의 '자연'을 분석하는 개념으로 제안한다. '자연™'은 생명과 인공물, 유기체와 기계, 자연과 기술의 이분법이 내파된 이후의 자연 현실을 드러내는 데 유용한 개념으로서, 사회공학적으로 상품화된 자연을 지칭한다.

포스트휴먼의 관점에서 청계천 생태복원의 의미를 분석하는 이 글은 먼저 청계천이라는 생태환경이 서울이라는 거대도시 안에서 차지하는 의미를 개괄한다. 청계천을 중심으로 한 도시계획의 역사를 개괄한 후, 21세기 도시계획의 일환으로 진행된 청계천 복원에 '생태복원' 담론이 도입된 이유가 무엇인지 확인할 것이다. 그리고 청계천 복원을 둘러싼 생태 담론의 논쟁을 정리한 후, 첨단기술을 통해 추진된 생태복원은 이미 '자연 대 기술'의 이분법이 해체된 '이후'의 현실을 보여준다는 점을 지적할 것이다. 여기 도입되는 '자연™'과 같은 '포스트휴먼[3] 개념은 이분법 내파 '이후'의 사회공학적 현실을 드러내는 중요한 개념장치가 될 수 있다.

2. 청계천을 둘러싼 서울 도시계획의 역사:
근대화와 탈근대화라는 변곡점

청계천을 축으로 하는 하천정비계획의 역사는 서울 도시계획의 역사 그

---

3 포스트휴먼은, "생명공학과 정보기술의 지배적인 영향하에서 인간은 이제 더 이상 '근대적 휴머니즘'의 틀로는 정의하기 어려운 그 경계가 모호한 존재"가 되었다는 문제의식을 묘사한다.(김애령, 2014: 68) 해러웨이가 「사이보그 선언문」에서 지적한 대로, "자연적인 것과 인공적인 것, 정신과 육체, 자기 발전적인 것과 외부에서 계획한 것, 그리고 유기체와 기계에 적용되었던 여러 다른 구별들 사이의 차이를 철저히 모호하게 만드는"(해러웨이, 2002: 272) 상황과 조건이 지금의 현실이라고 인정하면서, 이 조건을 '포스트휴먼'이라고 부르고자 한다.

자체를 말해준다. 서울의 600여 년 역사는 도시계획에 있어 두 번의 극적인 전환을 겪는데, 그것은 각각 '전근대' 도시에서 '근대' 도시로의 전환, 그리고 다시 '근대' 도시에서 '탈근대' 도시로의 전환이다. 일제 강점기에 시작된 근대도시 서울의 성장은 근대화·산업화라는 상징성을 띠고 1977년 청계천의 복개가 완성될 때 그 정점을 이루었다. 그리고 근대화의 상징이었던 복개된 청계천을 다시 복원하면서 그 사업은 낡은 '개발지상주의'의 근대적 슬로건으로부터의 탈피이자 탈근대적 '생태도시'로의 진입으로 의미화되었다.

1) 근대도시로의 전환: 청계천 복개 ― 산업화, 근대화, 개발

서울 도심을 관통하는 청계천은 1394년 조선 왕조가 한양을 수도로 정하고 유교 이념에 따라 도시를 설계한 이래로, 서울의 중심축으로 자리매김해왔다.(노명우, 2004: 214-216) 청계천의 원래 이름은 '개천(開川)'이다. "일찍부터 서울의 내사산인 북악·낙산·남산·인왕산의 산마루를 연결한 도성 안, 곧 그에 딸린 숭례문·흥인문·돈의문·숙정문 등 네 대문 안인 도심지 한 가운데를 서쪽에서 동쪽으로 가로질러 흐르는 시내를 개천(開川)이라 하였다."(이상배, 2000: 199) 일제 강점기 '조선하천령'이 제정되면서 '개천'은 '청계천'으로 불리기 시작했다. '청계천'은 상류의 '청풍계천(清風溪川)'을 줄여 붙인 이름이다.(이상배, 2000: 200)

조선이 한양을 수도로 정한 이래로 청계천은 도심을 문화적, 계층적으로 가르는 경계로 기능했다. "북측 중심부에 경복궁, 그 좌우로 종묘와 사직을 배치시켰고 이를 중심으로 지배층의 공간이 형성되었던 반면, 청계천 남측은 서민과 하층민들이 거주하는 피지배층의 공간으로 조성되었고, 청계천 천변을 따라서는 중인계층의 사회 공간이 만들어졌다."(조명래, 2003: 132) 그리고 그때 청계천은 생태적 의미뿐 아니라 사회적 의미에서도 '도시의 하수구'였다. 천변은 부랑자들의 집합소이자 우범지대였고, 도시의 오물 투기장이었다.(노명우, 2004: 221)

평상시에는 건천(乾川)이지만 장마철에는 자주 범람하던 청계천은 조선시대부터 여러 차례의 대대적인 하천 정비사업의 대상이었다. 하천정비는 치수(治水)뿐 아니라 이 '도시의 하수구'인 오염 지역의 정화를 함께 수행했다. 개국 초인 1411년 태종 11년에 실시된 대규모 준설 공사를 시작으로, 1434년 세종 16년에 또 한 차례의 준설 공사가 단행되었다. 영조 36년(1760년)에는 대규모의 물적, 인적 자원이 투여된, 조선 창건 이래 가장 큰 준설공사가 실시되었고 이 시기에 이미 유로 변경 공사도 실시된 것으로 추정된다.(이상배, 2000: 203)[4]

15세기와 18세기에 각각 대대적인 하천정비 사업이 있었지만 조선시대 내내 범람과 오염은 통제되지 않았고, 일제 식민정부는 하천범람과 오염 문제를 해결하기 위해 1920년대부터 복개 계획을 수립했다. 일제 식민정부의 복개 계획은 구체적이었으나 재정 문제로 인해 실현되지 못하다가 부분적으로 시행되어 "1937년 태평로에서 무교동 구간만 복개되었다."(서울특별시, 2006: 27) 그 결과 "남북의 경계를 구성했던 청계천의 도시 풍경에는 광교를 기점으로 (식민지) 근대화를 표상하는 '복개된 청계천'과 (식민지) 근대화의 속도를 따라잡지 못하는 공간으로서의 '복개되지 않은 청계천'이라는 의미가 덧붙여졌다."(노명우, 2004: 225-226)

그 이후 서울 도심의 근대화 기획은 청계천 복개와 맞닿아 있었다. 한국전쟁 이후 수복된 서울에서 청계천은 통제할 수 없을 만큼 오염되고 낙후한 '도시의 하수도'로 머물렀고 극복해야 할 전근대의 이미지가 되

---

4   이후로도 순조 33년(1833년), 철종 7년(1856년), 그리고 고종 26년(1889년) 또다시 준설공사가 실시되었다.(이상배, 2000: 203)

[1959년 청계천]

었다. 따라서 청계천 복개는 식민지 반봉건의 과거에 머물러 있는 저개발에서 벗어나 산업화된 근대도시로의 발전을 의미하게 되었다.(노명우, 2004: 229) 그렇게 청계천 복개는 1958년부터 1977년까지[5] 약 20년에 걸쳐 이루어졌다. 오염된 하수, 하천으로 유입된 쓰레기, 천변의 판자촌은 도시의 위생과 미관을 해치는 흉물이었다. 청계천 복개를 통해 이 흉물스러운 과거의 잔재는 축출되고, 그 자리를 채운 확장된 도로와 고가도로, 고층건물은 근대화와 진보의 상징이 되었다. 청계천 복개 공사는 1958년 9월 10일부터 시작되었지만 진척이 늦어지다가 "5·16 이후 군사정권이 들어서자, […] 돌격대 방식으로 일사천리로 진행되었다." 박정희 정권의 근대화 계획에 발맞추어, '조국 근대화 목표를 선두에서 수행하는 제1의 산업도시'다운 풍경을 갖추기 위해, 군사정권 이후에 들어선 서울시장들은 '돌격건설'이라는 시정목표 아래 군사작전과도 같은 추진력을 가지고 도시개발 프로젝트를 수행하였다."(노명우, 2004: 230)

---

5 서울 도심, 광교에서 동대문 오간수다리까지 구간의 복개는 1958년부터 4년간에 걸쳐 완수되었고, 다시 1967년 동대문 밖 하류구간, 오간수다리에서 제2 청계교까지의 구간이 복개되었고, 마장철교까지의 복개구간은 1978년 완성되어 청계천은 소멸했다.(이상배, 2000: 210-212; 전유용, 2001: 33)

[청계천 복개공사]　　　　　　　　　　[삼일고가도로]

2) 탈근대 도시로의 전환:
청계천 복원 — 친환경, 삶의 질, 지속가능한 발전

복개된 청계천 주변의 도시 풍경은 다시 "조국 근대화와 서울의 현대적 변모를 나타내는 상징물인 삼일빌딩이 있는 광교 주변의 청계천과 평화시장 주변의 청계천으로 양분되었다."(노명우, 2004: 230-231) 청계천 복개는 근대 도시의 완성으로 선전되었다. 그러나 평화시장 주변의 청계천은 "유혈적 테일러리즘 방식의 작업장 공간", 800여 개의 영세한 작업장들과 2만 명의 노동자들이 장시간 노동에 시달리는, 근대화의 어두운 그늘이 드리워진 열악한 공간이 되었다.(노명우, 2004: 231-233)

　서울 도시계획의 개념변화는 바로 근대화의 상징이던 청계천 일대가 다시금 '과거의 낡은 유산'이 되기 시작할 때 찾아왔다. 복개된 청계천의 도로변을 가득 채운 작은 상가들과 공장들은 "경제개발 우선에 따른 과거 도시개발"의 낡은 표상을 드러내는, 저개발 시기 산업화의 낡은 유산으로 평가된다.(양윤재, 2003: 80) 한때 발전의 상징이던 구조물들은 저개발의 잔재로 퇴락한다. 지하로 감추어진 청계천은 '하천'으로서의 정체성을 상실하고, '관거(管渠)'라는 법적 지위를 갖게 되었고, "죽은 자연의 무덤"이자 "폭발적으로 증가한 인구가 배출한 노폐물을 은밀하게 내보내는

[청계천복원]

거대한 하수구"가 되었다.(조명래, 2003: 134) 인공구조물로 인한 환경의 파괴, "경제적 이익의 극대화를 위한 왜곡된 도시개발"의 사례로 청계천 복개가 거론되면서, "친환경적 도시개발"이라는 개념에 입각한 새로운 도시계획 마스터플랜이 제출되었다. 이제 도시는 효율성과 경제성, 개발과 속도라는 근대적 패러다임에서 벗어나 '지속가능한 발전', '친환경 도시'라는 새로운 탈근대적 패러다임에 맞춰 디자인되어야 한다. "인간중심의 생태적 환경도시로의 전환", "인간과 생태계의 공존을 위한" 도시 생태계의 복원, "600년 고도의 역사성 회복" 등이 도시계획의 새로운 지향점으로 제시되었다.(양윤재, 2003: 81)

그 이후 청계천복원을 둘러싼 도시계획의 지배적인 담론 전략은 '근대화'로부터의 탈피로 방향을 잡았다. 이제 도시계획자들은 "효율보다는 형평, 개발보다는 환경보전, 자동차보다는 인간중심의 도시 관리"라는 패러다임 전환을 선언하며 20세기 개발주의적 사고의 한계를 지적했다. 개발이라는 가치 대신 환경과 문화, '삶의 질'의 회복이라는 가치 지향을 가시화하면서, 도시 행정이 대항담론의 핵심어들을 탈취했다.(정성원, 2004: 87) 동일한 개념적 프레임이 관료적인 지배담론의 전략에 적극적으로 도입되고 사용되면서, 대항담론의 비판은 동일한 개념의 '다른 용법', 즉 내용의 차이와 이념적 선명성으로 방향 잡혔다. 이제 도시재개발 계획에 대한 비판은 환경, 문화, 삶의 질과 같은 핵심어들에 대한 윤리적 태도인 '진정성'으로 향해진다. 누가, 어떤 의도로, 어떤 도시계획을 제안하는가가 중요한 비판적 가늠자로 등장한다.

이렇듯 서울 도심 재개발 역사는 '근대화'를 기점으로 그 이전(전근대)과 이후(탈근대)로 도시의 성격을 가른다. 그러나 탈근대적 '친환경 생태 도시'를 위한 정비계획도 근대화를 위한 재개발계획에서와 마찬가지로 '도시 위생'이라는 동일한 공간표상(representations of space)[6]에 기대고 있다. '탈(脫)'-근대화는 근대화의 어두운 결과인 난개발, 교통 혼잡, 대기 오염, 소음 공해 등 오염 및 혼잡 요소를 말소하는 위생의 관점을 내포한다. 청계천의 역사에서, 근대적 위생처리 방식은 오염요소인 하수구 청계천을 보이지 않는 곳으로 묻어두는 것이었다면, 탈근대적 위생처리는 공간의 정화를 지향한다. 그리고 이 두 차례의 각기 다른 방식의 위생처리 과정은 모두 대대적인 추방을 포함했다.[7] 낙후된, 불규칙한, 통제되지 않는 오염 요소들은 위생의 관점에서 제거되고 추방된다. 그러면서 청계천복원은 서울의 생태와 역사의 회복이라는 매끈하고 깨끗한 기획이 된다.

6 앙리 르페브르(Henry Lefevre)는 사회적 공간의 생산적 층위를 분석하기 위해 '공간 표상 (representations of space)'과 '표상 공간(representational spaces)' 개념을 제시한다. 공간 표상 은 학자들, 도시계획가들, 기술관료들에게 인지된 공간, 기획된 공간을 말하는 반면, 표상공간 은 그 안에서 움직이며 살아가는 사람들이 만들어가는 공간을 가리킨다.(르페브르, 2011: 87-88)

7 청계천 복개 공사와 더불어 불량주택 거주자에 대한 대대적 이주가 이루어졌다. "복개 이전 청계 천변의 불량가옥 거주자 약 1만 7천여 가구가 정릉동·미아동·수색동·거여동·마천동 등지로 집단 이주되었다.(서울 600년사)"(노명우, 2004: 230) 청계천 복원 과정에서는 2003년 청계천 주변 상가들이 철거되어 6만 개 점포의 20만여 명의 상인들이 추방되었다.(김정희, 2008: 190) 서울시는 6만여 명의 청계천 상인 중 입주 의사가 있는 6,097명에게 송파구 문정동에 들어설 '가든파이브'의 특별 분양권을 주었지만, 계약한 사람은 1,028명에 그쳤다. 그리고 2015년 말 가든 파이브에 남은 청계천 상인은 100명도 채 되지 않는다. 「11년 전 오늘, '청계천 물 다시 흐르다' … 복원 끝 개통: 도심환경 개선됐지만 … 청계천 상인, 유적, 인공하천 문제 남아」,《머니투데이》, 2016년 10월 1일.

3. '생태복원'이라는 쟁점: 청계천복원 논쟁

청계천복원이라는 아이디어는 문화계의 향수 어린 제안으로부터 출발하여 정치적 이슈로 발전했다.[8] 이명박은 문화계의 제안을 적극적으로 받아들여, 청계천복원과 주변재개발을 민선3기 서울시장 선거의 제1 쟁점으로 만들었다.(서울특별시, 2006: 89) 그리고 2002년 7월 당선 이후 곧바로 사업 추진체계를 구축했고 아주 짧은 시일 안에 기획을 마무리하고 실행에 옮겼다. 청계천복원이라는 '사회적 실험'을 둘러싸고 정치, 경제, 사회, 문화적 측면에서 다양한 비판이 제기되었고, 논쟁이 벌어졌다. 그 중에서 가장 흥미롭고 가시적이면서 중층적인 복잡성을 담고 있는 부분은 바로 '생태'라는 이념과 표상체계를 둘러싼 논쟁이다. '생태'는 청계천복원 추진과 실행을 지배한 핵심어이자, 동시에 그 과정에 비판적으로 개입할 때 가장 날카로운 무기로 사용된 개념이었다.

1) 청계천복원 기획의 핵심어: '생태'

청계천복원 사업을 사회적으로 설득하고 공론화하는 과정에서 '생태복원'은 중요한 전략적 개념 중 하나였다. 서울시는 "청계천복원의 가장 핵심적인 사업은 청계천을 햇볕, 맑은 공기, 깨끗한 물이 흐르는 본래의 하천으로 복원하며, 수중과 수변에 생물의 서식 여건을 만들고 생태공간을 조성하는 것"이라고 주장했다.(서울특별시, 2006: 58) 그렇게 청계천복원은 인공 환경으로 인해 파괴된 자연을 복원하여 "인간중심의 생태적 환

---

8 "알려져 있다시피 청계천복원이라는 아이디어는 박경리 선생 등 과거 청계천변의 기억을 문학적으로 형상화했던 문화계 인사들에 의해 강하게 제기되었다." 「'순진한' 박경리와 '영악한' 이명박」, 《미디어스》, 2014년 6월 18일.

경도시로 전환"하기 위한 것으로 선전되었다.

'청계천의 생태복원'이라는 정책 개념은 시민들에게 "이름에 걸맞게 맑은 물이 넘실대며 도심을 흐르는 '그림 같은 하천'을 연상"하게 하고, "급격한 성장기를 치른 사회에서 도시민들이 갖는 과거와 자연에 대한 향수 같은 것"을 자극했다.(조명래, 2003: 136-137) 그 결과, 의심과 비판이 없었던 것은 아니지만 시민들로부터 이 사업에 대한 비교적 안정적인 지지와 기대를 받을 수 있었다.

정책입안자, 관료들에 의해 기획된 청계천의 생태복원은 "시장 생태주의"(이상헌, 2011: 102) 또는 "환경개혁주의"에 의한 것으로 평가된다. "이들은 환경문제, 사회문제, 그리고 도시문제를 사회체제의 근본적인 변화 없이 기술적-관료적 정책 처방과 관리에 의해 해결 가능하다고 주장한다."(윤성복, 2004: 244) 청계천복원의 전 과정에 개입한 정치가, 기술관료, 정책입안자, 자문 전문가 집단, 사업시행자, 각종 위원회 및 시민사회 등 다양한 행위자들의 의도는 서로 다를 수밖에 없다. 서로 다른 기대와 전망을 가지고 충돌하고 조정하고 합의하는 과정의 중심에서 '생태복원'이라는 아이디어는 반복적으로 출현했다.

서울시의 청계천 복원 계획을 정당화할 수 있는 생태주의적 근거는 '복원 생태학'이다. 복원 생태학의 옹호자들은 "오늘날처럼 자연환경이 파괴되어 있는 조건에서 자연현상에의 인간의 간섭을 정당한 것일 뿐 아니라 필수적인 것이기까지 하다고 주장한다."(안병옥, 2003: 195) 청계천복원 사업은 시행되는 동안 복원 생태학의 주장에 입각한 정당화의 토대 위에서, 기술 합리주의적 복원 방식을 선택했다. 즉 기술공학적 방식으로 환경문제를 해결하려는 입장을 견지했다. 그 결과 가장 용이한 해결로서 한강수와 지하철 용출수를 정화하여 순환시키는 기계적인 방식이 채택되었다.

2) 청계천복원 비판의 핵심어: 생태

청계천복원 사업을 둘러싸고 시민사회에서는 복원 계획에 감추어진 정치적 의도, 강북 도심 재개발이라는 경제적 목적, 6만 개 점포와 20만여 명의 상인들의 추방이라는 문제 등에 대해 강한 비판을 제기했다. 그리고 이러한 비판들과 더불어 가장 근본적이고 강력한 비판은 청계천복원의 핵심적 개념이었던 '생태복원'의 진정성을 겨냥했다. 복원 추진집단과 비판세력 양자는 모두 청계천 복원을 '환경복원', '생태복원'이라는 관점에서 바라보았지만, 이를 해석하는 데에서는 결정적인 이념적, 실천적 입장 차이를 드러냈다.(조명래, 2003: 131)

비판자들은 기술합리주의적 청계천복원은 "환경사업으로 포장된 개발주의"(조명래, 2003: 142)에 불과한 것이라고 비판한다. 그것은 자연을 원래의 상태대로 회복하지 못한 불철저한 복원일 뿐 아니라, 자본의 논리에 따른 도심 재개발, "도시환경 개선 혹은 개량"사업에 불과하다는 것이다. 졸속으로 진행된 사업에서 '생태'는 정치적 선전에 불과한 것이 되었고, 오히려 이 포장 뒤에 감추어진 것은 정치적, 경제적 이익이었다는 것이다.[9]

더욱이 "복원의 환경성"이라는 관점에서 청계천복원은 매우 의심스러운 것으로 지적되었다. "청계천을 해석함에 있어 서울시는 하천, 도로, 조경시설 등과 같이 이용과 관리의 대상으로 여기고 있다면, 비판세력들은 서울 도심하천생태계를 구성하는 근간으로 청계천을 본다."(조명래,

---

9 청계천복원에 감추어진 정치적, 경제적 의도와 그것이 남긴 문제점에 대한 비판이 여전히 이어지고 있다. 청계천 복원 사업이 '성공한 생태환경사업'으로 포장되고 선전되면서, '4대강 사업'과 같은 더 위험한 결과를 낳았다는 비판이 제기되고 있다. "청계천 복원이 정치인의 업적(도시 정비)으로 인식되면서 4대강 사업이라는 비극의 서막이 시작되었다." 「청계천의 '어리석은 성공', 4대강 재앙 낳았다」, 《오마이뉴스》, 2016년 9월 8일.

2003: 146) 비판세력이 청계천 복원이 '재자연화'에 실패했다고 판단하는 이유는, 이 복원이 상류지천들의 복원을 포기하고 개량적이고 편의적으로 한강원수와 지하철 용출수를 흘려보내는 방법을 선택했기 때문이다. 일부 전문가 집단은 상류지천이 이미 복개되어 있고 유량이 절대적으로 부족하다는 이유로 이와 같은 개량주의적 방법을 지지한다. 그러나 비판세력은 어떠한 이유에서든 한강원수를 끌어다 쓰는 방법은 반환경적이고 반생태적인 방법이라고 지적한다. 이러한 방법은 막대한 재정 부담을 감수하면서 추가적인 에너지를 사용해야 하는데, 인위적 에너지를 투입한다는 것 자체가 반환경적인 아이디어라는 것이다. 서울시의 복원 계획의 기술개량주의를 비판하는 측에서는 생태적으로 지속가능한 청계천 용수 유지를 모색해야 한다고 주장했고 그 구체적인 방법의 하나로 '상류 지천의 복원'을 주장해왔다. 이들은 서울시가 당초 완전한 자연하천으로의 복원을 불가능한 것으로 설정하고 복원을 추진함으로써, 생태복원의 가능성 자체를 차단해버린 것이라고 강조했다. 청계천복원 이후 지난 10여 년간 생태주의에 입각한 감시와 비판은 쉼 없이 이루어져왔다. 그리고 그 결과 지속적으로 장기적인 생태 복원을 주장해온 비판적 시민사회의 제안을 받아들여 서울시는 2018년부터 청계천 상류 지천들의 '재복원' 사업 계획을 밝히고 있다.[10]

3) 불가능한 복원

시행된 청계천복원이 '재자연화'에 실패했다는 진단과 평가는 타당하다.

10 "서울시의 '청계천 상류 지천 복원 타당성조사 및 기본계획' 보고서에 따르면 시는 현재 2018년 공사 착공이 확정돼 기본·실시설계 용역 중인 백운동천 외에 삼청동천·옥류동천 등 다른 지천들도 장기적으로 복개 시설물을 철거하고 생태하천으로 복원할 계획이다." 「서울시, 청계천 상류 지천 모두 복원한다」, 《아시아경제》, 2016년 6월 2일.

청계천이 복원한 것은 '자연' 하천이 아니다. 복원 실패를 지적하는 비판 담론은 가장 먼저 '생태복원'의 감추어진 의도, 즉 정치적 목적과 도심 재개발이라는 자본의 논리를 지적한다. 그러나 청계천 생태복원의 실패 원인이 단지 불순한 의도에만 있었던 것은 아니다. 청계천 재자연화의 실패는 예견할 수 있는 것이었다.

청계천 재자연화의 가장 큰 난점은 당초 복원해야 할 '자연'의 원형을 찾기 어렵다는 데 있다. 청계천복원 사업을 비판하는 환경생태주의자들도 인정했던 것처럼 "청계천은 본래 건천(乾川)이다."(조명래, 2003: 154) 청계천은 장마철이나 홍수 때가 아니고는 물이 흐르지 않는, 얕고 좁은 건천이었다. 청계천의 원류가 지금 서울시가 재복원을 계획하고 있는 북한산의 백운동과 삼청동의 계곡이라고 하지만, 이 원류는 폭발적인 도시 성장과 더불어 일찌감치 말라버렸고, 이 원류의 합류지점은 이미 1937년에 복개되었다. 1958년 복개가 시작되기 이전의 청계천 모습을 복원의 원형으로 설정했지만, 이 또한 이미 18세기에 정비된 이래로 유로(流路)가 변경된 것이다. 청계천의 원형은 그 어디에서도 찾아볼 수 없는, 사라진 모델이다. 더욱이 서울이라는 거대도시의 자연은 감당할 수 없는 과부하를 감당하고 있다. "이른바 생태발자국(ecological footprint) 지수를 가지고 계산하면 서울사람들이 누리는 현재의 소비수준은 서울의 자연이 생산할 수 있는 것의 800여 배를 초과하고 있다."(조명래, 2003: 135) 이런 현실에서 서울 도심의 '생태복원'은 가능한가? '청계천의 재자연화'는 무엇을 의미하는가? 이미 원본으로서의 자연이 사라진 상태에서, 청계천 복원이 성취할 수 있었던 것은 시뮬라크르(simulacre)로서의 자연뿐이다.

서울시의 청계천복원 사업은 자연생태계의 복원과 더불어 복개로 인해 묻혀 있던 역사 유물들을 복원한다는 계획을 발표했었다. 그러나 역사의 복원은 불가능했고, 그 자리에 들어선 것은 역사를 가장한 '시뮬라크르들'이다.(김정희, 2008: 186) 인공 시설물들과 장치들로 꾸며진 청계천은 자연의 이미지를 극적으로 연출한다. "조경시설이자 공원시설로서 스펙터클이 복원 청계천의 가장 두드러진 특징인 것이다."(조명래, 2005: 283) 다른 한편, 땅속에 묻혀 있던 과거의 역사 유물들도 복원 과정에서 훼손되었고, 몇몇 부분들이 탈역사화되고 변위(變位, displacement)되어 전시되었다. 복원 청계천의 주변에 늘어선 클래스 올덴버그(Claes Oldenburg)의 '스프링'부터 임옥상의 '전태일 상'까지 이질적인 조형물들이, 이러한 탈근대 도시풍경의 비역사성과 탈맥락화를 완성한다. 또한 청계광장과 '팔석담', '청계천 빨래터'에서 '소망의 벽'에 이르기까지 유래를 알 수 없는 "상이한 시기와 장소가 강박증적으로 나열"된다.(김정희, 2008: 187)[11] 원형이 남아 있지 않거나 혹은 원형이라고는 없는 것들을 '복원'하면서, 이 복원의 과정은 회복이 아니라 오히려 과거를 정형화하고 삭제함으로써 회복 불가능하게 만든다.

4. 포스트휴먼 관점에서 본 청계천의 '자연'

청계천 복원을 탈근대로 해석할 수 있는 이유는 두 가지이다. 하나는 청계천복원은 근대화로부터의 탈피이자, 극복으로 시작되었다는 점이다. 폭력적 근대화가 파괴한 자연과 환경을 회복하고 근대화의 속도를 재조정하는 과정으로 이해했다는 점에서, 청계천복원은 서울 도시 계획의 방향 수정을 의미했다. 다른 하나는 이미 사라진 자연과 역사의 원형을 시

---

11 "'청계광장'과 '팔석담(八石潭)'은 모두 창조된 것임에도 불구하고 실제로 존재했던 장소인 청계천으로 들어와 실제로는 1412년에 세워졌던 모전교로 이어짐으로써 그것들 역시 실제로 존재했던 것 같은 착각을 하게 만든다."(김정희, 2008: 193)

뮬라크르로 대체하여 만들어낸 청계천의 스펙터클에 대한 해석이다. 복원 청계천은 자연과 역사를 전시하지만, 전시된 자연과 역사는 '원래'의 자연이나 역사가 아니라는 것이다.

이에 더하여 청계천의 자연을 파악하는 데 포스트휴먼 관점이 요청되는 이유는, 이 자연이 '순수한' 자연이 아니라는 사실 때문이다. 청계천의 생태계를 유지하는 힘은 전기 모터와 같은 기계적 장치들이다. '포스트휴먼'이라는 개념은 디지털화된 정보 통신기술과 생명공학이 만들어낸 새로운 세계 경험의 질서를 명명한다. 그런 의미에서 복원된 청계천의 자연은 포스트휴먼 시대의 자연이다.

400여 종의 수변식물들이 자라는 사이로 40cm 깊이의 수로를 따라 한강으로부터 끌어온 물이 전기 모터의 힘으로 순환한다. 그리고 그 흐르는 물속에서는 수십 종의 민물고기들이 세대를 이어 태어나고 자라고 있다. 그 물고기들의 포식자인 천연기념물 왜가리와 백로가 청계천에 찾아온다. 그러나 미완의 '재'자연화는 여전히 진행 중이어서, '재'복원을 기다리고 있다. 이러한 복합적 시스템을 우리는 어떻게 개념화할 것인가?

먼저 복원 청계천의 실체에 도달하기 위해선, 이 대상이 가지고 있는 복합적이고 관계적인 성격, 그리고 이 사회적 실체의 생산에 개입하는 기술, 자연, 경제, 정치 등의 복합적 작용을 이해할 수 있어야 한다. 생태·자연이나 기술, 자본·경제, 정치 등의 요소들은 이 대상이 지닌, 다층적으로 얽혀 있는 복합성의 요소들이다. 따라서 이 중 하나의 요소를 중심으로 이루어진 분석은 이 현실 전체의 얽힘을 그려낼 수 없다. 더욱이 이 요소들은 구조적으로 분석되어 선명하게 분리·구획되지 않는다. 청계천 복원이라는 현실은 전문가들에 의해서 통제되는 기술, 지저분한 정치, 자본의 탐욕, 도시 환경에 대한 위기의식, 기후문제, 지방 선거와 관광 레저 산업, 생태담론과 정치선전 등과 같은 다양한 국면들이 서로 얽혀들어 있다. 그것은 의지를 가진 것과 그렇지 않은 것, 인간과 비인간, 자연과 사회기술의 혼종적 결합체이다. 그 현실은 정치, 기술, 담론 중 하나의 분석항만으로는 포착되지 않는다. 사회적 실체의 혼종성에 주목하기 위한 접근 관점으로 라투르(Bruno Latour)의 분석 방법을 참조할 수 있다. 라투르는 근대적인 이분법적 구분, 즉 비인간 존재(자연) 대 인간 존재(문화)라는 구분에 맞서, '연결망(network)'이라는 관점을 도입한다. 이 관점을 도입할 경우, 예를 들어 대기 오염이라는 현실을 둘러싼 "고층대기의 화학과 과학적 · 산업적 전략, 그리고 국가 정상들의 관심사, 그리고 생태주의자들의 근심 모두를 단일한 연속적 사슬로 연결시킬" 수 있다.(라투르, 2009: 42) 그리고 연결망을 관점으로 취한다는 것은 단지 다양한 요소들을 고려한다는 의미가 아니라, 혼종적으로 서로 얽혀 있는 길고 복잡한 망 안에서 이 요소들이 서로 긴밀한 작용관계를 이루고 있음을 기술(記述)하는 것이다. 복원 청계천이라는 사회적 실체도 이와 같은 분석 관점을 요청한다.[12]

원론적 생태 담론에 입각한 복원 사업 평가만으로는 청계천이라는 이 사회적 실체가 가지고 있는 특성들을 충분히 가시화할 수 없다. 청계천 생태복원의 진정성에 대한 의심과 비판에도 불구하고, 지난 11년 동안 청계천은 서울 도심에서 '어떤' 생태계를 만들고 유지해왔다. 그것은 생명 대 기술, 생태 · 자연 대 인공이라는 이분법적 구도로는 설명할 수 없는 현실이다. 해러웨이는 "20세기 말의 초국가적 자본주의와 기술과학이라는 내파된(imploded) 시간-공간의 변칙들 속에서 자연적인 것과 인공적인 것은 […] 과학소설 같은 웜홀을 통해 이동하여 매우 다른 어떤 것이 되어버렸다."고 지적한다.(해러웨이, 2002: 43) 청계천은 바로 이 변화한

---

12 라투르를 원용하여 김숙진은 청계천을 자연과 사회의 혼종물이라고 규정하고, 청계천과 같은 공간은 "완벽한 자연으로 볼 수도 없으며, 공산품과 같은 완벽한 사회적 생산물로도 볼 수 없다."고 주장한다.(김숙진, 2006: 117) 그리고 청계천 복원에 개입된 다양한 행위자들을 분석한다.

현실, '매우 다른 어떤 것'을 이해하는 관점에서 분석되어야 한다. 그리고 그렇게 '매우 다른 어떤 것'이 되어버린 현실을 명명하기 위해서는 전혀 새로운 비유적 언어와 개념적 렌즈가 필요하다.

해러웨이는 새로운 현실을 담아낼 새로운 비유적 언어들을 만들어내는 데 @, ©, TM 등의 부호를 활용한다. 글쓰기 기술의 일부인 이 부호들은 "특별한 사회공학적 담론이 들어 있는 기능어들이다."(해러웨이, 2002: 42) 그것들은 각기, 인터넷이 지배하는 정보사회, 지적 재산권을 둘러싼 자본과 과학지식과 기술의 연관성, 그리고 재산권과 상품 등의 다양한 힘들이 교차하는 현실을 드러낸다. 이 부호들의 기능을 원용하여, 우리는 청계천을 '자연^{TM}'으로 형상화[13]해볼 수 있다. '자연^{TM}'의 전제는 오늘날의 "기술과학은 자연과 사회, 주체와 객체 간의 구별, 그리고 자연적인 것과 근대라는 가상 시간을 구축한 인공적인 것 같은 구별뿐 아니라, 과학과 기술 간의 구별도 훌쩍 뛰어넘는다."는 사실이다.(해러웨이, 2002: 42) '자연^{TM}'은 자연이 순수하지 않다는 것, 우리의 세계는 이미 자연과 사회, 자연적인 것과 인공적인 것의 구별을 뛰어넘는 새로운 질서의 지형에 도착해 있다는 것을 인정하는 것이다. 덧붙여 특수기호 ^{TM}을 통해 자본과 재산권, 그리고 자연적, 사회적, 기술적 관계의 연결 및 결탁관계를 보여줄 수 있다.

'자연^{TM}'의 모델은 해러웨이의 '앙코마우스^{TM}'이다. 해러웨이는 생명공학과 유전자 기술이 변형한 자연을 들여다보는 하나의 개념적 렌즈로 '앙코마우스^{TM}'를 활용한다. 앙코마우스^{TM}는 다국적 기업인 뒤퐁사가 만들어낸, 인간 유방암 유전자를 이식한 실험용 쥐이다. 앙코마우스^{TM}는 아리스토텔레스가 정의하는 바에 의거하여 '스스로 움직이는' '동물'로 분류

---

13 해러웨이는 비유 언어의 사용, 즉 형상화(figuration)를 "논쟁의 여지가 있는 세계를 보여주는 압축된 지도"라고 말한다.(해러웨이, 2007: 55)

되지만, 초국적 자본이 만들어낸 상품이기도 하다. 그리고 그것은 과학 기술 실험실을 서식지로 하는 과학도구이다. "무엇보다도 앙코마우스™는 세계에서 첫 번째로 특허를 받은 동물이다."(해러웨이, 2007: 176) 해러웨이는 '앙코마우스™'를 통해 유기체와 기계, 자연과 인공이 상호교차하고 함께 작동하는 작고 구체적인 현실을 드러낸다. 그리고 이 현실 위에는 첨단 기술과학의 욕망, 신자유주의 질서 내의 초국적 자본의 논리, 거기에 개입하는 국가 정책, 국제적 규제, 인류의 건강이라는 거대한 목표, 동물의 생명권과 같은 윤리적 문제 등이 교차한다. 상품이면서 생명이고, 인공적이고 기술적인 조작의 산물이면서 자기 삶을 가지고 있는, 순수하지도 단순하지도 않은 이 존재자를 통해 해러웨이는 오늘날의 '포스트휴먼' 세계를 묘사한다.

해러웨이의 '앙코마우스™'는 청계천에 이식된 '자연™'이라 할 수 있을 생명체인, 청계천에서 번식하는 참갈겨니를 떠올리게 한다. 기술과 자본이 개입한 인공물 안에서, 자연이라는 허구적 이념에 비추어 복원된 불순한 생태계 안에서 서식하고 살아가는 이 생물은 생명 활동을 통해 이 모든 복합적 힘들이 교차하는 현실을 드러낸다. 왜가리와 백로를 불러들이고, 그 천변을 산책하는 많은 사람들에게 자연을 만들어주지만, 장마철에 하수가 역류하면 죽어 떠오르는 이 민물고기들은, 청계천 생태계의 증인이자 주인이자 희생자이다. 이런 존재자들을 '자연™'이라 명명할 수 있다면, 이 조어(造語)를 통해 복원 청계천의 생태계의 현실을 더 정확히 묘사할 수 있을 것이다.

'자연™'이라는 개념적 장치는 청계천이라는 사회적 실재를 파악하는 데 몇 가지 전향적인 효과를 만들어낸다. 우선, 자연의 회복이라는 먼 이념으로부터 출발한 비판과 생태복원을 가장(假裝)한 도심하천 정비 사업을 이용한 정치적 프로파간다라는 양극의 언설을 근본적으로 성찰하게 한다. 이 양극의 언설들은 청계천이라는 사회적 실재가 서울이라는 도시에서 어떤 의미를 지니고 무엇을 만들어내며 어떻게 유지되고 있는지를 구체적이고 실질적으로 파악하는 것을 방해한다. '자연™'이라는 개념 장치는 기존의 이분법적인 원론에서 벗어나 복원 청계천이 도심을 어떻게 바꾸고 있는지, 그것이 의미하는 바는 무엇인지, 이 실체와 더불어 어떻게 도시의 변화를 만들어가야 하는지 물을 수 있게 한다.

5. 맺는 말

청계천을 둘러싼 도시 계획의 역사는 곧 서울의 역사이다. 청계천은 서울이라는 도시의 '공간표상'의 척도처럼 자리했다. 그렇게 근대적 산업화의 이름으로 복개되었고, 탈근대적 생태복원의 이름으로 복원되었다. 복원된 청계천은 서울 도심에서 새로운 도시 생태계를 생산하고 있지만, 그것은 확실히 자연의 회복은 아니었다. 청계천의 완전한 재자연화는 실패했다. 그러나 이 재자연화의 실패는 당초 예견된 것이다. 이 글은 복원 청계천이 이미 자연과 인공, 생명과 기술이라는 이분법의 경계를 허무는 '포스트휴먼'의 현실을 반영하고 있다고 분석하면서, 이 사회적 실재의 복합적이고 혼종적인 성격을 드러내는 개념 장치로서 '자연™'을 제안했다. '자연™'은 기술, 정치, 자본, 도시 환경, 기후, 지방선거, 관광 레저 산업, 생태 등 다양한 국면들이 서로 얽혀 있는, 청계천을 둘러싸고 있고 가로지르고 있는 연결망을 가시화한다.

이 개념장치의 유용성은 복원 청계천의 실재에 대한 비판적이고 성찰적인 분석이나 기술에만 있지는 않다. 우리는 이 개념을 통해 청계천에 내재된, 그리고 청계천이 지속적으로 재생산하는 불순하고 혼종적인 복합성을 이해함으로써, 그것에 유연하게 개입해볼 수 있다. 유연한 개입의 예로, '반생태주의적인' 기원을 가진 청계천을 다시 생태주의적으로

[청계천 소수력 발전을 통한 충전시스템]

활용하는 '소수력발전'과 같은 실험을 참조해볼 수 있다. 2014년 "서울시
는 청계천에서 흐르는 물의 힘을 이용해 전기를 생산, 스마트폰과 태블
릿PC를 충전해주는 '소수력 스마트폰 충전부스'를 선보였다."[14] 이 소수
력 발전기는 한 청년 기업인의 재능기부와 클라우드 펀딩을 통해 제작,
설치되었다. 이것은 이미 생산된 '자연™'의 기능을 더 능동적이고 생산
적으로 발견하고 확대하는 시도이자, 그것을 변형하는 실험으로 평가될
수 있다.

도시계획자들이나 도시정책가들, 테크노크라트들, 엔지니어들은 도시
공간을 계획과 디자인을 통해 말끔히 재단하려 한다. 그러나 도시 공간
은 그런 말끔한 계획 안에 머물지 않는다. 설계된 도로와 하천, 구조물
들 사이로 움직이는 몸들, 활동하는 사람들에 의해서만 도시 공간은 살
아난다. 도시 공간은 움직이고 살아가며 체험하고 꿈꾸는 사람들이 만들
어내는 흔적의 축적물이며 그렇게 혼탁해지고 또 변형된다. 청계천의 생
태계도 그렇게 구성한다. 청계천 복원은 아직 완결되지 않은, 여전히 진
행 중인 '사회 실험'이다. "'사회 실험'으로서의 생태 복원은 서로 간섭하
는 수많은 행위들의 집합"이다.(안병옥, 2003: 200) 이제 청계천 원류 복원

---

14 「청계천 수력 발전으로 스마트폰 무료 충전」, 연합뉴스, 2014년 8월 27일.

을 통한 청계천의 생태 '재'복원이 기획되고 있다. 아직 열려 있는 계획을 공정하게 평가하고 의미 있게 개입하기 위해서도, 이 실체의 복합적이고 혼종적인 본성에 대한 올바른 이해가 필요하다.

10

감시와 통제 아래 놓인 생명
— 바이오아트를 통해 본 생명기술의 이면[1]

전혜숙

1. 생명기술의 풍경과 감시 장치들

생물학, 생명과학, 생물공학, 생명기술과 관련된 일들은 이제 의학과 과학만의 특정 영역이라기보다는 정치, 경제, 사회, 문화적인 모든 영역에서 우리의 삶에 영향을 주는 것이 되었다. 그러한 변화 중에서도 생명기술의 발전에 따라 크게 달라진 것이 있다면 생명 그 자체에 대한 이해가 바뀌고 있다는 점이다. 측정되어 수량화될 수 있는 비물질적 정보가 되었을 뿐 아니라 독립적이고 객관적이며 셀 수 있는 부분들의 집합체가 된 생명은 더 이상 하나의 유기적 총체로 여겨지지 않게 되었

---

1 이 글은 한국미술이론학회의 《미술이론과 현장》 21집(2016년 6월)에 실린 논문을 수정 보완한 것이다.

다.(Lemke, 2011: 5) 휴먼 게놈 시퀀싱을 위한 국제 컨소시엄(International Human Genome Sequencing Consortium: IHGSC) 프로젝트 시행 이후, 미국의 유전자 데이터베이스인 젠은행(GenBank), 유럽 분자생물학 실험실 (the European Molecular Biology Laboratory), 일본 DNA은행(the DNA Bank of Japan) 등의 바이오기술 관련 기구들은 서로 '경계 없이' 국가 간 상호적으로 각 국가의 건강관리를 위해, 그리고 전 지구적인 질병 통제를 위해 '정보'를 교환하고 있다. 이러한 생명정보(bio-information)는 인간의 생명을 이해하는 기본 요소가 되었을 뿐 아니라 삶을 위한 중요한 요인으로 자리 잡게 되었고, 정보로 존재하면서 축적 가능해진 인간의 생명에 관한 모든 것들은 인류의 건강을 위한 연구와 제도적 관리 및 통제를 위해, 그리고 더 나아가 신약 개발과 같은 다국적 기업의 바이오산업 등의 경제적 가치 창출을 위해 끊임없는 파생효과를 낳고 있다.

유진 태커(Eugene Thacker)가 컴퓨터 기술과 바이오미디어의 밀접한 관계를 강조했던 것처럼, 생물학 정보가 생산되고 축적되며 분석되는 방식에 공헌한 것은 바로 정보기술과 컴퓨터 과학이다.(Thacker, 2003: 49-51) 유기체의 게놈 지도를 그리려는 여러 노력들은 생물학과 정보기술의 상호작용, 유전자코드와 컴퓨터코드의 상호교차를 통해 생명의 개념을 확장하고 있으며, 이는 기술적인 문제를 넘어서 많은 철학적, 윤리학적 문제들을 발생시키고 있다. 그러한 문제들로 들 수 있는 것들은 첫째로는 물질(신체, 생물학)과 비물질(정보, 기술) 혹은 '젖은(wet) 연구(생물학)와 '마른(dry) 연구(컴퓨터 및 정보) 사이의 유동성이며, 둘째로는 그 문제들이 어떻게 신체에 대한 이해에 변화를 가져왔는가에 대한 것이다. 신체를 정보화한다는 것은 신체를 정보로 환원해 이해한다는 것만을 의미하는 것이 아니다. 그것은 어떻게 그러한 사실이 생물학적 물질성을 둘러싸고 있는 전통적 의미를 변화시킬 수 있을 것인가, 정보기술이 유기체와 환경 사이의 관계를 어떻게 변화시킬 것인가, 또 정보기술과 밀접한 분자

생물학의 패러다임이 경제, 정치, 문화적 차원들을 어떻게 변화시키고 있는가 등의 문제로 확장된다. 왜냐하면 질병감시 네트워크, 생명정보학, 유전학 데이터베이스 등은 의학과 생물학적 차원과 결합된 정보기술의 성과이기 때문이다.(Thacker, 2005: xvi-xvii) 그렇기에 현재 우리가 서 있는 지점에서 '생명'과 관련된 문제는 '정보'화된 생명, 즉 정보와 현존성의 사이에서 발생된 생명에 대한 이해의 긴장감 속에 놓이게 된다. 그러한 인간신체에 대한 정보들이 국가차원의 감시와 통제를 위한 기반이 되고 있으며, 따라서 많은 사람들이 그들이 신체에 대한 정보를 자의적 혹은 강제적으로 제공하고 있다는 것 또한 주목할 만한 사실이다.

정보가 된 생명은 정치, 경제, 사회의 영역 속에서 '생명감시(biosurveil-lance)'라는 제도적 차원 아래 놓이게 된다. 생명감시란 인간, 동물 혹은 식물에 이르기까지 건강 및 질병과 관련된 모든 본질적인 정보를 모으고, 통합하며, 해석하고, 소통하는 과정이다. 대중의 건강을 다루는 생명감시의 활동영역은 표준적인 전염병 관리로부터 복잡한 알고리즘을 이용하는 진보된 기술 시스템에 이르기까지 매우 광범위하다.[2] 생명감시의 개념은 원래 죽음에 대한 감시와 모니터링을 위해 발전된 것이지만, 포스트-테러(post-terror) 시대라고 할 수 있는 현재에는 국가의 안전과도 긴밀하게 연관되어 있으며, 또한 개인 차원의 특정 생물학적 정보를 활발하게 모으거나 감시하는 등 넓은 의미의 생명 정치적 전략과도 연관되어 있다.(Parry, 2012: 718)

그런데 생명감시를 가능하게 하는 주요 과학기술들은 한편으로는 대부분 바이오산업과 연관된 경제와 손을 잡고, 다른 한편으로는 국민의

---

2 "Biosurveillance" in The National Connection for Local Public Heath, The Site of NACCHO (National Association of County and City Health Officials): http://archived.naccho.org/topics/emergency/biosurveillance/.

건강과 안전이라는 목적 아래 문화적 장치들로 합병된다. 거기에 디지털 기술이 결합되어 각종 감시 장치들을 생산해낸다. 최근 디지털 기술과 생물학적 정보가 함께 사용된 감시 기술들로는 RFID 태그,[3] VeriChips,[4] DNA 칩, 휴먼 바코드(human barcodes) 등을 들 수 있다. 일상적인 문화 속에 자연스럽게 사용되고 있는 이러한 기술들은 '위험-감시-안전-편리함-프라이버시 침해'라는 복잡한 관계들로 얽혀 우리의 삶 속에 존재하고 있다.(Abergel and Magnusson, 2014: 245-246)

일상에서 사용되는 보편적인 감시 기술은 우리의 삶을 용이하게 하는데 사용되는 만큼 우리의 생활 속에 스며들어 개개인이 특별히 그 기술을 인식하지 못하고 살아갈 수 있다. 그러나 그러한 기술들의 비인간적인 면이나 획일성에 주목하고 사람들에게 감시기술의 존재를 알리고 그에 대해 선택적 혹은 자기 주도적 비판의 반응을 유도하는 미술가들도 있다. 예를 들어 행동주의 미술가들 및 기술자들로 구성된 그룹 프리엠티브 미디어(Preemptive Media: PM)의 멤버들은 RFID 기술을 일종의 감시기술로 보고 그에 대한 반응으로 일련의 프로젝트를 시행한 바 있다. 그들은 RFID의 기능을 방해하기 위해 'Zapped!'(2005)라는 이름의 RFID 감지장치를 만들었는데, 그것은 일종의 열쇠고리로, RFID 리더(reader)

---

3 RFID(Radio-Frequency Identification): 주파수를 이용해 ID를 식별하는 시스템으로 이른바 전자태그를 의미한다. 이 시스템은 크고 작은 상품들에 쓰일 뿐 아니라, 동물들(가축, 애완동물), 사람들(알츠하이머 환자들, 비행기 탑승객, 외국인) 등에게도 쓰인다. 이 태그는 일종의 안테나와 배터리를 가진 무선의 마이크로칩을 사용하는 것으로, 쌀알 크기의 플라스틱이나 실리콘에 저장되어, 신용카드, 휴대전화, 운전면허증, 여권 등에 내장된다. 원래 이 태그는 물류의 흐름을 알기 위해 사용되다가 빠른 시일 안에 생물학적 응용의 단계로 접어들게 되었다. 기본적으로 RFID 태그는 사물이든 살아 있는 조직이든 어디에나 들어갈 수 있게 소형화될 수 있다.(Abergel and Magnusson, 2014: 245-246)

4 2004년 FDA는 VeriChip 혹은 VeriMed를 의료 목적으로 인간에 사용할 수 있음에 동의했다. 베리칩 또한 RFID 기술을 이용하는 것으로 의식이 없는 환자의 혈액형, 잠재적인 알레르기(potential allergies), 병력(medical history) 등을 체크할 수 있는 것이었다. 원래 군대에서 광범위하게 먼저 사용되어온 것이다.

가 근처에 있거나 데이터를 스캔하는 것이 감지되면 소리가 나도록 만든 것이었다. 이들은 'Zapped!'를 사용하여 사람들이 RFID 리더의 존재를 알고 반응할 수 있는 기회를 제공했을 뿐 아니라, 그들에게 그 열쇠고리 제작방법을 직접 가르치는 워크숍도 열었다. "앞으로 우리가 매일 RFID 기술을 만나게 될 것이고, 이는 산업화된 세계에서 상식이 될 것이다. RFID 기술은 인간을 추적하는 것, 그래서 인간을 현대의 정보경제로 통합되게 하는 것이다. Zapped!는 RFID가 대중적으로 실행되어 향상된 기술을 이용한 감시에 공헌하고 있음을 알리고자 한다. RFID가 움직이는 사물들과 유기체들을 추적하는 데 사용되기 때문에, 우리는 살아 있는 총체들(인간들뿐 아니라 바퀴벌레들까지도)에게 RFID 기술을 역으로 모니터하고 막을 수 있는 도구를 제공하는 것이 상징적으로나 실질적으로 유용한 일임을 발견하게 되었다."라고 주장한다.(Preemptive Media 홈페이지) 우리는 이들이 왜 RFID에 거부반응을 일으키고 그것을 굳이 방해하는 장치를 만들려고 했는가 생각해볼 필요가 있다. 그것은 이 기술이 생물학적 응용의 단계로 접어들어 살아 있는 조직에 들어가 기능하게 되었으며, 사람을 포함한 움직이는 모든 것을 추적함으로써 감시할 수 있게 되었기 때문으로 볼 수 있다. 모든 통제기술이 그렇듯이 RFID도 편리한 기능을 앞세우고 있으며 실제로 효율적으로 사용되고 있지만, 집단에 대한 손쉬운 통제 및 경제이익을 배후에 목적으로 두고 있다는 점도 무시될 수 없는 부분이다.

생명기술의 발전과 함께 생각해볼 또 하나의 문제는 GM푸드(genetically modified food)를 비롯한 유전자 변형된 유기체(GMO)가 과연 안전한가 하는 것이다. 이러한 문제는 대부분 다국적기업의 농산물 산업과 밀접하게 연관되어 있어서, 우리는 그 배후에 복잡하게 얽혀 있는 정치적, 경제적 권력관계가 존재할 것이라고 쉽게 예상할 수 있다. GMO는 생물학적 정보를 통해 새로 만들어진 유기체로서, 완전히 인공적이며 자연에는 없는 그 무엇일 수도 있다. '자연스러운' 생명체로서의 유기체를 안전한 것으로 여겨온 대부분의 사람들은 그것이 인간의 개입, 즉 기술에 의해 만들어진 '부자연스러운' 것이라고 느낀다.

그러나 이와 대립하는 입장을 보자. 생명기술을 새롭고 유용한 것, 인간의 건강과 미래의 삶에 희망을 주는 것으로 믿는 사람들은 그것을 '자연스러울' 뿐 아니라 환경에 '안전'하며 인간 신체에도, 농작물에도, 의학에서도 안전하다고 여긴다. 사실상 많은 생명기술 연구는 자연으로부터 힌트를 얻고 인간신체를 정상적으로 기능하게 만들며, 그러한 방식은 재생의학(regenerative medicine) 혹은 유전자를 기반으로 한 치료 등의 기본 방식이기도 하다. 그러한 입장은 GMO 혹은 GM푸드, 신약개발 등에 대해 논할 때 '자연 자체가 그런 것처럼' GM푸드도 아무렇지 않다는 논리를 펴게 된다. 이러한 논리는 신약개발이나 유전자 변형된 음식재료들의 연구, 광고, 신약개발 홍보에 똑같은 수사학적 표현으로 사용되고 있다. 여기에서 생명기술은 자연과 반대가 아니며 오히려 자연, 영양, 인간의 건강 등이 정상적으로 작동하도록 돕는 것이라고 주장된다. 생명기술에 대한 이러한 관점은 그것이 자연스러우며 생명 그 자체와 직접적으로 작용한다는 식으로 받아들여지고 있으며, 그러한 '이상적인 위장(ideal guise)'(Thacker, 2005: xvi) 덕분에 생명기술은 '기술'보다는 '생명' 쪽에 더 가깝게 있는 것으로 여겨지고 있다.

그러나 생명과 기술, 자연과 인공 등 서로 대립하는 것들 사이에서 어느 쪽이 진실인가를 따지는 것보다 더 중요한 것은, 그러한 문제들이 생물학 혹은 생명에 관한 것과 정치·경제적인 것들의 긴장들 사이에서 미묘한 갈등을 일으키며 존재하고 있으며, 진실이 무엇이든 간에 왜곡되거나 은폐되기도 한다는 사실이다. 바로 이 부분이 바이오아티스트들의 관심영역이며 본 연구가 다루려고 하는 부분이다. 이제 이러한 관점에서 바이오아티스트들이 어떤 방식으로 생명감시와 생명경제를 비판하고

GMO의 문제점을 지적하며, 어떤 식으로 알리고 공유하며 혹은 그 문제들을 해결하고자 했는지 살펴보기로 한다.

2. 생명감시에 대한 우려와 저항

2.1) 공공장소에서 수집되는 DNA와 DIY 바이오

정부 혹은 기관이 유전자를 수집하고 모니터링함으로써 한 개인의 삶과 미래에 개입하고 감시하는 것은 아직 멀리 있는 미래의 이야기로 여겨져 왔으며, 실제로 그것은 오랫동안 SF 영화와 소설들만의 주요 소재였다. 그러나 우리는 이제 현실에서 강제적으로든 자발적으로든 얼굴인식이나 음성인식과 같은 감시체계를 경험하고 있으며, 우리의 신체정보를 자의 반 타의반으로 의료기관이나 정부기관에 제공하고 있다. 또한 생명기술 비용이 점차 감소하고 일반인들도 DIY 바이오(do-it-yourself biology)를 통해 생명기술 방법에 익숙해짐에 따라 개인의 신체정보 수집은 그야말로 우리의 주변에서 쉽게 일어날 수 있는 일들이 되었다. DIY 시민생물학운동(citizen biology movement)으로도 불리는 DIY 바이오는 일종의 생명기술 사회운동으로, 개인이나 공동체, 작은 조직들이 연구기관에서 사용하는 것과 똑같은 방법을 이용해 생명 과학과 생물학에 대해 배우는 혁신적인 운동이다. DIY 바이오에서는 전문적인 지식이 없어도 취미로 활동 가능하며, 이익을 목적으로 하지 않는 한 개인도 집중 교육과 훈련을 받을 수 있도록 개방하고 있다. DIY 바이오 이외에도 문화와 윤리를 새로운 방식으로 낱낱이 파헤친다는 의미에서 '바이오해킹(biohacking)' 혹은 '웻웨어 해킹(wetware hacking)'이라는 용어가 사용되기도 한다. (Landrain, Meyer, Martin, Sussan, 2013: 115)

시카고와 뉴욕을 기반으로 활동하면서, 미술, 뉴미디어, 생물학기술을 융합하고 있는 미술가 히더 듀이-해그보그(Heather Dewey-Hagborg)[5]는 그러한 변화된 현실을 미술로 시각화하고 있다. DIY 바이오의 활발한 멤버이기도 한 듀이-해그보그는 유전자와 관련된 논쟁의 어느 한편에 서는 것이 아니라, 기술에 대해 환영하고 연구하는 한편, 동시에 그에 부수되는 윤리 문제를 제기함으로써 항상 중도를 걷고 있다.(Buntaine, 2015: 142)

그녀의 작업 「낯선 자의 얼굴들(Stranger Visions)」(2012~2013)은 사람들이 항상 모든 곳에 자신의 DNA의 단서를 남길 수 있다는 사실을 깨닫게 되면서 시작되었다. 다시 말해 우리는 신체의 일부들을 끊임없이 공공장소에 '흘린다'는 것이다. 그녀는 그것들이 일종의 신체정보가 될 수 있음에 주목한다. 어느 날 그녀는 우연히 유리 사이에 끼어 있는 머리카락을 보게 되었는데, 그것이 문득 누구의 것일까 궁금해지면서 알아보고 싶은 충동을 느끼게 되었다. 그 후 그녀는 주위의 모든 것들에 주목하여 담배꽁초, 씹다 버린 껌, 머리카락, 커피 잔에 남은 타액 등을 모으기 시작하고, 그렇게 자신이 모은 것들을 '유전자 인공물들(genetic artifacts)'이라고 불렀다.

그녀는 수집된 유전자 인공물들을 실험실로 가져가 DNA를 분석하고, 그 분석결과와 함께 '법의학적 DNA 표현형분석(Forensic DNA Phenotyping, 이하 FDP) 과정을 거쳐 얼굴 이미지를 얻게 된다. 이는 경찰

---

5 히더 듀이-해그보그(Heather Dewey-Hagborg)는 생물학, 컴퓨터학, 조각, 디자인 등 여러 분야를 섭렵하면서 연구기반의 미술실행을 계속해온 미술가로, 자신을 'transdisciplinary artist'이자 교육자'라고 소개하곤 한다. Vermont의 Bennington College에서 Information Art를 전공하였으며, 뉴욕대학의 The Tisch School of the Arts에서 Interactive Communications로 석사학위를 받았다. Rensselaer Polytechnic Institute에서 Electronic Arts로 박사과정을 수료하였으며, 현재 시카고 Art and Technology Studies at School of the Art Institute of Chicago의 조교수로 있다.(Heather Dewey-Hagborg의 홈페이지, http://biogenfutur.es/)

에서 범죄 용의자의 얼굴을 추측하기 위해 사용하는 과정과 같은 것이었다. 경찰에서는 얼굴 이미지만 얻지만 그녀는 이렇게 추측된 얼굴들을 최초로 3D 프린터를 통해 3차원으로 제작함으로써 수집한 익명의 유전자 초상조각들을 만들었다. 이것이 바로 「낯선 자의 얼굴들」(도판 1)이다. 그녀는 담배꽁초, 머리카락, 껌 등을 수집한 정확한 장소명과 사진, 그것에 의해 제작된 초상조각을 전시하면서 DNA 분석을 통해 얻은 유전자 정보도 함께 공개했다.[6] 이러한 초상들은 미술작품으로서의 미학적인 측면보다는, DNA 분석을 통해 '얼굴', 즉 DNA의 주인을 추적할 수 있게 되었다는 사실을 새삼 주목하게 하거나 또는 날로 새로워지는 3D 프린터의 위력은 어디까지일까 등등의 뉴스거리가 되어 세간의 주목을 끌게 되었다. 이후 그녀는 계속해서 DNA에 의한 개인의 정보유출과 유전자 감시의 가능성에 초점을 맞추어 유사한 작업에 집중하고 있다. 그녀는 윌리엄 마이어스와의 인터뷰에서, 자신의 작업은 "아마추어 과학자 혹은 연구자로서 유전자의 미술적 흔적으로 누군가에 대해 알아가는 것"이라고 설명한다.(Myers, 2015: 240)

듀이-해그보그의 「낯선 자의 얼굴들」이 발표된 지 1년 만에 실생활에서 실제로 똑같은 일들이 발생했다. 2014년 12월 파라본 나노랩(Parabon Nanolabs)이라는 회사는 DNA만으로 얼굴 모습을 제공하겠다는 내용으로 "Snapshot" 광고를 시작했다.(도판 2) 광고 내용은 "Snapshot은 혁신적인 새로운 FDP 분석 서비스로, DNA로 알려지지 않은 사람의 외모와 혈통을 정확하게 예측하여 제공한다. 이제 많은 비용을 들이지 않고도

---

6 예를 들면, Portrait and samples from New York: Sample 4, 1/6/13 12:20pm, Myrtle ave. and Himrod St. Brooklyn, NY./ MtDNA Haplogroup이라는 수집된 시간과 장소에 대한 정보뿐 아니라, "T2b(European)/SRY Gene: absent/Gender: Female/rs12913832: AA/Likely Eye Color: Brown/rs4648379: CT/Slightly smaller nose size/rs6548238: TT/Slightly lower odds for obesity"과 같은 유전자 정보를 공개하고 있다.

|[도판 1]|[도판 2]|
|히더 듀이-해그보그, 「낯선 자의 얼굴들」, 2013|파라본 나노랩의 Snapshot 광고, 2014|

DNA 샘플로 꽤 사실적인 얼굴 모습을 만들어낼 수 있으며 그 사람의 신체적 특징을 알 수 있다. 이는 범죄수사의 실마리를 제공하고 용의자 리스트를 좁힐 수 있으며, 신원불명의 유해의 신원을 파악하는 데 매우 유용하다."[7]는 것이었는데, 그것은 경찰에서 사용되는 FDP 분석의 일반화 혹은 상업화를 알리는 신호였다.

또한 홍콩에서는 한 해 4천 톤의 쓰레기 때문에 고민을 하던 중, 쓰레기규제 캠페인을 주관하는 NGO '홍콩 클린업(Hong Kong Clean up)'과 광고회사 오길비앤매더(Ogilvy and Mather)의 합작으로 '수배자 얼굴 포스터(Wanted Poster)'(도판 3)를 만들어 고발하게 된다. 마구 버려진 쓰레기를 가져다가 거기에서 DNA를 추출하고 분석하여 쓰레기를 버린 사람의 얼굴을 추정해 만든 홍콩의 포스터들은, 경찰에서 용의자 얼굴을 추적하는 방식, 즉 듀이-해그보그가 만든 「낯선 자의 얼굴들」과 같은 방식을 사용했다. 이들은 추출된 DNA 샘플을 미국의 FDP 실험실로 보내 초상화를 만들었다고 한다. 'most wanted'라고 수배된 27명의 얼굴 포스터들은 지

---

7 "Parabon® Snapshot™, DNA Phenotyping, Ancestry & Kinship Analysis, Get More From Your DNA Evidence™" Snapshot 공식 사이트: https://snapshot.parabon-nanolabs.com/.

[도판 3]
홍콩 클린업과 오길비앤매더, '수배자 얼굴 포스터', 2015

하철역이나 버스 정류장, 백화점 등에 전자스크린으로 설치되어, 쓰레기 무단투기 행위에 대해 경각심을 주었다.(Chan and Chow, "News" in Mail Online, 21 May 2015)

다시 듀이-해그보그의 작업으로 돌아가보자. 「낯선 자의 얼굴들」이 도발적이지만 과정에 충실하고 신중한 작업이었다면, 같은 이슈를 다루고 있는 비디오 퍼포먼스 「DNA 위장하기(DNA Spoofing)」(2013)는 그러한 문제들에 매우 유머러스하게 접근하고 있다. 그녀의 주장은 바야흐로 유전자 감시(genetic surveillance) 시대에 살아가기 위해서는 우리가 '흘릴' 수도 있는 DNA 흔적을 일부러 익명적으로 만들거나 혼동을 주어 그 노출 가능성을 막자는 것이다.(Dewey-Hagborg, 2013: 69) 그녀는 동료들과 함께 "DNA 위장하기: DIY 역-감시(DNA Counter-Surveillance)"라는 이름으로, 씹고 있는 껌, 립스틱, 손톱깎이, 빗, 인공눈썹 등을 공유하거나 교환함으로써 그러한 물건에 묻어 남길 수도 있는 DNA 정보를 교란시켰다. 신체정보수집과 감시 및 통제는 아직 미래의 문제일 것 같지만, 그녀의 퍼포먼스는 정보로서의 우리의 DNA가 앞으로 어떤 역할을 하게 될지 상상할 수 있게 만든다. 이는 2013년 미국 국가안보국(National Security Agency: NSA)이 대(對)테러방지법 이후 벌인 감시사건 스캔들[8]을 생각나게 한다. 무작위로 막대한 양의 정보를 긁어모아 감시하는 데 사용하는 국가차원의 프로그램들은 곧 모든 이들의 유전자 정보 수집에도 적용될 수 있기 때문이다.

이렇게 유전자 감시를 경고하고 고발하려는 그녀의 전략은 「보이지 않는: 유전자 프라이버시의 미래(Invisible: The future of genetic privacy)」 (2014) 프로젝트를 통해 유전자 정보의 노출과 감시를 예방할 수 있는 방법을 구체적으로 제시하는 데 이른다. 이 프로젝트를 소개하고 있는 그녀의 사이트에는 "보이지 마세요. 추적, 분석, 복제되지 마세요.(Be invisible. Don't be tracked, analysed or cloned.)"라는 문구와 함께 "당신의 뒤에 남겨진 DNA의 99.5%를 없애고, 나머지 5%는 모호하게 만드세요. Invisible은 100% 오픈 소스입니다."라는 설명을 내걸었다.⁹ 그녀는 실제로 "BioGenFuture"라는 회사를 차리고 2개의 스프레이가 한 세트로 되어 있는 '유전자 안전세트(genetic safety set)'라는 제품을 생산해 뉴욕의 뉴 뮤지엄(New Museum)을 통해 한정판으로 한 세트당 230달러에 판매하고 있다. 그것은 개인에게 행해질 수 있는 조사, 감시, 차별, 편견을 예방할 수 있도록 컵, 껌, 담배 등에 남겨지는 자신의 DNA를 개인이 스스

---

8 2013년 6월 영국의 《가디언(*Guardian*)》지는 CIA와 NSA에서 컴퓨터 기술자로 일했던 에드워드 스노든(Edward Snowden)이 미국 내 통화감찰기록과 감시프로그램 등 NSA의 기밀문서를 공개한 것과 관련해, 미국 NSA가 막대한 양의 전화 데이터를 수집했다고 특종기사를 보도하였으며, 이는 9 · 11 사태 이후 도입된 대(對)테러법이 국민들을 감시하는 데 악용될 수 있다는 우려의 보도였다. 스노든은 2013년 12월 영국의 한 TV 메시지에서 "지금 태어나는 아이들은 아마 사생활이라는 개념 없이 자라게 될 것이다. 그들은 사적인 순간을 가진다는 것, 기록되지 않는다는 것, 분석되지 않는다는 것이 어떤 의미인지 알지 못할 것이다."라고 주장했다.(http://www. itworld.co.kr/print/85329)

9 그녀의 공식 사이트에는 이 프로젝트를 위한 동영상 광고가 들어 있는데, "경찰이 DNA 기록들을 모으고 있다. 개인의 프라이버시 침해에 대한 심각한 우려가 제기되고 있다."라는 가상의 텔레비전 뉴스에 이어 그녀 자신이 등장해 '유전자 안전세트'를 사용하는 방식, 예를 들어 그녀 자신이 마신 와인 잔에 스프레이를 뿌린 후 실제로 자신의 DNA 정보가 시각적으로 사라지는 것처럼 시각화해 보여주고 있다.(Dewey-Hagborg의 공식 사이트: http://biogenfutur.es/)

로 완전히 지울 수 있는 뿌리는 액체이다. "erase"와 "replace"라는 라벨이 붙은 두 개의 투명 앰플 중 Erase™은 공공장소에 남겨진 DNA의 95%를 지울 수 있으며, 나머지 5%는 Replace™으로 지울 수 있다고 설명한다.

바이오아트로서 그녀의 작업이 말하고자 하는 것은 씹던 껌 혹은 버려진 담배꽁초로도 주인의 얼굴을 추측하고 만들어낼 수조차 있다는 기술의 발전을 강조하는 것이 결코 아니다. 오히려 우리의 정보가 너무 많이 노출되고 있다는 것과 아마추어 실험가인 미술가 자신도 할 수 있을 정도로 DNA 분석과 그것을 이용한 작업이 간편화, 보편화되어 있어 누구나 마음만 먹으면 타인의 DNA 정보를 수집할 수 있다는 것을 알리려는 것이다.(Dewey-Hagborg, 2013: 69) 그녀의 방식은 사진이나 퍼포먼스, 자세한 설명과 기록을 이용하는 다분히 개념 미술적이고 행동주의적인 방식의 미술형식을 취하면서, 생물학적 실험에 적극적으로 참여하는 바이오아트의 특징을 보임으로써, 우리가 받아들여야 할 생명기술의 시대의 결과들에 대해 미술가가 무엇을 말해야 하는가, 미술가의 역할은 무엇인가를 나타내려 한다.

2.2) DNA로부터 만들어진 얼굴은 정확한가

그렇다면 DNA를 수집하고 분석하여 얻은 정보로 만든 초상 이미지는 과연 실제 인물과 얼마나 닮았을까? 듀이-해그보그는 자신의 작업에서 사용한 방식, 즉 DNA 정보 수집과 FDP 분석방식이 지닌 정확성을 문제 삼음과 동시에, 그것이 국가의 보안정책과 범죄해결을 위해 사용될 경우 우리는 과연 그것을 얼마나 신뢰할 수 있을까에 대해 반문한다. 그녀는 2015년 일종의 개념미술 프로젝트인 「Sci-fi Crime Drama with a Strong Black Lead」에서, 범죄와 흑인혈통 유전자에 대한 표현형 분석방식의 문제점을 파헤친다. 표현형(phenotype)이란 신장, 체중, 피부색부터 대사, 행동, 질병 혈중지표 등 생물로부터 관측 가능한 매개변수들을 의미하며 생물 내부의 유전자에서 기인한다.(강영희 외, 2008: 1701) 그러므로 그녀의 연구는 FDP, 즉 '분자 합성사진(molecular photofitting)'의 타당성에 대한 것이라고 할 수 있다.

경찰에서 기존에 범인을 알아내기 위해 수사기법으로 사용했던 'DNA-타입 분석' 방식은 사건현장에서 발견된 증거물의 DNA와 용의자 DNA의 일치 여부를 확인하여 수사에 적용하는 방식이었다. 그러므로 수집한 DNA(증거물)와 '비교 대상'(용의자) DNA의 두 개의 샘플이 반드시 필요했다. 반면 FDP는 기존의 DNA 분석의 이러한 약점을 극복한 것으로, 수집한 사람의 DNA만으로 피부, 머리카락, 눈동자 색, 조상, 걸음걸이, 흡연선호도 등과 같은 특징과 외형을 추측해 범죄 용의자를 알아낼 수 있는 방식으로 알려져 있다. DNA로부터 알 수 있는 외모 및 행동의 특징은 그(녀)의 유전자의 발현, 즉 표현형을 이용한 것이다. 현재 눈동자와 머리카락 색은 비교적 정확한 예측이 가능하며 피부색과 눈, 미간, 코, 귓불 등 각 지점 간의 거리와 높이 등 얼굴 형태는 정확하게 알수 있는 단계에 와 있다. 대부분의 학자들과 경찰에서는 FDP가 과학적으로 가능할 뿐 아니라 법적인 강력한 도구로서 유용성을 지닌다고 믿고 있으며, 실제로 경찰에서는 FDP를 범인의 몽타주를 만드는 데 사용하고 있다.

그러나 듀이-해그보그는 눈동자나 머리카락 색처럼 확실하게 표현형을 드러내는 DNA로부터 예측되는 몇몇 특징들이 있긴 하지만, 사실상 FDP의 더 많은 부분은 알고리즘에 의한 통계학적 합성에 의존한다는 사실에 주목한다.(Dewey-Hagborg, 2015) 그것은 알고리즘을 만든 사람들의 동기와 그들이 세운 가설이 반영되어 있음을 의미한다. 가능한 얼굴의 표현형을 찾아내고 컴퓨터의 많은 데이터 안에서 그와 비슷한 얼굴을 찾아내는 일은 과학적 타당성과 신뢰성을 지닌 것 같지만, 사실상 이 작업은 시스템 안에 존재하는 유형, 즉 오랜 역사를 지닌 스테레오타입의 얼굴인 것이다. 그녀는 자신의 작업인 「낯선 자의 얼굴들」도 이러한 수준임을 강조한다.[10]

얼굴 합성은 이미 19세기부터 사용된 방식이었다. 신원확인 방식을 위한 지문의 사용으로 유명하지만 악명 높은 우생학자이기도 했던 프란시스 골턴(Franscis Galton)은 19세기 후반에 이미 얼굴을 합성해 강력 범죄자, 도둑, 병자, 유대인 등을 유형화하려고 했다. 이는 인종적 특징들이 강조된 신체적 특징들에 근거해 인간들을 범주화할 수 있다는 믿음에 근거한 것이었다. 그가 사용한 것처럼 인종을 범주화하는 데 사용되었던 골상학, 인체 측정학 등 전형적인 유사(psudo) 과학적 연구에 불과했던 학문들은 많은 비난을 받아왔음에도 불구하고, 여전히 법의학적 인류학, 성형수술, 얼굴인식 방법에 사용되고 있다. 그중에서 얼굴인식 방식은 FDP에서 얼굴의 매개변수화(parameterization)를 위한 알고리즘에 반영되었다. 휴먼게놈프로젝트 이후 '인종과 유전자는 상관이 없다.'는 발표에도 불구하고 법의학적으로 사용되는 분류체계에 19세기부터 사용되어온 인종학적 분류방식을 가져와서 알고리즘을 만들었다는 것은 분명 비판의 여지가 있는 것이다. 생물학적으로가 아니라 사회적으로 구성되었던 인종 개념은 과학적, 즉 유전자학적으로나 사회적으로 더 이상 의미가 없는 용어이다. 인종은 '사망선고'를 받거나 퇴출 직전에 있는 개념이다. 인류는 하나의 종(種)이며 지역 혹은 피부색에 따라 다양

---

10 실제로 FDP의 윤리 문제를 연구하는 단체들에서는 주로 특정 혈통이나 머리색 등을 가지고 구별하는 이 방식이 아직 한계가 많다는 것을 지적하고, 혈통에 의한 유전자 신원확인 방식이 흑인 및 소수 이민자와 경찰 사이의 갈등을 악화시키고 있다고 우려하고 있다.: "The Forensic DNA Ethics", The Forensic DNA Phenotyping Project at the Penn Center for Bioethics, University of Pennsylvania 공식 사이트(http://forensicdnaethics.org/about/about-fdp/).

한 외모와 기질이 있는 것 같지만 하나의 종 안에서 보여주는 다양성이라는 것이 과학적인 정설이다.(윤신영, 2014: 98) 이에 입각해 듀이-해그보그는 법의학적 표현형 분석 방식이 의존하고 있는 얼굴 유형분류에 이러한 모순이 감추어져 있음을 폭로하고자 했다. 이와 유사한 방식으로 미국의 미술가 폴 버나우즈(Paul Vanouse)도 「속도비교측정장치(The Relative Velocity Inscription Device)」(2002)와 「잠재적 수치 의정서(The Latent Figure Protocol)」(2007) 등과 같은 작품들에서 분자인종학의 이름으로 유전자 연구 속에 여전히 남아 있는 인종차별의 스테레오타입을 고발한 바 있다.(Vanouse, 2008: 178; Vanouse, 2007: 278)

듀이-해그보그는 또한 자신의 작업과 FDP 분석 방식의 한계를 강조하기 위해 2015년 2월 23일 《뉴욕타임스(The New York Times)》의 기사를 인용한다. 그것은 목격자도 CCTV 기록도 없는 모녀 살인사건에 대해, 범인이 남겼다는 DNA만으로 경찰이 범인 얼굴을 제작해 발표한 사실을 기사화한 것이었다. 이 기사는 듀이-해그보그의 주장과 마찬가지로 FDP 분석의 혐의자 신원확인 방법에 대한 우려를 나타내며, 몇몇 과학자들은 이 기술의 정확성, 특히 얼굴 이미지를 만들어내는 방식의 정확성을 문제 삼는가 하면, 다른 사람들은 이러한 기술이 인종차별문제를 악화시키거나 프라이버시를 침해할 수 있음을 우려하고 있다고 보고하고 있다.(Pollack, 2015: Science section) 《뉴욕타임스》의 과학담당 기자들은 FDP 분석 방법이 얼마나 정확하거나 혹은 유용한가 실험함으로써, 결국 FDP 분석 방식의 한계를 다시 기사화하였다.[11]

---

11 실험을 위해 자원한 두 명의 기자(10퍼센트 정도만 아시아 혈통이 섞인 65세의 유대인 남성 마코프(John Markoff)와 한국과 북유럽 혈통을 반반 지닌 31세의 여성 스팽글러(Catherine Spangler))는 DNA-검사 회사인 23andMe(소비자들에게 직접 유전자혈통(genetic ancestry) 테스트 결과를 알려주는 회사)로부터 다운로드받은 그들의 유전자 프로필을 펜실베이니아 주립대학의 슈리버(Mark D. Shriver) 박사에게 그들의 이름, 키, 몸무게, 나이 등 아무런 정보 없이 보냈다. 이 방법을 연구하고 있는 슈리버 박사는 유전자형 데이터의 과정을 거쳐 제공자의 얼

다시 처음의 질문으로 되돌아가, DNA 추출 초상화들은 얼마나 믿을 만한가, 그리고 그것들은 얼마나 DNA 제공자들과 닮았을까에 대한 듀이-해그보그의 연구 결과와 《뉴욕타임스》의 실험적 기사는 둘 다 그 답이 "별로 그렇지 않다.(not very)"라는 쪽으로 기운다. 그것은 분석과 조사에 사용하는 데이터가 갖고 있는 유전적 특질이 혈통의 평균적 재현 모습과 얼마나 닮았는가 하는 정도에 달려 있는 것이다. 게다가 FDP는 나이, 환경이 유전자 표현에 준 영향, 머리 염색, 콘택트렌즈, 화장, 호르몬, 성형수술 등의 외모 변화를 전혀 읽을 수가 없다. 결론적으로 FDP는 알고 보니 정확하지도 않을뿐더러, DNA 프라이버시 침해의 우려도 있다는 두 가지 중요한 문제점을 지닌다. 그럼에도 불구하고 그 기술은 오늘날 유전학이라는 과학적 권위를 가지고 젠더와 인종적 스테레오타입을 만들어내는 데 사용되고 있다. 듀이-해그보그는 이 방법에 의해 만들어진 범죄 혐의자들의 많은 이미지들이 아프리카계 미국 남성임을 지적한다. 아프리카계 미국인인 유전학자 릭 키틀스(Rick Kittles)는 FDP 분석으로 합성사진을 만들기 위해 혈통정보기술을 연구하는 과학자들과 DNA를 공유하지 않겠다고 거부하면서, "나는 그들이 흑인들을 감옥에 보내는 일을 돕고 싶지 않다."고 주장했다고 한다.(Fullwiley, 2015: 43)

　이와 같은 조사와 연구를 통한 듀이-해그보그의 결론은 "새로운 수사기술은 유전자 물질로 용의자 초상화를 만들었으나, 이러한 새로운 빅데이터(big data)는 오래된 인종차별주의에 기초하고 있다."는 것이

굴을 보내왔다. 《뉴욕타임스》 과학부에서는 페이스북, e-메일 등과 회사 동료들에게 그들의 얼굴 이미지를 보여주고 누구인지 알아맞혀 보기를 요구했다. 물론 나이, 몸무게 등을 DNA 분석으로 알 수 없으므로 실제 인물보다 늙거나 젊을 수도 있고 날씬하거나 뚱뚱할 수 있다고 미리 알렸다. 응답을 해온 사람들은 이미지가 너무 포괄적(generic)이어서 추측하기가 힘들다고 했으며, 그래도 추측해본다고 답을 한 사람들 중 남성이 마코프라고 말한 사람은 아무도 없었다. 여성의 경우는 조금 나아서 절반 정도의 응답자가 스팽글러라고 답했다.(Murphy, 2015: Science section)

다.(Dewey-Hagborg, 2013) 바이오아티스트로서 그녀는 실제로 직접 FDP 분석방식을 사용하였다. 그러나 더 나아가 기술만 가져와 사용한 것이 아니라 그들이 사용하는 프로그램에 들어 있는 인종차별의 역사와 개인 권리 침해의 모순적인 가능성을 포착하고 있다. 우리는 그녀가 밝혀낸 FDP 방식의 생물지리학적 혈통(biogeographic ancestry)과 그것이 함축하는 인종유형 분류체계의 개념들은 결코 중립적일 수 없음을 알 수 있다. 더 정확히 말하면 그것은 미국 경찰들에게 알려지지 않은 용의자들의 인종적 범주를 할당해주려고 만든 것이며, 특별한 인종분류체계를 구체화한 것에 지나지 않는 것일 수도 있다. 인종이라는 개념 자체가 과학적으로 근거가 없는 것임에도 FDP가 만든 모호한 인종적 이미지들은 인종차별적 수사망을 정당화하기 위해 사용될 가능성이 크다는 것은 누구나 알 수 있다. 그러므로 우리는 생명감시 안에 내재해 있는 DNA 분석에 대한 맹목적 믿음과 알고리즘과 프로그램 안에 코드화되어 있는 편견을 직시할 필요가 있으며, 이것이 유전자 감시에 대해 우려의 시선으로 바라보아야 하는 또 하나의 이유인 것이다.

3. 역-유전공학 기술을 이용한 바이오경제 비판

레이 V. 헤렌(Ray V. Herren)은 『생명기술로의 초대(Introduction to Biotechnology)』라는 책에서, 생명공학과 생명기술에 대해 간단하게 설명하고 있다. 생명기술이란 생물이나 그 일부분을 변형함으로써 인간에게 이로운 생산물을 만들고, 인간에게 이로워지도록 세포에 대한 지식을 이용해 생물의 활동을 변형시키는 것이며, 유전자재조합유기체(genetically manipulating organism: GMO)로 생물의 행동과 성질 및 가치를 바꾸는 것이라는 정의이다.(Herren, 2005: 4-5) 이러한 정의를 통해 볼 때 특히 '인간'에 이롭도록 실행되는 생명공학기술은, 자연스럽게 자본주의 사회 안에서 막대한 경제적 가치를 지닌 신약개발과 장기이식을 비롯한 의학 산업과 연관되고 있으며, 모든 악조건에서도 내성을 지닌 유전자 조작된 농산물로 성장률을 높이고 수확률을 향상시킬 수 있는 농업경제 정책과 만나게 된다.

그러나 새로운 이익과 기술을 창출하는 생명기술과 유전공학은, '괴물식품(frankenhood: 유전자 변형된 먹거리)'이라는 용어에서 단적으로 볼 수 있듯이, 그것이 후세에 어떠한 영향을 줄 것인지, 우리의 건강과 생태계는 과연 무사할지, '효율적'인 결과를 얻으려고 사용한 다양한 단백질 때문에 생긴 음식 알레르기(food allergy)는 어떻게 할 것인지, 유전자 변형된 식물들이 내성을 갖게 되면 그때는 어떻게 되는지 등에 대한 수없이 많은 의문과 불안을 불러일으키고 있다. 앞에서 이미 언급했던 것처럼 경제적 이득과 밀접하게 연관되어 있는 GM푸드에 대한 상반되는 논리는 서로 팽팽하게 대립하고 있다. 이러한 생명기술에 비판적인 입장을 지닌 많은 바이오아티스트들은 생명기술의 위험성이나 모순에 대항하기 위해, 이미 시행된 유전공학기술을 다시 사용하여 그 결과를 되돌리려는 역-유전공학(reverse genetic engineering) 과정을 이용하곤 한다. 그러한 전략을 지닌 미술가 단체로 CAE와 BLC의 작업을 살펴보고자 한다.

3.1) anti-GM을 위한 전략들

CAE(Critical Art Ensemble)는 1987년 미술, 비판이론, 기술, 정치적 행동주의 등의 상호교차를 목표로 설립된 단체로, 각 분야의 5명의 전문가들이 모여 퍼포먼스, 컴퓨터그래픽 및 웹 디자인, 비디오아트, 사진, 책 제작 등의 활동을 하고 있다. 그들의 활동전략의 특징들은 항상 상황적이며(situational), 일시적이고(ephemeral), 자기종결적(self-terminating)이라는 것이다.(CAE의 공식 홈페이지) 따라서 이들의 프로젝트들은 대부분 특정한 사회-정치적 문맥에 놓이게 되며 직접적인 분자생물학적 개입과 실험을 수반한다.

CAE 멤버들은 「Molecular Invasions」(2002~2004)라는 퍼포먼스 겸 전시에서, 세계에서 가장 널리 쓰이는 몬산토(Monsanto) 회사의 제초제 '라운드업(RoundUp)'에 적응하도록 유전자적으로 수정된 일명 '라운드업 레디(RoundUp Ready) 농작물들'을 다시 원래대로 돌리는 작업을 하였다. 이 프로젝트는 원래 코코란 미술학교(Corcoran School of Art and Design) 학생들과 함께 코코란 갤러리에서 행했던 일종의 참여형 과학(실험) 퍼포먼스(a participatory science-theater)였다. 그들은 유전자 조작된 카놀라, 옥수수, 콩과 같은 농작물을 다시 친환경적으로 만들기 위해 라운드업에 민감하게 만드는 화학적 교란물질을 사용하였는데, 이는 이미 사용된 유전자 수정방식을 역으로 이용하는 역(逆)-유전공학 과정이라고 할 수 있다. 아이러니한 것은 그들이 사용한 복잡하고 어려운 생명기술과 화학 작용 방법을 몬산토 회사가 행하고 기록으로 남겨 공개한 라운드업 실험 결과 자료를 통해 얻었다는 것이다. 그러한 실험결과들은 회사가 제품을 생산할 때 법적으로 공개하게 되어 있어서 CAE 멤버들은 쉽게 얻을 수 있었고, 비타민 B 효소와 피리독살5-인산(pyridoxal 5-phosphate: p5p)이 라운드업 레디의 유전자변형효과를 방해할 수 있다는 것을 알게 되었다.(Critical Art Ensemble, 2012: 214) 실제의 공개 실험을 통해 인공적인 것에 순응적으로 되어버린 생물학적 특징들을 다시 민감한 특징을 지닌 것으로 변형시키고 그것들을 논쟁적인 생물학의 모델로 확립하는 것이 그들의 목적이었다. 이러한 아이디어는 궁극적으로는 GM농작물이 침투했던 농촌의 풍경 속에 "안티 GM(anti-GM)" 식물들이 다시 살도록 하는 데도 목적이 있었다.

또한 2003년부터 2년 동안 베아트리츠 다 코스타(Beatriz da Costa)와

[도판 4]
CAE, 「Free Range Grain」, 2003

샤이-신 슈(Shyh-shin Shyu)가 중심이 되어 실행했던 CAE의 또 하나의 행동주의적 퍼포먼스인 「Free Range Grain」(도판 4)은, 기본적인 분자생물학 기술을 이용해 전 지구적으로 유통되는 농산물의 유전자 조작 여부를 테스트하는 프로젝트였다. 그들은 화랑에 임시 생물학 실험실을 설치하고 개인이나 단체들이 어떤 이유에서든 미심쩍게 여겨 가져온 음식물들이 유전자 조작된 것인지 테스트했다. 그러한 실험적 테스트는 보통 72시간 정도가 소요되었다. 도시를 옮겨 반복 시행된 이 프로젝트의 목적은 사람들이 유전자 조작 농산물에 대한 경각심을 갖게 만드는 것이었다. 유럽에서 실행되었을 때 각 나라별로 다른 결과가 나왔으나, 참여자들과의 대화들을 통해 더 많이 다루어진 내용은 유전자 변형이라는 '오염'의 문제보다 몇몇 다국적기업들이 전 세계적으로 농산물을 통제하게 되면 어떻게 될 것인가에 대해서였다.(Critical Art Ensemble, 2012: 172)

3.2) 특별한 꽃에서 다시 보통의 꽃으로

또한 유럽과 일본을 중심으로 BLC라는 그룹 이름으로 활동하는 바이오아티스트들인 시호 후쿠하라(Shiho Fukuhara)와 게오르크 트레멜(Georg Tremmel)은 두 개의 다른 프로젝트지만 서로 연관된 작업이라 할 수 있는 「Common Flowers/Flower Commons」와 「Common Flowers/White Out」에서, 바이오산업과 경제적 문제, 유전자 특허와 관련된 법적인 문제의 측면에서 생명기술에 대한 몇 가지 이슈를 제기하고 있다. 이들 역시 역-유전공학 방식을 사용하면서 급속도로 발전하고 있는 생명기술의 사회적 의미를 탐구하고 그것을 미술의 형식으로 표현해 대중에게 알리는 활동을 해오고 있다.[12]

두 프로젝트는 푸른색의 유전자 변형된 꽃인 '문더스트 카네이션 (Moondust Carnation)'을 대상으로 하고 있다. '문더스트 카네이션'은 페튜니아의 푸른색 유전자물질을 이용해 만든 것으로, 맥주와 위스키로 유명한 일본의 산토리(Suntory) 회사가 이 카네이션 변종의 특허권을 소유하고 있다.[13] 이 꽃은 최초의 비-식품 GM 소비품으로 상당히 '안전하다'는 근거 아래 전 세계적으로 판매되고 있다. 처음에는 일본에서만 제한된 환경(지역)에서 생산되다가 이 식물은 즉시 콜롬비아에서 복제되고 수출되어 재배되기 시작했으며, 아주 수익성이 좋은 꽃꽂이용 꽃으로 전 세계의 시장에 팔려나갔다. 이러한 전체적인 역사나 유전자 조작을 둘러싼 민감한 사안에 대해 사람들이 잘 모른다는 사실이 이 미술가들 작업의 동기가 되었다.

「Common Flowers/Flower Commons」(2008) 프로젝트에서 후쿠하라

---

12 BCL 그룹은 후쿠하라, 트레멜, 유키 요시오카(Yuki Yoshioka), 필립 보잉(Philipp Boeing) 넷으로 구성되어 있다.: http://bcl.io/about/.
13 산토리 회사의 실험연구소는 "문시리즈(Moonseries)"라는 이름의 유전자 변형된 푸른 꽃들(카네이션, 장미 등)에 대한 연구를 1990년경부터 계속해왔고, 1995년에 푸른 카네이션을 성공하여 시판하게 되었다.: "Challenge for Blue Roses and Stories of Development", Suntory Global Innovation Center 홈페이지: http://www.suntory.com/sic/research/s_bluerose/story/.

와 트레멜은 "일본에서 푸른 GM 카네이션에 대해 전혀 아무런 비판적 반응이 없음에 대해 놀랐다. 우리는 미술가로서 무엇을 해야 할 것인지 고민한 결과 장식을 위한 꽃의 배후에 놓인 법적인 과정들에 초점을 맞추기로 했다."[14]라고 말한다. 우선 그들은 누구나 구입할 수 있는 문더스트 카네이션을 복제하여 기를 수 있는 'DIY 스타일'의 아주 쉬운 조직배양 방법을 공개함으로써, 특허권이 있는 '특별한 꽃'을 '보통 꽃'으로 만들고자 했으며, 그러고 나서 그것들을 자연환경에 심어 야생으로 자라게 한다는 계획을 세웠다.

이 프로젝트는 몇 가지 의미를 함축한다. 하나는 이미 전 세계적으로 팔리고 있는 GM 꽃들이 과연 과학적으로 인정된 안정성을 지니고 있는 가를 묻는 것이고, 다른 하나는 유전자 변형된 식물이 자연환경 속에 방출될 경우 과연 안전할 것인가를 생각해보는 것이다. 왜냐하면 그들은 이 식물들이 공식적으로 '해가 없다.(not harmful)'고 인정되어 합법적으로 야외에서 재배될 수 있다고 되어 있기 때문에, 그들은 다음 단계로 GM 카네이션을 환경 속으로 방출하고자 했다. 그러나 그들의 이러한 계획 및 실행은 식물에 대한 생명-불법복제(bio-piracy)를 둘러싼 지적 소유권과 특허권 등의 문제를 위반하는 것이었고, 실제로 그러한 법적인 문제를 불러일으키는 것이 그들의 목적이기도 했다.(Lithgow, 2009) 즉 문더스트 카네이션의 오픈 소스를 만들어내 널리 알리고 불법복제를 조장하는 그들의 프로젝트는 생명에 대한 소유권, 특히 경제적 목적을 위한 특허권을 공격하는 데 목적을 두고 있었다.(Shiva, 1997: 4) 그것은 푸른 카네이션과 사람들의 삶이 상호작용하는 환경과 조건들에 대해 논의하는 가

---

14 Artists' Statement in "Common Flowers/Flower Commons, Installation, 2008", Science Gallery of Trinity College of Dublin:
https://dublin.sciencegallery.com/growyourown/commonflowersflowercommons.

장 강력한 방법이기도 했다.

후쿠하라와 트레멜은 이듬해에 「Common Flowers/White Out」(2009)
이라는 이름의 프로젝트를 통해 다른 방식의 실험, 즉 RNA 간섭(RNA-
Interference: RNAi) 과정을 문더스트 카네이션에 적용하기로 한다. 그것
은 색깔과 관련된 특정 단백질로부터 페튜니아 유전자를 막기 위해 아
예 근본적으로 유전자 코드를 "차단"함으로써, 카네이션 본래의 흰색으
로 복원시키는 방법이다. 즉 이식된 유전자를 제거해 본래의 카네이션으
로 되돌리는 것으로, 이 방법도 일반인들에게 공개한다는 목적 아래 실
제 실험과정을 전시함으로써 유전자 조작에 대한 설명이나 원리를 함께
설명했다. 그들은 역-유전공학 방식을 통해 본래의 유전자를 회복한 것
도 유전자 변형된 꽃으로 보아야 하는가를 되묻는다.

4. 나오는 말

지금까지 살펴보았듯이, 바이오아티스트들의 생명기술에 대한 관심은
기술의 발전이 지닌 중요성이나 인간을 위한 효용성을 강조하는 것에서
한 걸음 물러나, 객관적인 시각을 가지고 접근하는 것이었다. 바이오아
트의 미술로서의 타당성은 크게 두 가지로 나누어 생각할 수 있다. 하나
는 미술과 기술의 결합 문제이다. 그것은 바이오아트뿐 아니라 이전에
도 계속 있어왔다. 바이오아트가 생명이 있는 매체를 다루기 때문에 조
금 더 충격적일 뿐이다. 다른 하나는 미술이 말하려고 하는 것이 무엇인
가와 연관된다. 미술가들, 특히 현대 미술가들은 동시대 인간과 삶의 변
화에 참여하고 그것에 대해 이야기하려 한다. 지금 우리가 살고 있는 시
대의 유전자 문제, 조직공학을 통한 혼성성과 그러한 기술들이 수반하는
문제를 미술가들이 다루는 것은 당연하다. 혹은 그들은 그러한 생물학적

실험 방식을 통해 다양한 사회문화적인 이슈들을 알리고 싶어 한다

FDP를 이용해 DNA 노출의 위험을 알리고 FDP의 한계 자체를 비판적으로 설명하는 듀이-해그보그의 개념미술적인 전략과, 유전공학의 위험성을 알리기 위한 방법으로 역-유전공학 방식을 사용해 유전공학을 비판하는 CAE와 BLC의 전략은 상통한다. 물론 그들이 사용하는 생물학적 기술들은 대중들의 주의를 불러일으킬 만한 정도면 충분하기에 매우 단순한 수준의 것들이다. 살아 있는 생명체를 매체로 사용한다는 점에서 새로운 미술로 여겨지고 있긴 하지만, 바이오아트는 대부분 프로젝트 차원으로 진행되고 그 과정을 통해 계속 문제를 제기하며 관람자들을 동참하게 만들고 함께 적극적으로 생각해보도록 요구한다는 점에서 개념미술가들의 작업과 매우 닮아 있다. 그들은 지금 생명기술이 만연해 있는 우리의 현실을 직시하고 생각하도록 만든다. 우리가 살고 있는 시대를 일컬어 '인류세(人類世)'라고 말하듯이, 이제 인간은 자연 및 생명 자체에 개입하여 새로운 시대를 열고 있다. 그러한 문맥에서 생명기술에 대한 올바른 사용과 판단, 정치·경제와 맞물린 기술의 유용성에 대한 재고 등은 바이오아트뿐 아니라 오늘날을 살아가고 있는 모두에게 필요한 문제라고 할 수 있다.

근대 이후 대부분의 미술가들은 생명을 생물학자와 철학자들의 몫이라고 생각해왔다. 그러나 최근의 바이오아티스트들은 생명기술과 유전공학 등으로 관심을 돌려 생명개념의 확장과 변화가 가져온 인간 삶의 변화와 의미들을 포착하고 있다. 앞에서 다룬 미술가들의 작업을 통해 살펴보았듯이, 생물학적 매체와 실험방식을 사용하는 것이 바이오아트의 가장 큰 특징이지만, 바이오아트는 하나의 작품으로 귀결되는 작업이라기보다는 대부분 과정을 중시하는 프로젝트로 진행되고 있다. 보통 그들의 프로젝트는 생명기술이 지닌 문제뿐 아니라 그와 관련된 정치경제적, 사회적 문제를 제기함으로써 시작된다. 그렇기 때문에 바이오아트는

항상 미술, 과학(생물학), 그리고 다양한 학문과 이론들 사이의 경계에 있는 비판적 실행을 통해 독특한 위치에 놓이게 되는 것이다.

그들의 작업실행의 성격을 볼 때, 생명기술에 의해 제기되는 문제들을 공론화하기 위해, 바이오아티스트들은 살아 있는 생명체를 재료로 사용하면서 생명기술 자체를 수단으로 가져오는 비판적인 전략을 취한다. 다시 말해 아이러니컬하게도 바이오아티스트들은 그들이 비판하고자 하는 바로 그 기술을 이용한다는 것이다. 그 때문에 바이오아트가 종종 비윤리적이라는 비난을 받아온 것도 사실이다. 그러나 동일한 매체와 방식을 이용하는 것으로부터 그 자체에 대해 반성해보는 것에 이르기까지, 바이오아트는 거기에 깊이 개입함으로써만 알 수 있게 되는 방식을 취함으로써, 생명기술이 불러일으키는 문제들에 대한 분명한 의미를 전달할 뿐 아니라 생명기술에 대한 편견과 과장된 오해 및 두려움에도 정확하게 반응할 수 있다고 믿고 있다. 그러한 의미에서 바이오아트는 분명한 메시지를 알리고 어떤 이슈에 들어 있는 이익 혹은 모순을 고발하기 위해 전략적으로 매체를 사용하는 미술이라고 할 수 있다. 즉 생명이 사실상 늘 광범위하게, 그리고 역사 속에서 재규정되어왔다는 사실을 강조하면서, 생물학의 발전이 종종 우려의 대상이 되고 있음을 알리고, 생명을 둘러싼 권위, 지식, 규정들을 재고(再考)하려 하는 것이 바이오아티스트들의 목적이라 할 수 있을 것이다.

11

—

포스트휴먼 시대 미술의 사이보그 알레고리
— 아르 오리앙테 오브제의 〈아마도 내 안에 말이 살고 있을지도 몰라〉(2011)[1]

이재은

1. 사이보그, 타자 공동체

유기체와 사이버네틱스 결합인 사이보그는 다른 인공기관과 대체가 가능한 포스트휴먼 시대의 하이브리드 신체에 대한 이해를 돕는 좋은 안내서이다. 현대미술에서도 1980년대에서 1990년대에 걸쳐 스텔락(Stelarc)과 오를랑(Orlan)이 사이보그 퍼포먼스를 통해 엔트로피 법칙에 귀속된 닫힌 시스템의 우리의 신체가 어떻게 열린 시스템으로 전환하는가를 실행했다. 기술과 융합 과정의 양상은 분명 다르지만, 두 작가의 사이보그 핵심에는 인간 신체의 향상이 놓여 있다. 그러나 '허구'에서 '실재'로의 단

---

1 이 논문은 한국미술이론학회의 《미술이론과 현장》 22집(2016년 12월 31일)에 실린 논문을 수정·보완한 것이다.

계적인 진입을 해 나가고 있는 사이보그에 대한 사회의 시선은 포스트휴먼이라는 시대적 요구와 별개로 여전히 불안하다. 우리 삶의 연장선상인 현실세계에 사이보그의 등장은 「블레이드 러너(Blade Runner)」(1982)와 「공각기동대(攻殼機動隊)」(1989) 등의 대중시각문화에서 쉽게 포착할 수 있듯이 인간중심주의 공간의 질서 균열을 야기하기 때문이다.

다나 해러웨이(Donna J. Haraway)가 「사이보그 선언문(A Manifesto for Cyborgs)」(1986)에서 지적한 바와 같이 사이보그는 서양의 가치에 뿌리를 두지 않은 오이디푸스 프로젝트를 지우는 생명체이다. 사회·문화 분야에서 사이보그는 해러웨이의 관점을 토대로 사이버네틱스와 유기체의 결합이라는 문자 그대로의 의미를 넘어서 기술을 매개로 비인간(the non-human) 및 주변 세계와 유동적 관계를 구축함으로써 이분법적 경계를 교란시키는 존재 모두를 아우르는 은유로 작동하고 있다. 즉 오늘날 사이보그의 그 함의는 분명 1960년에 맨프레드 클라인스(Manfred Clynes)와 나탄 클라인(Nathan Kline)이 「사이보그와 우주(Cyborgs and Space)」에서 발표했던 우주라는 미개척지에서 삶을 영위할 수 있는 유기체의 기술적 방법론을 넘어선 서구 이성중심의 이원론적 범주에 기대어 규정할 수 없는 '부적절한/부적절해진(Inappropriate/d Others)' 존재에 가깝다.[2] 덧붙이자면, 사이보그는 미셸 푸코(Michel Foucault)가 '중국의 한 백과사전의 동물 분류법'에서 발견한 서구-백인-남성-이성 주체의 사유에서 포착이 불가능한 다른 주체의 공간에 위치하고 있다.

그렇다면 포스트휴먼 시대의 신체로 예언되고 있는 사이보그는 '데카

---

2 「유인원, 사이보그, 그리고 여자(Simians, Cyborgs, and Women: The Reinvention of Nature)」(1991)에 해러웨이는 1986년 발표한 「사이보그 선언문: 20세기 말의 과학, 기술, 그리고 사회주의적-페미니즘」을 '제3장 부적절한/부적절해진 타자를 위한 차별적 정치학(Differential Politics for Inappropriate/d Others)'에 위치시켰다. '부적절한/부적절해진 타자'는 그녀가 베트남 출신 감독이며 페미니스트 이론가인 트린 T. 민-하(Trinh T. Minh-ha)에게서 빌려온 말이다.

르트의 코기토'와 '칸트의 이성적 존재 공동체'와 조우할 수 없는 '검은 숲'의 주체인 것인가? 인간과 비인간 사이의 장벽 쌓기만이 인류의 안전을 도모할 수 있는 유일한 길인 것인가? 검은 숲의 장막이 걷히고 인간과 비인간 모두가 생명의 유기적 그물망을 형성할 수 있는 길에 대한 모색은 불가능한 것인가? 포스트휴먼 시대가 던져주는 많은 물음들 아래서 아르 오리앙테 오브제(Art Orienté Objet)는 〈아마도 내 안에 말이 살고 있을지도 몰라(May the horse live in me)〉(2011)에서 인간중심주의적 시선이 쌓아올린 인간과 비인간 사이의 벽 너머서기를 실행했다.[3]

AOO는 1991년에 프랑스 출신의 두 작가인 마리옹 라발장테(Marion Laval-Jeantet)와 브누아 망쟁(Benoît Mangin)이 결성한 프랑스 현대미술을 대표하는 그룹이다. 현재 두 사람은 생명공학기술을 통해 이성중심의 이원론적 범주의 경계를 가로지르는 주제를 설치·오브제·비디오·사진 등의 다양한 형식에 담아 선보이고 있다. 특히 〈아마도 내 안에 말이 살고 있을지도 몰라〉는 인간과 동물 사이 종을 횡단했을 뿐만 아니라 인간 종 아래 동물을 위치시켜온 인간중심주의 시각을 극복했다는 평단의 극찬 속에 2011년 아르스 일렉트로니카(Ars Electronica)의 하이브리드 미술 부문에서 골든 니카상을 수상했다.(도판 1)

〈아마도 내 안에 말이 살고 있을지도 몰라〉는 사이보그 퍼포먼스의 제1세대라고 할 수 있는 스텔락과 오를랑과 같이 트랜스휴먼 관점에서 신체 조건의 확장 혹은 포스트휴먼 관점에서 인간과 비인간의 교환 방식의 구현, 그것 자체를 목표로 하지 않는다. 라발장테가 구현한 '켄타우로스 사이보그'는 오이디푸스 프로젝트에서 낙인찍힌 몸인 여성·동물·기계를 포용하는 경계 없는 유동적 주체의 형성과정에 나타난 가시적 현상의 부분으로 접근해볼 수 있다. 다시 말하자면, 이 퍼포먼스에서 형상은 인

---

3 앞으로 연구자는 아르 오리앙테 오브제(Art Orienté Objet)를 그 약칭인 AOO로 일컫는다.

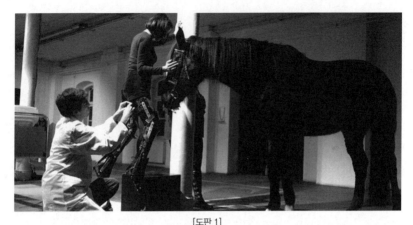

[도판 1]
아르 오리앙테 오브제, 〈성모 방문(La Visitation)〉 (2011년 2월 22일 퍼포먼스 〈아마도 내 안에 말이 살
고 있을지도 몰라〉), 사진, 120×180cm, 2011, 카펠리카 갤러리, 류블랴나, 출처: Art Orienté object
2001-2011, pp.252-253.

간과 비인간, 나아가 마음과 몸이 상호 침투하는 과정의 그림자로서 작
동한다. 즉 인간-동물-기계의 이데아는 신체 그 자체가 아닌 -되기 경험
에 있다. 과연 '-되기 경험'은 사이보그라는 하이브리드 신체 아래서 무엇
을 생산하는 것인가?

이를 고찰하기 위해서, 2장에서는 라발장테의 '-되기'에 나타나는 인간
과 동물, 기계의 물리적 상호 교환을 토대로 포스트휴먼 시대가 말하는
인간과 비인간의 재배치가 과연 무엇인지를 살펴볼 것이다. 다음으로 3
장에서는 켄타우로스 사이보그 변신 이후 인간의 모습으로 되돌아온 라
발장테의 함의를 생명공학 실험실의 '잘못 놓인 구체성의 오류(fallacy of
misplaced concreteness)'라고 할 수 있는 유전자 물신주의를 넘어서는 생
명의 관계성에 대한 이해와 사이보그 시각을 갖춘 포스트휴먼 주체의 문
맥에서 짚어보고자 한다. 이는 오늘날 미술에서 포스트휴먼 시대의 기
계와 공진화하는 뉴 미디어의 문맥에서 논의되어온 사이보그를 서구-이
성-백인-남성-신사-과학자의 시선에 뿌리를 둔 이분법적 분류법과 초월

적 객관성이라는 권력을 타파해가는 주체가 생성되는 과정의 알레고리로 바라볼 기회를 제공할 것이다.

2. 여자-동물-기계 되기, 인간의 죽음인가

〈아마도 내 안에 말이 살고 있을지도 몰라〉 퍼포먼스는 2011년 2월 22일 슬로베니아 류블랴나의 카펠리카(Kapelica) 화랑에서 약 한 시간 동안 진행됐다. 퍼포먼스의 구성은 다음과 같다. 하얀 가운의 망쟁은 실험 기구들이 가지런히 놓인 왼쪽 책상 앞에 서 있다. 반면 검은색 의상의 라발장테는 오른쪽 병원 침대 위에 걸터앉아 있다. 그리고 두 사람 뒤로 동물 심리학자, 사빈 루아(Sabine Rouas)가 검은 말과 함께 입장한다. 오른쪽 끝 벽에는 영상이 보인다. 망쟁이 세 개의 약병과 주사기를 들고 라발장테에게 다가와 그녀의 팔에 바늘을 꽂는다.(도판 2) 영상과 퍼포먼스 공간 모두에서 라발장테는 말의 피를 수혈받는 중이다. 다른 종(種)의 피를 수혈받는다는 것은 과민성 쇼크 등 생명에 위험을 초래할 수 있기 때문에 퍼포먼스에 앞서 그녀는 관련 연구팀과 협업해 약 석 달 동안 매주 수혈을 받아왔다. 영상 속 모습이 그것이다. 물론 수혈에서 사용한 말의 피는 인체에 위험을 초래하는 적혈구와 백혈구, 대식세포를 제거한 것이다. 즉 그녀가 수혈받은 말의 혈장은 호르몬 · 지질 · 면역글로불린 · 세포분열을 포함한 단백질이다. 퍼포먼스에서 수혈받은 피는 사십 마리의 말에게서 채혈한 것이다. 수혈 중 병원 침대에 누워 있는 라발장테의 머리 뒤에 위치한 벽면의 영상을 통해 관람객들은 그녀의 벗은 상체 위에 그려 넣어진 검은 표식들을 볼 수 있다.(도판 3) 그것은 라발장테의 몸을 이동하는 말의 피의 경로이다.

수혈을 마치고 약 10여 분 후 루아와 검은 말이 라발장테에게 다가선

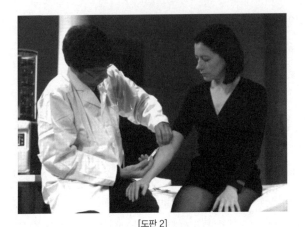

[도판 2]
아르 오리앙테 오브제, 〈생체 내에서(In vivo)〉 (2011년 2월 22일 퍼포먼스 〈아마도 내 안에 말이 살고 있을
지도 몰라〉), 사진, 120×180cm, 2011, 출처: *Art Orienté object 2001–2011*, p.249.

다. 라발장테는 몸을 일으켜 손을 내밀고 팔을 펼치는 등 말과의 교감을
시도한다. 이 퍼포먼스를 위해 그녀는 약 열흘간 루아의 도움을 받아 말
과 시간을 가져왔다. 얼마 지나 그녀는 망쟁의 도움을 받아 말 다리 모양
의 보철을 자신의 다리에 착용한다. 그 후 라발장테는 말과 망쟁, 루아
와 함께 무대를 두 바퀴 걷고 보철을 벗은 채 침대에 눕는다. 간호원으로
보이는 한 남자가 라발장테에게서 집게손가락 길이의 튜브 열다섯 통을
채울 양의 피를 채혈한다. 수혈을 받고 약 20분이 지나서이다. 이 시간이
생물학적으로 말의 세포가 그녀의 신체에 가장 많이 생성된 때이다. 망
쟁은 '켄타우로스 피'를 건네받아 곧바로 냉각한다. 얼마 지나 라발장테
도 침대에서 일어나 하얀 가운을 입고 망쟁의 실험에 함께한다. 퍼포먼
스가 끝나자 관람객들은 무대로 나와 피의 순간 응결체(flash-coagulation)
를 관람한다.

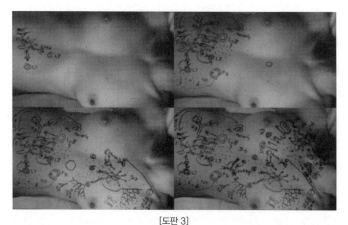

[도판 3]
아르 오리앙테 오브제, 〈면역 피부(Peau Immune)〉, 비디오, 10', 2011, 출처: *Art Orienté object*
2001-2011, 출처: *Art Orienté object 2001-2011*, p.258.

2.1) 피의 결혼, 인간-동물-되기

포스트휴먼 신체를 구현하는 현대미술가들 사이에서 인간과 비인간 간
의 경계 해체는 스텔락과 오를랑의 사이보그 퍼포먼스에서 볼 수 있듯이
피부에서 시작한다. AOO도 「미술가의 피부조직 배양(Culture de Peaux
d'Artistes)」(1996)에서 돼지의 피부 위에 멸종 위기에 처한 동물들을 문신
함으로써 피부에서 일어나는 '나'와 '주변 세계'의 경계를 지운 바 있다.
즉 이들에게 피부는 경계가 아니라 외부 세계와의 만남이 시작되는 장소
이다. 나와 주변 세계의 경계를 묻는다는 것은 인류학자이자 언어학자
인 그레고리 베이트슨(Gregory Bateson)이 '맹인의 지팡이'를 통해 설명했
듯이, '터무니없는 질문'이다.(베이트슨, 2009: 691) 알프레드 화이트헤드
(Alfred North Whitehead)의 말 그대로 "우리는 어디서 외부의 자연이 끝
나고 어디서 신체가 시작되는지를 정의할 수 없다."(화이트헤드, 1992: 36)
유기체적 세계관의 견지에서 바라볼 때, 인간 몸은 독립적 존재가 아니

라 외부 환경과의 상호반영적인 집합이기 때문이다.

〈아마도 내 안에 말이 살고 있을지도 몰라〉는 주지하다시피 혈관이라는 피부 내의 통로를 통해 '라발장테'와 '말'의 만남을 시도한다. "종들 사이의 벽을 고려하는 전통적 개념들이 우리를 제약하고 있다는 것을 보여주고 싶었다."라는 라발장테의 말에서 알 수 있듯이, 유(類)·종(種)들 간의 분할이란 우리 스스로를 한계 짓는 관념일 뿐이다.(Hirszfeld, np) 이에 대한 자세한 설명은 라발장테의 작품세계에 영향을 준 『과정과 실재(Process and Reality)』(1929)의 저자인 화이트헤드를 통해 접근해볼 수 있다: "유(類)들 간의 선명한 분할 같은 것은 없다. 종(種)들 간의 선명한 분할이란 것도 존재하지 않는다. 다시 말해 우리가 우리의 관찰이 의존하고 있는 전제를 넘어서서 관찰하게 될 때 선명한 분할은 존재하지 않게 되는 것이다. 그런데 공교롭게도 우리는 언제나 여러 한계 내에서 사고하고 있다."(화이트헤드, 1992: 28-29) 즉 이 퍼포먼스에 나타나는 종간의 상호관계의 가능성은 계몽주의 이래 서구 인간/남성 중심의 분류하기에 의지한 사고의 한계를 드러내고 있다고 할 수 있다.

물론 인간과 동물의 결합은 서구의 오랜 전통에서 인간의 상상력을 자극하는 소재였다. 그리스 신화의 켄타우로스·사티로스·미노타우로스, 나아가 히에로니무스 보슈(Hieronymus Bosch)와 윌리엄 블레이크(William Blake), 앙리 퓌슬리(Henry Fuseli) 등의 회화에 등장하는 하이브리드 신체가 그 예이다. 이들은 서구 전통에서 은유의 관습의 문맥에서 상상력의 세계인 환상 속 존재로서 묶여 있다. 반면 라발장테의 '동물-되기'는 들뢰즈와 가타리의 말처럼, "꿈이 아니며 환상도 아니다. 되기는 완전히 실재적이다."(들뢰즈·가타리, 2001: 452) 이 같은 '-되기' 체현은 삶과 예술을 하나의 연속체로 바라보는 작가의 세계관에서 연유하고 있다. 라발장테에 따르면, "미술가의 논증은 단지 삽화(illustration)일 뿐이다. 난 삽화에 반(反)할 목적은 없다. 내 작품은 수정된 경험을 토대로 하고, 그 경험은 다음의 내 예술적 활동의 수정으로 이어진다."(Hirszfeld, np) 즉 경험이라는 삶의 연장선상에서 예술을 실천함으로써 그녀는 삶과 예술 사이에도 경계를 설정하고 있지 않다.

다시 〈아마도 내 안에 말이 살고 있을지도 몰라〉로 돌아가자. 이 프로젝트는 동물실험과 멸종위기동물에 대한 문제의식에서 출발했다. 물론 인간과 동물 간 횡단에 대한 관심은 그녀에 따르면, 정확하게 언제부터라고 말할 수는 없지만 유년기부터 지속해 가지고 있었던 것이다.(Laval-Jeantet, np) 전자는 2004년 낭트(Nantes)의 리외 위니크(Lieu Unique)에서 큐레이터이며 미술문화비평가인 옌스 하우저(Jens Hauser)가 기획한 '바이오테크 미술(L'Art Biotech)' 전시의 테마 가운데 인간의 과도한 고기 소비를 충족시키기 위해 동물을 도구화한 동물실험을 접하면서이다. 그리고 후자는 같은 해, 계속되는 내전으로 멸종 위기에 처한 앙고라의 국가 상징인 '검은 영양 찾기 운동' 참여이다. 즉 〈아마도 내 안에 말이 살고 있을지도 몰라〉는 "타자를 배신하지 않고, 특히 동물을 배신하지 않고자 하는" 라발장테의 윤리 의식의 소산이라 할 수 있다.(Hirszfeld, np)

특히 이 같은 그녀의 생각은 AOO의 퍼포먼스에 수혈을 통한 인간중심주의 극복이라는 공통분모를 공유한 에두아르도 카츠(Eduardo Kac)의 〈A형 혈액(A-Positive)〉(1997)과는 다른 차이를 낳는다. 카츠는 기계-인간-되기, 자신의 피를 기계에 수혈해 불꽃을 일으킴으로써 인간과 비인간의 주종 관계를 극복하고자 했다. 반면 라발장테는 말의 피를 수혈받는다. 인간-동물-되기이다. 대부분의 수의사들이 라발장테의 계획을 믿지 않거나 그녀가 제정신(sanity)인지를 의심한 이유이다. 그러나 라발장테 스스로는 그녀 자신의 '동물-되기'를 유토피아적 시도라고 생각했다: "나는 이 유토피아적인 비전을 포기할 수 없었다. 그래서 나는 인간과 동물 피의 융화성에 대해 연구하기 시작했다."(Laval-Jeantet, np) 반면 카츠는 전혜숙에 따르면, 인간 신체와 기계의 상호관계에 대한 합리적인 견해를 제시할 뿐 사이보그 자체를 유토피아적 혹은 디스토피아적으로 조명하는 데 관심을 두지 않고 있다.(전혜숙, 2015: 265) 라발장테의 -되기가 자기희생을 전제로 이루어진 유토피아 실현이라는 점을 고려할 때, 수혈 중 그녀의 모습은 카츠의 기계와 달리 십자가에 매달려 인간의 원죄를 대속한 예수를 떠올리게 한다. 특히 로마의 언덕에 나귀 머리를 하고 십자가에 매달려 있는 그리스도의 상과 겹쳐진다.[4]

　퍼포먼스 기획 초기에 라발장테가 채혈하고자 한 동물은 '말'이 아닌 '판다'였다. 동물실험과 멸종위기동물에 대한 문제의식이 맞물린 그해, 2004년 6월 중국의 상징 동물인 판다가 멸종 위기에 처했다는 뉴스가 그녀로 하여금 그녀 자신의 몸에 판다 피를 수혈해 이를 추적하는 프로젝트인 '내 안에 판다가 살아(Panda live inside of me)'를 구상하도록 했다고 한다.(Laval-Jeantet, np) 인간중심주의적 사회에서 망각한 채 유린해온 동물의 생명과 권리에 대한 관심에서 비롯된 이 프로젝트의 궤적은 "동물권리운동들이란 인간의 고유성에 대한 비합리적 부정이 아니라 오히려 자연과 문화 사이의 믿을 수 없는 불화를 횡단해 연결하려는 명석한 자각이다."라는 해러웨이의 목소리와 다르지 않다.(Haraway, 1986: 293)

　프로젝트의 진행 과정에서 현실적으로 수혈에 필요한 양의 판다의 피를 구할 수 없게 됨으로써 라발장테는 다음과 같은 배경에서 말을 선택했다.

　돼지·소·말 중에 말의 큰 키가 낯설었지만 매혹적으로 다가왔다. 그리고 말은 이종 교배라는 신화적 환상과도 맞물려 있다. 발리인의 신성한 말(Sanghyang Djaran), 인간-말 불 걷기 춤들, 그리고 인간과 대화를 나누고

4　나귀 머리를 하고 십자가에 매달려 있는 그리스도의 상을 담고 있는 〈희화화한 그리스도의 십자가상〉은 구스타프 융의 『영웅과 어머니 원형』(서울: 솔, 2006)의 186쪽에서 볼 수 있다.

인간에게 자신들의 언어로 자신들의 계보를 이야기하는 말들이 등장하는 시베리아 서사시, 또한 인간보다 거칠고 동물적인 그리스 신화에서 켄타우로스가 자연스레 날 이끌었다. 게다가 난 말과 친하지 않았고 사실 말을 무서워했다.(Laval-Jeantet, np)

이는 그녀가 '신화'와 '타자'의 문맥에서 말을 택했음을 말해준다. 서구의 그리스뿐만 아니라 아시아의 신화세계에 나타나는 인간과 말 사이의 상호관계의 편재(遍在)는 종의 경계란 데카르트의 코기토의 연속선상에서 '자율성', '도덕적 주체'의 등장으로 인간과 비인간의 배치가 뒤흔들리면서 생긴 허상임을 우회적으로 말해준다.[5] 마치 포스트휴먼 시대의 "어떤 사건에 의해, 이 배치가 뒤흔들린다면" 푸코의 예언처럼 "모래사장에 그려놓은 얼굴처럼 사라질지 모르는" 인간처럼 말이다.(Foucault, 1973: 387)

AOO가 말을 선택한 또 다른 이유는 주지하다시피, 동물들 가운데 라발장테에게 가장 낯설고 두려운 존재였기 때문이다. 역설적이게도 그녀는 앞선 작업 과정들에서도 공포 앞에 물러서기보다는 횡단을 선택해왔다. 까닭은 그녀에 따르면, "공포는 일종의 비판적 표현이 아니라 사람들의 마음(peoples' minds), 내가 정의하건대 유토피아 세계의 상위의 감성(sensitivity)의 단계를 열기" 때문이다.(Hirszfeld, np) 이 같은 문맥에서 그녀와 말의 결합은 유토피아 세계로 나아가는 과정이라 할 수 있다.

그런데 말에 대한 작가 개인의 심리적 공포감은 사실상 종간 수혈의 위험성과 비교해볼 경우 부차적이다. 앞서 밝힌 바처럼 말의 피가 라발

---

5 라발장테는 인간과 동물을 구분하지 않으려는 마음을 『만일 사자들이 말을 할 수 있었다면(Si les lions pouvaient parler)』에서 필립 자클랭(Philippe Jacquin)에 기대서 '자연의 편재성을 마주한 이들의 규범(norm)'이라 말한다.(Laval-Jeantet, np)

장테의 몸에 일으킬 수 있는 위험 요소들을 제거했다지만 이 과정에는 안심할 수 없는 변수들이 계속해 내재해 있었다. 왜냐하면 실험 전에는 라발장테에게 "얼마만큼의 수혈이 과민성 쇼크를 일으키는 양인지? 혹은 어떤 종류의 동물 면역글로불린이 인체의 면역체계에 위험한지? 혹은 동물 면역글로불린에 의해서 발생한 복잡계의 혼돈이 자가 면역질환을 일으킬 경우 어떤 위험이 일어나는지?" 등에 대한 예측이 불가능하기 때문이다.(Hirszfeld, np) 연구진들은 동물 신경내분비 면역글로불린과 인간 마음(mind)의 상호영향관계에 대해 관심을 갖고 있었음에도 불구하고, 실험결과의 불확실성들 때문에 그녀가 이를 수행한다는 점에 대해서 회의적이었다.

이는 라발장테가 이 퍼포먼스를 그녀 자신의 몸의 한계를 경험하기 위한 시도였다고 밝힌 이유이기도 하다. 여기서 말하는 몸의 한계란 다름 아닌 죽음이다: "나는 나의 삶과 예술에서 피그미족 전통의 죽음 체험 의식(Near Death Experiment)에서 일어나는 것과 같은 경계 지우기 경험을 취했다."(Rosell, np) 이 같은 라발장테의 선택은 알브레히트 뒤러(Albrecht Dürer)의 〈기사, 죽음, 악마(The Knight, Death and Devil)〉(1513)에서 죽음의 알레고리로 읽혀지는 인물이 안내하는 길을 주저함 없이 당당하게 걸어 나가는 군마 위 기사의 모습과 겹쳐진다. AOO가 열광하는 에르빈 파노프스키(Erwin Panofsky)의 해석에 따르면, 이 판화 속 '그리스도 기사'는 에라스무스(Desiderius Erasmus)이다.(Panofsky, 1971: 151-152) 널리 알려져 있듯이, 『우신예찬(Moriae Encomium)』(1511)의 저자인 에라스무스는 가톨릭교회에 비판적 태도를 취한 인물이다. 인간중심주의적 사고에서 벗어나 '-되기' 체현을 통한 종간의 새로운 관계 맺기를 열어 나가고자 하는 라발장테의 태도는 르네상스 시대의 그만큼 전위적으로 다가온다.

이 퍼포먼스에 내포된 죽음의 함의는 라발장테의 검은 의상뿐만 아니라 검은 말의 상징을 통해 드러난다. 검은 말은 잘 알려진 대로 서구에서 죽음을 의미한다. "검은 말은 죽음의 전령이다."(폰태너, 1998: 83) 여기서 인간과 말의 결합 과정에 일어나는 죽음은 '결합과 결합의 결과로 일어나는 죽음'을 '신성한 결혼이라는 용어로 표현'하는 연금술에 기대어 볼 경우 '인간의 종말'이라는 포스트휴먼에 대한 우려의 목소리와는 다른 '새로운 인격으로 단련시켜주는 통과 의례적 체험'에서 바라볼 수 있다.(엘리아데, 2007: 166) "말은 프랑스 사람들에게 남성 인물로 알려져 있다."라는 라발장테의 언급은 동물-되기 과정에서 그녀 스스로 남성과 여성이라는 결합 구조 또한 고려하고 있었음을 말해준다.[6] 덧붙이자면, 연금술에서 유황-태양-왕과 수은-달-여왕은 수은욕을 통해 결합한 후, 죽는다. 그 후 그들의 영혼은 철학자의 돌의 획득이 임박했음을 알리는 남녀 양성적 존재인 '현자(철학자)의 아들(filius philosophorum)'을 탄생시킨다.

2.2) 가면 제의, 인간-동물-기계 되기

〈아마도 내 안에 말이 살고 있을지도 몰라〉에서 라발장테는 피의 결혼을 통한 인간-동물-되기에서 한 걸음 나아가 말 다리 모양의 보철(prosthesis)을 착용한다.(도판 4) 이는 동물-되기의 연속선상에서 다음의 의미를 발생시킨다. 우선적으로 켄타우로스·사티로스·실레노스와 같은 우제류의 발이 남근의 상징임을 고려해본다면, 그녀와 말 다리 보철과의 결합은 남녀 양성적 존재를 생성한다. 이는 연금술에 비춰볼 때, '현자(철학자)의 아들'과 중첩된다. 그런데 "그리스 신화에서 잘 알려진 켄타우로스 모두는 남성이다. 그들은 남성 켄타우로스 아닌 켄타우로스는 언급하지 않는다."라는 라발장테의 목소리의 연속선상에서 그것은 여성 켄타우로

---

6 Marion Laval-Jeantet, http://www.youtube.com/watch?v=gek30WV37Ng,(accessed September 7 2016).

[도판 4]
아르 오리앙테 오브제, 〈아마도 내 안에 말이 살고 있을지도 몰라〉, 퍼포먼스, 2011, 카펠리카 갤러리, 류블
랴나, 출처: *Tercer Premio VIDA 14.0.*

스이다.[7]

켄타우로스의 성(性)이 정확하게 무엇인지는 물론 중요하지 않다. 그
보다는 그녀의 변신이 암시하는 두 개의 성, 즉 양성과 여성 모두 아리스
토텔레스 이후 서양담론의 위계질서의 중심에 위치해온 이원론이 생산한
남성 켄타우로스를 해체한다는 점에서 그 의의를 찾을 수 있다. 특히 기
술생태학으로 태어난 '라발장테 켄타우로스'는 사이보그와 같이 복종할
아버지가 없다. 오이디푸스 콤플렉스가 작동하지 않는다.

사실 여기서 라발장테는 과학을 통해 아버지의 법과 어머니의 몸을 넘
어선 실존에 진입하고자 했다. 르네상스 회화의 전통에서 기둥은 비가시
적인 존재인 신의 임재를 대신해왔다. 라발장테에 따르면, 퍼포먼스 무
대 공간의 기둥은 AOO가 제기하고 싶은 질문을 담당하는 도상이다.[8] 즉

---

7 Marion Laval-Jeantet, 앞의 인터뷰 영상.
8 이에 대한 라발장테의 인터뷰는 본 연구자와의 이메일 교환을 통해 이루어졌다. 연구자의 질문

AOO는 기둥에 과학자 역할을 수행하고 있는 그 자신들의 그림자를 담기게 함으로써, 과거 신의 자리에 과학이 위치하고 있음을 표현하고자한 것이다. 이 같은 문맥에서 보철의 장착을 돕고 있는 흰 가운의 망쟁은〈수태고지〉의 가브리엘 천사의 자세를 모방했다.(도판 4) 요컨대 라발장테의 변신은 '해체'하고 '재조립'한 해러웨이의 사이보그의 연장선상에서가부장제에 균열을 만들어내는 존재이다.

2007년 AOO는 〈나무를 던지다(Jeter les bois)〉·〈포옹(Necking)〉·〈고양이 인류(Felinanthropy)〉에서 이미 가면 쓰기를 통해 동물-되기를 선보인 바 있다. AOO의 작품들에서 가면의 목적은 모방이 아니다. 그것은가면을 쓴 사람이 '가면'을 통해 '타자' 안에 들어가 다른 존재로 변화하는 디오니소스 의식에 가깝다. 〈아마도 내 안에 말이 살고 있을지도 몰라〉의 말 다리 보철은 앞 절에서 라발장테가 밝힌 '발리의 신성한 말 의식'에서 소년(또는 사제)의 말-되기 가면인 목마로도 볼 수 있다. 보철 장착은 라발장테의 동물-되기의 과정인 것이다. 흥미롭게도 보철 장착 후검은 말은 퍼포먼스에 앞서 그녀와 함께해온 열흘 동안 거부하던 눈 쓰다듬기를 허락했다고 한다.

여기서 가면의 재료는 앞선 작품들에서 사용된 천과 나무, 고무 등과달리 보철이다. 스텔락의 신체와 로봇 팔이 상호 반응하는 퍼포먼스인〈제3의 팔(The Third Arm)〉(1980)과 오를랑의 성형수술 퍼포먼스인 〈편재(Omniprésence)〉(1993) 등에서 볼 수 있듯이, 1980년대 이후 현대미술에서 보철은 사이보그의 도상으로 작동해왔다. 다시 말하자면, 이 퍼포먼스에서 라발장테는 보철을 통해 '동물-되기'는 물론 '기계-되기'를 시도하고 있다고 볼 수 있다.

더욱이 보철의 출현은 해러웨이의 다음 문장에 비추어 그 의미를 짚어

들에 라발장테는 2016년 11월 30일에 답했다.

볼 필요가 있다. "사이보그는 인간과 동물 간의 경계가 무너지는 그곳에서 신화로 나타나며", "다른 생명체들에게서 인간을 차단하기보다는 동요시킬 만큼, 그리고 즐겁게 긴밀한 결합을 알린다. 수간(獸姦)은 결혼교환이라는 순환에서 새로운 지위를 갖는다."(Haraway, 1986: 293) 즉 사이보그라는 새로운 타자는 동물과 인간을 유기체라는 이름 아래서 단단히 결속시켜주는 역할을 한다. 이때 동물은 대상화되고 도구화된 낙인찍힌 몸에서 벗어나 인간과 새로운 관계 맺기 과정에 들어선다. 이는 다시 한 번 서구-이성-백인-남성과의 차이에 기반을 둔 분류하기가 얼마나 가변적 잣대이며 인간중심적인지를 말해준다. 그 결과 라발장테의 -되기 과정에서 '사람 대 동물'은 보철을 통해 종간의 벽을 횡단해 '유기체 대 기계'의 상호 의존적인 관계 맺기에 돌입한다. 이 같은 관점에서 '인간-동물-기계 되기'의 라발장테의 몸은 "유기체를 이루는 기관들의 조직화에 대립"하면서 "더욱더 생동하고 북적대는" 들뢰즈와 가타리의 "기관 없는 몸"이라고 해석할 수 있다.(들뢰즈·가타리, 2001: 67) 이는 캐서린 헤일스(Katherine Hayles)가 말하는 "혼합물, 이질적 요소들의 집합, 경계를 계속해서 구성하고 재구성하는 물질적-정보적 개체인" 포스트휴먼 주체와도 상통한다.(헤일스, 2013: 25)

이처럼 〈아마도 내 안에 말이 살고 있을지도 몰라〉에서 인간-동물-기계는 서로 분리될 수 있는 독립적, 자율적 존재가 아닌 생성과정으로서 분리할 수 없는 사건이다. 생성과정은 화이트헤드의 유기체 철학에 비춰보면, '현실적 존재(actual entity)의 합생(concrescence)'으로 쪼갤 경우 그 경험의 현실적 동일성이 사라지게 됨으로써 쪼갤 수 없는 원자와 같다.(문창옥, 2001: 53-54) 각각의 존재는 다른 존재들을 원인으로 해 드러난 결과이며 그 존재도 항상 변화를 내포함과 동시에 다른 존재들의 원인이다. 이 같은 흐름 속에서 '내 안의 너', 그리고 '네 안의 나'의 관계가 형성됨에 따라 '나'와 '너'는 어디에서나 존재할 수 있는 편재성을 획득하게 되는 것이다. 즉 '내 안의 말', '내 안의 말과 기계'는 물론 '말 안의 나', '기계 안의 나와 말'의 관계 맺기가 가능하다.

다른 한편으로 인간-동물-기계 되기란 '인격적 동일성'이라는 부분에서 바라볼 때 자아분열적인 현상이다. 라발장테는 타자의 신체에 대한 경험이 이 같은 우려를 말소시킬 수 있다고 주장한다. 경험이란, 그녀에게 화이트헤드가 말하는 '제어의 중추성(central control)'과 같은 역할을 한다: "화이트헤드가 『과정과 실재』에서 제안한 바처럼, 문제가 발생하는 것은 많은 인격들에 의해서가 아니라 이를 처리하는 통합적인 경험의 의식인 '제어의 중추성'에 대한 이해이다. 미술가에게 '제어의 중추성'은 신체적 지각과 매우 밀접하다."(Laval-Jeantet, np) 덧붙이자면, 경험에서 일어나는 자아와 타자의 통합을 그녀는 "향정신성 식물을 섭취하는 샤먼 문화에서 일어나는 토템의 통합, 이중 보호(protective double)와 유사하다."고 설명한다.(Laval-Jeantet. np) 이는 그녀가 보철 장착 후 걷는 이유이기도 하다. 말 다리의 보철은 베이트슨의 '맹인의 지팡이'와 마찬가지로 걷는 라발장테의 정신에게 '차이의 변형'을 전달함으로써, 몸과 마음 사이의 분열을 해체한다.

사실 화이트헤드의 '현실적 존재'는 분석할 수 없는 원자적 사건이므로 타자와의 만남의 과정에서 분열을 생산하지 않는다. 현실적 존재는 자유주의적 휴머니즘의 주체가 말하는 절대적인 본질적 존재가 아니라 주변의 물리적 환경과의 관계에 의해 형성되는 존재이기 때문이다. 이 같은 관점에서 -되기 경험을 통해 라발장테는 타자의 세계에 진입하고 이 과정에서 타자는 그녀의 마음속으로 진입한다고 해석해볼 수 있다.

말과 함께 걷는 행동은 말을 타는 그것과 달리 도구로서 동물과 기계에 대한 접근에서 벗어나 있다. 이것은 인간과 비인간 사이의 주종 관계를 해체하는 탈-인간중심주의적 선택이라 할 수 있다. 포스트휴머니즘 이론가인 로지 브라이도티(Rosi Braidotti)에 따르면, "횡단성(transversality)

은 생명 중심의 평등주의를 실현한다. […] 관계와 상호의존성에 가치를 둔 윤리학은 생명 그 자체로 조에(Zoe)를 중시한다."(Braidotti, 2006: 129)[9] 브라이도티의 관점에서 망쟁-라발장테-말-루아의 '가로선 행렬'을 바라보자면, 이는 중심 없는 상호의존적 관계 맺기를 실현하는 포스트휴먼 윤리의 구현으로 해석해볼 수 있다. 아울러 전통적으로 말의 발자국이 축복과 풍요의 상징임을 상기해볼 때, 이들 행렬은 라발장테의 유토피아 비전의 실현 그 자체로서 의미를 가진다.

3. 사이보그 실천 이후, 새로운 주체란

3.1) 유전자 물신주의에 대한 경계, 그리고 빈 중심

행진 후 켄타우로스-사이보그, 라발장테는 보철 탈착 후 채혈을 받는다. 망쟁은 '켄타우로스 피'를 건네받아 이를 냉각한다. 연금술사들의 현자 (철학자)의 아들, 기적의 돌을 품고 있는 모체(matrix)를 연상시키는 둥근 용기에 담긴 켄타우로스 피는 더 이상 말, 인간의 피도 아니며 말도 인간도 아니다. 또한 인간·말·기계 사이의 경계 설정조차 불가능하다. 혈액은 어떤 경계선도 지워 나가는 사이보그 표징인 것이다. 그런데 여기서 무엇보다 '원형 용기 속 켄타우로스 피와 라발장테는 동일자인가?'라는 질문을 제기해볼 필요가 있다.

분명한 것은 원형 용기에 담긴 피는 이를 바라보는 라발장테의 혈관을

---

9 브라이도티는 포스트휴먼 시대 인간의 종말을 새로운 사회, 탈인간중심주의 사회가 출범할 수 있는 기회라고 주장하며, 이를 이끌어 나갈 힘으로서 조에(Zoe)라는 개념을 제안하고 있다. '조에'는 인간과 비인간 모두를 포용할 수 있는 포스트휴먼 주체의 변혁을 실행할 수 있는 생명의 긍정적, 내재적 힘이다.

흐르는 그것과 달리 더 이상 흐름 속에 놓여 있지 않다는 점이다. 그럼에
도 불구하고 유전자가 모든 것을 만들 수 있고 해결할 수 있다고 믿는 유
전자 물신주의가 가득한 사회에서 살고 있는 우리는 무의식적으로 '켄타
우로스 피'를 '켄타우로스 사이보그'와 '라발장테'의 연속선상에서 바라보
고 있을지도 모른다. 퍼포먼스가 끝난 후 무대 위 '켄타우로스 피'를 찍기
위해 원형 용기를 둘러싼 관람객들의 모습에 이 같은 가능성을 차치하지
않을 수 없다.(도판 5)

　유전자를 생명으로 간주한다는 것은 유전자와 몸을 분리 가능한 대상
으로 접근하는 물질보다 정보를 중요시하는 계몽주의 전통의 정보 우선
주의적 태도이다. 헤일스가 『우리는 어떻게 포스트휴먼이 되었는가(How
We Became Posthuman)』(1999)에서 사이버네틱스 역사 추적을 통해 밝혀냈
듯이, 이는 초기 사이버네틱스 단계에서 정보가 몸을 잃어버린 이유이기
도 하다. 실험실의 유전자란 시간의 흐름에서 일어나는 생 전체의 상호
작용의 유기적 존재가 아닌 얼어붙은 추상적 기호이다. 알프레드 코르지
프스키(Alfred Korzybski)의 말처럼, "지도는 영토가 아니다." 그리고 "단
어는 그것이 재현하는 사물이 아니다."(Holl, 2007: 1049 재인용)[10] 베이트
슨도 코르지프스키의 지도-영토-관계를 근거로 삼아 영토가 지도로 옮겨
지면서 재현한 것은 추상적 관념으로서 '차이'라는 점을 지적했다.(베이트
슨, 2009: 680-682) 또한 해러웨이는 이를 '생명(life)'과 구분해 '생명 그 자
체(life itself)'라고 지칭했다.(해러웨이, 2006: 272-274) '생명 그 자체'는 발생
적, 유기론적 '생명'과 다른 의사소통 증진 및 의사소통 체계이다.

　결국 혈액을 라발장테의 -되기 과정의 몸과 마음의 상호관계와 동일시

10　Alfred Korzybski(1933). *Science and Sanity*, *An Introduction to Non-Aristotelian Systems
　　and General Semantics. 1st ed., Second Printing by the Institute of General Semantics.
　　New York, NY.

[도판 5]
아르 오리앙테 오브제, 2011년 2월 22일 퍼포먼스 〈아마도 내 안에 말이 살고 있을지도 몰라〉 끝난 후 관람객
들 모습, 카펠리카 갤러리, 류블랴나, 2011, 출처: *Art Orienté object 2001-2011*, p.269.

하는 것은 화이트헤드가 경계한 '잘못 놓인 구체성의 오류'를 범하는 것
이다. 이를 극복하기 위해 화이트헤드는 『과학과 근대세계(*Science and
the Modern World*)』(1925)에서 추상에 의한 이해 대신 구체적인 경험의 견
지에서 모든 문제를 파악해야 한다고 주장했다. 해러웨이도 "결합체는
서로에 대한 파악에 의해 구성된, 혹은 서로에게 있는 대상화에 의해 구
성된, 관계성의 통일 속에 있는 한 사건의 현실적 존재이다."라는 화이
트헤드의 인용을 통해 생명 그 자체인 유전자는 관계망에서 그 의미를
포착해야 한다고 주장했다.(해러웨이, 2006: 296)[11] 즉 둥근 실험 용기 안
혈액은 변신 과정에서 라발장테의 몸, 그리고 마음과 관계를 맺는 그것

---

11 화이트헤드의 유기체철학은 해러웨이에게 중요하다. 예컨대 『겸손한 목격자』에서 알 수 있듯
이, 해러웨이의 페미니즘적 과학연구와 유전자 물신주의에 대한 저항의 준거는 화이트헤드의
'현실적 존재'를 토대로 한다. 그녀에 따르면, 1960년대 예일 대학교 시절 생리학자 이블린 허
친슨(G. Evelyn Hutchinson)과 함께 화이트헤드를 읽은 후, 그녀의 생물학 이해에 중요한 역
할을 했다고 한다.

과 다른 것이다.

스텔락의 로봇 팔, 오를랑의 성형수술 후 얼굴, 에두아르도 카츠의 GFP 토끼, 패트리샤 피치니니(Patricia Piccinini)의 돌연변이 생명체와 비교해볼 경우, 하이브리드 신체가 아닌 혈액 샘플로 퍼포먼스의 막을 내린 이 퍼포먼스는 분명 유전자 우선주의적이다. 그러나 여기서 다음 사실을 상기해볼 필요가 있다. 〈토끼들은 증명해왔다(Rabbits Were Used to Prove)〉(1999)와 〈정신 공포 박물관(Museum of Mental Horror)〉(1999)에서 알 수 있듯이, AOO는 과학을 직접적으로 비판하기보다는 그 모순을 드러내는 데 역점을 두고 작업을 해왔다.[12]

모순어법(oxymoron)을 염두에 두고 혈액 샘플과 그 앞에 선 라발장테의 관계에 대해 숙고해보자. 앞 절에서 살펴보았듯이, 이 퍼포먼스에서 말의 피와 말 다리의 보철 모두 라발장테의 몸과 관계를 맺으며 '생(life)'으로 작동한다. AOO 퍼포먼스 과정에서 '켄타우로스 사이보그'와 '켄타우로스 피' 모두 개개의 독립적 존재로서 '본질'은 물론 '정체성'을 생산하지 않는다. 인간과 비인간의 만남의 과정에서 융기하는 연기(緣起)일 뿐이다.

유전자 물신주의와 같은 관계성을 배제한 사물 그 자체에 대한 천착은 오히려 사이보그의 성과라고 할 수 있는 서구-백인-남성-이성의 오이디푸스 프로젝트 해체를 전복시킴은 물론, 근대의 생명정치의 인종주의적 우생학 계보로 이어질 수 있는 위험을 배태하고 있다. 이 같은 관점에서 다른 두 매트릭스인 '실험 용기'와 '라발장테의 몸' 안에 혈액은 관람객

---

12 〈토끼들은 증명해왔다〉와 〈정신 공포 박물관〉과 같은 프로젝트에서 과학세계를 비판하고 과학의 정체를 드러내는 작업을 해오지 않았냐는 히르츠펠트(Aleksandar Hirszfeld)의 질문에 AOO는 과학에 대한 비판이라고 말한다는 것은 두 작품을 너무 단순화한 것이라고 지적하면서, 이는 관람객으로 하여금 과학의 '모순어법' 혹은 '모순'을 마주하도록 하기 위한 것이라고 대답한 바 있다.

들로 하여금 '유전자'와 '생명' 사이의 간격을 마주하도록 함으로써, '잘못 놓인 구체성의 오류'라고 할 수 있는 유전자 물신주의를 숙고할 수 있는 기회를 제공한다는 점에서 그 의미를 찾아볼 수 있겠다.

이 같은 배경 아래서 사이보그 형상이 사라진 퍼포먼스의 말미는 텅 빈 공간에서 인간과 비인간 모두를 포용하는 탈-경계적인 주체가 비로소 출현 가능하다는 것을 암시하고 있다고 할 수 있겠다. 특정한 형태 혹은 형상으로 포스트휴먼을 재현 혹은 구현한다는 것은 '비트루비우스 인간 (Vitruvius Man)'이 그랬듯이 포스트휴먼의 규범을 제시하는 것과 다르지 않기 때문이다. 포스트휴먼이 말하는 인간이 사라진 그 중심에는 AOO 의 퍼포먼스에서 볼 수 있듯이, 인간·동물·기계·사이보그와 같은 그 어느 형상도 위치하지 않는다. 다음의 포스트휴먼 주체에 대한 헤일스의 설명은 인간과 비인간의 상호관계적인 연기(緣起)로서 라발장테의 변신이 지닌 함의를 뒷받침해준다.

포스트휴먼 주체는 혼합물, 이질적 요소들의 집합, 경계가 계속해서 구성 되고 재구성하는 물질적-정보적 개체이다. (중략) 여기서 중요한 것은 <u>포스트 휴먼이 되기 위해서 주체가 반드시 말 그대로 사이보그일 필요는 없다는 점 을 인식하는 것</u>이다. 즉 신체에 대한 개입이 이루어졌든 이루어지지 않았든 인지과학이나 인공생명 분야에서 등장한 새로운 주체성 모델에서는 생물학 적 변화가 없는 호모 사피엔스도 포스트휴먼으로 간주할 수 있다는 뜻이다. <u>포스트휴먼을 판가름하는 결정적인 특징은 비생물적 요소의 존재 여부가 아 니라 주체성이 구성되는 방식이다.</u>(헤일스, 2013: 25-26)(밑줄 필자 강조)

요컨대 라발장테의 -되기에서 창발하는 '사이보그 자매', 여자-동 물-기계-유전자는 분리할 수 없는 하나의 사건으로서 포스트휴먼 주체 생성과정의 알레고리이다.

3.2) 사이보그 시각

〈아마도 내 안에 말이 살고 있을지도 몰라〉는 질서정연한 이성의 공간, 과학자의 실험실을 배경으로 한다. 물론 실험 도구와 방법도 생명공학 실험실의 그것이다. 종간 횡단 길을 열어주는 매개자라는 샤먼으로서의 역할과 달리 망쟁은 과학 실험을 상징하는 하얀 가운을 입고 있다. 이 같은 무대 배경을 뒤로 한 망쟁의 모습은 현대미술의 샤먼의 아버지라고 할 수 있는 요셉 보이스(Joseph Beuys)가 아닌 근대과학의 아버지, '겸손한 목격자'의 원형인 로버트 보일(Robert Boyle)에 가깝다. 과학자는 실험의 절대적 객관성을 위해서 "실재를 거울처럼 보여주는 설명을 할 수 있는 목격자"로서 "눈에 보여서는 안 되며, 자신을 보지 못하는 성질(self-invisibility)이라는 기이한 관습이 구축한 강력한 표시가 없는 범주(unmarked category)의 거주자"이다.(해러웨이, 2006: 76) 즉 실험실의 초월적 객관성이란 과학자와 실험 과정에 참여한 노동의 비가시성에 의해 탄생한 것이다. 그런데 실험실의 '비가시성'은 유럽·남성·신사·과학자의 미덕인 겸손의 생산물이다. 해러웨이는 폭로한다. 남성 젠더의 미덕인 '겸손'이 백인·부르주아·남성·신사·과학자의 시선의 투명성으로 이어지면서 탄생시킨 실험실의 객관성이란 사실 인종·성·계급·젠더가 관여한 결과물이었음을 말이다.

　AOO의 퍼포먼스 무대에서 망쟁의 존재감은 겸손한 목격자와 다르지 않게 비가시적이다. 그렇다면 〈아마도 내 안에 말이 살고 있을지도 몰라〉의 실험실은 보일의 후손인 겸손한 목격자의 시선에 의해 탄생한 객관적 실재의 공간인 것인가? AOO는 인터뷰에서 과학의 주체로서 이성이 아닌 감성을 강조한 바 있다: "나에게 과학은 이데올로기적 입장이 아니라 우리가 세상을 이해하기 위해서 없어서는 안 되는 도구와 같은 것이다. 그러나 이 도구는 인간에게 매우 위험할 수 있는 많은 내적 모순들을 가지고 있다. 이 도구를 사용할 때마다 당신은 최대한의 유연한 감성(sensibility)을 가지고 게임을 시작해야 한다."(Hirszfeld, np) 감성이란 과학이 말하는 초월적 객관성과는 관계없는 남성의 공간에서 금지돼온 여성적 글쓰기의 미덕이다. 또한 앞 절들에서 살펴볼 수 있었듯이, 라발장테는 인터뷰에서 이 공간의 사건들을 샤먼 제의의 문맥에서 풀어내곤 했다. 이를 토대로 판단해볼 경우, AOO의 실험실은 분명 근대과학의 '겸손한 목격자'가 지배해온 공간이라 단정 내릴 수 없다.

AOO는 퍼포먼스 말미에서 망쟁의 대상 세계로 관람자에게 알려진 라발장테 역시 실험실의 목격자였음을 밝힌다.(도판 6) 그러나 그녀는 망쟁과 다르다. 실험 용기들 앞의 하얀 가운을 입은 라발장테는 이 공간에서 일어난 사건이 누구를 위한 것이었는가를 질문할 수 있는 사이보그 시선을 공유한 주체이다. 즉 그녀는 해러웨이가 말하는 앙코마우스™(OncoMouse™)처럼 '사이보그 시각'에 위치해 있다. 사이보그 시각이란, 과학사회학자인 수잔 리 스타(Susan Leigh Star)에 따르면 "발생한 힘의 장 속에서 누가 살고 누가 죽는지, 즉 누가 그것으로 득을 보는가?"를 물을 수 있는 자이다.(해러웨이, 2006: 104) AOO는 〈토끼들은 증명해왔다〉에서 이미 배를 가른 좌대 위의 토끼를 통해 누가 살고 누가 죽었는지에 대해 질문을 던진 바 있다.(Hirszfeld, np)

덧붙이자면 인간/남성 사회질서에 기반한 과학기술의 새로운 실천을 위해서는 해러웨이의 말 그대로, "어떻게 볼 것인가? 어느 시점에서 볼 것인가? 무엇이 시력을 제한하는가? 무엇을 위해 볼 것인가? 누구와 함께 볼 것인가? 누가 하나 이상의 시점을 갖게 되는가? 누가 시야가 좁은가? 누가 눈가리개를 쓰고 있는가? 누가 이 시각의 장을 해석하는가? 우리가 시각 이외 다른 지각의 권력들을 계발하기 바라는가?"를 질문해야 한다.(Haraway, 1991: 194) 다시 말하자면, 근대과학 이래 실험의 타당성과 윤리성은 객관성이 아니라 과학기술 실천의 주체가 결정해온 것이다.

[도판 6]

〈켄타우로스 혈액의 동결건조(Centaurus Blood Lyophilisation)〉 (2011년 2월 22일 퍼포먼스 〈아마도 내 안에 말이 살고 있을지도 몰라〉), 사진, 120×180cm, 2011, 출처: *Art Orienté object 2001-2011*, p.256.

'겸손한 목격자', 서구-백인-이성-신사-과학자가 말이다. 따라서 실험실의 시각을 구성하는 인종·민족·젠더·계층, 나아가 종이 이동할 경우 과학이 말해온 객관성은 달라질 수밖에 없는 오류를 면치 못한다. 요컨대 인간-동물-기계 되기라는 경험은 라발장테에게 겸손한 목격자와 달리 인간과 비인간의 혼합물이 누구를 위해 만들어지고, 이를 위해 누가 희생하는지에 대해 질문할 수 있는 다층적인 시각을 갖출 수 있는 기회를 제공한다.

아울러 AOO의 실험실은 라발장테 시각 외에도 근대과학이 생산해온 초월적 객관성의 또 다른 전제인 실험 과정에 참여한 노동의 비가시성의 법칙 또한 위배한다. 우리는 실험 과정에 개입한 노동력이라 할 수 있는 검은 말, 마부 역할의 루아와 채혈에 참여한 간호사 모두를 목격했다. 즉 AOO의 실험실은 각기 다른 자리에 위치한 목격자들의 시각 횡단을 통해 생명과학실험의 윤리 실천에 필요한 '상황적 지식(situated knowledges)'을 생성해 나갈 수 있는 다차원적 주체성의 지형학을 구현하

고 있다 할 수 있다.[13]

4. 타자의 공동체 너머, 포스트휴먼 주체의 등장

숲을 경계로 왼편에는 사티로스와 누드의 인간 여성, 어린아이가 보이
는 반면, 오른편에는 지팡이를 든 누드의 사내에게 쫓기는 여인이 보인
다. 사티로스 가족은 숲으로 다가오는 두 인물이 반갑지 않은 표정이다.
오스트리아 화가 알브레히트 알트도르퍼(Albrecht Altdorfer)가 그린 〈사티
로스 가족이 있는 풍경(Landscape with Satyr Family)〉(1507)이다. 알트도르
퍼의 사티로스 가족 숲과 AOO의 퍼포먼스 공간, 실험실은 닮았다. 사
티로스 가족의 숲은 미술사학자 래리 실버(Larry Silver)에 따르면, 세속의
세계로부터 피난처이며 사티로스, 유니콘, 용과 같은 괴물이 사는 비밀
의 힘을 소유한 신적인 특별한 힘의 공간이다.(Silver, 1983: 26) 그곳은 뒤
러의 〈기사, 죽음, 악마〉에서 기독교의 기사인 에라스무스가 향한 숲이
기도 하다. 알트도르퍼 회화의 사티로스 가족의 시선처럼 포스트휴먼 시
대 사이보그 또한 영웅 서사시를 위해 자신들과 목숨을 건 싸움을 펼칠
인간 영웅을 반기지 않을 것이다.

〈아마도 내 안에 말이 살고 있을지도 몰라〉에서 라발장테는 서구-백
인-남성-이성의 용기·힘·미덕을 전시하는 영웅주의에서 벗어나 타자
의 시선에서 질문할 수 있는 모든-것-되기를 통해 그 숲을 횡단하려 했
다. 물론 오늘날 실험실에서 탄생하고 있는 하이브리드 유기체들에게 말

---

13 해러웨이는 근대과학의 '겸손한 목격자'들의 성과 젠더에 의해 오염된 '객관성' 오류를 극복하
   기 위해 '상황적 지식'을 주장한다. 해러웨이의 상황적 지식이란 남성주의·인종차별주의·식
   민주의 지배의 역사가 생산한 인종과 성의 범주에 종속된 사람들의 혼종적 몸(heterogeneous
   body)을 세계화하는 도구이다.

의 승낙을 고려하지 않은 라발장테의 시도 또한 인간의 '휴브리스(hubris)'의 문맥에서 비쳐질 수 있다. 그러나 분명 AOO가 향한 검은 숲에는 인간의 이성과 기술을 통해 지배해야 할 타자, 괴물이 존재하지 않았다. AOO는 생명기술을 통해 동물과 기계를 도구화하는 대신 화이트헤드가 말하는 '상호 의존적인 경험의 방울들'이라 할 수 있는 '현실적 존재의 관계(the relatedness of actual entities)'를 구축하고자 했다.(화이트헤드, 1991: 73) 이 과정에서는 절대 본질과 중심이 아닌 관계의 생성만이 실재할 뿐이다. 이에 인간과 괴물, 나와 너의 분리는 불가능하다.

정리하자면, '타자를 배신하지 않으려는' 라발장테의 유토피아 비전에서 시작한 이 퍼포먼스에서 생명기술을 매개로 창발하는 사이보그는 서구-이성-백인-남성-과학자의 시선을 해체하는 포스트휴먼 시대의 인간과 비인간을 아우르는 새로운 주체 생성과정의 알레고리로서 접근해볼수 있다. 이는 브라이도티가 말하는 이분법적 체제를 넘어선 모든 존재에 생명을 부여하는 포스트휴먼 윤리와도 상통한다. 어원 그대로 '어디에도 없는(ou topos)' 유토피아를 AOO는 사이보그라는 현실적 존재의 생성과정인 시간성을 통해 실현하고 있다 할 수 있다.

참고문헌

1장 기술과 인간, 사회의 존재론적 공속(共屬)에 관한 시론

다이어-위데포드, N. 2003. 신승철 외 옮김. 『사이버-맑스』. 이후.

도스토예프스카야, A. N. 2003. 최호정 옮김. 『도스토예프스키와 함께 한 나날들』. 그린비.

들뢰즈, G. 1999. 박기순 옮김. 『스피노자의 철학』. 민음사.

들뢰즈, G. · 가타리, F. 2000. 이진경 외 옮김. 『천의 고원 1』. 연구공간 '너머' 자료실.

맑스, K. 1996. 김수행 옮김. 『자본론 I(상)』. 비봉출판사.

맑스, K. 2001. 김호균 옮김. 『정치경제학 비판 요강 II』. 그린비.

맑스, K. · 엥겔스, F. 1994. 최인호 외 옮김. 「독일 이데올로기」. 『맑스 엥겔스 저작선집 1』. 박종철출판사.

매즐리시, B. 2001. 김희봉 옮김. 『네 번째 불연속』. 사이언스북스.

맥루언, M. 2002. 김성기 외 옮김. 『미디어의 이해』. 민음사.

멈퍼드, L. 2013a. 문종만 옮김. 『기술과 문명』. 책세상.

멈퍼드, L. 2013b. 유명기 옮김. 『기계의 신화 I』. 아카넷.

미란돌라, P. D. 1996. 성염 편저. 『인간 존엄성에 관한 연설』. 철학과현실사.

베이컨, F. 2001. 진석용 옮김. 『신기관』. 한길사.

베이트슨, G. 2009. 박대식 옮김. 『마음의 생태학』. 책세상.

브레이버맨, H. 1990. 이한주 외 옮김. 『노동과 독점자본』. 까치.

시몽동, G. 2011. 김재희 옮김. 『기술적 대상들의 존재 양식에 대하여』. 그린비.

알튀세르, L. 1997. 이종영 옮김. 『맑스를 위하여』. 백의.

엥겔스, F. 2003. 최인호 외 옮김. 「원숭이의 인간화에서 노동이 한 역할」. 『칼 맑스 프리드리히 엥겔스 저작선집 5』. 박종철출판사.

윅스퀼, J. 2012. 정지은 옮김. 『동물들의 세계와 인간의 세계』. 도서출판b.

이진경. 2006. 『미-래의 맑스주의』. 그린비.

최진석. 2007. 「근대적 시간: 시계, 화폐, 속도」. 이진경 편저. 『문화정치학의 영토들』. 그린비.

최진석. 2014a. 「행위와 사건: 미하일 바흐친의 윤리학과 삶의 건축학」. 《인문논총》

71(3).

최진석. 2014b. 「생성, 또는 인간을 넘어선 민중」. 《러시아연구》 24(2).

최진석. 2015. 「휴머니즘의 경계를 넘어서 — 근대 인간학의 종언과 인간의 새로운 변형」. 《비교문화연구》 41. 비교문화연구소.

최진석. 2016. 「비인간적인, 너무나 비인간적인 '그녀'와 인간의 미래」. 《대산문화》 60. 여름호.

카, E. 1979. 김병익 옮김. 『도스토예프스키』. 홍성사.

콩트, A. 2001. 김점석 옮김. 『실증주의 서설』. 한길사.

크로스비, A. 2005. 김병화 옮김. 『수량화 혁명』. 심산.

키틀러, F. 2015. 윤원화 옮김. 『기록시스템. 1800 · 1900』. 문학동네.

플랙스먼, G. 엮음. 2003. 『뇌는 스크린이다. 들뢰즈와 영화철학』. 이소출판사.

하비, D. 2012. 이강국 옮김. 『자본이라는 수수께끼』. 창비.

Beljaev, N. 2007. "Mekhanitsizm" v novoevropejskoj kul'ture. Izd. SPbU. 2007[『근대 유럽문화의 '기계론'』].

Deleuze, G. & Guattari, F. 1983. *Anti-Oedipus*. The Athlone Press.

Landes, D. 1983. *Revolution in Time*. The Belknap Press of Harvard University Press.

Spinoza, B. 1985. "Ethics." *The Collected Works of Spinoza Vol.1*. trans. E. Curley. Princeton University Press.

Zepke, S. 2005. *Art as Abstract Machine*. Routledge.

2장 인간향상과 하버마스의 자율성 논증

샌델, 마이클. 2010. 강명신 옮김. 『생명의 윤리를 말하다(*The Case Against the Perfection*)』. 동녘.

신상규. 2014. 『호모사피엔스의 미래 — 포스트휴먼과 트랜스휴머니즘』. 아카넷.

아렌트, 한나. 1996. 이진우 · 태정호 옮김. 『인간의 조건』. 한길사.

하버마스, 위르겐. 2003. 장은주 옮김. 『인간이라는 자연의 미래(*The Future of Human Nature*)』. 나남출판.

Blackford, Russell. 2013. *Humanity Enhanced: Genetic Choice and the Challenge for Liberal Democracies(Basic Bioethics)*. The MIT Press.

Buchanan, A. 2011a. *Beyond Humanity?: The Ethics of Biomedical Enhancement*. Cambridge University Press.

Buchanan, A. 2011b. *Better than Human: The Promise and Perils of Enhancing Ourselves*. Cambridge University Press.

3장 행위자로서 '인간'의 개념 전이
— 베버의 인간중심적 문화인간과 라투르의 포스트휴먼적 비인간

김덕영. 2012. 『막스 베버 — 통합과학적 인식의 패러다임을 찾아서』. 도서출판 길.

김문조. 2011. 「감각과 사회 — 시각과 촉각을 중심으로」. 《영상문화》 18집. 7-32쪽.

라투르, 브루노. 2009. 홍철기 옮김. 『우리는 결코 근대인이었던 적이 없다』. 갈무리.

라투르, 브루노 외 지음. 2010. 홍성욱 엮음. 『인간 · 사물 · 동맹』. 도서출판 이음.

라투르, 브루노. 2010. 「행위자네트워크 이론에 관하여: 약간의 해명, 그리고 문제를 더 복잡하게 만들기」. 라투르, 브루노 외 지음. 홍성욱 엮음. 『인간 · 사물 · 동맹』. 도서출판 이음. 95-124쪽.

로, 존. 2010. 「ANT에 대한 노트: 질서 짓기, 전략, 이질성에 대하여」. 라투르, 브루노 외 지음. 홍성욱 엮음. 『인간 · 사물 · 동맹』. 도서출판 이음. 37-56.

배동인. 1995. 「베버의 합리성 개념의 비판적 검토와 재구성」. 전성우 외. 『막스 베버 사회학의 쟁점들』. 민음사. 35-71쪽.

베버, 막스. 2002. 김진욱 옮김. 『이해 사회학의 카테고리』. 범우사.

서이종. 2011. 「막스 베버의 사회학과 비인간들」. 《사회와 이론》 통권 19집. 145-176쪽.

이병혁. 1995. 「막스 베버의 '이해'사회학에 대한 기호론적 해석」. 전성우 외. 『막스 베버 사회학의 쟁점들』. 민음사. 103-136쪽.

이수안. 2015. 「감각중심 디지털문화와 포스트휴먼 징후로서 '호모 센수스(homo sensus)'의 출현」. 《문화와 사회》 통권 18집(5월 30일 발간 예정).

이화인문과학원 편. 2013. 『인간과 포스트휴머니즘』. 이화여자대학교 출판부.

프로인트, 쥴리앙. 1981. 이종수 옮김. 『이해사회학 — 막스 베버 사회학의 새로운 조명』. 도서출판 한벗.

Belsey, Catherine. 1980. *Critical Practice*. London: Methuen.

Braidotti, Rosi. 2013. *The Posthuman*. Cambridge: Polity Press.

Cerulo, Karen. "Nonhumans in Social Interaction." *Annual Review of Sociology* 35: 531-552.

Herbrechter, Stefan. 2009. *Posthumanismus*. Darmstadt: WBG(Wissenschaftliche Buchgesellschaft).

Weber, Max. 1913. "Über einige Kategorien der verstehenden Soziologie."
   Gesammelte Aufsätze zur Wirtschaftslehre. Tübingen: Mohr.

Weber, Max. 1973(1924). *Gesammelte Aufsätze zur Wissenschaftslehre*.
   Tübingen: Mohr.

Weber, Max. 1968. *Methodologische Schriften*. Frankfurt a. M.: Fischer Verlag.

Weber, Max. 1976. *Wirtschaft und Gesellschaft*. Besorgt von Johannes
   Winckelmann. 5. rev. Aufl. Tübingen: J.C.B. Mohr.

Weber, Max. 1978. *Gesammelte Aufsätze zur Religionssoziologie I*. Tübingen:
   Mohr.

4장 혼돈(chaos)의 세 단면: 철학, 과학, 예술 — 들뢰즈의 사유를 중심으로

괴테. 2003(1810). 장희창 옮김.『색채론』. 민음사.

들뢰즈. 2004(1968). 김상환 옮김.『차이와 반복』. 민음사.

메를로-퐁티. 1983(1945). 오병남 편역.「세잔의 회의」.『현상학과 예술』. 서광사.

보케뮐, 미하엘. 2006. 권영진 옮김.『윌리엄 터너』. 마로니에북스.

세잔. 2002. 조정훈 옮김.『세잔과의 대화』. 다빈치.

이찬웅. 2011.「들뢰즈의 기호와 정서」.《기호학연구》29집. 361-383쪽.

이찬웅. 2012.「들뢰즈의 회화론: 감각의 논리란 무엇인가」.《미학》71집. 105-145
   쪽.

칸트. 2009(1790). 백종현 옮김.『판단력비판』. 아카넷.

플라톤. 2000. 박종현 · 김영균 옮김.『티마이오스』. 서광사.

피셔, 에른스트 페터. 2009. 박규호 옮김.『슈뢰딩거의 고양이』. 들녘.

홈스, 리처드. 2013(2008). 전대호 옮김.『경이의 시대』. 문학동네.

후설. 2009. 이종훈 옮김.『이념들 1』. 한길사.

Deleuze, Gilles. 1968. *Différence et Répétition*. Paris: PUF.

Deleuze, Gilles. 1969. *Logique du sens*. Paris: Minuit.

Deleuze, Gilles (avec Claire Parnet). 1977. *Dialogues*. Paris: Flammarion.

Deleuze, Gilles (avec Félix Guattari). 1980. *Mille Plateaux*. Paris: Minuit.

Deleuze, Gilles. 1981a. *Francis Bacon. Logique de la sensation*. Paris: Seuil.

Deleuze, Gilles. 1981b. *Spinoza. Philosophie pratique*. Paris: Minuit.

Deleuze, Gilles. 1983. *Cinéma 1. L'Image-mouvement*. Paris: Minuit.

Deleuze, Gilles. 1988. *Le pli. Leibniz et le baroque*. Paris: Minuit.

Deleuze, Gilles. 1990. *Pourparlers*. Paris: Minuit.

Deleuze, Gilles (avec Félix Guattari). 1991. *Qu'est-ce que la philosophie?*. Paris: Minuit.

Deleuze, Gilles. 2003. *Deux régimes de fous. Textes et entretiens 1975-1995*. éd. David Lapoujade. Paris: Minuit.

5장 포스트휴먼을 꿈꾸는 냉소주의
— 미셸 웰벡의 『어느 섬의 가능성』

【웰벡의 작품과 공식 사이트】

Houellebecq, Michel. 1998. Les particules élémentaires. Flammarion.(웰벡, 미셸. 2003. 이세욱 옮김. 『소립자』. 열린책들).

Houellebecq, Michel. 2005, *La possibilité d'une île*. Fayard.(웰벡, 미셸. 2007. 이상해 옮김. 『어느 섬의 가능성』. 열린책들).

Houellebecq, Michel. 1998. *Interventions*. Flammarion.

Houellebecq, Michel. 2002. "Sortir du XXe siècle." *Lanzatore et autres textes*. Librio.

Houellebecq, Michel. et Bernard-Henri Lévy. 2008. *Ennemis publics*. Flammarion/ Grasset.

http://www.houellebecq.info/

【그 외】

김동수. 2012. 「아름다운 것들의 사라짐 혹은 사라지는 것들의 아름다움 — 미셸 웰벡의 『지도와 영토』」. 《창작과비평》 40권 제2호.

김석수. 2006. 「휴머니즘과 냉소주의, 그리고 새로운 인간의 탄생 — 슬로터다이크의 이론을 중심으로」. 《철학논총》 46집.

백지은. 2003. 「손창섭 소설에서 '냉소주의'의 의미」. 《현대소설연구》 20권.

센, 아마티아. 2009(2006). 이상환 · 김지현 옮김. 『정체성과 폭력 — 운명이라는 환영』. 바이북스.

슬로터다이크, 페터. 2005(1983). 이진우 · 박미애 옮김. 『냉소적 이성 비판 1』. 에코리브르.

슬로터다이크, 페터. 2004(1999). 이진우 옮김. 『인간농장을 위한 규칙』. 한길사.

신지영. 2012. 「새로운 이성에 대한 현대적 탐구의 여정들 ― 냉소적 이성비판과 횡단이성 그리고 과정으로서의 이성을 중심으로」. 《시대와 철학》 23권 제3호.

오영주. 2015. 『『어느 섬의 가능성』 혹은 '잃어버린 몸을 찾아서' ― 포스트휴먼 주체와 몸」. 《불어불문학연구》 101집.

이진우 외. 2004. 「인간 복제에 관한 철학적 성찰: 독일 슬로터다이크 논쟁을 중심으로」. 문예출판사.

정용환. 2000. 「냉소주의: 계몽의 피할 수 없는 결과인가 ― 페터 슬로터다이크의 『냉소적 이성 비판』」. 《문학과 사회》 51호.

헤일스, 캐서린. 2013(1999). 허진 옮김. 『우리는 어떻게 포스트휴먼이 되었는가』. 플래닛.

Beigbeder, Frédéric. 2005. L'égoïste romantique. Grasset.

Bellanger, Aurélien. 2012. Houellebecq, écrivain romantique. Editions Léo Scheer.

Chassy, Jean-François. 2002. "Apocalypse scientiste et fin de l'humanité: Les particules élémentaires de Michel Houellebecq." Discours Social/Social discours. vol. 7.

Cité n°55 (Aujourd'hui, le post-humain?). 2013. PUF.

Degryse, Lucas. 2001. "Violence et transformation génétique de l'humain: une approche sociobiologique." Le Philosophoire n°13.

Demonpion, Denis. 2007. Houellebecq non autorisé. Maren Sell Editeurs.

Dominique, Lecourt. 2003. Humain, posthumain. PUF.

Fustin, Ludivine. 2013. "Le mélancolie cynique du poète houellebecquien, ce 〈chien blessé〉." Unité de l'oeuvre de Michel Houellebecq. Classique Garnier.

Görke, Maxim. 2008. Articuler la conscience malheureuse. A propos du cynisme dans l'œuvre de Michel Houellebecq. Grin Verlag Gmbh.

Lindenberg, Daniel. 2002. Le Rappel à l'ordre: Enquête sur les nouveaux réactionnaires. Seuil.

Michaud, Yves. 2006. Humain, inhumain, trop humain, Réflexions philosophiques sur les biotechnologies, la vie et la conservation de soi à partir de l'oeuvre de Peter Sloterdijk. Climats.

Novak-Lechevalier, Agathe. 2000-2001. "De l'impasse nihiliste à l'utopie biogénétique." *Argument*. vol. 3. Presses de l'Universite Laval.

Novak-Lechevalier, Agathe. 2013. "Michel Houellebecq: le pathétique en lisière." *Unité de l'oeuvre de Michel Houellebecq*. Classique Garnier.

Patricola, Jean-François. 2005. *Michel Houellebecq: Ou la provocation permanente*. Archipe.

Ramond, Charles. 2013. "Délivrance ou Indélivrance? Les passions contradictoires du post-humain chez Michel Houellebecq." *Transhumanité. Fictions, formes et usages de l'humain dans les arts contemporains*. L' Harmattan.

Viard, Bruno. 2008. *Houellebecq au laser. La faute de Mai 68*. Ovadia.

Viard, Bruno. 2013. *Les tiroirs de Michel Houellebecq*. PUF.

Wesemael, Sabine van. 2010. *Le roman transgressif contemporain: de Bret Easton Ellis à Michel Houellebecq*. L'Harmattan.

6장 녹색 유토피아 — 페미니스트 유토피아 소설 『허랜드』와 『시간의 경계에 선 여자』의 생태주의적 비전과 과학기술

김경옥. 2015. 「아나키에서 희망의 여행으로: 『빼앗긴 자들』에 나타난 어슐러 르귄의 휴머니즘」. 《영어영문학 연구》 57.2. 69-89쪽. Print.

신상규. 2014. 『호모 사피엔스의 미래』. 아카넷. Print.

와이즈먼, 주디. 2009. 박진희·이현숙 옮김. 『테크노페미니즘(*Technofeminism*)』. 궁리. Print.

푸코, 미셸. 2010. 이규현 옮김. 『성의 역사 1(*Histoire de la Sexualite*)』. 나남. Print.

푸코, 미셸·파스콸레 파스퀴노. 2014. 심성보·유진·이규보 옮김. 『푸코 효과(*The Foucualt Effect*)』. 난장. Print.

하딩, 샌드라. 2009. 조주현 옮김. 『누구의 과학이며 누구의 지식인가(*Whose Science? Whose Knowledge?*)』. 나남. Print.

Booker, M. Keith. 1994. "Woman on the Edge of a Genre: The Feminist Dystopias of Marge Piercy." *Science Fiction Studies*. 21.3. pp. 337-350. Print.

Bostrom, Nick. 2016. "Transhumanist FAQ v. 2.1." http://www.nickbostrom.

com/ Web. 15 Feb.

Chang, Li-Wen. 2010. "Economics, Evolution, and Feminism in Charlotte Perkins Gilman's Utopian Fiction." *Women's Studies* 39. 1. pp. 319-348. Print.

Cuddy, Luis and Claire M. Roche. Ed. 2003. *Evolution and Eugenics in American Literature and Culture*. Lewisburg: Bucknell University Press. Print.

Donawerth, Jane L. 1994. *Utopian and Science Fiction by Women: Worlds of Difference*. Syracuse. New York: Syracuse University Press. Print.

Egan, Kristen R. 2011. "Conservation and Cleanliness: Racial and Environmental Purity in Ellen Richards and Charlotte Perkins Gilman." *Women's Studies Quarterly* 39. 3&4. 77-92. Print.

Fitting, Peter. 2010. "Utopia, Dystopia, and Science Fiction." *The Cambridge Companion to Utopian Literature*. Cambridge University Press. pp. 135-153. Print.

Gilbert, M. and Susan Gubar, eds. 1985. *The Norton Anthology of Women: The Tradition in English*. New York and London: Norton. pp. 1147-1185. Print.

Gilman, Charlotte Perkins. 2009. *Herland*. New York: Penguin. Print.

Graham, Amanda. 2004. "*Herland*: Definitive Ecofeminist Fiction?" *Very Different Story: Studies on the Fiction of Charlotte Perkins Gilman*. Liverpool: Liverpool University UP. Print.

Haraway. 1991. "Cyborg Manifesto." *Simians, Cyborgs and Women: The Reinvention of Nature*. New York; Routledge. Print.

Haran. Joan, Kitzinger. J., McNeil, M. and O'Riordan, K. 2008. *Human Cloning in the Media: From Science Fiction to Science Practice*, London: Routledge.

Johns, Alessa. "Feminism and Utopianism." *The Cambridge to Utopian Literature*. ed. Gregory Claeys. New York: Cambridge University Press. pp. 174-199. Print.

Kessler, Carol Farley. 1985. "Fables Toward Our Future: Two Studies in Women's Utopian Fiction." *The Journal of General Education* 37. 3. pp. 189-202. Print.

Marx, Leo. 1964. *The Machine in the Garden*. London: Oxford University

Press. Print.

McGregor, Joan L. 2012. "Transhumanism and Obligation to Future Generations." *Beyond Humanism: Trans- and Posthumanism*. eds. Hava Tiroshi-Samuelson and Kenneth Mossman. New York: Peter Lang. Print.

More, Max. 2013. "The Philosophy of Transhumanism." *The Transhumanist Reader*. Molden: Wiley-Blackwell. pp. 3-17. Print.

Moylan, Tom. 2014. *Demand the Impossible*. New York: Peter Lang. Print.

Peyser, Thomas. 1992. "Reproducing Utopia: Charlotte Perkins Gilman and *Herland*." *American Fiction* 20. 1. pp. 1-16. Print.

Pfaelzer, Jean. 1984. *The Utopian Novel in America. 1886-1896: The Politics of Form*, Pittsburgh: University of Pittsburgh Press. Print.

Piercy, Margie. 1976. *Woman on the Edge of Time*. New York: Fawcett. Print.

Plumwood, Val. 1993. *Feminism and the Mastery of Nature*. London: Routledge. Print.

Rudy, Kathy. "Ethics, Reproducton, Utopia: Gender and Childbearing in *Woman on the Edge of Time* and *The Left Hand of Darkness*." 1997. *NWSA Journal* 9. 1. pp. 22-38. Print.

Russ, Joanna. 1981. "Recent Feminist Utopias." *Future Females: A Critical Anthology*. ed. Marleen S. Barr. Ohio: Bowling Green University Popular Press. pp. 71-85. Print.

Seitler, Dana. 2003. "Unnatural Selection: Mothers, Eugenic Feminism, and Charlotte Perkins Gilman's Regeneration Narratives." *American Quarterly* 55. 1. pp. 61-88. Print.

Stratton, Susan. 2001. "Intersubjectivity and Difference in Feminist Ecotopia." *Femspec* 3. 1. pp. 33-43. Print.

Woolmark, Jenny. 2005. "Time and Identity in Feminist Science Fiction." *A Companion to Science Fiction*. Ed. David Seed. Malden: Blackwell. pp. 156-170. Print.

7장 기술과학적 포스트휴먼 조건과 추론소설 — 가즈오 이시구로의 『나를 보내지 마』와 윌리엄 깁슨의 『패턴 인식』

Atwood, Margaret. 2004. "The Handmaid's Tale and Oryx and Crake 'In Context'." *PMLA* 119.3. pp. 513-517.

Braidotti, Rosi. 2013. *The Posthuman*. Cambridge: Polity.

Gibson, William. 2003. *Pattern Recognition*. New York: Berkley Books.

Griffin, Gabrele. 2009. "Science and the Cultural Imaginary: The Case of Kazuo Ishiguro's *Never Let Me Go*." *Textual Practice* 23.4. pp. 645-663.

Haraway, Donna J. 1991. *Simians, Cyborgs, and Women: The Reinvention of Nature*. London: Routledge.

Haraway, Donna J. 2013. *The Companion Species Manifesto: Dogs, People, and Significant Otherness*. Prickly Paradigm Press.

Hayles, N. Katherine. 1999. *How We Became the Posthuman: Virtual Bodies in Cybernetics, Literature, and Informatics*. Chicago: The University of Chicago Press.

Hayles, N. Katherine. 2005. *My Mother Was a Computer: Digital Subjects and Literary Texts*. Chicago: The University of Chicago Press.

Heise, Ursula K. 2011. "The Posthuman Turn: Rewriting Species in Recent American Literature." *Companion to American Literary Studies*. Caroline F. Levander and Robert S. Levine(ed.) Malden. MA: Wiley-Blackwell. pp. 454-468.

Ishguro, Kazuo. 2005. *Never Let Me Go*. London: Faber.

Ishguro, Kazuo. 2006. "Future imperfect." *The Guardian*, 25 March. Web. http://www.theguardian.com/books/2006/mar/25/featuresreviews. guardianreview36.

Jones, Steven E. 2014. *The Emergence of the Digital Humanities*. Routledge.

Ketterer, David. 2014. "William Gibson's Bigend Trilogy as Covert Alternate World Philosophical Apocalypse Slipstream." *Science Fiction Studies* 41.1. pp. 247-248.

Kurzweil, Raymond. 2005. *The Singularity Is Near: When Humans Transcend Biology*. New York: Viking.

Potts, Robert. 2003. "Light in the wilderness." *The Guardian*, 26 April.

Web. http://www.theguardian.com/books/2003/apr/26/fiction. margaretatwood.

Roberts, Adam. 2000. *Science Fiction*. London: Routledge.

Shaddox, Karl. 2013. "Generic Considerations in Ishiguro's *Never Let Me Go*." *Human Rights Quarterly* 35. 2. pp. 448-469.

Tomberg, Jaak. 2013. "On the 'Double Vision' of Realism and SF Estrangement in William Gibson's BIGEND TRIOLOGY." *Science Fiction Studies* 40.2. pp. 263-285.

Wallace-Wells, David. 2014. "William Gibson: The Art of Fiction No. 211." *Conversations with William Gibson*. Patrick A Smith(ed.). University Press of Mississippi.

8장 포스트휴먼 관점에서 본 『프랑켄슈타인』

김재희. 2011. 「물질과 생성: 질베르 시몽동의 개체화론을 중심으로」.《철학연구》93호. 231-259쪽.

들뢰즈, 질·팰릭스 가타리. 2003. 김재인 옮김. 『천개의 고원』. 새물결.

마정미. 2014. 『포스트휴먼과 탈근대적 주체』. 커뮤니케이션북스.

소렐, 톰. 1999. 문창옥 옮김. 『데카르트』. 시공사.

손현주. 2014. 「다시 읽는 『프랑켄슈타인』」.《인문논총》71호. 117-149쪽.

시몽동, 질베르. 2011. 김재희 옮김. 『기술적 대상들의 존재양식에 대하여』. 그린비.

신상규. 2014. 『호모사피엔스의 미래—포스트휴먼과 트랜스 휴머니즘』. 아카넷.

오영주. 2009. 「19세기 계몽 담론과 문학의 자율성」.《한국프랑스학논집》66호. 195-230쪽.

이선주. 2014. 「진화론의 발생: 『프랑켄슈타인』과 『지킬박사와 하이드 사이』」.《근대소설》21호. 97-126쪽.

케니, 안쏘니. 1991. 김성호 옮김. 『데카르트의 철학』. 서광사.

헤일스, 캐서린. 2013. 허진 옮김. 『우리는 어떻게 포스트휴먼이 되었는가』. 플래닛.

Brooks, Rodney. 1991. "Intelligence without Representation." *Artificial Intelligence*. Vol. 47. pp.139-159.

Fara, Patricia. 2004. *Pandora's Breeches: Women, Science & Power in the Enlightenment*. London: Pimlico.

Hansen, Mark. 1997. "'Not thus, after All, Would Life Be Given': 'Technesis.'

Technology and the Parody of Romantic Poetics in *Frankenstein*." *Studies in Romanticism*. Vol. 36. Nr. 4. pp. 575-609.

Hogsette, David S. 2011. "Metaphysical Intersections in Frankenstein: Mary Shelley's Theistic Investigation of Scientific Materialism and Transgressive Autonomy." *Christianity and Literature*. Vol. 60. Nr. 4. p. 531-560.

Holmes, Richard. 2010. *The Age of Wonder*. New York: Vintage Books.

Houe, Ulf. 2016. "Frankenstein Without Electricity: Contextualizing Shelley's Novel." *Studies in Romanticism*. Vol. 55. pp. 95-117.

Lehman, Steven. 1992. "The Motherless Child in Science Fiction: "Frankenstein" and "Moreau"." *Science Fiction Studies*. Vol. 19. Nr. 1. pp. 49-58.

Liggins, Emma. 2000. "The Medical Gaze and the Female Corpse: Looking at Bodies in Mary Shelley's." *Studies in the Novel*. Vol. 32. Nr. 2. pp. 129-146.

London, Bette. 1993. "Mary Shelley, Frankenstein, and the Spectacle of Masculinity." *PMLA*, Vol. 108. Nr. 2. pp. 253-267.

Lyotard, Jean-Francois. 1991. *The Inhuman: Reflections on Time*. trans. Geoffrey Bennington and Rachel Bowlby. Oxford: Blackwell.

Marshall, Tim. 1995. *Murdering to Dissect: Grave-robbing, Frankenstein and Anatomy Literature*. London: St. Martin's Press.

Mellor, Anne K(ed). 1995. *Romanticism and Feminism*. Bloomington and Indianapolis: Indiana UP.

Pepperell, Robert. 2009. *The Posthuman Condition*. Bristol: Intellect.

Schummer, Joachim. 2007. "Historical Roots of the 'Mad Scientist'": Chemists in Nineteenth-Century Literature." *The Public Image of Chemistry*. Singapore: World Scientific.

Shelley, Mary. 2006. *Frankenstein*. London: Penguin.

Sim. Stuart. 2001. *Lyotard and The Inhuman*. London: EJ Books.

Slusser, George and Tom Shippey. 1992. *Fiction 2000: Cyberpunk and the Future of Narrative*. Athens and London: The University of Georgia Press.

Vine, Steven. 1996. "Filthy Types: "Frankenstein", Figuration, Femininity." *Critical Survey*. Vol. 8. Nr. 3. pp. 246-258.

9장 포스트휴먼 도시의 기계화된 신체와 '자연™'

— 청계천의 생태복원 담론 분석

김숙진. 2006. 「생태 환경 공간의 생산과 그 혼종성(hybridity)에 대한 분석: 청계천 복원을 사례로」. 《한국도시지리학회지》 9권 제2호. 113-124쪽.

김애령. 2014. 「사이보그와 그 자매들: 해러웨이의 포스트휴먼 수사 전략」. 《한국여성철학》 21권. 67-94쪽.

김정희. 2008. 「'복원된 청계천'과 그 후: 계몽주의적 프로젝트의 포스트모던적 실현」. 《현대미술학》. 181-226쪽.

김형국 · 구본학. 2010. 「청계천 복원 후 3년간 식물상 변화」. 《한국환경복원기술학회지》 13권 제6집. 107-115쪽.

노명우. 2004. 「청계천의 도시경관과 '서울적 상황': 하나의 시도」. 《사회과학연구》 12집 제1호. 206-239쪽.

라투르, 브뤼노. 2009. 홍철기 옮김. 『우리는 결코 근대인이었던 적이 없다』. 갈무리.

르페브르, 앙리. 2011. 양영란 옮김. 『공간의 생산』. 에코리브르.

서울특별시(편). 2006. 『청계천 복원사업 백서 1』. 서울시.

안병옥. 2003. 「자연의 정원화와 사회적 실험실로서의 청계천 복원」. 《환경사회학 연구》 4호. 191-210쪽.

양윤재. 2003. 「청계천 복원 사업의 친환경성: 지속가능한 개발 청계천복원사업」. 《한국생태환경건축학회 논문집》 Vol. 3. No. 2. 79-88쪽.

윤성복. 2004. 「소외, 청계천 복원 그리고 지속가능한 도시 서울」. 《사회과학연구》 12집 제1호. 240-276쪽.

이상배. 2000. 『서울의 하천』. 서울특별시사편찬위원회.

이상헌. 2011. 『생태주의』. 책세상.

이상헌. 2015. 「닐 스미스의 자연의 생산 개념에 의한 청계천 복원사업의 비판적 해석」. 《공간과사회》 25권 제4호(통권54호). 88-121쪽.

정성원. 2004. 「전통, 근대, 탈근대의 결합: 청계천 복원 담론을 중심으로」. 《동양사회사상》 9집. 81-108쪽.

조명래. 2003. 「청계천의 재자연화를 둘러싼 갈등과 쟁점」. 《환경사회학연구 ECO》 6월호. 130-165쪽.

조명래. 2005. 「자연임을 거세당한 청계천 복원」. 《문화과학》 44호. 274-293쪽.

해러웨이, 다나 J. 2002. 「사이보그 선언문: 20세기말의 과학, 기술, 그리고 사회주의적 페미니즘」. 민경숙 옮김. 『유인원, 사이보그, 그리고 여자: 자연의 재발명」. 265-325쪽.

해러웨이, 다나 J. 2007. 민경숙 옮김. 『겸손한_목격자@제2의_천년.여성인간©_앙코 마우스™를_만나다』. 갈무리.

「국립수산과학원 청계천 서식 어류 특성 조사 — 계절별 모니터링 실시」. 쿠키뉴 스. 2016년 7월 30일 입력. http://www.kukinews.com/news/article. html?no=386170(2016년 9월 23일 확인).

「청계천에 왜가리」. 세계일보. 2007년 9월 26일 입력. http://media.daum.net/ breakingnews/newsview?newsId=20070826023307727(2016년 9월 23일 확인).

「청계천의 '어리석은 성공', 4대강 재앙 낳았다」. 오마이뉴스. 2016년 9월 8 일. http://www.ohmynews.com/NWS_Web/Tenman/report_last. aspx?CNTN_CD=A0002237263(2016년 9월 23일 확인).

「'순진한' 박경리와 '영악한' 이명박」. 미디어스. 2014년 6월 18일. http://www. mediaus.co.kr/news/articleView.html?idxno=42554(2016년 9월 29일 확인).

「서울시, 청계천 상류 지천 모두 복원한다」. 아시아경제. 2016년 6월 2일. http:// www.asiae.co.kr/news/view.htm?idxno=2016060211100717593(2016년 10 월 2일 확인).

「11년 전 오늘, '청계천 물 다시 흐르다' … 복원 끝 개통: 도심환경 개선됐지만 … 청 계천 상인, 유적, 인공하천 문제 남아」. 머니투데이. 2016년 10월 1일. http:// www.mt.co.kr/view/mtview.php?type=1&no=2016093016414789975&out link=1(2016년 10월 27일 확인).

「청계천 수력발전으로 스마트폰 무료 충전」. 연합뉴스. 2014년 8월 27일. http:// www.yonhapnews.co.kr/dev/9601000000.html(2016년 10월 27일 확인).

10장 감시와 통제 아래 놓인 생명 — 바이오아트를 통해 본 생명기술의 이면

강영희 외(편집). 2008. 『생명과학대사전』. 아카데미서적.

윤신영. 2014. 「인종의학 논란 — 유전자에도 피부색이 있는가」. 《과학동아》 341권. 5월호. 98-104쪽.

전혜숙. 2011. 「미술 속의 포스트휴먼 신체와 의학」. 《미술사학보》 37집. 117-154쪽.

전혜숙. 2015. 『포스트휴먼 시대의 미술, 신체변형미술과 바이오아트』. 아카넷.

Herren, Ray V. 2005. 김희발 등 옮김. 『생명공학으로의 초대 — 삶의 혁명』. 라이 프사이언스.

Abergel, Elizabeth, and Jamie Magnusson. "The Art of (Bio)Surveillance: Bioart and the Financialization of Life Systems." *Topia*. Special issue The Financialized Imagination. Vol. 30-31. Fall 2013/Spring 2014. pp. 237-254.

"Artists' Statement in *Common Flowers/Flower Commons*, Installation, 2008." Science Gallery of Trinity College of Dublin: https://dublin.sciencegallery.com/growyourown/commonflowersflowercommons.(2016. 4. 10. 접속)

"Biosurveillance" in The National Connection for Local Public Heath, The Site of NACCHO(National Association of County and City Health Officials): http://archived.naccho.org/topics/emergency/biosurveillance/(2016. 3. 29. 접속).

Buntaine, Julia. 2015. "Heather Dewey-Hagborg." William Myers. *Bio art, altered Realities*. New York: Thames & Hudson. pp. 142-145.

"Challenge for Blue roses and Stories of Development." Suntory Global Innovation Center. 홈페이지: http://www.suntory.com/sic/research/s_bluerose/story/(2016. 4. 16 접속).

Chan, Emily, and Edward Chow. 2015. "Litterbugs are shamed on electronic billboards after their faces are recreated using DNA taken from cigarette butts —and even a condom— discarded on the streets of Hong Kong." News in *Mail Online*. 21 May: http://www.dailymail.co.uk/news/peoplesdaily/article-3089629/Hong-Kong-Face-Litter-campaign-uses-DNA-encourage-people-stop-dropping-rubbish.html(2015. 4. 1 접속).

Critical Art Ensemble. 2012. *Critical Art Ensemble, Disturbances*. London: Four Corners Books.

Dewey-Hagborg, Heather. 2013. "Stranger Visions: A Provocation." *IEEE Security & Privacy* Vol. 11, no. 6(December). pp. 69-70.

Dewey-Hagborg, Heather. 2015. "Sci-fi Crime Drama with a Strong Black Lead." *The New Inquiry*: http://deweyhagborg.com/projects/sci-fi-crime-drama(2016. 4. 10. 접속).

Fullwiley, Duana. 2015. "Race, Genes and Power." *The British Journal of Sociology* 66, no. 1(March). pp. 36-45.

Hauser, Jens. 2008. "Observations on an Art of Growing Interest: Towards a Phenomenological Approach to Art Involving Biotechnology." In *Tactical*

Biopolitics: Art, Activism and Technoscience. Edited by B. Da Costa and Philip Kavita. Cambridge. MA: MIT Press. pp. 83-104.

Landrain, Thomas and Morgan Meyer, Ariel Martin, Remi Sussan. 2013. "Do-it-yourself biology: challenges and promises for an open science and technology movement." *System and Synthetic Biology* 7. pp. 115-126.

Lemke, Thomas, 2011. *Bio-Poitics, and Advanced Introduction.* tran. Eric Frederick Trump. New York and London: New York University Press.

Lithgow, Michael. 2009. "Opensourcing GM Flowers: 'Biopiracy' in the Name of Art." *Art Threat.* 18 October. http://artthreat.net/2009/10/opensourcing-gm-flowers-biopiracy-in-the-name-of-art/(2016. 4. 10. 접속).

Mitchell, Robert. 2010. *Bioart and the Vitality of Media.* The University of Washington Press.

Murphy, Heather. 2015. "I've Just Seen a (DNA-Generated) Face." *The New York Times.* Feb. 23. Science section.

Myers, William. 2015. *Bio art, altered Realities.* New York: Thames & Hudson.

Pandilovski, Melentie(ed.). 2008. *Art in the Biotech Era.* Adelaide: Experimental Art Foundation Inc.(South Australia).

"Parabon® Snapshot™, DNA Phenotyping, Ancestry & Kinship Analysis, Get More From Your DNA Evidence™" "Snapshot":https://snapshot.parabon-nanolabs.com/.

Parry, Bronwyn. 2012. "Domesticating Biosurveillance: 'Containment' and the Politics of Bioinformation." *Health and Place* Vol. 18, no. 4. pp. 718-725.

Pentecost, Claire, and Beatriz Da Costa. "Molecular Invasion": http://www.critical-art.net/books/molecular/(2016. 3. 10. 접속).

Pollack, Andrew. 2015. "Building a Face, and a Case, on DNA." *The New York Times.* Feb. 23. Science section.

Shiva, Vandana. 1997. *Biopiracy: The Plunder of Nature and Knowledge.* Cambridge. MA: Southend Press.

Steffen, Will, and Jacques Grinevald, Paul Crutzen, John McNeill. 2011. "The Anthropocene: conceptual and historical perspectives." *Philosophical Transactions of the Royal Society a mathmatical, philosophical and engineering Sciences.* 369(March). pp. 842-867.

Thacker, Eugene. 2003. "What is Biomedia?" *Configurations.* Vol. 11, No.

1(Winter). pp. 47-79.

Thacker, Eugene. 2005. *The Global Genome: Biotechnology, Politics, and Culture*. Cambridge. MA: MIT Press.

"The Forensic DNA Ethics." The Forensic DNA Phenotyping Project at the Penn Center for Bioethics. University of Pennsylvania: http://forensicdnaethics. org/about/about-fdp/(2016. 4. 15. 접속).

Vanouse, Paul. 2008. "Discovering Nature, apparently: Analogy, DNA Imaging, and the latent Figure Protocol." in *Tactical Biopolitics, Art, Activism and Technoscience*. (ed.) Beatrice da Costa and Kavita Philip. Cambridge: The MIT Press. pp. 177-192

Vanouse, Paul. 2007. "The Relative Velocity Inscription Device." in *Signs of Life, Bio Art and Beyond*. ed. Edouardo Kac. Cambridge: The MIT Press. pp. 277-283.

BCL의 홈페이지: http://bcl.io/about/.

CAE의 홈페이지: http://www.critical-art.net/home.html.

Heather Dewey-Hagborg의 홈페이지: http://biogenfutur.es/.

Preemptive Media의 홈페이지: http://preemptivemedia.net/zapped/index.html.

11장 포스트휴먼 시대 미술의 사이보그 알레고리 — 아르 오리앙테 오브제 의 〈아마도 내 안에 말이 살고 있을지도 몰라〉(2011)

들뢰즈, 질 · 가타리, 펠릭스. 2001. 김재인 옮김. 『천 개의 고원, 자본주의와 분열증 2』. 새물결.

렘케, 토마스. 2015. 심성보 옮김. 『생명정치란 무엇인가』. 그린비.

문창옥. 2001. 「화이트헤드와 포스트모더니즘」. 《화이트헤드 연구》 4집. 45-71쪽.

베이트슨, 그레고리. 2009. 박대식 옮김. 『마음의 생태학』. 책세상.

엘리아데, 미르치아. 2007. 이재실 옮김. 『대장장이와 연금술사』. 문학동네.

융, 구스타프. 2006. 한국융연구원 C. G. 융 저작번역위원회 옮김. 『영웅과 어머니 원형』. 솔.

전혜숙. 2015. 『포스트휴먼 시대의 미술: 신체변형 미술과 바이오아트』. 아카넷.

폰태너, 데이비드. 1998. 최승자 옮김. 『상징의 비밀』. 문학동네.

해러웨이, 다나 J. 2006. 민경숙 옮김. 『겸손한_목격자@제2의_천년.여성인간©_앙코마우스™를_만나다』. 갈무리.

헤일스, 캐서린. 2013. 허진 옮김. 『우리는 어떻게 포스트 휴먼이 되었는가』. 플래닛.

화이트헤드, A. N. 1991. 오영환 옮김. 『과정과 실재』. 민음사.

화이트헤드, A. N. 1992. 오영환·문창옥 옮김. 『열린 사고와 철학』. 고려원.

화이트헤드, A. N. 2008. 오영환 옮김. 『과학과 근대세계』. 서광사.

Armstrong, Rachael. Orlan. (October 2, 2008) http://www.metamute.org/editiorial/articles/orlan(accessed September 3 2016).

Braidotti, Rosi. 2006. *Transpositions*. Cambridge: Polity.

Clynes, Manfred E., and Nathan S. Kline. 1995. "Cyborgs and Space." In *The Cyborg Handbook*. ed. Chris Hables Gray. New York: Routledge. pp. 29-33.

Foucault, Michel. 1973. *The Order of Things: An Archaeology of the Human Sciences*. New York: Vintage Books.

Haraway, Donna J. 1991. *Simians, Cyborgs, and Women: The Reinvention of Nature*. New York: Routledge.

Haraway, Donna J. 2000. "A CYBORG MANIFESTO, Science, technology and socialist-feminism in the late twentieth century." In *The CYBORGCULTURES reader*. ed. David Bell & Barbara M. Kennedy. London and New York: Routledge. pp. 291-324.

Haraway, Donna J. 2000. *How Like A Leaf*. New York · London: Routledge.

Hirszfeld, Aleksandra. "May the Horse Live in Me(interview with Art Orienté Object)." Art+Science Meeting. http://artandsciencemeeting.pl/page_id=306&lang=en(accessed March 1 2016).

Holl, Hans Günter. 2007. "Second thoughts on Gregory Bateson and Alfred Korzybski." *Kyberetes*. Vol. 36. No. 7/8. pp. 1047-1054.

Hybrid Art, May the Horse Live in Me, Art Orienté Objet: 2011 Golden Nicas, Ars Electronica. www.aec.at/press/files/2011/05/Prix−Ars−Electronica−2011_EN.pdf (accessed October 13 2016).

Laval-Jeantet, Marion. "May the Horse Live in Me." *Hemispheric Institute E-MISFÉRICA*. http:hemisphericinstitute.org/hemi/en/e101−jeantet-essay(accessed March 1 2016).

Laval-Jeantet, Marion. http://www.youtube.com/watch?v=gek30WV37Ng(accessed September 7 2016).

Laval-Jeantet, Marion. Email to Jaeeun, Lee.(November 30 2016).

May The Horse Live in Me: VIDA 14.0 Awarded Projects. November 26. 2012, https://vida.fundaciontelefonica.com/en/project/may-the-horse-live-in-me 참조(accessed March 1 2016).

Panofsky, Erwin. 1971. *The Life and Art of Albrecht Dürer.* New Jersey: Princeton University Press.

Rosell, Meritxell. "Art Orienté Object Interview." Artech, Bioart, Contributors in *CLOT Magazine.* 29 Sep 2015. http://www.clotmag.com/art-oriente-object(accessed March 1 2016).

Silver, Larry. 1983. "Forest Primeval: Albrecht Altdorfer and the German Wilderness Landscape." In *Simiolus: Netherland Quartely for the History of Art.* Vol. 13. No. 1. pp. 5-43.

Stelarc. "The Body is Obsolete." http://stelarc.org/?catID=20317(accessed September 3 2016).

찾아보기

ㄱ

가즈오 이시구로(Kazuo Ishiguro) 185, 186, 192~195, 197~201, 211, 212
가치중립 72, 155
가치합리적 70
감각 67, 83, 84, 117, 217, 225~229, 237
감정 연관(Gefühlszusammenhang) 73
게오르크 트레멜(Georg Tremmel) 284~286
공간표상 249, 260
공상과학소설(SF, Science Fiction) 185~187, 191~193, 197, 201, 211
공정성 44, 64
과정 지향적 유토피아주의 174
관계망 66, 67, 70, 71, 111, 308
괴물 168, 189, 191, 214~217, 221~225, 227~238, 314, 315
괴물 되기 217, 234, 235
괴테 112~114
그레고리 베이트슨 17, 22, 295, 305, 307
근대과학 22, 107, 140, 168, 215, 217, 218, 311~314
근대성 21, 22, 26, 31, 34, 145
근대화 243~249, 255
근대 휴머니즘 15~18, 27, 35, 144, 145, 201

기계론 20, 21, 217, 223
기계론적 과학 219, 237
기계적인 텍스트 217, 232, 238
기계주의 20, 26, 27, 35, 36

ㄴ

『나를 보내지마(Never Let Me Go)』 185, 192, 193, 201, 210, 212
내재성 83, 101~103, 111
내포적 강도(intensité) 99, 100
냉소주의 123, 130, 133~136, 146~150
니체 36, 85, 103, 104, 106, 108, 111

ㄷ

다나 해러웨이(Donna Haraway) 181, 189, 191, 200, 243, 257~259, 290, 298, 303, 307, 308, 311, 312, 314
데카르트 104, 111, 223, 225, 226, 299
도시계획 243, 244, 247~249
돌연변이 140, 141, 309
DIY 바이오 269, 270
DNA 추출 초상화 279
디지털 주체 206, 209

ㄹ

라투르(Bruno Latour) 65~67, 71, 77, 87~89, 257

라플라스 108

로지 브라이도티(Rosi Braidotti) 190, 305, 306, 315

루이스 멈퍼드 22~24, 26, 27

ㅁ

마거릿 앳우드(Margaret Atwood) 186, 191, 192

마르크스 106

마리옹 라발장테 291~294, 296~310, 312~315

마지 피어시 152~154, 159, 161, 167, 177, 180, 183

맥스웰 103, 108

『멋진 신세계』 145, 167

메리 셸리 213, 221, 222, 226, 227, 234

명증성(Evidenz) 72, 73, 81

'모든-것-되기' 314

목적합리적(zweckrational) 69, 70, 81

문더스트 카네이션(Moondust Carnation) 284~286

문화과학 66, 68, 77~83, 86, 92

문화 이론 77

문화인간 65, 66, 78, 80~82

문화적 선회(cultural turn) 66

미셸 웰벡 123~127, 129, 130, 138~148, 150

ㅂ

바이오아트 263, 275, 286~288

반응적 인간 82

법의학적 DNA 표현형분석(Forensic DNA Phenotyping, FDP) 270, 278

베버(Weber) 65~84, 86~88, 91, 92

베아트리츠 다 코스타(Beatriz da Costa) 282

변용태/변용소(affect) 101, 103, 105, 108, 109, 113, 114, 117

복제 75, 126, 127, 141, 143, 144, 146, 148, 195, 198, 200, 274, 284, 285

본성 16, 39, 44, 46, 47, 49, 51, 52, 83, 86, 96, 98, 119, 262

브누아 망쟁 291, 293, 294, 303, 306, 311, 312

블랙포드 58

비인간 29, 40, 65, 67, 81, 87, 88, 90, 92, 93, 182, 187, 189, 199, 201, 210, 225, 290~292, 295, 299, 305, 306, 309, 310, 313, 315

비판적 유토피아 173, 175

비판적 포스트휴머니즘 85, 86, 189, 199

ㅅ

사이버스페이스 201~205, 208~211

사이보그 167, 188, 189, 191, 216, 228, 232, 289, 290, 292, 298, 302~306, 309, 310, 314, 315

사이보그 시각 292, 311, 312

사이보그 예술가 210, 211

사회 실험 261

사회적 행위 65~69, 71~74, 83, 87, 91, 92

사회적인 것(das Soziale) 65, 92, 93

상호공속성 20

생명 95~97, 170, 171, 193, 201, 214~216, 220, 221, 226, 234, 237, 243, 259, 260, 263~265, 268, 285, 286, 288, 291, 298, 307, 308, 310

생명감시 265, 268, 269, 280

생명과학 263

생명권력 170, 171

생명기술 263, 267~269, 275, 280~284, 286~288, 315

생명정보 264

생성 33, 39, 41, 104, 215, 217, 221~ 227, 233, 234, 236, 293, 294, 301, 315

생태 242, 249~252, 257, 260

생태도시 244, 249

생태복원 242, 243, 250~257, 259~261

샬럿 퍼킨스 길먼 152, 154, 160~163, 171~174, 180, 183

서울 241~247, 249, 252, 254, 255, 257, 259, 260

스탠리 큐브릭 14, 16, 19, 26, 119

스토아주의 110

스피노자 36, 95, 100, 110

슬로터다이크 134~136, 148, 149

『시간의 경계에 선 여자』 151, 152, 154, 156~159, 163, 164, 167, 168, 173, 175, 176, 180, 181, 183

시몽동 221, 222

시뮬라크르 254

CAE(Critical Art Ensemble) 281~283, 287

시호 후쿠하라(Shiho Fukuhara) 284, 286

ㅇ

아르 오리앙테 오브제 289, 291

〈아마도 내 안에 말이 살고 있을지 몰라〉 289, 291, 293, 296, 297, 301, 303, 304, 311, 314

아인슈타인 107, 108

안나 그리고리예브나 37, 39

알레고리 289, 293, 300, 310, 315

앙코마우스™ 243, 258, 259, 312

양육 57, 60, 61, 167, 170, 173, 200

A. N. 화이트헤드 295, 296, 304, 305, 308, 315

에코페미니즘 154, 156, 157, 160, 163, 168

여성 유토피아 소설 153, 155

역-유전공학(reverse genetic enginee-ring) 280~282, 284, 286, 287

연결망 88, 257, 260

예측 불가능성 69

우생학 48, 49, 60, 143, 169~172, 175

윌리엄 깁슨(William Gibson) 185, 186, 192, 201~203, 209~212

유전공학 46, 96, 124, 127, 148, 169, 185, 187, 194, 212, 216, 281, 287

유전자 물신주의 292, 306, 308~310

의미(Sinn) 71~76, 79, 80, 83, 84, 92

의사소통 49, 50, 59, 67, 307

의식 53, 55~57, 79, 82~84, 89, 92, 135, 207, 208, 210, 217, 225~230, 237

이성 80~83, 87, 88, 134, 135, 156, 168, 172, 174, 179, 208, 218, 220, 224~228, 235, 304, 309, 311~315
이해사회학 65~69, 71~74, 81, 84, 87, 91, 92
인간중심주의 66, 68, 71, 82~89, 91, 92, 189, 201, 290, 291, 297
인간향상 43~47, 54, 59, 63, 64, 168, 169, 172
인격 47~51, 54, 58~60, 80, 301, 305
인공생명 215~217, 224, 225, 228, 231, 233, 234, 236~238, 310
인류세 287
인조인간 215, 217
일반 지성 35
1세대 페미니즘 179
일의성 99, 100

ㅈ

자연™ 241, 243, 258~261
자연보존주의 162
자유의지 58
자율성 45~47, 52~59, 61~63, 98, 299
'잘못 놓인 구체성의 오류' 292, 308, 310
재생산 기술 167
재자연화 253, 254, 260
정신과학 77, 86
제2물결 페미니즘 156, 168, 183
'조에' 306
종차별주의 201
지각소(percept) 105, 108, 109, 113, 117
GMO 267~269, 280

GM푸드 267, 268, 281
진화 15, 86, 92, 142, 147, 169, 172~174, 181
질 들뢰즈 18, 20, 25, 27, 36, 95~101, 103~110, 112, 114, 116~119, 217, 235, 304

ㅊ

찰리 채플린 29
청계천 복원 242, 243, 247~257, 261
추론소설(sf, speculative fiction) 185, 191, 192, 197, 201, 211
추체험 72, 77
치료 59, 60

ㅋ

칸트 46, 77, 80, 96~99, 115, 116, 118
칼 맑스 15, 18, 27~34
캐서린 헤일스(Katherine Hayles) 123, 124, 190, 191, 210, 211, 216, 304, 307, 310
켄타우로스의 피 294, 306, 307, 309
코기토 291, 299
클론 124, 125, 193, 194, 197~201, 211
키에르케고르 104, 106

ㅌ

타르코프스키 119
탈근대 243, 244, 247, 249, 255

탈인간 40
(탈)인간학 13, 35
통치성 171, 172
트랜스휴머니스트 45, 189
트랜스휴머니즘 44, 85, 156, 168, 169,
  172~177, 181, 183

231~238
프랑크푸르트 58
프리드리히 엥겔스 18, 19, 25
프리엠티브 미디어(preemtive media,
  PM) 266
플라톤 96, 103, 110, 115, 118, 151

ㅍ

『패턴 인식(*Pattern Recognition*)』 185,
  192, 201~204, 210~212
페미니스트 유토피아 151~154, 159,
  166, 168, 174, 184
펠릭스 가타리 18, 20, 27, 36, 235, 296,
  304
평등 35, 46~48, 53~55, 62, 64
포스트휴머니즘 27, 35, 40, 66, 74,
  81~87, 91, 187, 192, 208, 305
포스트휴먼 40, 41, 44, 81, 82, 86, 93,
  123~130, 138, 140, 141, 145~150,
  166, 187~192, 208, 210, 214~216,
  221, 224, 225, 232, 233, 236, 243,
  255, 260, 290, 301, 310
포스트휴먼 주체 190, 199, 206, 210,
  292, 304, 310, 314
폴 버나우즈(Paul Vanouse) 278
표도르 도스토예프스키 36~39
푸코 96, 170, 171, 290, 299
프랑켄슈타인 33, 213~218, 220~228,

ㅎ

하버마스 43~60
행위자 53, 54, 65~67, 71, 77, 81, 86,
  90, 93, 181, 233, 251
행위자네트워크 이론 66, 67, 77, 87~92
행위주체 53, 86
향상 45, 46, 48, 50, 56, 59~64
허랜드 151, 152, 154, 156~165,
  167~177, 179, 180, 183
허먼 멜빌 105
형상화 258
호모 센수스 84
휴머니즘 13, 15, 16, 18, 20, 27, 29,
  31, 32, 35, 40, 82~86, 144, 145,
  148, 149, 168, 187, 189, 199, 200,
  206, 211
히더 듀이-해그보그(Heather Dewey-
  Hagborg) 270~273, 275, 276, 278,
  279, 287

'포스트휴먼 총서'를 기획하며

컴퓨터, 인터넷, 스마트폰이 없는 우리의 일상은 더 이상 상상할 수 없다. 몸에 간단한 보철을 장착하는 일은 더 이상 어떤 이물감도 남기지 않는다. 디지털 테크놀로지의 일상적 침투는 우리의 시공간 인지 조건을 급격히 변화시켰고, 근대적 시공간의 좌표는 인터넷 망을 통한 지속적인 접속의 체험 안에서 그 의미를 바꾸고 있다. 정보과학과 생명공학의 발달은 인간과 동물, 유기체와 기계, 물질과 비(非) 물질의 경계를 모호하게 흩뜨리고 있다. 또한 매체의 변화로 인해 지식과 정보를 습득하고 가공하여 전달하고 보존하는 방식의 변화가 불가피해졌다. 이 모든 징후들이 알려주는 바대로, 우리는 이미 '포스트휴먼'이다.

'포스트휴먼'의 경험과 생장의 조건이 이미 편재해 있지만, 인문학의 영역에 그 소식은 너무 늦게 전해졌다. 과학기술 분야의 전문가들이 충실히 영토를 확장해가고, 그에 대한 초국가적 자본의 유연하고 집약적인 관심이 집중되고 있는 데 반해, 인문학은 막연한 불안과 희망적 낙관 사이의 어느 불분명한 지점에 머물러 있을 뿐이다. 바로 이 지점에서 '포스트휴먼 총서'는 기획되었다. 오늘날 정보과학과 생명공학의 지배적 영향권 아래서 근대적 휴머니즘을 넘어선 새로운 인간 이해의 패러다임이 요청되고 있으나 포스트모던에서 제기되었던 근대적 '인간/인간중심주의'에 대한 비판이 아직 적극적인 개념화로 나아가지는 못하고 있다. 이와 같은 인식에 근거해, 우리는 인간 이해의 새로운 패러다임을 향한 길을 열어가고자 한다. '포스트휴먼 총서'가 그 길의 첫 이정표가 되기를 기대한다.

이화여자대학교 이화인문과학원
포스트휴머니즘 연구팀

지은이

김애령

이화여자대학교에서 철학 공부를 시작했고, 베를린 자유대학교에서 철학박사 학위를 받았다. 현재 이화여자대학교 이화인문과학원에서 교수로 재직 중이다. 현대 해석학과 여성철학 주제로 글을 써왔고, 지금은 포스트휴먼 연구로 진입하고 있다. 저서로는 『여성: 타자의 은유』, 『은유의 도서관: 철학에서의 은유』 등이 있고, 주요 논문으로는 "Resisting the Power of the Gendered Gaze: Metonymic Self-Description through Digital Photography", 「사이보그와 그 자매들: 해러웨이의 포스트휴먼 수사 전략」, 「글쓰기 기계와 젠더: 키틀러의 '기록체계' 다시 읽기」, 「복합적 장소 감정과 애도」 등이 있다.

송은주

이화여자대학교 영어영문학과를 졸업한 후, 미국소설 전공으로 동대학원에서 석사, 박사학위를 받았다. 현재 이화여자대학교 이화인문과학원 연구교수로 재직 중이다. 포스트휴머니즘과 생태비평, 디지털 문학에 관심을 두고 연구를 하고 있다. 「박물관과 황야: 에머슨의 미국적 자연」, 「초과물로서의 유독물질: 『화이트 노이즈』의 생태비평적 읽기」 등의 논문이 있다.

신상규

현재 이화여자대학교 이화인문과학원 교수. 서강대학교 철학과에서 학사, 석사 졸업 후 미국 텍사스 대학교(University of Texas at Austin)에서 철학박사 학위를 받았다. 의식과 지향성에 관한 다수의 심리철학 논문을 저술했고, 현재는 확장된 인지와 자아, 인공지능의 철학, 인간향상, 트랜스휴머니즘, 포스트휴머니즘을 연구하고 있다. 저서로 『호모 사피엔스의 미래: 포스트휴먼과 트랜스휴머니즘』(2014), 『푸른 요정을 찾아서: 인공지능과 미래인간의 조건』(2008), 『비트겐슈타인: 철학적 탐구』(2004) 등이 있고, 『내추럴-본 사이보그』(2015), 『우주의 끝에서 철학하기』(2014), 『커넥톰, 뇌의 지도』(2014), 『라마찬드란 박사의 두뇌 실험실』(2007), 『의식』(2007), 『새로운 종의 진화 로보사피엔스』(2002)를 우리말로 옮겼다.

오영주

서울대학교 불어불문학과 및 동대학원을 졸업하고, 프랑스 파리7대학에서 「플로베르, 정치와 사랑의 감상주의 비판」으로 박사학위를 받았다. 현재 이화여자대학교 이화인문과학원 연구교수로, 포스트휴머니즘 연구를 하고 있다. 저서로 『『마담 보바리』: 현대문학의 전범』, 공저로 『프랑스, 하나 그리고 여럿』이 있으며, 18-19세기 프랑스 근대문학에 대한 다수의 논문을 발표했다. 그 외 포스트휴먼 담론과 관련한 논문으로 「『어느 섬의 가능성』 혹은 '잃어버린 몸을 찾아서' — 포스트휴먼 주체와 몸」과 「『미래의 이브』, 인간과 기계의 흔들리는 경계 — 포스트휴먼 담론의 역사성에 대한 하나의 고찰」, 「프랑스는 왜 포스트휴먼 담론을 불편해 하는가 — SF 문학장과 특징을 통한 고찰」이 있다.

이경란

이화여자대학교 영어영문학과를 졸업하고 20세기 전환기 미국여성작가 연구로 동대학원에서 영문학 박사학위를 받았다. 현재 이화여자대학교 이화인문과학원 연구교수로 재직 중이며, 여성문학, 소수자문학, 포스트휴먼 연구에 관심을 가지고 있다. 『젠더와 문학: 19세기 미국여성문학 연구』(LIE, 2010), 『미국이민소설의 초국가적 역동성』(이화여자대학교출판부, 2011)(공저) 등의 저서, 로버트 영의 『식민 욕망』(북코리아, 2013)(공역), 로지 브라이도티의 『포스트휴먼』 (아카넷, 2015), 캐서린 헤일스의 『나의 어머니는 컴퓨터였다』(아카넷, 2016)(공역) 등의 역서, 「21세기 기술과학적 곤경과 탈인간중심주의적 세계관의 요청: 루스 오제키의 『시간존재를 위한 이야기』」(2017) 등의 최근 논문이 있다.

이선주

현재 이화여자대학교 이화인문과학원 연구교수. 이화여자대학교 영어영문학과에서 학사, 석사를 하고 「찰스 디킨스의 소설에 나타난 근대성 연구」로 박사학위를 받았다. 저서로는 『경계인들의 목소리』(그린비, 2013), *When the Korean World in Hawaii was Young, 1903-1940*(U. of Hawaii Press, 2013), 『디킨즈와 신분과 자본』(EIH, 2007) 등이 있다. 현재는 포스트휴먼 시대의 기술과 인공생명, 인공지능의 작용을 인문학과 접합하는 연구를 하고 있다. 관련 역서로는 『포스트휴먼의 조건』(Pepperell, 아카넷, 2017)이 있고 관련 논문으로는 「신재생산기술에 대한 페미니즘의 논쟁과 여성의 위치」 등이 있다.

이수안

독일 프랑크푸르트대학교에서 사회학 박사학위를 취득하고 성신여대 대학원 여성학과 교수를 거쳐 2008년부터 이화여자대학교 이화인문과학원 교수로 재직 중이다. 대표 저서로 『이미지 문화사회학』(북코리아, 2012년)이 있고, 대표 저자로 집필한 『한국사회의 문화풍경』(공저, 그린출판사, 2013년)이 있다. 최근의 관심 영역은 포스트휴머니즘 시대에 새롭게 발현되는 문화 취향의 문화사회학적 논의이며 실천적 연구로 빅데이터 분석을 통해 하이테크 도시의 공간 향유와 연결시켜 탐구하고 있다.

이재은

경원대(현 가천대) 독어독문학과를 졸업한 후, 성신여대 대학원 미술사학과에서 석사, 박사학위를 받았다. 현재 가천대학교 아시아문화연구소 연구원으로 재직 중이며, 가천대학교와 성신여대, sadi에 출강하고 있다. 제4차 산업혁명의 흐름에서 변화하는 사회 시스템과 동아시아 현대미술의 상호관계성과 테크노 오리엔탈리즘에 대한 연구를 준비 중이며, 최근 논문으로는 「포스트휴먼시대 사이보그의 알레고리에 대한 연구: 아르 오리앙테 오브제의 <아마도 내 안에 말이 살고 있을지도 몰라>(2011)를 중심으로」(《미술이론과 현장》 제22호 2016), 「고든 마타클락의 건물 절단에 투사된 가족이데아 와 '가족로맨스'」(《미술사학보》 제45집 2015), 「로버트 스미슨의 '개간프로젝트'에 나타나는 생태학적 세계관」(《미술이론과 현장》 제15호 2013) 등이 있다.

이찬웅

서울대학교 전기공학부와 철학과 대학원을 졸업하고, 프랑스 뤼미에르-리옹2대학에서 영화학석사 학위를, 리옹고등사범학교에서 철학박사 학위를 받았다. 현재 이화여자대학교 이화인문과학원 교수로 재직하고 있다. 프랑스 현대철학과 영화철학이 주요 관심분야이며, 포스트휴머니즘에 대한 연구를 수행하고 있다. 역서로 들뢰즈의 『주름. 라이프니츠와 바로크』가 있으며, 주요 논문으로 "Le concept de plateau chez Deleuze et Guattari : ses implications épistémologique et éthique", 「들뢰즈의 이접적 종합: 신의 죽음 이후 무엇이 오는가?」, 「이미지의 전자화 : 선(禪), 껍질, 분열증」 등이 있다.

전혜숙

이화여자대학교 영어영문학과를 졸업한 후, 현대미술사 전공으로 동대학원 미술사학과에서 석사, 박사학위를 받았다. 현재 이화여자대학교 이화인문과학원 교수로 재직 중이다. 현대미술사학회 회장을 역임하였으며, 지금은 그 학회의 편집위원장으로 일하고 있다. 포스트휴머니즘과 관련된 뉴미디어아트, 신체변형미술, 바이오아트 등에 관한 연구를 하고 있으며, 『20세기말의 미술, 일상의 공간과 미디어의 재구성』(북코리아, 2013), 『포스트휴먼 시대의 미술, 신체변형미술과 바이오아트』(아카넷, 2015) 등의 저서와 「유토피아와 디스토피아의 경계, 바이오아트와 생명개입」, 「피부, 경계가 무너지는 장소」, 「생명의 감시와 통제를 비판하는 바이오아트」 등의 논문이 있다.

최진석

서울대학교 노어노문학과와 동대학원을 졸업한 후, 러시아인문학대학교에서 문화학(Cultural Studies) 박사학위를 취득했다. 현재 이화여자대학교 이화인문과학원 연구교수로 재직하고 있고, 문학평론가이자 수유너머 104 연구원으로도 활동 중이다. 인문사회과학 계간지 《문화/과학》과 《진보평론》 편집위원으로 일하고 있다. 주요 관심사는 한국 현대문학비평, 문화연구, 근현대 지성사와 철학사이며, 러시아-소비에트 문학사 및 비평사에 관해서도 다수의 논문을 작성했다. 『국가를 생각하다』(공저, 2015), 『불온한 인문학』(공저, 2011), 『문화정치학의 영토들』(공저, 2007) 등을 썼고, 『누가 들뢰즈와 가타리를 두려워하는가?』(2013), 『해체와 파괴』(2009), 『러시아 문화사 강의』(공역, 2011) 등을 번역했다.

분열된 신체와 텍스트
— 포스트휴먼의 무대 2

1판 1쇄 찍음 ┃ 2017년 5월 25일
1판 1쇄 펴냄 ┃ 2017년 5월 30일

엮은이 ┃ 이화인문과학원
펴낸이 ┃ 김정호
펴낸곳 ┃ 아카넷

출판등록 2000년 1월 24일(제406-2000-000012호)
10881 경기도 파주시 회동길 445-3
전화 ┃ 031-955-9510(편집) · 031-955-9514(주문)
팩스 ┃ 031-955-9519
책임편집 ┃ 이하심
www.acanet.co.kr

ⓒ 이화인문과학원, 2017

Printed in Seoul, Korea.

ISBN 978-89-5733-551-2 94300
ISBN 978-89-5733-364-8(세트)

이 도서의 국립중앙도서관 출판시도서목록(CIP)은
서지정보유통지원시스템 홈페이지(http://seoji.nl.go.kr)와
국가자료공공목록시스템(http://www.nl.go.kr/kolisnet)에서 이용하실 수 있습니다.
(CIP제어번호: CIP 2017009801)

이 저서는 2007년 정부(교육과학기술부)의 재원으로
한국연구재단의 지원을 받아 수행된 연구임.
(NRF-2007-361-AL0015)